U0456769

王岗◎著

北京文化通史

元代—明代卷

徐俊

中国社会科学出版社

图书在版编目（CIP）数据

北京文化通史. 元代～明代卷/王岗著. —北京：中国社会
科学出版社，2016.12
ISBN 978 – 7 – 5161 – 8140 – 9

Ⅰ. ①北… Ⅱ. ①王… Ⅲ. ①文化史—北京市—
元代～明代 Ⅳ. ①K291

中国版本图书馆 CIP 数据核字（2016）第 099854 号

出 版 人	赵剑英	
选题策划	刘　艳	
责任编辑	刘　艳	
责任校对	陈　晨	
责任印制	戴　宽	

出　　版	中国社会科学出版社	
社　　址	北京鼓楼西大街甲 158 号	
邮　　编	100720	
网　　址	http://www.csspw.cn	
发 行 部	010 – 84083685	
门 市 部	010 – 84029450	
经　　销	新华书店及其他书店	

印　　刷	北京君升印刷有限公司	
装　　订	廊坊市广阳区广增装订厂	
版　　次	2016 年 12 月第 1 版	
印　　次	2016 年 12 月第 1 次印刷	

开　　本	710×1000　1/16	
印　　张	25.75	
插　　页	2	
字　　数	443 千字	
定　　价	92.00 元	

凡购买中国社会科学出版社图书，如有质量问题请与本社营销中心联系调换
电话：010 – 84083683
版权所有　侵权必究

目　　录

第一章 概述

北京文化的发展，到了元明时期，开始进入一个新的阶段。在这个阶段，政治上的最显著标志，就是这里已经成为全国的统治中心，所有重要的统治机构都设置在这里，几乎所有重大的政治事件都发生在这里，特别是全国的精英人才都汇聚到这里，因此，从总体上来看，北京地区的文化，开始从地域性的文化转向代表全国文化发展总趋势的主流文化。

都城地位的确立，其政治中心作用的延续，对于文化的发展产生了巨大的作用和影响。从元代到明代，几百年的政治中心地位几乎没有变更过。这就使得文化的发展得以延续其主流的轨迹。虽然在元明之际和明清之际出现了朝代变更的巨大政治动荡，对文化的发展产生了一定影响，但是对主流文化总的发展趋势却并没有产生质变的影响。

在元代的大都地区，文化发展的最重要的特点是汉族的农耕文化与少数民族的游牧文化的相互融合，以及中华民族的传统文化与外来文化的相互融合。游牧文化对中原地区农耕文化的冲击，早在先秦时期就开始了。随着北方少数民族在中华民族发展的历程中所起的作用越来越重要，游牧文化对农耕文化的冲击也越来越强烈。可以说，到了元代，游牧文化对农耕文化发动冲击达到最高峰，换言之，也就是游牧文化与农耕文化相互融合的最高峰。与此同时，由于元王朝版图的空前辽阔，以及与中亚等地的诸蒙古汗国的联系十分密切，故而使得中华文化与外来文化之间的相互融合也变得极为密切。

在明代的北京地区，由于少数民族统治者的败亡，中原地区的汉族统治者重新确立其统治地位，在文化上出现了两种对前代文化的"反攻"。一种是对游牧文化的"反攻"，出现了对汉族农耕文化的回归，这是从汉族与少数民族之间的民族融合状态向民族对抗状态转变的必然结果。明成祖的大规模北征元朝残余势力，以及此后明朝政府与蒙古各部族之间的连年军事冲突，都是这种对抗的延续。

另外，由于欧亚大陆政治格局的变动，明朝政府与中亚及欧洲各地的联系被人为地阻断了。这种政治上的阻隔，带来一个重要影响，即文化交流的中断，这种状况持续了很长一段时间，直到明代中后期，才又有一些欧洲传教士来到中国，展开中外文化交流。因此，明代的北京，文化的发展突出表现了儒家文化的"正统"性，也就是农耕文化所具有的纯正特征。其特征之一，与元代京师文化的开放性形成鲜明对照的，就是它的封闭性。

到了此后的清代，定鼎北京的中央政权中的最高统治者又变成了少数民族领袖。但是，其文化发展历程却与此前的元代完全不同了。元朝的蒙古族统治者在进入中原地区之前，习惯的主要是游牧文化的影响；在进入中原地区之后，才开始接受农耕文化的影响。而清朝统治者在进入中原地区之前，就已经接受了大量农耕文化的熏陶，基本上完成了"汉化"的过程。在进入中原地区之后，所做的是对中国传统文化的集大成整理。

蒙古族统治者与满族统治者之间表现出来的文化差异，主要是受到了他们生活的自然环境的影响。在蒙古统治者生活的北方大草原上，自然环境所提供的条件只能从事游牧生产，而这种生产方式所带来的也只能是游牧文化。与之不同的是，在满族统治者生活的东北地区，自然环境所提供的条件是多种多样的，有些地区适合于农业耕作，有些地区适合于游牧或是渔猎，因此，在经过对不同生产方式的比较之后，满族统治者自然会接受在当时条件下最为先进的农耕文化。

如果说在历史的发展长河中可以进行类似的比较，那么，我们不难看出，在隋唐以后的一千多年中国历史发展进程中，在北京地区产生过重要影响的有四个少数民族政权，即辽、金、元、清。在这四个少数民族政权中，崛起于大草原上的两个少数民族政权，即辽朝与元朝，有着更多的文化共通之处；而崛起于东北地区的两个少数民族政权，即金朝与清朝，也有许多的文化共通之处。这不仅是因为女真族与满族有着族属方面的渊源关系，更主要的，还是他们之间的生产方式的共通，而造成文化上的共通。

我们不难看出，金朝统治者和清朝统治者的"汉化"过程较为迅速，"汉化"程度也较为彻底，这显然是和他们对农耕文化的认同程度密切相关的。而辽朝统治者和元朝统治者被"汉化"得不彻底，完全是与他们对农耕文化的认同不够，甚至还含有抵触情绪密切相关的。辽朝统治者的生活中心始终是在大草原上，而蒙古统治者的生活中心有一半是在中原地区，而另一半仍然是在大草原上。因此，当他们在中原地区的统治垮台之后，便迅速退回到大草原上去；与之不同的是，金朝统治者和清朝统治者在统治垮台之后，并没有退回到东北的深山老林之中，而是继续生活在汉族民众之中。

第一节　作为全国政治文化中心的都城文化的重要地位

一　元、明、清三代都城的确立

在中国古代，任何一个王朝的建立，都要设置自己的统治中心。这个统治中心，最初并没有固定的位置，而是不断变更的，从夏代到商代，皆是如此。从周代开始，都城的位置逐渐固定。由于周王朝的地域十分辽阔，为了便于统治，遂有了两个政治中心，即西都镐京与东都洛邑。而这两个政治中心一经确立，就逐步发展为全国的文化中心。

在周王朝之下，又分封有众多诸侯国。这些诸侯国也各自设置有自己的统治中心。这些诸侯国的统治中心，随着其势力的不断扩大，其统治中心也就变成了区域性的政治和文化中心。在华北平原一带形成的政治和文化中心，即燕京。这时的燕文化与其他区域的文化，如齐鲁文化、吴越文化、荆楚文化、川蜀文化、三晋文化等，各具特色，相互争鸣，形成了百花齐放的格局。

自秦汉至隋唐时期，中央王朝的统治中心基本上维持了周朝的固定位置，仍然是东西两京。在这种情况下，作为全国的主流文化，也就自然表现为都城文化，其他的区域性文化也在发展，只是其水准与影响是远远不能和都城文化相比的。从唐代中期的"安史之乱"以后，藩镇割据局面已经形成，中央政府的政治影响越来越小，最终导致了全国统治中心的变更。西京长安和东都洛阳在失去其统治中心的地位之后，也就很快失去了文化中心的地位。

辽宋西夏金时期，由于出现了多个封建割据政权并立的局面，也就出现了多个统治中心，有的在江南，有的在中原，还有的在塞北，等等。与多个统治中心的状况相适应的，就是多个文化中心的出现，各个割据政权在自己的辖区内发展着各具特色的区域文化。而在这些区域文化之间，有些交往比较多，也有些则很少交流。

直到漠北的蒙古帝国迅速崛起，统一了中华大地，才使得全国又有了新的统治中心，即元大都和元上都。元代的两都之制，与中原汉族建立的王朝施行的两都之制是有所不同的。元代的大都城和上都城在政治上具有同等重要的地位，而不像汉、唐等王朝的两都制，一个是首都，另一个是陪都。大都城是统治全国的政治中心，而元上都是联系漠北大草原的"根本重地"，二者缺一不可。

但是，大都城与上都城又有所不同。大都城在成为元王朝的统治中心之前，作为金朝的统治中心——金中都，就已经是整个北方地区的政治和文化中心了；在成为元朝的统治中心之后，又很快发展成为全国的文化中心。而元上都在成为统治中心之前，只不过是金朝统治者的一处避暑胜地；在成为统治中心之后，由于没有雄厚的文化积淀作为基础，也就始终没有成为全国的文化中心。

到了明代初年，政治局势发生了巨大变化，明太祖朱元璋定都南京，元大都城即刻丧失了全国政治和文化中心的地位，变成了北方地区的军事重镇北平府，而南京城则成为了全国的政治和文化中心。及燕王朱棣发动"靖难之役"，攻占南京城，夺取皇位之后不久，北平府又改称北京，再度变成了全国的政治和文化中心，而南京城作为陪都，只能维持其江南地区文化中心的地位。于是，汉族王朝的两都之制，又恢复了一个首都、一个陪都的格局。

元代的两都制度与明代两都制度的不同，在文化方面也有所表现。如果说，元代的两都制度体现的是两都并重的格局，代表了农耕文化与游牧文化的相互结合；那么，明代的一主一辅的两都制格局，代表的就是农耕文化从与游牧文化的并列环境下转变为占据支配地位，而游牧文化的作用及其影响已经变得无足轻重。到了此后的清代，满族统治者入主中原地区，并且很快就确定了北京的政治中心地位，将原来的首都迁入关内。因此，北京作为全国政治和文化中心的地位，并没有受到政治局势巨大变化的影响。

从元代开始，都城文化就在这里形成、发展和繁荣起来。而作为都城文化的主体部分，则是宫廷文化。因为只有在都城所在地，才有宫廷文化，这是其他任何一个城市都没有的。而宫廷文化又集中了每个朝代主体文化中最精粹的那一部分，不论是衣食住行的各个方面（包括服饰、饮膳、建筑等），皆是如此。

但是，作为宫廷文化而言，元代的宫廷文化体现出了十分明显的游牧文化的特色，这一点是不可否认的。或者说，元代的宫廷文化乃是农耕文化与游牧文化的一个结合体，在有些地方，如宫廷礼仪等方面，采用的主要是农耕文化的方式；而在另一些地方，如宫廷生活等方面，则采用的是游牧文化的方式。这种游牧文化的生活方式，显然与中原地区的广大汉族民众所适应的农耕文化的生活方式，有着较大的差异，很难得到汉族民众的认同。

到了明代，宫廷文化中已经没有了游牧文化的特色，不论是宫廷礼仪，还是宫廷生活，都采用的是农耕文化的方式。因此，明代的宫廷文化是得到广大汉族民众认同的，在宫廷文化和都市平民文化之间，有着十分和谐的关系。到了清代，北京的宫廷文化中虽然也有许多少数民族的特色，但是，就其总体状况而言，仍是体现出农耕文化的方式，因此也比较容易得到汉族民众的认同。

二　对全国文化精英的吸纳作用

作为元明清三代的京师文化，其创造主体，乃是全国的文化精英。一方面，是最高统治者利用至高无上的权力，将各个方面的文化精英都征调到都城来，从事文化创造活动。如在城市建设方面，从元代兴建大都城开始，就从全国各地征调大批能工巧匠来参与建设工作，在皇家园林的营造方面，最高统治者不仅征调能工巧匠，而且还从全国各地收集各种名花木、奇石材，用于园林营造。

又如在科技方面，元朝统治者为了重新修订历法，将全国各地著名的天文学家都征召到都城来，会集各种不同的学派，使用各种原有的和新制造的最先进的观测仪器，经过比较研究，最终制定出了《授时历》，成为当时世界上最精确的历法。元朝统治者又设置了太史院和司天台，将这些天文学家安置在这里，继续从事天文历法的研究和修订工作。

再如在文学艺术方面，元朝统治者在中央政府中设置了翰林国史院、太常礼仪院、教坊司等机构，将全国著名的学者、文士和文艺表演人士等征召到都城来，专门从事文章撰写、歌舞表演等工作，使得在这里举办的各种各样的文化艺术活动一直都保持着全国的最高水准。元代杂剧得以在大都城发展并臻于极盛，与元朝统治者不断征召文艺人才到都城来的举措有着密切的关系。这些文化精英在促进都城文化繁荣的过程中，起了很重要的作用。

到了明代，最高统治者仍然采用这种征调各方面文化精英到京城来的举措，从而保证了一大批京师文化的创造主体的稳定来源和不断更新，使得京师文化能够始终代表全国文化的最高水准。这种文化人才的人为集中的现象，一直延续到当代，作为新中国的政治和文化中心，仍然有全国各地的文化精英被调集到北京来工作。

除了统治者人为的举措之外，由于京师在政治和文化方面的地位十分重要，故而有许多文化精英自己主动前来，谋求自身的发展机遇。不可否认的是，与全国的其他城市相比，都城自然存在着更多的、更重要的发展机遇，如果不是身在京城，这些发展机遇是无缘相逢的，而失去了发展机遇，即使你有着极为杰出的才能，也没有施展的场所，也就等于没有才能，或是才能被埋没了。因此，自古以来，许多有为的杰出人才，都会游走京师，其中的许多人也因此获得了发展机遇，从此名扬天下。

另一方面，那些在全国各地已经享有盛誉的文化精英也要到京师来从事文化活动。这些文化精英虽然在各地区已经是成名的"大人物"，但是，如果他们的才干不能够在京师得到展示，不能够得到京城文化界的认可，他们的成就也就无法代表同时代的最高水准。只有得到京城文化界同行的认可，他们才能够成为名副其实的文化"大人物"，才能够获得其权威性。

由于有了上述两个方面的原因，从而在京城无形之中又形成了一股强大的汇聚力量，这股力量的吸纳作用与最高统治者的人为征调作用汇合在一起，自觉或不自觉地使京城的文化创造活动处于一种不断优化的状态，不断有过时的文化形式被淘汰，不断有最时髦的文化形式在此产生、发展，并趋于兴盛。对于文化精英也是如此，旧的文化精英在不断被自然法则淘汰，新的文化精英又应运而生，取代旧的文化精英而享誉当世。

三　对全国各地及域外文化的重要影响

在全国各地的文化精英不断汇聚到都城来的同时，他们在都城开展的各种文化活动所产生的巨大影响又同时向全国各地不断扩散，从而形成了文化的双向交流。在这个交流过程中，向都城的流向是文化创造者（即人才）的流动，而向全国各地的流向则是文化产品的流动。当文化人才流向都城的时候，他们在全国文化界的影响大多数并不大，其社会地位及威望也不高。而当他们一旦在都城创造出了文化精品之后，其影响要远远大于在各地进行的创造活动，其社会地位及学术威望也会迅速提高。

同样，在全国各地的众多文化人才都从事着文化创造活动，他们创造出的或者是一般作品，或者是文化精品，但是，只要他们的作品是在区域内流传的，即使是文化精品，其影响也是有限的、局部的。只有当他们的作品流传到都城，并且得到都城文化界的认可，才可能产生更加广泛的影响，产生巨大的作用。这种都城文化界所具有的权威性，是任何一个地区的区域性文化界（或者说是文化圈）皆无法与之相比的。

作为中国封建社会的都城，又是一个与域外世界联系的主要场所。在元代，由于中亚等地区诸蒙古汗国的建立，中国与域外各国的联系有了空前地加强，而这种联系的一个中心点，就是元大都城。作为一个东方大国的统治中心，域外各国在与之进行交往时，都要派遣使臣前来都城，互通问候。这虽然是一种政治上的联系，但是在使臣往来的过程中，就会出现各种人才的交换、各种物品的馈赠，等等，而这个过程也是文化交流和融合的过程。

其次，元大都城作为全国的政治和文化中心，也就受到域外文化界人士格外的重视。例如，作为异域文化重要代表的宗教文化，是无时无刻不在向外进行传播的。如西方的基督宗教，其大量传教士长期在世界各地开展各种形式的传教活动。在元代，最先在大都城开展宗教活动的是基督宗教的一个分支派别，即活跃于中亚和西亚等地的聂斯托利派，中国人又称之为"景教"。其后，欧洲的罗马教廷才派出其所谓的正宗教派的传教士来到大都城，开展传教活动。到了明清时期，从西方到中国来的传教士越来越多，其从事宗教活动的场所范围也越来越广泛。而这些传教士在从事宗教活动的同时，还把西方的许多重要文化信息带到了中国，从而使之成为中西方之间进行文化交流和融合的一个主要方面。

再次，许多域外的商人们也把目光集中在了中国的大都会，而作为全国政治和文化中心的元大都城，同时也是消费量最大的都会。各国商人纷纷拿着各种奇珍异宝前来京城，出售给蒙古帝王和达官贵人们，以获取高额利润。这些商人在来往于大都城和世界各地之间时，除了携带多种商品之外，还带来了大量的文化信息，向中国人介绍域外的风光和风土人情，向世界各国人士介绍其在中国的所见所闻，从而加深了双方之间的认识。元代最著名的旅行家马可·波罗，实际上就是欧洲典型的商人。正是以他在中国的所见所闻写成的《马可·波罗游记》，才使欧洲人对中国有了一个初步的认识。

第二节　这一时期北京文化的几个突出特点

一　文化内涵的发展变化

在元明时期，北京地区的文化发展与前代相比，出现了一个较大的飞跃，在这一时期，就总体而言，显示出以下几个突出特点。

首先，是文化发展从封建社会的上升期走向成熟期，再走向僵化和没落期的整个过程。中国社会的封建文化发轫于先秦时期，从汉代到唐代，为其上升期，开始在世界文化之林确立了自身的独特地位。此后的辽宋金元时期，为封建文化的成熟期，其发展之繁盛，居于世界文化之林的前列。而到了明清时期，则为其达到鼎盛而后趋于僵化和走向没落的时期。

在这三个文化发展的整体时期中，北京文化的发展并不是与全国完全同步的。在第一个时期，全国文化发展的中心是在汉唐的都城——西安与洛阳两京地区，而北京地区只是一个边塞重镇和封国，其文化的发展进程明显落后于西京长安和东都洛阳。北京地区（即幽州）的文化，是以边塞文化为其显著特色的，还不可能占据主流文化的位置。

在第二个时期，全国文化发展的中心随着政治局势的变化而出现了较大的变动。汉唐时期的两京随着政治中心地位的消失，其文化中心的地位也消失了。北宋王朝的都城东京（今河南开封）和此后南宋王朝的都城临安（今浙江杭州），先后成为代表农耕文化发展最高水准的文化中心。而在那些与宋朝对峙的其他少数民族政权的统治中心，也形成了各自带有民族特色和地域特色的文化中心。

当时与北宋王朝对峙的辽王朝，其统治中心先是在辽上京（今内蒙古赤峰地区），后又移至辽中京（亦在赤峰地区），但是，其文化中心却是在辽南京（又称燕京），这种政治中心和文化中心相分离的现象是较为少见的。因为在辽王朝的政区内，包括了农耕文化与游牧文化两个部分，故而在许多方面都显示出了二元文化的特色。作为游牧文化的中心是在上京，而作为农耕文化的中心则是在南京。

在当时的历史条件下，农耕文化比游牧文化占有明显的优势。因此，辽南京的文化比起辽上京的文化而言，其发展程度要更为繁荣。当然，我们如果将辽朝的农耕文化与宋朝的农耕文化相比，显然，二者之间又存在着较大的差距。这是与南北不同地区之间的经济基础的不同密切相关的。中原地区和南方地区的农耕经济的发展，其繁盛程度远远超过了辽朝的燕京地区。

到了金朝与南宋对峙时期，其统治中心最初也是在金上京（今黑龙江阿城），而其军事中心和文化中心却是在燕京，再次出现了相分离的情况。及金海陵王篡位之后，迁都燕京，又大兴土木，扩建都城和宫殿，加号为中都，于是，政治中心才和军事中心及文化中心合在了一起。在这时的金中都城中，农耕文化占据了支配地位，其与南宋王朝的文化差距也在逐渐缩小，当时的中都城已经成为整个北方地区的文化中心。

在辽金时期，北京（时称辽南京和金中都）地区的文化发展，已经比汉唐时期的幽州有了长足进步，但是，由于辽、宋与金、宋之间的长期政治分裂状态，极大地影响了南方与北方地区之间的文化交流与融合。遂使得北方地区的文化发展走出了自身独特的道路，这种文化发展的最大特色，就是民族之间的文化融合。辽代的许多文化典制承袭了唐代的传统，而金代的许多文化又是源自于辽代文化，直到金代中期，才又加入了宋代文化的因素。

到了元代，政治上的大一统，给文化的发展提供了十分便利的条件，南方与北方之间进行文化交流的人为阻隔已经消除了，于是，出现了许多由南北文化交流而产生的文化精品，如上文提到的天文历法方面的杰作《授时历》，以及地理学方面的杰作《大元大一统志》，农学方面的杰作《农桑辑要》等，皆是南北文化交流的产物。

也正是在这个时期，大都城开始成为全国的政治和文化中心，这是一个新的中心，不论是在政治上还是文化上，都发生了质的变化。从文化的角度来看，这里的区域文化开始转变为都会文化，支流文化开始转变为主流文化，而且，其文化发展进程，从原来的落后于其他文化中心，转变成为全国文化发展的最前沿。这个重要的转变，就是在元大都时期完成的。

到了明代，北京作为全国政治和文化中心的地位得到了进一步的稳固，其在文化方面的影响也变得越来越大。最重要的表现之一，即开始对封建文化进行多方面的集大成工作。这是因为，从元代到明代再到清代，中国的封建文化已经发展到了最高峰。正是在这种情况下，才会出现"集大成"的现象。而达到最高峰的一个突出表现，就是开始走向颓败的下坡路。

二　不同文化类型的冲突与融合

在元代的大都地区，文化的发展充满了活力，民族之间的文化交流与融合，国内外的文化交流与融合，都是增添活力的重要因素，只有不断添加新的文化因素，本身的文化才有进一步发展的空间。而从明代开始，北京地区的文化由于回归到单一的农耕文化占绝对支配地位的状态中，失去了其他少数民族文化的因素，与西方之间的文化交流也越来越少，这就难免出现僵化的状况。到了此后的清代，封建统治者的文化视野更加闭塞，甚至对异域文化秉持了排斥的态度。更重要的是，封建文化自身的发展已经到了最高峰，没有了出路，丧失了活力，只是在苟延残喘。这时表现在文化方面的某种"辉煌"，实际上只是一种回光返照。

随着西方列强的军事侵略和经济掠夺而来的，还有文化上的征服。沉浸在苦难中的中国感受到了巨大的危机。但是，在不断抗争侵略压迫的中华民族的先烈们，却又感受到一种无力回天的悲哀，这是封建文化已经没落的反映。随着清王朝的灭亡，中国的封建文化也开始逐步退出历史舞台，被新的文化取代。从元代到清代的北京地区的文化发展，就经历了这样一个被浓缩的历史进程。

其次，是北京文化中所具有的民族融合的突出特点。这一特点，始终贯穿在北京文化发展的全过程中。从先秦时期到汉唐时期，北京地区一直是中原王朝与北方少数民族部落之间进行军事对抗的前沿阵地。先秦时期的燕国诸侯，适应的是中原地区的农耕文化，而在其北面的山戎等少数民族，则主要适应的是游牧文化。汉唐时期分封的燕国和幽州边镇，仍然是中央政府的屏藩。与之频繁接触的匈奴、鲜卑、突厥、契丹等少数民族部落，也主要适应游牧文化。

到了辽金时期，北方游牧民族的势力越来越强大，开始跨越了长城的人为阻隔线，进入中原地区，辽代的燕京城遂成为汉族与少数民族相互融合的一个重要场所。而金代的中都城，不仅是民族融合的重要场所，而且变成了整个北方地区的文化中心。此后的元代，少数民族的势力更加强大，出现了中国历史上第一个由少数民族建立的统一王朝，民族融合的范围，已经不仅仅局限在北方地区，而是扩大到了全国各地。在这种情况下，大都城既是全国的文化中心，也是民族融合的中心。

在元代的大都城里，少数民族人士的数量是历史上最多的，其民族构成也是最复杂的。众多的少数民族人士，有些是前朝就定居在这里的契丹人和女真人，也有些是随着蒙古军队攻打金中都城之后定居在这里的蒙古人和其他北方草原的游牧民族部众，还有些则是被蒙古统治者从全国各地（主要是西域地区）强制性地迁移到这里的少数民族部众。当然，在大都城里人数最多的仍然是汉族民众。

在这时的大都城里，民族融合成为文化交流的同义语，一个全方位的、最彻底的民族融合就在这里展开了。从人们日常衣、食、住、行的相互适应，到语言文字的并行合用，再到宗教信仰的变更，等等，其规模之大、范围之广、程度之深，不仅在北京的历史上，就是在全国的历史上皆是空前的。

到了明代，这种状况变化较大。当明朝军队攻占大都城时，元朝的最后一位蒙古帝王元顺帝并没有死守都城，以身殉国，而是率领大批亲随和部众逃往漠北草原，因此，大都城里的许多少数民族民众都随同北去，使得这里的少数民族人数锐减。而且，在此后相当长的一段时间里，元朝的残余势力（被称为北元）仍然在北方大草原上不断活动，寻找机会，卷土南下，从而给明朝政府带来了极大威胁。

这种汉族政权（此指明朝政府）与少数民族政权（此指北元政权）之间的军事对抗，直接影响到了民族融合与文化交流的正常进行。特别是，汉族民众在意识观念上的根深蒂固的"大汉族主义"对少数民族的歧视，在元末农民起义军和明朝政府的有意识的倡导下，有了极大发展，对于当时推翻元王朝的腐朽统治，产生了一股强大的力量。

但是，在元朝统治被推翻之后，这种"大汉族主义"的意识仍然存在，并且为农耕文化的再次占据独尊位置提供了强有力的支持。当然，在明代，民族融合仍然还在进行着，但是，与元代相比，在各个方面都逊色许多。只是文化所具有的由习惯产生出来的惯性，在都市的社会生活中留下了或浓或淡的痕迹。

三　文化发展的盛衰轨迹

我们如果在明代文化之后，继续向下延伸到了清代，民族融合再次成为北京文化发展的一条主线。满族统治者在入关之前，就已经较为全面地承接了农耕文化的系统，但是，在入关之后，却又保留了大量的满族文化习俗。特别是在作为都市文化核心内容的宫廷文化中，保留了更多的少数民族文化特色。民族融合给已经走向没落的封建文化增添了一些活力，却不能从根本上解决问题。

与此同时，由少数民族统治者倡导的、对中华民族传统文化进行大规模的整理工作已全面展开，许多著名学者都参与了这项工作。以往有些学者认为，是清朝政府的"文字狱"高压文化政策，导致了大批学者不再关心政治，而埋头故纸堆中，形成了"考据"学派。对于这种观点，笔者不敢苟同。

其一，因为对中华民族传统文化的整理工作，在元代和明代就已经颇具规模了，到了清代，只是沿着这条轨迹向前延伸而已，有其必然的渊源。其二，在中国历史上，从来的文化高压政策都没有能够封住知识分子的嘴，自宋元以来，"气节"之说，更是给了正直的知识分子以赴汤蹈火、百折不挠的秉性，高压只能对那些御用文人产生影响。其三，在清代精通考据的著名学者，并不都是不关心时政的书虫，其中的许多人在学术上和政治上都有较大的成就。

但是，不论清代学者们的学问如何博大精深，对传统文化的整理如何勤勉，中国的封建文化仍然不可救药地走向衰颓。农耕文化的辉煌已经成为历史，农耕生产被大工业生产取代也已经成为必然的发展趋势。社会生产的转型而导致的文化转型，使中国传统文化遇到了空前严峻的挑战。这时的北京城，又成为各种类型文化相互冲突又相互融合的一个重要场所。

由此可见，清代文化在许多方面对明代文化的延续，是有其踪迹可寻的。但是，在另外一些方面，清代文化并没有承袭明代的文化，而是有了自己独特的发展规律。我们如果着眼于中华民族传统文化的总体发展趋势，即可看出，从明代开始，中国的封建文化在许多方面已经逐渐走向了没落。清代的没落只不过是这种总体发展趋势的延伸，而没有出现扭转轨迹的情况。

第三节 对这一时期北京文化的整体评价

一 成为全国都城之前的文化发展状况及其评价

元明时期，是北京文化发展的最重要的时期之一。在这个时期，由于北京作为全国政治和文化中心地位的确立，使得这里的文化发展，其发展速度之快，明显超过了以往任何一个历史时期；其发展水准之高，也明显超过了与之相平行的其他任何一个地域文化圈，如齐鲁文化圈、吴越文化圈，等等。这种都城文化发展所特有的潜在优势，是其他地区所不具备的。

在元代以前，北京文化具有区域特色的形成时期是在先秦时期。这时除了中央王朝所在地流行的主流文化之外，其他不同的地区开始产生各具特色的地域文化。在华北平原一带，形成了被人们称为"燕赵文化"的地域文化。这种独特的文化，与其他地域文化，如齐鲁文化、吴越文化等一样，皆有着各自不同的特色。但是，燕赵文化的主体渊源与齐鲁文化、三晋文化一样，乃是周朝的中央文化。

及秦、汉等中央集权王朝相继建立后，特别是汉武帝"罢黜百家，独尊儒术"之后，儒家学说在整个思想界占据了统治地位，使得先秦时期的"百家争鸣"局面从此消失，地域文化的发展也因此而受到极大影响，趋向于一致的模式，因此燕赵文化的特色也就变得越来越少。正是从这时候开始，北京地区的文化发展，由于受到边镇战乱的影响，而逐渐落后于其他经济较为繁荣、政治较为安定的地区。与中央王朝的都城所在地的长安、洛阳相比，其文化发展方面的差距，变得更加明显。

到了魏晋南北朝时期，北方战乱频繁，少数民族多次进入中原地区，从秦汉时期延续下来的中原农耕文化，其一部分遭到严重破坏，另一部分被迫南迁，开始传播到了江南地区。在这个时期，江南地区的文化发展，其水准在许多方面已经超过了北方的中原地区。但是，由于北方地区在军事上占有明显优势，最终还是由北方政权统一了天下。在这个时期，涿郡地区（今北京一带）的文化发展仍然处在十分缓慢的进程中，其总体水准也仍然低于其他的地域文化区。

到了隋唐时期，全国再度统一，使得长安及洛阳再度成为全国的文化中心。这时的幽州地区（今北京一带）在文化的发展上仍然较为缓慢，但是，由于东北地区少数民族奚族和契丹族的势力迅速崛起，使幽州的军事地位变得越来越重要。隋朝政府为了征伐辽东，曾开凿了北达涿郡的大运河，以便供应军队的日常需要。到了唐代，全国边镇军队的四分之一驻扎在此，中央政府又开通了直达幽州的海上运输线，从而带来了这一地区经济的发展。由于军事和经济力量的增强，遂使幽州成为北方最强大的割据藩镇之一。

就在幽州的地位变得越来越重要的时候，北方少数民族政权契丹王朝却趁中原王朝纷争丧乱之机，占有了燕京地区。这个政治局势的变化，也就改变了这一地区的文化发展进程。首先是这一地区与中原地区完全失去了以往的密切联系，开始处于政治上的分治、军事上的对峙、文化上的阻隔（宋朝政府曾明令禁止运送书籍到辽地出售），这种状况对于燕京地区文化的发展产生了消极的负面影响。

其次是这个地区又进一步加强了与塞外少数民族游牧文化的联系。在契丹政权占有燕京地区之前，这里一直是中原王朝对抗北方游牧民族的前沿要塞，因此，在军事上处于激烈对抗的状态下，很难进行双方之间的文化交流。及契丹政权占有这里之后，燕京地区与北方游牧民族之间的军事对抗没有了，反而成为少数民族政权对抗中原王朝的前沿重镇。军事对抗的消失，带来了文化交流的空前便利，这种状况对于燕京地区文化的发展产生了积极的正面影响。

在这个时期，就燕京地区的文化发展整体状况而言，一方面，与中原其他地区的正统农耕文化相比较，处于相对落后的状态中，与宋朝都城的文化中心相比较，差距更大。另一方面，与塞北少数民族地区的游牧文化相比较，又处于相对领先的状态中。辽代有五京之制，而燕京（又称南京）的文化是五京之中最发达的。

到了金代，中都城（即今北京）已经成为北半个中国的政治和文化中心，其文化发展水准，在金朝辖区内是最高的，堪称代表了金朝文化的最精粹的那一部分。但是，若与占据江南地区的南宋王朝相比，仍然存在着一定的文化发展差距。这时的南方与北方之间，随着经济发展的不平衡，开始出现文化发展的不平衡，南方的文化发展，其整体水准已经明显高于北方。

二　成为全国都城之后的文化发展状况及其评价

到了元代，虽然南方与北方之间的整体文化发展的不平衡依然存在，但是，由于政治上的统一，作为全国政治和文化中心的都城，可以利用其特殊的地位吸收全国各地的文化精英，从而弥补了北方文化与南方文化之间的发展不平衡，使元大都的文化发展程度一直保持着全国的最高水准。到了明代，虽然南方地区的文化发展整体水准仍然高于北方地区，但是，北京文化的发展，因为有了都城的特殊优势，而始终保持着领先的状态。

在元代和明代，北京地区文化发展与政治局势的变化是密切联系在一起的。因此，中央王朝在政治上的绝对权威性，也通过文化的发展显示出来。首先，许多重大的文化事件是在都城发生的，并由此产生巨大的社会影响。如传世典籍的编纂修撰，元代编纂《辽史》、《宋史》和《金史》，以及《大元大一统志》，明代刊印《永乐大典》、《大藏经》，编纂《明一统志》等等，这些大规模的文化工程皆是在都城完成的。

其次，全国各方面的文化精英都汇聚到都城之后，在相互交往的过程中形成了各自的文化圈，这个文化圈形成之后，遂开始具有了较大的权威性。不论是在都城创造的文化作品，还是从外地流传到都城来的文化作品，也不论其文化水准之高低，只要得到相关文化圈的认可，就能够由此而扬名。当然，在京城的文化圈中，有些权威人士的学术水准并不高，但是，由于其自身所处的地位十分显贵，也就使他的观点带有了权威性，这种学术上的权威性是和政治权威密切联系在一起的。这种带有政治色彩的权威性，其所产生的社会影响，有时比真正的学术权威的观点所产生的影响还要大得多。

因此，都城文化实际上在全国的文化界就具有了一种无形之中的巨大导向性。在全国各地文化界时髦的东西，到了都城未必就时髦；而在都城文化界时髦的东西，到了各地则大多数都十分时髦。这种时髦性，正是其权威性的另一种转换形式。一件同样的文化作品，例如一幅字画，如果出自一个普通艺术家之手，即便有很高的艺术价值，也没有人会去重视；相反，若是出自名家之手，即使艺术价值很平庸，也会被人们视为珍品，高价抢购。这种情况是普遍存在的。

综上所述，元明时期的北京文化，是最具有典型意义的中华传统文化的代表，或者说是中华传统文化中的主流文化。它处在中国封建文化从高峰走向衰败的重要历史发展阶段，因此，又具有了集大成的特色。同时，它又是汉族与其他少数民族之间文化相互融合的产物，换言之，民族融合给北京文化的发展提供了巨大的活力，使其从一个发展高峰到达另一个高峰。但是，由于封建社会的没落、封建经济的解体，最终必然会带来封建文化的衰败。北京文化既然是整个中华传统文化的典型代表，自然也免不了这种衰败的结局。

第二章 元代
——一个多元文化的时代

元代，在中国历史上是争议最多的朝代之一，贬之者自明代以来就大有人在，有政治家，也有学者。一直到当代许多人的意识中，元代仍然是一个历史进程停滞不前，甚至出现某种程度倒退的时代。但是，另一些人，特别是那些专门从事元代历史研究的当代学者，对于元代的历史，大多能够做出较为全面和客观的评价，褒贬各有之。

元代，又是在中国历史上第一个由少数民族建立一统王朝的时代，在此之前的中央大一统王朝，都是由汉族建立的。而少数民族所建立的政权，往往偏处于边陲之地，未能对中国历史的发展产生更大的影响。而到了元代，中国少数民族之一的蒙古族，以其强悍的铁骑从北到南、从东到西，横扫亚欧大陆，摧垮了一个又一个强大的敌手，创造了一个震惊世界的军事奇迹。

在元代，众多少数民族人士大量迁入中原地区和江南地区，加速了汉族与其他少数民族的相互融合。当然，这种相互融合，是在两种形式的征服下同时进行的。一方面，是蒙古统治者用铁与血对中原地区和江南地区的广大民众的有形的军事征服；另一方面，则是广大民众以其悠久而深厚的历史文明对蒙古统治者和其他少数民族人士的无形的文化征服。

在元代以前，民族之间的相互融合有着三种主要的方式。第一种是"和亲"，从汉代到唐代，这种方式的民族融合十分常见，王昭君和文成公主就是这种"和亲"政策的典型代表。在她们嫁到少数民族部落的同时，也带去了中原地区的先进文化。十分明显的是，这种方式的民族融合，其涉及的范围是十分有限的。其所起的作用，也是军事上的安定作用，超过了经济上和文化上的相互交流。

第二种是"和议"，从宋辽之间的"澶渊之盟"，到宋金之间的"绍兴和议"，"和议"成为民族之间相互融合的一种主要方式。在这个时期，中原地区的汉族王朝由于石敬瑭割让燕云十六州，而失去了长城这条重要的军事防御线，从而在军事上处于明显的被动挨打的境地，因此，才不得不用巨额的财富来弥补军事上的不平衡。换言之，这时的中原王朝乃是用进贡的巨额财富，又修筑了一条无形的"经济"长城。

在汉唐时期，中原王朝在与北方地区的少数民族政权的军事对抗中，处于实力相当的平衡状态，因此，也就产生了"和亲"的现象。而到了宋辽金时期，中原王朝在与北方地区的少数民族政权的军事对抗中，已经失去了军事上的平衡状态，因此，也就不得不采用"和议"的手段来维持平衡。在这时，"和议"既有军事上的安定作用，又促进了经济上和文化上的更加广泛的相互交流。

第三种则是"征服"。在元代之前，北方地区的少数民族政权虽然也对中原地区的民众进行过军事上的"征服"，并且受到了文化上的被"征服"，但是，其范围只是在黄河以北，乃至江淮以北地区，还未能在全国形成大规模的影响。到了元代，这种"征服"与被"征服"，其范围之广、影响之大，达到了空前的程度。元代大都地区的文化发展历程，正是在这个空前的民族融合的广阔社会背景下进行的。

与"和亲"及"和议"相比，"征服"乃是最为彻底的一种民族融合方式。客观地讲，如果没有"征服"，绝大多数的少数民族民众只能长期生活在边陲地区，而很难有机会迁居到中原地区甚至江南地区来。如果没有"征服"，少数民族民众也不可能对中原地区的更加先进的农耕文化有深入的了解。

在元代，由于蒙古帝国的向西扩张，作为东亚的超级大国，开始与西亚及欧洲有了更加密切的联系，域外文化通过北面的蒙古草原和南面的海上丝绸之路，越来越多地传入中国，出现了自唐代以来的又一个对外开放的高峰期。这时，活跃于西亚及欧洲各地的伊斯兰教文化和基督宗教文化，也随着驿道的畅通和大批少数民族人士入迁而在内地得到传播。西方人士也是在元代，开始对亚洲、对中国有了更进一步的了解。中外之间的文化交流与融合，对元大都文化的发展历程也产生了相当大的影响。

第一节　元大都文化的几个主要特点

一　三教的重新排位

中国历史发展到了元代，仍然保持着一种蓬勃向上的积极态势。这种积极的态势不仅表现在经济技术的发展方面，而且表现在政治体制的改革方面，以及各种不同渊源的文化相互融合方面。在元代，因为中央王朝是由一个少数民族的统治者建立的，所以，在文化的发展过程中就显现出了更多的少数民族特色。而大都城作为全国的政治和文化中心，这种特色表现得尤为突出。

在元代，最主要的一个文化特点，是对"三教"的重新排位。三教在中国文化史上的地位，如同鼎有三足，才可以保持平衡的状态。儒教即儒家学说，早在先秦时期就已经成为了"显学"，占有十分重要的社会地位。到了汉代，又经过大儒董仲舒的"天人感应"学说的改善，而取得了在政治上和文化上的统治地位，也就是人们通常所说的"独尊"地位。

经过改善的儒家学说，其体系开始变得越来越庞大，其内容也变得越来越混杂，不仅具有政治的和文化的许多重要因素，而且增加了许多宗教方面的内容，于是，儒家学说逐渐向儒教转变。从汉代开始，这个转变过程就一直没有停止过，只不过在不同的历史时期，其表现形式各不相同而已。大致而言，先秦儒学，是第一个大的发展阶段，汉唐时期是第二个大的发展阶段，宋元时期是第三个大的发展阶段，明清时期是第四个大的发展阶段。若再统而言之，先秦时期的儒学与汉唐时期的儒学之间，传承关系较为密切，而宋元时期的儒学与明清时期的儒学之间，传承关系更为密切。

在汉代，儒学取得了独尊的地位，而佛教与道教则刚刚开始产生（或是传入）和发展，与儒教还未形成鼎足之势。但是，经过魏晋南北朝几百年的迅速发展，佛教和道教在冲突与对抗中互有胜负。在北方地区，道教的势力略强一些；而在南方各地，佛教的势力更加兴盛。一直到了唐代，三教鼎立的局面基本形成。而在唐宋时期，佛教与道教之间的冲突仍然没有断绝，却已经无法影响三教鼎立的大局势。

当然，在三教之中，儒教一直占据着绝对的支配地位，而佛教和道教的排位前后，主要是由统治者的个人宗教倾向决定的。凡是统治者崇奉佛教时，佛教的地位就会高于道教；反之，当封建统治者笃信道教时，道教的地位则会高于佛教。而当佛教和道教之间发生矛盾冲突之时（这种情况出现得较少），统治者的宗教倾向性更是起着决定双方胜负兴衰的重要作用。在中国，宗教势力始终都是依附于政治势力的。

但是，到了元代，三教的地位发生了排位上的变化。在元朝统治者和权贵大臣看来，当然，也包括许多世俗百姓的观点，佛教的地位最高，其次是道教，而儒教的地位最低。这一点，通过许多方面的事情都可以体现出来。例如，在三教领袖的称呼上，佛教的领袖被尊为国师，而有些藏传佛教的领袖甚至被尊称为"帝师"，其地位之显赫，几乎与帝王持平。这些帝师可以在佛教的节日里乘坐只有帝王才能够乘坐的象辇，还要受到百官的朝拜，甚至帝王在即位之前，必须接受帝师的戒礼，等等。

而道教的领袖则被称为"神仙"（成吉思汗对全真教领袖丘处机的称呼）和"天师"（元朝统治者承认正一派领袖的称呼），也同样受到尊崇。只有儒教的鼻祖孔子，仍然是一位为人师表的"人师"，儒学大师的地位显然无法与佛教和道教的领袖相比。在当时的社会上，甚至出现了所谓的"九儒十丐"的社会阶层排序。就连那些尊崇儒学的大臣，也认为："释如黄金，道如白璧，儒如五谷。"① 儒学虽然很实用，但与释教和道教相比，却很不值钱，五谷杂粮如何能与黄金、白璧的价值相提并论呢？

二　突出的文化多元化表现

在元代的大都，充分表现出了文化多元化的时代特色。如前所述，元朝是由少数民族之一的蒙古族建立的，因此，统治者在实行民族与宗教的相关政策时，采取了明显优待各个少数民族人士的手段。这时的社会上，人们被分为四个等级，即国人（特指蒙古人）、色目人（指其他少数民族人士）、汉人（指北方地区的汉人和已经汉化的契丹人、女真人等少数民族人士）、南人（指江南地区的汉人和其他少数民族人士）。

国人的社会地位最高，国家的军政大权集中在极少数蒙古贵族手中。色目人的地位仅次于国人，也占有许多显要的政治、军事权位。而汉人和南人在政治上受到明显的压制。这种以民族成分为标准而形成的社会排位，在文化的各个方面也就自然而然要有所显示。在宗教信仰方面，广大

---

① 《南村辍耕录》卷五"三教"。

的汉族民众主要信奉的是佛教和道教；而地位仅次于国人的其他少数民族人士，则主要信奉的是从西域地区传入的伊斯兰教，于是就有了"元代回回遍天下"之谚。不仅是色目人开始遍布在全国各地，他们所信仰的伊斯兰教也开始遍布各地。这时的伊斯兰教，逐渐成为排在佛教和道教之后的第三个重要的宗教势力。

蒙古贵族信奉的宗教，其派别较为混杂，也就体现出了一种多元化的倾向性。他们信奉的宗教，排在第一位的，最初是萨满教。这是一种北方少数民族普遍信仰的原始宗教。在大草原上，蒙古贵族们信奉它，到了大都城里，仍然信奉它，为了举行萨满教的宗教活动，蒙古贵族特别设置了"烧饭园"。蒙古贵族信奉的第二种宗教，是基督教的一个支派，在中国被通称为"景教"。这个宗教派别，是从西亚和中亚经过西域而传入蒙古大草原的。在占领中原地区之前，即有许多蒙古贵族开始信仰"景教"，并且把这种信仰的宗教也一起带入中原地区。

蒙古贵族信仰的第三种宗教，是藏传佛教。这是蒙古国从大草原向青藏高原扩张时，藏传佛教的领袖主动归顺之时开始的。到了元世祖即位后，由于受到藏传佛教领袖八思巴的影响，而使其教派取得了显赫的地位。元世祖先是封八思巴为国师，继而进封为帝师，任命其为整个佛教界的领袖。为了藏传佛教在大都城（今北京城）弘传其宗教信仰，元世祖特别为其兴建了大圣寿万安寺（今白塔寺），寺院的规模可比拟皇宫。元世祖又命尼泊尔工匠阿尼哥在寺中建造了一座藏传佛教所特有形制的大白佛塔，耸立都城之中，极为壮观，象征着帝师的权威。

其次，是语言文字的多元化。在中原地区，虽然受到不同地域文化的影响而产生了多种方言，但是，文字却是统一的，也就是以象形为主而制造的汉字。这种人类智慧的结晶，自产生之后，就成为中华文化的主要载体之一，又经过了从夏商周时期到秦汉时期的不断完善、不断规范化的过程，而最终确立了其存在的价值。到了元代，汉语和汉字仍然是人们日常使用的最主要的语言文字。

但是，对于蒙古和其他少数民族人士而言，他们在大草原上和西域地区长期使用的语言文字，显然与汉语和汉字有着极大的差异。这种差异导致了相互之间在进行文化交流时的困难，而进行相互之间的文化交流又是绝对必要的事情。于是，从元太宗时开始，在燕京（今北京）设置了蒙古国的第一所国子学。在这所国子学中学习的，都是蒙古贵族的子弟和汉族官员的子弟，其主要目的，就是要让蒙古贵族子弟学会汉语和汉字。可以说，这所初建的国子学，不是传授儒家学说的地方，而是传授语言文字的专门汉语学校。

当蒙古贵族们开始定居到中原地区的大都城之后，他们中的许多人仍然坚持使用蒙古语言和文字，为此，他们需要在中原地区大力传播蒙古族原来使用的语言和文字。于是，元世祖忽必烈下令，命帝师八思巴制作出了新的蒙古文字，并使用官方的力量将其在全国范围内推广。为此，元朝统治者在大都城又设置了一所专门的语言学校——蒙古国子学，并下令其他少数民族官员和汉族官员的子弟们入学，专门学习蒙古语言和新制的蒙古字。

那些跟随蒙古统治者进入中原地区和江南地区的其他少数民族人士，大多数使用的是流行在西域一带的语言和文字——波斯文。为了推广这种语言文字，元朝统治者还在大都设置了回回国子学，专门教授波斯文。这时传入中原地区的，不仅是伊斯兰教和波斯文字，而且还有许多天文历法和医学、机械制造等方面的伊斯兰文化。

三　文化发展的世俗化趋势

元代文化的另一个显著特点，是对中国传统文化的世俗化。在中国古代，语言的产生和使用要早于文字，但是，口耳相传的语言要保留下来，除了口碑之外，主要是靠文字。而在纸张发明之前，人们依靠龟甲、兽骨和竹简、木牍记录的语言，由于记录方法困难，故而采用的是最简练的形式，从而形成了脱离日常语言系统的文言文系统。语言和文字各自沿着独立的方向发展，却又相互之间产生着密切的联系。

到了元代，这种语言和文言之间长期产生的距离，开始逐渐缩小，出现了大量的文言口语化的现象。其一，是元代白话碑文的出现。特别是那些竖立在名山大川寺庙和道观之中的"圣旨碑"，乃是彻底口语化的范文标本，不仅是口语，而且是带有浓厚少数民族味道的口语。当然，许多由当时文人学士撰写的"神道碑"和"墓志铭"一类的文字，仍然保留了文言文的格式。

其二，是"元曲"和"杂剧"的产生。在元代之前，作为语言艺术重要载体的楚辞、汉赋，以及唐诗、宋词，都主要是以文言体的"雅"的面貌出现的。而那些被视为"俗"的文体，如唐代的"宫词"和宋代的"话本"等，已经开始尝试文言体的口语化。但是，其文体只能作为文学主体中的一个支派，很难登上大雅之堂。到了元代，"元曲"作为一种文学载体，开始加入了更多的口语元素，许多著名的元曲作家，都在其代表作中使用了口语的词汇，使之成为了一种创作主流。用这种"大俗"的语言创作的"元曲"作品，却达到了"大雅"的境界，这是以前所没有的。

元代文化的第五个特点，是将宋代儒学大师们的学说——"理学"定为官方承认的正统学说。在汉唐时期，儒学家们的学说是恪守先秦所谓的"六经"（后来又不断扩大为"九经"、"十三经"）典籍的，主要的学术成果也是给"六经"做注解。到了宋代，许多儒学大师的研究领域不断拓宽，学术见解也具有更多的创新性，于是，就产生了一个新的儒家学派，后人统称为"理学"。

宋代儒学大师们的学说也分为不同的学派，其中，最具代表性的儒学大师为朱熹和陆九渊。后世有的学者认为，朱熹的学说与陆九渊的学说形同水火，势不两立。也有的学者则认为，朱熹和陆九渊实际上是殊途同归。但是，二人学说之间的差异却是明显存在的事实。朱熹的学说更趋向于"实"，而陆九渊的学说更趋向于"虚"。故而从金朝与南宋对抗时期开始，这两派的"理学"虽然都从南方传到了北方，却是趋向于"实学"的朱熹学说得到了更多金朝学者的认同。

到了金元之际，蒙古统治者又请被俘获的宋朝儒学家赵复来到燕京，主持太极书院的讲学活动，遂使程朱一派的"理学"，其传播的范围越来越广，其学术影响越来越大。此后，在元代初期，许多著名的北方儒学大师，如姚枢、许衡、窦默、王恂、杨恭懿等人，都是笃信朱熹学说的。由于他们和元朝统治者的关系十分密切，因此，在他们的教育和培养下，一大批学生——包括许多蒙古贵族子弟也都成为了朱熹学说的崇奉者。

到了元代中期，科举考试制度经过多次激烈争论，终于得到恢复，这时的考试范本，已经不再是汉唐时期盛行的所谓"十三经注疏"了，而是朱熹等宋代儒学大师们创立的"理学"，而且，由官方认可的正确考试答案，其范本则是朱熹的著作。在当时的大都城，作为最高学府的国子监学，其主持者和教学者，大多数都是许衡的弟子，由他们教育和培养出来的一大批学生，也自然都成为了程朱理学的信徒。而全国各地的儒生们，为了能够在科举考试中取得好成绩，也不得不学习和遵循朱熹等人的学说。

第二节　元大都的文化定位

一　北方文化的传承中心

元大都的文化发展，经历了几个不同的发展阶段。第一个阶段，是金元之际的战乱时期。在这个阶段，原来作为整个北方文化中心的金中都城，遭到战乱的严重破坏，许多著名的学者，或死于战乱和其他灾难，或远逃他乡，另谋生路，能够留存下来的，已寥寥无几。因此，这个阶段是都城文化遭到巨大劫难的阶段。

第二个阶段，是从蒙古统治者在中原地区的统治逐渐巩固开始，到元世祖统一天下时为止的时期。在这个阶段，随着元大都城的兴建日益完善，其政治地位逐渐提高，而使其文化有了很大的恢复，再次成为了整个北方地区的文化中心。这一点，不论是从文化发展的任何一个方面，都有明显的体现，如文化教育、宗教活动、文艺创作及演出等，皆是如此。因此，这个阶段是都城文化不断得到恢复的阶段。

第三个阶段，是从元朝统一天下，一直到元朝末年为止的时期。在这个阶段，大都城的文化发展出现了一个飞跃，开始从北方地区的文化中心发展为全国的文化中心。由于政治上的统一，消除了南方与北方之间长期的人为隔阂，加强了南北之间的文化交流，许多著名的南方学者纷纷北上，有些是元朝统治者的强制征调，也有些是出于自身的发展需要。这些学者的北上大都城，为都城的文化发展增添了一股强大的新鲜动力，从而使得大都城很快就变成了全国的文化中心。因此，这个阶段是都城文化迅速发展，并臻于极盛的阶段。

当然，在这个阶段，由于元王朝与世界各国，主要是中亚、西亚和欧洲各国的政治和文化的交流日益频繁，也使得元大都城成为了整个世界的一个重要文化中心。正是在这个文化中心，形成了以中华民族的传统农耕文化为主体的、以北方少数民族游牧文化及外来的伊斯兰教文化和基督宗教文化为辅的多元文化共存的局面。

金朝末年，蒙古国在大草原上迅速崛起，蒙古骑兵的铁蹄迅速跨越长城，横扫黄河以北的中原大地，金朝统治者贪生怕死，很快就逃到了汴京。这时的中都城里，有大批民众随同南迁，其中自然也有许多文人学士随之南逃。留在中都城里的，只有少数受命死守的政府官员和士兵。在这些人中，耶律楚材堪称儒士的代表。他在围城之中一面静观世事变化，一面与城里的高僧切磋禅学。不久，当蒙古军队攻占中都城之后，他就变成了元太祖大帐之下的主要谋臣。

耶律楚材虽然以儒士自居，但是他的学术造诣并不是那种十分纯正的儒家学说，而是精通各种杂学，并且，以其博学多才而受到元太祖的赏识。这时，在耶律楚材周围，有一些文人学士与之相互应酬，进行着少得可怜的文学创作活动。由于受到战争动乱的影响，许多文士都生活在四处奔波的状态中，很难从事纯学术的研究。

当蒙古政权逐渐巩固了在中原地区的统治之后，中原地区的一些汉族军阀也因为投靠了蒙古政权，而使自己的势力得到发展，如河北地区的史天泽家族、张柔家族和董文炳家族，山东地区的严实家族和李璮家族等，各占一方，俨如分封诸侯。在这些汉族军阀中，有些人是颇具政治见识的，于是，在自己控制的地盘内召集儒士，发展教育，培养人才，形成了一个个区域性的文化圈，如张柔家族和严实家族，就都召集了许多著名的学者，给予礼遇，大兴文教。而这时的燕京地区，由于有蒙古国的断事官们在这里掌权，故而对发展文化教育的重要性没有足够的重视，也就没有采取延揽人才的必要措施。

这一时期值得一提的是由汉族官员杨惟中在燕京创办的太极书院，聘请被蒙古军队俘获的宋儒赵复在书院中宣讲程朱理学，一时之间，许多北方学者纷纷前来求教，使这一派最时髦的儒学新理论得以广为传播。此外，许多蒙古国的重要文教机构，如负责教育的最高学府国子学、负责医疗工作的太医院、举行重要礼仪活动的场所孔庙等，也都设置在这里，逐渐显露出了这座城市将要成为北方文化中心的征兆。

值得注意的是，在宋儒赵复于太极书院宣讲程朱理学的前后，河北地区也有一批北方的学者在苦心钻研着当时最具活力的儒学——"理学"，在这些人中，一批以许衡、窦默和姚枢为代表，其学术渊源上接于赵复，而以自学为主；另一批则以王恂、郭守敬为代表，其学术则上承于刘秉忠。这两批学者，最后都会集到了大都城，成为都城文化恢复和发展的骨干力量。

二　全国文化的汇聚中心

及元世祖夺得大汗之位，定都燕京，这里开始逐渐成为整个北方地区的政治和文化中心。首先，是都城对人才的凝聚效应发生了重要的作用。由于元朝几乎所有的重要文化机构都设置在这里，因此，必须调集大量的专门人才在这些机构中任职。如元朝政府在这里设置国子学之后，就要把全国著名的儒学家调到这里，从事文化教育工作。翰林国史院设置之后，元朝政府又要把全国著名的文学家调来，作为御用文人，等等。

上文提到的最初活跃于河北、山东等地的一批著名儒学家和文人学士，就是在中统、至元年间被陆续调来京城任职的。这些学者的到来，无疑加强了京城的文化活动实力，从而很快就形成了一个在北方地区产生重要影响的文化中心。正是在这批学者的参与之下，元朝初年的许多典章制度、礼仪规范，甚至学术流派的风格等，得以初具规模。

另一个值得注意的地方是，自从蒙古国的势力进入中原地区以来，对于各种人才的搜求和利用就十分重视。蒙古军队每占领一个地方，首先就要搜求工匠、医生、儒士、僧人和道士等具有一技之长的人士。即使是由于一个城市抵抗了蒙古军队的攻掠，遭到"屠城"的悲惨命运时，那些有一技之长的人士也能够得到宽大处理，幸免于难。

如元太宗九年（1237年），耶律楚材提出，要通过考试来选拔有用的儒士，得到元太宗窝阔台的支持，翌年，经过考试，选拔出了四千余名儒士，许多人得到政府的任用，还有一些人，通过考试而免了被奴役的身份，成为受到照顾的"儒户"。可惜的是，这种考试的办法并没有形成一种制度，只是偶尔施行。但是，这在战乱过后不久的中原地区，由此而积蓄了一股珍贵的文化力量，为以后的文化恢复与发展，起了重要的奠基作用。

及元世祖命大将伯颜率领元朝军队一举攻灭南宋政权之后，仍然采取蒙古国时期的老办法。一方面，是在至元十三年（1276年），刚刚攻占江南地区之后，即在这里组织了一次大规模的考试，通过了考试的儒士们，也都受到元朝政府的照顾。另一方面，元世祖又派出一些亲信大臣来到江南地区，搜求这里的著名儒学家和文学家，以及有其他各种技能的人才，如医生、工匠、乐师、天文学家，以及宗教界的领袖人物等。

这些被搜求，或是说得好听一点，被举荐的人才，很快就被送到大都城来。其中的许多人，如叶李、赵孟頫、张伯淳等人，确实皆是江南地区的杰出文化代表人物。这些人士的北上大都城，为大都这个文化中心又增添了一股巨大的活力。正是从这时开始，南方的文人学士与北方的文人学士相互结交，将南北不同的文化风格加以融合，不久之后，使得大都城从北方地区的文化中心发展成为全国的文化中心。

三　世界文化的交融中心

早在蒙古国时期，元太祖的大规模西征，以及此后诸皇子的西征，打通了蒙古草原与中亚、西亚各地的联系，就连远在欧洲的教廷，也频频派出使臣前来东方，与蒙古国联络。在这种情况下，亚欧之间的政治、经济和文化等各方面的交往都有所加强，而这种全方位的交往，其最主要的场所之一，就是大都城。

正如有些学者指出的，西方使臣出使东方的目的之一，就是要将基督宗教文化向东方传播，以扩大其影响。这个目的，在当时的历史条件下并没有取得预期的效果，由于人种的不同、语言的不同、生活习俗的不同，乃至于宗教信仰的不同，使得这种传播工作遇到了极大的困难。虽然一些到大都城来的欧洲传教士在这里修建了新的教堂，吸收了成千上万的信徒，但是，在整个社会上所产生的影响，与佛教、道教和伊斯兰教相比，却要逊色得多。

即使如此，人们也不得不承认，在元朝的京城，汇集了当时世界上最主要的几大文化的因素，从而使其又成为世界文化的交融中心。但是，不难看出，由于农耕文化的高度发达，使得伊斯兰教文化和基督宗教文化在向这里传播之时受到了极为强大的阻力，在宗教信仰方面，在中国已经发展了很长时期的佛教和道教，仍然是广大民众尊奉的主要宗教派别。而在少数民族的民众中，信奉伊斯兰教和基督宗教的人要更多一些。

综上所述，从蒙古国的势力进入中原地区开始，燕京地区的文化从受到严重破坏到逐渐恢复。及至元世祖忽必烈决定在这里建都之后，又逐渐发展成北方地区的文化中心。再到元朝统一天下之后，这里又逐渐发展成为整个中国的文化中心。随着元王朝对外交流的日益频繁，这里又成为全世界各种不同文化之间进行交流与融合的一个重要的中心。在这个发展进程中，大都城所起的作用也变得越来越重要。

第三节　元大都文化的传承

一　农耕文化

如上所述，元代的大都城，是一个多元文化共存的重要文化活动场所，而这种局面的形成，也是有多方面的因素在起作用。显然，在多元文化中，有的文化因素起着主导的作用，而有的文化因素，则是新增加的。还有一些非主流的因素，与主流的文化因素交融在一起，又产生出了新的文化因素。正是这种不同文化因素的交融，促进了大都地区文化的发展和进一步繁荣。

在大都地区，起主导作用的文化仍然是农耕文化。虽然建立元朝的最高统治者是蒙古少数民族首领，但是，在中原地区，几千年的农耕文化影响是巨大的，没有任何一种其他的文化足以与之抗衡。佛教文化作为一种外来的宗教文化，自传入中原地区以来，也经历了几百年的"汉化"过程，换言之，也就是"农耕化"的过程，才得到中华民族的认同，也才能够得到进一步的发展。而这种农耕文化的最典型的代表乃是儒家文化，自其一出现，就一直在中国社会上产生着巨大的影响。而其最为坚实的基础，则是农耕生产。

蒙古统治者在进入中原地区之后，曾一度想把大片的农田改变为牧场，将从事农业耕作的农民改变为饲养牲畜的牧民，但是，这种设想和实施办法都失败了。因为中原地区的自然环境最适合于农业耕作，而农业耕作的生产，为人们提供的物质产品又远比畜牧业生产要多得多。故而蒙古统治者在中原地区也就不得不放弃其久已习惯的畜牧业生产，而越来越重视农业生产。只要农业生产仍然是中原地区最主要的生产形式，那么，农耕文化也就自然占有在文化上的主导地位。

有些学者可以明显感觉到，宋元时期的儒学已经发展到了一个新的阶段，在许多方面与汉唐时期的儒学有着较大不同之处。对于儒学的新发展，在宋朝与辽、金对峙时期，起主导作用的，是宋代的儒学家。北宋的儒学家们开始创立新的学说，到了南宋，儒学大师们又集其大成，而最终搭建了"理学"的框架。在与之对峙的辽朝和金朝，一方面，作为统治阶级的主体部分乃是以游牧、渔猎为主要生产形式的契丹、女真等少数民族首领，对于农耕文化相对比较陌生；另一方面，在这一时期，由于受到战乱的影响，北方文化相对于南方而言，在儒学方面的发展也要相对缓慢一些，或者说是落后一些。

而这时的燕京城，从唐末五代时期开始，就逐渐与中原王朝脱离了联系，划入契丹的势力范围之内，并且成为辽朝文化最繁盛的城市。作为辽朝文化中心的燕京城，其学术发展的程度，比起北宋的儒学界来，有着较大的差距。到了金代，中都城已经成为整个北方地区的文化中心，而且许多金代的儒学家也已经开始学习和研究北宋儒学家们的"理学"，但是，由于政治上的隔阂、军事上的对抗，在很大程度上影响了文化的交流，因此，金代的儒学发展与南宋的儒学相比，仍有较大的差距。

到了元代兴建大都城之后，随着统一局面的形成，这时的大都城已经成为全国的文化中心，先是有许衡、王恂等北方儒学家们秉承了宋儒赵复的学说，开始尊崇程朱理学，使之成为国子学的规范教科书；接着是有一批著名的江南地区的儒学家北上，继续在大都传授"理学"；最后是元朝统治者在复行科举考试之时，将朱熹的学说定为全国的考试标准，遂使"理学"成为官方的正统学说。

二　游牧文化

在农耕文化占据主导地位的同时，游牧文化也再次进入大都地区。由于大都位于长城要塞之一的居庸关之南，也就是说，位于农耕地区与游牧地区的交界线上，因此，自古以来就一直受到农耕文化与游牧文化这两种不同特色文化的双重影响，从而在先秦时期形成了与中原纯正农耕文化有所不同的地域文化，即燕赵文化。但是，从其文化主体内涵来看，仍然具有明显的农耕文化的特征。

到了晋代以后，北方鲜卑少数民族入主中原，带来了一股强劲的游牧文化的风气。到了隋唐时期，东北地区的奚族和契丹族又以幽州为重点进行侵扰，最终契丹族首领阿保机通过扶立后晋石敬瑭登上皇位，而得到了燕云十六州。游牧文化的劲风第二次吹遍燕京地区。此后的金王朝崛起于东北，攻灭辽朝之后，也占有了燕京地区。但是，金朝的女真贵族们接受汉族农耕文化的速度很快，因此，在这一时期受到的游牧文化的影响并不甚大。

到了元代，蒙古少数民族统治者在进入中原地区之后，保留了大量的游牧文化的生活习俗，从衣食住行，到婚丧嫁娶，再到日常使用的语言文字，甚至生活环境，等等，皆是如此。特别是作为全国政治和文化中心的大都城，其所反映出来的游牧文化的特色，更是随处可见。在服饰方面，蒙古已婚妇女头戴的固姑冠，在节庆假日，构成了城市的一道亮丽的风景线。在食品方面，各种畜牧产品，如牛羊肉及驼马肉、牛羊乳及各种奶制品等，都十分畅销。在居住和出行方面，毡帐（俗称"蒙古包"）和毡车在大都地区也是蒙古贵族的常用物品。

在与人们日常生活密切相关的宗教信仰方面，北方许多游牧民族——包括蒙古族在内——崇拜的萨满教（一种较为原始的宗教）也随之来到了大都地区，元朝统治者在大都城专门设置有"烧饭园"，以供萨满巫师从事其宗教活动。而西陲藏族民众普遍信仰的藏传佛教，也在元代传入大都地区，并且受到元朝统治者的崇奉，其宗教地位和政治地位都在中原佛教之上。

三 外来文化

这时，各种外来文化在元大都的整体文化中也占有了相当显著的位置。其一是伊斯兰教文化的影响。伊斯兰教在元代之前就盛行于中亚、西亚各地，只是由于受到自然环境和政治环境的阻隔，一直没有能够在中原地区普遍发展。到了元代，由于政治阻隔的因素消除了，有大批的西域少数民族民众随同蒙古统治者一起进入中原地区，也就是上文所说的"元代回回遍天下"，于是，伊斯兰教文化也随之在中原地区广泛传播，并得以普遍发展。如伊斯兰的宗教、语言文字、天文历法和医学等科技，皆在这一时期给中原民众留下了较为深刻的认识。

其二是基督宗教文化的影响。在元大都地区产生影响的基督宗教文化，主要有两个来源，其宗教派别也分为两个。一个派别来自于蒙古大草原，当时被称为"景教"。这个宗教派别当时主要活跃在西亚和中亚一带，在蒙古统治者进入中原地区之前，就已经流传到了大草原上，受到蒙古贵族们的尊崇。当蒙古统治者进入中原地区之后，也随之传入中原。这个基督宗教的派别，被欧洲的罗马教廷视为异端邪教。另一个基督宗教的派别是从欧洲直接进入中原地区，并在大都城开始产生影响的。这个被视为"正宗"的派别传入大都的时间比"景教"要晚一些，在大都的社会影响也要小一些。

元大都的文化传承，从历史的角度来看，也有两个主要来源，一个是金代文化的直接影响，另一个则是宋代文化的间接影响。这里所谓的直接和间接，主要是从地域的远近和文化产生的影响力两个方面来看的。从地域的远近来看，自五代中期开始，燕京就归入了辽朝的版图，然后中间只有短暂的燕山府时期归于宋朝统治，随即又归入金朝的版图，一直到蒙古国攻占金中都。所以，辽金文化在这一地区的影响是直接的，而宋朝的文化只能间接地对这里产生影响，其影响力也较辽金两代的文化小得多。元代人对于这种前代文化的影响是能够感受到的，故而作诗云："万国山河有燕赵，百年风气尚辽金。"①

---

① 见元人刘因《静修集》中的"易台"诗。

第三章　规模空前的文化交流

　　在中国古代，由于国家的疆域十分辽阔，在这个疆域中生活的民众分属于各个不同的民族，因此，在从南到北、从东到西的不同区域中产生出了各具民族特色和地域特色的绚丽缤纷的多种文化。而在这些不同的文化之间，其交流有时十分频繁，有时又因为受到自然环境和人为因素的阻隔，而变得十分困难。但是，从中华民族的整体文化发展历程来看，不同文化之间相互的交流与融合是文化发展的主流，而人为的阻隔因素是无法阻挡住这种融合的主流发展大趋势的。

　　人们之间的文化交流，是一个十分广泛的事情，上文提及的民族融合，实际上就是文化交流的一个重要形式。除此之外，在语言文字方面，广大汉族民众长期使用的汉语及汉字、蒙古少数民族使用的蒙古语和两种不同的蒙古文字，以及西域各少数民族常用的亦思替非文字（即波斯文）及语言，都是元朝政府通行的办公行文。这是汉族民众与各少数民族民众生活在一起的日常需求，有了这种需求，才会有这种融合。

　　在日常行为方面，广大汉族民众在长期的农耕生活中形成了一整套行为模式，在这套模式中充分体现出了中华传统文化的深刻内涵。而广大北方少数民族民众则在长期的游牧生活中，也形成了各自不同的行为模式，同样饱含着少数民族长期形成的游牧文化的内涵。这两种文化，曾经长时间被人为地加以阻隔，很少进行交流。只是在这两种文化交界处的长城沿线地区，这种交流才相对较为频繁。到了元代，人为的阻隔已经消失了，更广泛的、更深入的文化交流遂全面展开。

　　可以说，在魏晋南北朝时期，出现了第一次这种大规模的交流，其主要范围，只是在长江以北地区。到了宋朝与辽金二朝对峙时期，出现了第二次这种大规模的交流，其主要范围，仍然是在长江以北地区，但是，其影响已经波及江南地区。到了元代，出现了第三次大规模的汉族与其他少数民族及域外人士之间的交流，而这次交流，其范围之广、程度之深，都远远超过了以往两次大规模交流，因此，我们称其为规模空前的文化融合。

第一节 农耕文化与游牧文化的交流

一 两种文化的差异

在元代，多种不同渊源的文化相互融合在一起，这其中，又以蒙古少数民族为代表的游牧文化与以中原汉族民众为代表的农耕文化的相互融合，成为了这部壮观的音乐剧的主旋律。显然，在中国古代，这两种不同的文化之间，存在着极大的差异。首先，就其生产和生活环境而言，中原的农耕地区，土壤肥沃，水源充足，四季气候也较为适宜人们居住，夏季不是很热，冬季也不是很冷。在这种环境中进行农业生产，可以获得较为丰厚的农产品，在整个世界的古代史时期，农业生产一直是人类最主要的生产方式。

在这种环境中生存，人们之间的协作关系是通过大家族的形式来加以维系的。而在农业生产过程中又需要有较高的生产技艺和较为丰富的实践经验，这些技艺和经验的发挥，乃是一种智慧的积累，而不是强健的体力所能胜任的。因此，尊敬长者（也就是智慧的大量积累者），崇尚经验，就成为中原地区民众的一种共识。而长者在大家族中的伦理地位，相对来说也是较高的，也就是通常所说的"以嫡以长"。

而在中原地区以北的大草原上，自然环境相对于中原地区而言，就要恶劣得多。在贫瘠的土壤中只能生长茂草，有些地方还是沙漠和戈壁，寸草不生。气候也较中原地区更加寒冷，人们只能从事畜牧业生产，以肉食来充饥和补充热量。而牲畜的皮制品又足以御寒。在畜牧业生产不足以供给最低生活费用之时，人们通常还要从事狩猎活动，以补充食品的不足。对于北方地区的少数民族而言，经常向中原地区发动侵扰，掠夺食物和财宝，实际上是一种变相的"狩猎"活动。

在这种生产和生活环境中生存，有强健的体魄，才是最重要的，智慧和经验的积累在很多情况下，是处于一种次要的地位。故而在北方地区的少数民族部落中，崇尚强健，鄙视老弱，就成为人们的一种共识。有些历史学家已经注意到，每当大草原上发生严重的旱灾或是雪灾的时候，往往导致游牧民族向非游牧地区（包括中原和西域等地）的大规模侵扰活动，并由此改变了非游牧地区的历史发展进程。

二　军事冲突带来的文化交流

当然，在北方游牧少数民族向中原地区侵扰的时候，还必须具备两个先决条件。其一，中原地区的王朝正好处于衰落和败亡的阶段，已经无法组织强有力的抵御活动；其二，草原地区的游牧民众集结在一起，形成了统一的部落联盟，推举出了一致公认的军事首领。只有在具备了这两个先决条件之后，游牧民族对农耕民族的侵扰才能够产生较大的影响，甚至改变整个农耕地区的历史发展进程。

在唐王朝的中原政权衰落之后，契丹少数民族联合奚族部落一起，基本上统一了大草原地区，从而具有了与中原王朝相抗衡的强大军事实力。这也就是说，在宋辽对峙时期，当时的历史状况只具备了两个先决条件中的一个，这时的北宋王朝崛起不久，实力相当强大。虽然在双方的军事对抗中，败多胜少，但是，雄厚的经济实力足以弥补其军事方面的劣势。虽然收复失地的军事活动连连受挫，但是，较弱的军力在维系其生存方面，又足以与辽朝一拼。

到了宋金对峙时期，这种状况并没有发生本质上的改变，南宋王朝的实力确实弱于北宋王朝，而金朝的实力又较辽朝为强。但是，这种总体力量的相互抗衡，还没有形成一方对另一方的压倒性优势，因此，双方对抗的分界线即使是从黄河以北向南推到了江淮一线，却又只能僵持在这里。也就是说，上述的两个先决条件，这时也只具备了其中的一个。只有在蒙古族统一大草原之后，宋朝和金朝相继处于衰落的状态下，才具备了上述的两个先决条件，也才最终形成了元朝一统天下的局面。

从蒙古国发展到元王朝，是两个阶段。第一个阶段，也就是蒙古国时期，少数民族政权开始首先在中原地区确立了其统治地位，并且攻灭了另一个少数民族政权——金王朝，取而代之。在这个阶段，蒙古少数民族政权带着它的游牧文化一同进入中原地区，在巩固统治的同时，力图全面推行其文化。这时的蒙古统治者对于中原地区的农耕文化而言，可以说并不了解，或者说是知之甚少，只知其皮毛。因此，相互之间的融合还没有产生较大的影响。

随着蒙古政权的疆域不断向南扩展，中原地区的汉族地主势力主动投靠蒙古政权，并且在政治才干和军事实力两个方面都产生了越来越重要的影响之后，这种农耕文化与游牧文化之间的融合也就变得越来越广泛和深入。这个融合的过程，始于元太宗采用大臣耶律楚材的各项建议，而完成于元世祖采用谋臣刘秉忠的各项建议。于是，元王朝取代了蒙古国，成为中国历史上的一个"正统"王朝。

在此必须指出的是，这两种不同渊源的文化之所以能够进行全面的、深入的、大规模的融合，其前提就是军事上的激烈冲突和征服。如果没有激烈的军事冲突，也就不会有大规模的人口流动现象；而没有相当规模的人口流动，其文化的交流规模和深度也就必然会受到影响，无法深入下去。但是这种激烈的军事冲突，又在很大程度上造成了原有文明的巨大破坏。

在蒙、金战争时期，这种破坏是十分严重的。在其后的宋、元战争时期，这种破坏作用就要小一些。这是和双方之间的对抗程度成正比的。在蒙、金战争时期，双方的对抗十分激烈，甚至造成了千里之内人烟断绝的现象，文明的破坏自然很严重。而到了宋、元战争时期，双方的对抗最初较为激烈，主要集中在江淮一线；而当元朝军队突破长江天险之后，宋朝的军队几乎不堪一击，溃不成军。宋朝的统治者也没有进行顽强的抵抗，就很快投降了，签订了城下之盟。在这种情况下，对于江南地区的整体文明而言，其破坏的程度显然要低于中原地区。

三　优势文化在交流中的主导作用

在文化融合方面，中原地区与江南地区相比，也显现出了较大的不同。在以大都城为中心的整个中原地区，虽然也是以农耕文化为其主体，但是，由于这里正是农耕文化与游牧文化相互交界的地方，所以从先秦时期开始，就一直不断地接触着游牧文化，并且受其较大影响。特别是自辽金时期以来，燕京开始从中原王朝的辖区脱离，归入契丹及女真少数民族政权的版图，其所受到的游牧文化的影响越来越大，相互之间的融合也越来越多。由于有了这种历史惯性的影响，因此，当蒙古统治者带着游牧文化进入中原地区之后，两种不同渊源的文化之间，在交流与融合的过程中，其对抗的排斥现象并没有突出的表现。

与之形成鲜明对照的是，在江南地区，农耕文化与游牧文化之间，却表现出了强烈的对抗排斥现象。其中，尤以抗元大臣文天祥的大都柴市英勇就义和江南名士谢枋得的悯忠寺（今北京法源寺）绝食而死最具代表性。两位著名历史人物的行为，不仅是其个人政治抱负的体现，而且代表了当时的一种民族精神。文天祥的诗"人生自古谁无死，留取丹心照汗青"，就是中华民族将生死置之度外，追求人生最高境界的精神体现。

在这里，有一种政治上的对抗因素在起作用。一方面，这是由于宋朝与辽、金、元等少数民族政权长期对抗而形成的根深蒂固的观念。另一方面，儒家传统学说中的"忠君报国"的政治信念在许多政府官员中也产生着巨大的影响。因此，在政治上存在着极端对抗观念的指导下，表现为文天祥被俘后的绝对不屈服、不合作的态度。这里所说的不屈服，是指元朝君臣的劝降；而不合作，则是指宋朝已经投降的帝王对文天祥的劝降。

除此之外，还有一种文化上的对抗因素在起作用。一方面，是农耕文化与游牧文化相比，二者之间的差异是很大的，当一直受到农耕文化教育和熏陶的人们用自己所习惯的眼光来看待不同文化时，很难迅速产生文化认同感，特别是在政治上长期对抗的历史背景下，更难产生这种文化认同感。更多的，则是采用一种文化排斥的态度。由于江南地区长期处在中原农耕王朝的统治之下，文化发展中的农耕形态更加"纯正"，很少受到不同渊源的文化影响，因此，在突然出现的、人为的、强制性的不同文化交流中，表现出对抗的态度和行为是很正常的。

另一方面，是在历史的文化发展进程中形成的一种农耕文化对游牧文化等其他不同渊源文化的鄙视。早在先秦时期，位于中原地区的中央王朝由于农业生产的先进，带来高速度的文明发展进程，与周边地区的其他少数民族之间形成了一定的差距。这种自身发展的优势，带来了周边民族的尊崇，也形成了中央王朝的自傲和对周边文化发展相对落后的民族的鄙视。于是，就有了东夷、西狄（戎）、南蛮、北戎（狄）的蔑称。这种对周边少数民族的鄙视，从先秦时期一直延续到汉唐时期，又延续到两宋时期。

当然，从现在的角度来看，这种中央王朝对周边少数民族的鄙视显然是错误的，但是，在当时的历史条件下，这又是一种被人们普遍接受的文化共识。不仅中原地区的农耕民族普遍存在着文化上的优越感，而且周边地区的其他民族在面对高度文明的农耕文化时，也存在着某种程度的自卑感。正是有了这种文化共识，才使得许多周边的少数民族部落，甚至周边的其他国家纷纷派出使臣，前来学习中原地区的农耕文化。这种文化上的自傲，也是对游牧文化交流的一种对抗排斥因素。如果说，文天祥的柴市就义表现出了更多的政治上的对抗，那么，谢枋得的悯忠寺绝食所表现出来的，则是更多的文化上的对抗。

四　"汉化"所体现的文化内涵

作为游牧民族的首领，要使其接受农耕文化的影响，并且产生文化上的认同，是有一个过程的。在元太祖（即成吉思汗）时，中原儒臣的代表耶律楚材通过对天象变化（月食）的准确推算，使元太祖对农耕文化中的先进历法有了初步的了解，由此认为，耶律楚材连天上发生的事情都能知道，世上的事情自然更是无所不知了。这种对天文历法的无知，正是游牧文化的弱点，由于无知而产生的迷信观念，虽然是错误的，却使其对农耕文化的优势有了很大的感触。

到元太宗时，这种对农耕文化的优势的进一步认识，通过政治实践而变得越来越具体，也就具有了更加强大的影响力。在中国古代，游牧民族的思维模式中，对他人财物的获取，主要通过暴力掠夺，强悍的武力是获取他人财物的唯一有效的手段。到了宋、辽对峙时期，由于受到农耕文化的影响，契丹统治者与宋朝统治者签订了"和约"，并且开始通过"纳贡"的方式，来获取中原地区的巨额财物。可以说，这种"和约"的方式，是农耕文化体系中的一种最古老的政治解决矛盾的方案。此后的女真统治者也采取这种方式来获取中原地区的大量财物。

到蒙古国在中原地区的统治稳固之后，在大臣耶律楚材的建议下，元太宗开始在这里实行赋税制度，任命中原儒士出任各地的税收官员，负责征收各种财物。经过一年的实践，当大量的财物摆在元太宗面前的时候，这位出身于游牧部落的统治者再次受到震撼，就像他的父亲元太祖看到耶律楚材推算天象变化一样，深深感受到了中原地区农耕文化的巨大潜在力量。使他认识到，不用通过暴力掠夺，仍然可以获得巨额财物。同样，蒙古权贵在中原地区实行的分封制，在与中原地区的赋税制度结合在一起之后，既使蒙古权贵的收益有了保障，又使广大百姓免除了各种横来的勒索。

到了此后的元世祖时期，蒙古统治者对于中原农耕文化的认识越来越深入，其认识的领域，也从经济上的索求拓宽到了思想上的教化等方面。

在一代儒僧刘秉忠的策划之下，元世祖实行了一系列的、更加全面的"汉化"举措。从建立国号、设置年号，到营建都城、大兴礼乐，等等，使得一个由少数民族统治者建立的王朝遵守着历代中原农耕王朝的各项典章制度，而且在各项典制中，又充分突出了儒家的政治学说和文化理念。

当然，在元代初年的各项典制的全面"汉化"进程中，元朝统治者又保留了许多游牧文化的典制，如岁时巡幸的两京制度、贴身侍卫的四怯薛制度、后宫的斡耳朵制度、司法上的断事官制度等。而在生活习俗方面，蒙古统治者更是完全保留了游牧文化的种种举措。可以说，元代这种农耕文化与游牧文化相互交流、相互融合的现象，也就是二元文化的交融，在宫廷生活中表现得尤为突出。

第二节　中原文化与西域文化的交流

一　宗教文化的交流

西域地区在中国古代的历史上一直处于一个十分独特的位置。它是中原地区、草原地区与西亚、欧洲进行文化交流的最主要的通道，被人们称为"丝绸之路"。到了宋元时期，随着中国航海业的不断发展，中国在海上与西方的联系越来越多，但是，西域地区仍然是东方和西方之间进行交流的一条主道。特别是在蒙古国崛起之后，经过大规模的西征行动，在西亚等地建立了几个汗国，使得东方与西方之间的联系更加便利，西域地区的位置也变得更加重要。

在元代的西域地区，主要盛行着三种宗教文化。第一种是佛教文化，这是从印度产生，而后经由西域地区，再传入中原地区的著名宗教。当这种宗教传入中原地区之后，逐渐与中华民族的农耕文化相互融合，成为了中国本土的重要宗教派别。而流行在西域地区的佛教，却没有经历自汉代至唐代的整个"汉化"过程，而是与西域地区的游牧文化相互融合，从而带有明显的西域特色。在传入西域的一支佛教宗派进入西藏地区之后，又与当地的一种原始宗教相互结合，形成了另外一支佛教宗派，被称为藏传佛教。

早在蒙古国时期，即有藏传佛教高僧出面劝说藏族地区的首领们归顺蒙古政权，从而受到蒙古大汗的赏识，给予尊崇。及元世祖忽必烈定鼎大都城之后，又把藏传佛教的高僧八思巴请到京城来，先是封其为国师，后又加封为帝师，作为全国佛教界的领袖，政治和宗教地位都高于中原地区的佛教领袖。此外，更重要的是，元朝政府专门设置了宣政院，作为主管藏传佛教事务及西藏地区政务的机构，使西陲之地直接受中央行政机构的统辖。

元世祖在大力提倡藏传佛教的同时，对中原地区十分流行的禅宗一派的佛教不甚赏识。这主要是因为，当时的藏传佛教乃是以擅长法术而受到蒙古统治者的崇奉，而中原佛教中的禅宗一派，却是以擅长谈论禅理玄机而著称，作为"汉化"程度并不高的蒙古统治者而言，对于法术的信服，自然要超过对禅理玄机的理解。

第二种是伊斯兰教文化，这是盛行于西亚及中亚一带的著名宗教文化。在元代，正是这种宗教文化在西亚及中亚一带发展的鼎盛时期。随着元代中原地区与西域地区联系的加强，伊斯兰教文化也通过大批西域人士进入中原地区，而在这里得到广泛传播。伊斯兰教的许多宗教领袖早在蒙古国时期就来到都城和林，受到蒙古统治者的信任，有些伊斯兰教徒甚至已经掌握大权，能够左右朝政。

到元世祖即位后，许多伊斯兰教徒也因为善于理财而受到赏识，主持财政大事。如至元前期受到元世祖赏识的大臣阿合马，就因为擅长搜刮民财而权倾一时。到了元代中期，伊斯兰教徒倒剌沙也因受到泰定帝的赏识，而位居宰臣。在元代，由于受到四等人制度的影响，许多信奉伊斯兰教的西域人士作为"色目人"而获得高于"汉人"及"南人"的政治特权，从而在从上到下的各级政府职能部门中担任了较为重要的职务。

这种政治权力方面的优势，与其宗教势力结合在一起，使得伊斯兰教在中国境内迅速传播开来。作为一种世界性的著名宗教文化，其在许多方面是与已经在中国盛行的佛教及道教完全不同的。首先，这种宗教文化有其独特的载体，即流传于西亚及其周围地区的波斯文（时称"亦思替非文字"）。与之不同的，道教因系产生于中国，故而道教的典籍也是用汉文撰写的。佛教源自印度，在流传到中国之后，最初的典籍是用梵文撰写的，但是，从汉代到唐代，随着佛教宗派自身的"汉化"，其重要的典籍也都被翻译成汉文，完成了"汉化"的过程。

在元代的西域地区，盛行的第三种宗教文化为基督教文化。这是在西域地区盛行的基督教，不是源自欧洲"正宗"的、受到教皇承认的基督教，而是其一个分支派别，称聂斯托利派，在中国又被称为"景教"。这一教派曾在唐代传入都城长城，其后却没有能够进一步发展和广泛传播。在蒙古国崛起之前，这一教派就通过西域地区而传到大草原上，当时许多草原部落的首领都信奉这一教派。

蒙古国崛起之后，许多信奉景教的蒙古贵族在进入中原地区之后，也把其信奉的宗教带到这里，并且运用他们手中拥有的权势和财富，在大都城里修建了豪华的景教教堂，用来从事祷告活动。他们在举行宗教活动时，使用的语言和所行的仪式，都严格按照景教的教规。对于这种做法，在中原地区的百姓心里，只会产生一种怪异的感觉，但是，在欧洲传教士的眼里，这却是纯粹的"邪教"。当然，对于景教的教士们而言，欧洲教廷的宗教活动也是"邪教"行为。

综上所述，元代的西域地区，乃是当地的区域文化与外来文化首先接触和融合的一个重要场所。西域地区的地方文化在元代由于受到蒙古统治者的大力扶持，开始来到大都，并且在宗教界产生了巨大的影响，这种影响又延伸到了政治领域，元朝统治者利用其宗教势力在西陲地区的作用，来稳定当地的政局，巩固中央王朝的统治。

西域地区又是域外文化与中原地区的中华文化相互撞击、相互融合的一个缓冲区域。外来文化先是与西域地区的当地文化进行融合，然后，再传入中原地区，与中华文化进行再次融合。早在汉唐时期，西域的丝绸之路就是一条不同文化进行交流、融合的重要通道，到了元代，这条通道变得更加顺畅，西域文化在中原地区，特别是在作为政治和文化中心的都城的影响也越来越大。

二　科技文化的交流

伊斯兰文化的典籍，在元代才刚刚开始"汉化"，许多重要的著述仍然是用众多中国百姓无法阅读的波斯文撰写的。为了使其文化能够更为广泛地在中国传播，元朝统治者专门在大都城设置了回回国子学，以此来教授波斯文。与此同时，元朝政府还把这种文字规定为官方通用文字，并在政府的各级机构中专门设置了从事翻译的官员。

伊斯兰文化的另一个特色，是有一整套完备的生活习俗，而这种生活习俗与广大汉族民众的生活有着极大的差异。在服饰方面，许多伊斯兰教徒的头上戴着白布包头，作为显著标志。在饮食方面，伊斯兰教徒往往只食用自己宰杀的牲畜。在婚丧嫁娶方面，他们也有许多独特的"规矩"。

而佛教和道教的出家徒众虽然在服饰上有明显的标识，在生活上有严格的戒律，但是，信奉这两种宗教的居家百姓（又称"居士"），却没有任何束缚。

伊斯兰文化与中华文化的渊源不同，其在科技发展方面，也表现出了较多的差异。伊斯兰教的兴盛之地是在西亚地区，正好位于欧洲、非洲与亚洲的交界之处，因此，充分吸收了欧洲文明、非洲文明和亚洲西部文明的许多精华，才能够使其自身不断发展、不断强大起来。

例如，在天文历法方面，伊斯兰文化就有其独特的回回历法，对于天体的运行和气候的变化，都有独到的见解。元世祖至元年间修订《授时历》的时候，中国的著名科学家郭守敬、西域的著名科学家阿尼哥等人，就曾吸取伊斯兰教文化中的天文历法知识，从而使得新修订的《授时历》成为当时世界上最精确的历法。

当然，由于自身的习惯不同，许多在中国生活的信奉伊斯兰教的少数民族人士仍然在使用其独特的回回历法，因此，每年元朝政府在印行《授时历》的同时，还要印造一批《回回历》，以供这些伊斯兰教徒众使用。当然，元朝政府对《回回历》的印造控制得是很严格的，禁止民间私印、私卖。元朝政府又在大都城专门设置了回回司天台（后称回回司天监），任命一些精通回回历法的人士在其中供职。

又如在兵器制造方面，伊斯兰文化盛行的西亚及中亚地区是较早接触到中国发明的火药的地区，又是这里的工匠们较早把火药与兵器结合在一起的。在元朝初年，有一大批善于制造兵器的西域工匠被征调到大都来，专门生产火炮，以供元朝军队进攻南宋时使用。这些工匠在当时被称为回回炮匠或回回炮手，特别受到元朝统治者的赏识和重用。

在医学方面，中原地区一直流传的是传统医学（又称中医），源自先秦时期的《黄帝内经》，是把人体分为阴阳五行和脉络的系统医学理论，根据这种理论，人体生病的主要原因就是阴阳失衡，脉络阻塞；而治病的方法，也是使其体内的阴阳重新归于平衡，脉络保持通畅。在这种医学理论中，饱含着中华民族传统文化中的精髓。中国历史上的许多著名医学家正是掌握了平衡理论的辩证关系，才治好了众多的疑难重病。

到了金元时期，传统的中医学理论又有所发展，元朝统治者专门在大都城设置了太医院，将全国的著名医生召到这里供职。与此同时，作为伊斯兰文化重要组成部分的伊斯兰医学也传入中原地区，受到元朝统治者的重视。为此，元朝政府专门在大都城又设置了广惠司（原称回回爱薛所，系因掌管其机构的官员名叫爱薛）及回回药物院，专门负责用伊斯兰医学为元朝统治者和其他官僚贵族提供医疗服务。

据元代的一些文献记载，当时的伊斯兰医学与中国的传统医学虽然在医学理论和治疗方法等各方面都存在着较大的差异，但是，在治病救人的实践方面，其效果却都很理想，有异曲同工之妙。这时在大都城的伊斯兰医学，除了其治病的原理与中医不同之外，在使用的药物方面，也与中医不同。伊斯兰医师使用的药物，有许多是产自西亚及其周边地区的，经过商业贸易，运到大都城，元朝统治者将其存放在回回药物院中，以备不时之需。

三 文学艺术的交流

音乐舞蹈是不同文化之间相互交流的重要载体之一，早在汉唐时期，西亚等地的音乐舞蹈就通过西域的丝绸之路传入中原地区，对我国的音乐舞蹈艺术发展产生了巨大的影响。如唐代的宫廷乐舞，就划分为"雅乐"与"燕乐"两个部分。其中的"雅乐"，即源自中华文化中的传统乐舞；而"燕乐"中的许多内容则是从西域传入的外来乐舞文化。

到了元代，由于中原地区与西亚等地区的交流越来越多，因此，外来的乐舞文化在大都城的影响也在不断扩大。仅在元朝政府主掌乐舞事务的官僚机构中，除了仍沿袭前朝的体制而设置教坊司之外，又专门设置仪凤司，并在其下设置常和署及天乐署（原称昭和署），负责掌管回回乐人与河西乐人。而这些回回乐人与河西乐人演奏的乐曲，显然与教坊司的汉族乐人所演奏的不同。

特别值得一提的是，元朝统治者对于这些来自域外的乐舞十分重视。按照中原王朝的传统做法，在举行宗庙、郊坛、社稷等重大祭祀活动时，只能使用"雅乐"进行演奏。而元朝统治者在进行这些重大祭祀活动时，却将这些原来属于"燕乐"，仅供宴饮娱乐活动使用的乐舞，也加以使用。据元代文献记载，元世祖中统年间，从回回国运送来的一个巨型乐器——兴隆笙，就被安放在皇宫正殿大明殿，以供宴饮时演奏。这个巨型乐器从回回国运到大都城之后，又经过中原乐工的改进，构造更加精巧，其演奏的乐曲更加动听。这个巨型乐器的改进，正是中华传统文化与西亚等地的伊斯兰文化相互融合的典型事例。

第三节 中华文化与域外文化的交流

一 少数民族带来的域外文化

中华民族在几千年的文化发展历程中，从来也没有放弃过与域外文化的交流及融合。也正是如此，中华民族的文化才能够源远流长，历经几千年从未断绝。但是，中华文化在与域外文化交流时，又要受到人们自身生产力发展程度的限制。相对而言，人们的生产力发展水准越高，其自身的活动范围也就越大，对异域的交流活动也就越多，文化融合的频率也就越快。

在先秦时期，中华民族的生产力发展水准相对而言较为低下，正处于青铜时代向铁器时代的转变之中，因此，在国内只能形成影响范围较小的文化圈，如齐鲁文化、燕赵文化、吴越文化、巴蜀文化等皆是。这时人们的文化交流，也只是在不同文化圈之中进行。只有在中华民族边缘部位的文化圈，才能够更多接触大中华文化圈之外的异域文化。如赵武灵王的胡服骑射，就是中原农耕民众吸收了北方游牧文化优点的典型事例。

到了汉唐时期，中华民族的农耕文化已经发展到了鼎盛阶段，其强大的物质文明和精神文明已经取得了举世瞩目的巨大成就，这时的中华文明虽然也吸收了一些域外异国文明的优点，但是，主要的还是中华文明对域外地区，特别是周边相邻各国的文化传播，中华文明的优势是十分明显的，直接影响到了周边各国的文化发展进程。

到了宋元时期，中华文明仍然向着更高的层次发展，而北方地区的少数民族，如契丹、女真、蒙古族等也加入了这个发展进程，经过几百年的"汉化"过程，从中华文化圈外的"夷狄"变成了中华大家庭中的一员。这种融入的速度相当快，到了元代，契丹族和女真族已经融入了"汉人"的行列。这种融入，不仅是通过婚配的人种的融入，而且是通过生活习俗改变的文化的融入。

特别是到了元代，这种少数民族的融入，具有了更重要的意义。在元代之前，我国的中央王朝绝大多数是由汉族建立的，其主体文化也就是以儒家学说为代表的农耕文化。农耕文明在古代世界范围内的发展曾经创造出了诸多的典型，如中国文明、埃及文明、两河流域文明及印度文明等，但是，这些文明总是局限在一定的区域内，表现出相对的固定性。

这种现象的产生是与创造这些文明的人群自身的素质密切相关的。创造农耕文明的主体是在农田中辛勤劳作的农民，而农民们的视野总是关注在一个相对固定的范围内，也就是祖先世代生活的家园，他们很少会去关注家园以外的世界，所谓的"鸡犬之声相闻，老死不相往来"。这种相对稳定的生活，即春种秋收的无限循环，带来了人们纯朴而平和的人生观及世界观。他们并不需要通过掠夺别人来满足自己的生活，也不希望别人来干涉自己的生活。

正如有些学者们所共同认识到的，平和的心态是中华文明的精髓之一。为了保证这种平和的生活不受外力的干扰，我们的祖先耗费了巨大的人力物力，修筑了万里长城。这同时也表明，干扰中原民众正常生产和生活的主要是来自于北方大草原上的游牧民众。这些"逐水草而居"的民众，在几千年的岁月中，一次又一次地向中原地区发动冲击，通过掠夺中原农耕民众的财富，来补充其游牧生产的不足。

在元代之前，游牧民众对中原农耕地区的冲击，对中国历史的发展产生了巨大的影响，而元王朝的建立，使得这种影响达到了空前的巅峰。其一，游牧民族建立的王朝第一次统一了全中国，这是史无前例的。而少数民族政权的统治中心很快南移到中原地区来，这也是较为少见的，是杰出政治家元世祖忽必烈的大胆举措。因为当他兴建大都城的时候，这里的政局刚刚得到稳定，潜在的危险仍然存在。

其二，带来了游牧民族的更加宽阔的视野，这是以前的农耕民族所缺少的。对于一个农民而言，他的视野只是自己耕作的百亩农田，"一夫百亩"不仅是一个农民的生产能力的大致极限，而且也是他生活视野的大致极限。换言之，这个大致的极限，就是他头脑中的整个世界。而对于一个从事游牧生产的牧民而言，他的视野要比一个农民宽阔得多。他生活的家园是大草原，辽阔无垠，每年随着季节的变化，他要不断迁移，从一片草原到另一片草原，从马背上来看，这个牧民头脑中的世界，要比农民大得多，他们所具有的极强的流动性，以四海为家的观念，也是农民所没有的。

一个农民从中原地区到漠北大草原上去，要用去几个月甚至经年之久，而一个牧民从大草原到中原地区却毫不费事。这种视野上和行动上的差异，使得农民与牧民在许多事情上的做法也就大不相同。汉唐时期的中央王朝虽然也很强盛，却是把由农民组成的重兵镇守在长城沿线的各个要塞，这些由农民组成的军队，对于戍边毫无兴趣，却深深思恋着自己的田园，只要情况许可，随时准备解甲归田。

而到了蒙元时期，由牧民组成的军队却能够长途跋涉，横扫亚欧大陆，走到哪里，就吃到哪里，住到哪里。不论是多么恶劣的环境，他们都能够适应。对于农民而言很难逾越的千里荒漠，牧民们可以疾驰而过。许多在步行的民族连想都不敢想的军事奇迹，在骑马的民族而言却不在话下。因为他们有宽阔的视野，有在当时最便捷的行动工具。于是有了成吉思汗的西征，有了蒙古诸皇子的西征，有了忽必烈的南征，等等。在一个又一个军事奇迹被创造的同时，以游牧文化为线索，贯串起了中华文明、伊斯兰文明和基督教文明。

其三，带来了少数民族的更大的文化宽容性。中华民族从先秦时期到汉唐时期，乃至于宋代，创造了辉煌的农耕文明，与此同时，却也养成了一种文化上的傲气，即对于周边地区的不同文化体系所采取的蔑视。这种蔑视的表现之一，也就是传统文化中常常提到的"华夷之别"，华夏的文明至高无上，四夷的文明粗俗卑下。有了这种傲气，也就往往会对其他不同的文明加以排斥，导致缺少应有的文化宽容性。确实，与中华文明相比，周边地区的文明是存在着一些差距的，但是，却不是一无可取的，因此，这种文化上的傲气与宽容性是相互矛盾的。

二　域外文化产生的社会影响

到了元代，蒙古统治者所适应的游牧文化显然与中原地区的农耕文化有着一些差距，从传统文化的视角来看，自然属于四夷文化中的一个分支。在蒙古统治者占有中原地区之前，这种文化也是被划在受到蔑视的范围内的，而在其占有中原地区之后，这种游牧文化也随之来到了中原地区，并且得到传播。对于这种游牧文化，如果没有元朝统治者的大力扶持，是很难得到推广的。

对于外来的伊斯兰文化和基督宗教文化而言，在中华民众的眼中，是与游牧文化一样的、没有本质差异的四夷文化，因此，也就同样受到极大的蔑视，这从许多元代文献的字里行间都表现了出来。对于蒙古统治者而言，由于没有辉煌文化的资本，也就没有文化上的傲气，自然也就没有对域外文化的蔑视，因而也就有了更大的宽容性。他们对域外文化的尊敬，是与对中华文化一样的。

在蒙古统治者看来，不论是儒教（在他们看来儒学也是一种宗教）、佛教、道教，还是伊斯兰教、基督教，是没有等级差别的，在宗教上的地位是平等的。只要这些不同宗教派别的人士能够岁时为统治者举行宗教活动，祈祷求福，就都受到政府的保护和供养。这种一视同仁的做法，对于域外文化在中原地区的传播和发展，无疑具有重要的作用。

当然，这种宗教上的平等政策又是和当时的政治状况密切相关的。虽然这时的最高统治者是少数民族的贵族，推崇的也是游牧文化，但是，中华民族的农耕文化在广大民众中的影响之巨大、根基之深厚，是其他任何一种外来文化都无法与之相抗衡的。因此，元朝统治者利用手中的政治特权，大力扶持其他各种文化，也就具有了一种与中华文化相抗衡的意味，也就是"汉化"与"夷化"的抗衡。其抗衡的结果，是大多数"夷人"（包括所谓的国人与色目人）不得不"汉化"，与在更广泛的范围内出现"夷化"。

在规模空前的文化交流与融合进程中，不同文化之间的矛盾冲突是不可避免的，而这种冲突又往往通过宗教冲突表现出来。一次规模较大的宗教冲突，是从蒙古国时期到元代初期的佛教界与道教全真派的冲突。在蒙古国时期，全真教领袖丘处机因为受到成吉思汗的尊崇，赐号"丘神仙"，而以燕京为中心，使全真教得到迅猛发展。而全真教在发展进程中，严重侵害了佛教界的利益。

及成吉思汗与丘处机死后，佛教界遂向全真教发起反攻，当时的中原佛教界联合藏传佛教高僧一起向蒙古统治者申诉，请求政府出面制止全真教的发展，并且将全真教侵占的寺庙（多处被改建为道观）及庙产归还。于是，佛教和道教两派皆派出代表，在蒙古都城聚会，经过双方的大辩论，蒙古政权裁定全真教败诉，必须将侵占的寺庙及庙产归还佛教界。此后，在元世祖至元年间，佛、道二教在大都城再次发生冲突，仍然是道教败诉。经过冲突，全真教的势力受到严重打击，几乎一蹶不振。

这次宗教冲突，实际上是一次文化冲突。全真教所代表的，不仅是道教的一个支派，而且是中国的传统文化。在佛教与道教的冲突中，双方围绕的一个重要争论焦点，就是《化胡经》的问题。在中国古代，"胡"是与"夷"在某些方面内容一致的敏感词汇，"胡"就是"夷"，也就是汉族对少数民族的蔑称。所谓的"化胡"，就是要把域外的"胡人"（也就是野蛮人）用高度文明的中华文化使之进化成文明人，在当时的情况下，蒙古统治者提倡的，自然是"胡化"而不是"化胡"，因此，他们支持的也就必然是佛教界，所要焚毁的道教典籍也就都变成了"邪说"。

再有一种宗教冲突，则是中华民众对外来的伊斯兰教的排斥。这种冲突从元代初年开始，一直延续到元代中期，也是与政治斗争密切相关的。元代初年的当朝权臣阿合马是个伊斯兰教徒，因此，在他为元世祖横征暴敛百姓财富，擅权谋私而积下民怨之后，终于引来杀身之祸。在他被杀之前，许多伊斯兰教徒都受到重用；而在他被杀之后，引发了大都地区的民众普遍攻击、排斥伊斯兰教徒的事情。在元代中期，泰定帝信任的当朝宰臣倒剌沙一派也是伊斯兰教徒，而在泰定帝病死之后，在大都城和上都城之间展开了蒙古贵族之间的大规模军事冲突，最后，倒剌沙一派兵败，被斩杀。伊斯兰教的势力再次受到极大打击。

特别值得注意的，是域外不同宗教派别之间的矛盾冲突。当元成宗在位时期，作为欧洲正统天主教传教士的孟特戈维诺来到大都城，却没有被作为正统教派的代表而受到应有的尊崇，而是受到大都的景教徒（即聂斯托利派）们的囚禁和拷打，被作为"邪教"加以迫害，这种迫害竟然长达五年之久。欧洲的教皇把景教作为异端邪说，景教徒自然也把欧洲的传教士视为"邪教"徒，域外的宗教冲突虽然在大都城并没有引起广泛的社会关注，却在欧洲的宗教界引起了重视，此后，罗马教皇任命孟特戈维诺为"东方全境的总主教和教务大总管"，以主持在中国境内的传教活动。

欧洲正统天主教在大都城的活动，规模不大，社会影响也很小，但是，其意义却不容忽视。首先，表明了该教派在元朝有了合法的宗教地位，如果不是受到朝代变更的政治影响，该教派有可能进一步得到发展。其次，表明欧洲的统治者们开始对东方的大国——元朝，越来越重视，欧洲教廷在元代几次派出使节和传教士到中国来，都是为了加强双方的联系，并进一步扩大基督宗教在中国的影响。

第四章　多种流派宗教信仰的融合与冲突

如上一章所述，在元代大都的文化界中，不同宗教派别的活动占有相当重要的地位。如果说儒、释、道三教文化是中华民族传统文化的典型代表，那么，伊斯兰教和基督宗教则是外来文化的典型代表。他们之间的冲突与融合，也就是中华文化与外来文化的冲突与融合。

儒教和道教起源于中华民族的传统文化，与先秦时期的儒家和道家学说关系十分密切，有着深厚的文化积淀，也有着很广博的文化认同基础，因此，很容易就被中华广大民众接受。而佛教来自西土印度，在与中华传统文化的融合时，其过程相当漫长，历时数百年之久。一直到了唐代，佛教才基本上融入了中华传统文化之中。

在这个融合的过程中，佛教与儒教和道教曾经发生过多次大规模的冲突，就其冲突的内容而言，既有宗教方面的因素，也有政治方面的因素，还有经济方面的因素。即便到了唐代，佛教已经基本上"汉化"了，这种冲突仍然时有发生，其激烈的程度并不逊于前朝。到了宋元时期，这种激烈的冲突明显有所减少。

究其原因，主要有两个方面的因素。其一，三教之间经过几百年的冲突与磨合，其主要矛盾（如三教在政治上和宗教上的排位问题）基本上得到了解决，由于矛盾的减少，特别是主要矛盾的减少，使得大规模的冲突也随之而有所减少。

其二，三教之间在长期冲突与磨合的过程中，又相互之间不断吸取对方的优长之处，从而促进了自身的发展，到了宋元时期，这个发展过程表现得尤为明显。在儒家学说中，理学逐渐取代了汉唐时期的"注疏学派"；在佛教学派中，禅宗开始兴盛起来，与教宗及律宗分庭抗礼；在道教学派中，全真教的崛起更是引人注目。由于各自都在向对立面转化，自然也就减少了激烈的冲突。

也是在宋元时期，新的域外宗教开始传入，其一是伊斯兰教。该教派的传入，最初是没有明确的宗教传播倾向性的，乃是随着信仰该教派的教徒们的大量迁移进入中原地区而有所发展的。其二是基督宗教。该教派的传入，带有十分明确的宗教传播倾向，就是要在中国进行宗教活动，发展其宗教势力。但是，这种宗教在中国的发展进程并不理想。

在元代，由于蒙古统治者对各种不同的宗教采取了一视同仁的政策，使得伊斯兰教和基督宗教在中国不受歧视，而使其发展更加便利，只是由于这两种宗教的文化渊源与中华民族的传统文化差异太大，很难在广大民众中产生文化认同感，因此，也就使其传播只能是在一个狭小的范围内，受到了很大的局限性。

作为伊斯兰教，在元代的发展，随着其教徒的分布范围不断扩大，而遍及从京城到边陲之地的许多地方，但是，又因为其教徒人数相对有限，故而使其社会影响比起佛教和道教来，也要小得多。而基督宗教的信徒在中国的人数更少，主要集中在京城和沿海的主要城市中，其影响也就更加微不足道了。

第一节　儒、释、道的三教融合

一　儒学发展的轨迹和特点

宋元时期是中国文化发展的一个重要转折时期。在这个时期，作为中国文化主体的儒、释、道三教，各自都有了极大的发展，但是，更加重要的是，三个各自独立的文化系统又明显出现了相互融合的发展趋势，也就是许多学者所共识的"三教合一"。

到宋元时期为止，儒家文化的发展经历了三个大的阶段。在先秦时期，儒家文化在学术上确立了主导地位，其标志之一，就是在诸子百家的学术丛林中脱颖而出，被时人称为"显学"，取得了主导地位。这种情况的出现，是儒家文化抓住了中华民族的文化深层的核心内容，其主体学说，得到了中华民族绝大多数民众认同的结果。

到了汉代，儒家文化在政治上确立了主导地位，其标志之一，就是汉武帝采取的"罢黜百家，独尊儒术"的举措。在此之前的先秦时期，儒家文化并没有得到统治者的一致认同，甚至被有些颇想在政治上大有作为的统治者视为无用之术。但是，从汉代初年的统治者崇奉黄老之术，采取"无为而治"的政治举措，到汉武帝的"独尊儒术"，使儒家文化在政治上也取得了独尊的地位。

这种学术上的主导地位与政治上的独尊地位的结合，使儒家学说在整个社会上的思想统治地位逐渐得到巩固。与之相伴随的，则是对儒家学说进一步的理论上的完善过程。作为阐释儒家学说的经典著作，从最初的"六经"不断扩充，增加为"七经"、"九经"，最后到唐代定型为"十三经"。而隋唐时期科举制度的创立，又使这些儒家的典籍成为官方认可的正统学说。

到了宋元时期，儒家学说有了进一步的发展。这一时期，中国出现了两个历史发展阶段。前一个阶段，是宋辽金时期及宋元对峙时期，这时的中国政局呈现出长时期的分裂状态，这种政治上的分裂也影响到了学术的发展。北宋的儒学家们开始了对儒家学说新的建设工程，他们为传统的儒学增添了许多新的内容。到了南宋时期，许多优秀的儒学家也加入了这一创造性的建设工程，于是，一个新的儒家学派得以产生，被人们称为"理学"。

而在北方地区，由于政治上的分裂而导致的文化交流上的阻滞，辽金时期的许多儒学家却没有能够直接参与到这项建设工程中来。他们所崇奉的，仍然是汉唐时期的儒学道统。只是到了金代中后期，中都城里的儒学家们才开始接触到两宋儒学家们的"理学"思想，并且加以研究。而在宋元对峙时期，由于双方军事冲突的日渐频繁，文化交流也比以前有所增多，宋儒的"理学"开始受到越来越多的北方学者的重视。

在蒙古国任职的汉族官员杨惟中，通过宋蒙之间的军事冲突，而把宋朝儒学家赵复俘获到燕京，并创办"太极书院"，正式向北方儒学家们传授宋儒的"理学"。得到他传授学说的人，有许多都在此后元代的儒学界占有一席之地。如金元之际的儒学家许衡、姚枢、窦默等皆是。

在金元之际的儒学家中，有一个人是值得注意的，这个人就是李纯甫。李纯甫，字之纯，自号屏山居士。他在儒学界的地位并不受人尊崇，在官场上的地位也不显赫，但是，他的一些见解却很有意味。李纯甫的学术传承并不精纯，没有受到当时名儒的指点，甚至可以说是学的东西十分驳杂。这是其学术的特点之一，也是其学术的优点（在有些人看来又是缺点）之一。

　　李纯甫几乎无所不学，上至先秦时期的儒家"五经"、庄子、列子及战国纵横家之书，下及宋儒的性理之书，旁及佛教禅宗的学说，都加以深入研究，最后将其研究成果撰著为《鸣道集》一书。他长期生活在金中都，故而其学说也在这里产生了较大的影响。该书今天已经佚失，他的许多学术见解，只能从其他人的著述中间接反映出来。

　　据李纯甫的好友耶律楚材撰写的《屏山居士鸣道集序》评述，李纯甫对于宋儒的学说虽然也很赞赏，但是，对于佛教禅宗的学说尤为钦佩。他认为，儒家的学说已经从佛教中吸取了很多东西，所谓的"会三圣人性理之学，要终指归佛祖而已"①。他又认为："学至于佛，则无所学。伊川诸儒虽号深明性理，发扬六经圣人心学，然皆窃吾佛书者也。"② 这种学术观点，十分大胆，也十分偏激，但是，却又很有见地，一针见血地指出了儒家学说发展到了宋元时期，开始受到佛教，特别是禅宗一派的重要影响。这种观点，是符合当时学术发展的大趋势的，是一个对基本事实的认定，却又是许多宋儒理学的推崇者所不愿意承认的。

　　第二个阶段，是从元朝统一全国开始的。在这时的大都城里，已经会集了全国最著名的儒学家，这些儒学家中的许多人，都是著名儒学大师许衡的弟子。许衡的老师之一，是宋儒赵复。而许衡的弟子们，自然崇奉的也是宋儒的理学，特别是程朱一派的理学。由于元代初年许衡主持国子学的教育工作，朱熹的学说就成为元代最高学府的教学范本。

　　在这个阶段，儒学家们的学术素养已经与第一个阶段，也就是金元之际的儒学家们大不相同。如上所述，在第一个阶段，著名儒学家的学术底蕴十分深厚，从耶律楚材、李纯甫，到姚枢、刘秉忠等人，所学十分驳杂，上至天文，下至地理，中间涉及儒、释、道等各种学问，无不精研之。

　　而到了第二个阶段，儒学家们的学说变得更加纯正，只是致力于宋儒，特别是朱熹学说的研究，而很少涉及其他儒学大师的学说，更不用说释、道等所谓的杂学。在宋代儒学大师中，能够与朱熹分庭抗礼的，只有陆九渊。他的学说在许多方面与朱熹有着分歧，因此，也就受到众多元代儒学家的排斥。自然而然地，那些在元代崇奉陆九渊学说的儒学家也就在

---

① 《湛然居士文集》卷十四。
② 黄宗羲：《宋元学案》卷二十四《屏山鸣道集说略》。

大都城这个元代的文化中心受到排挤。

二　道教发展的轨迹和特点

在金元之际的燕京地区，突然崛起了一股宗教势力，即道教的全真派。道教在中国历史上所产生的重要影响，也是大多数人所认同的。自从汉代道教产生之后，在不同地区，就会有不同的派别，在政治局面长期统一的时期是如此，在政治局面分裂割据时期更是如此。这种由不同地区而产生不同派别的宗教现象，是道教发展的一大特点。

从五代时期的石敬瑭割让燕云十六州之后，燕京地区就开始长期处于少数民族政权的控制之下，因此，这里的文化发展轨迹也开始与中原地区的封建王朝有所不同。到了金代中期，北方地区的道教出现了几个大的派别，如全真教、真大教、太一教等，都受到金朝统治者的重视。

特别是全真教的创立者王重阳提出了三教兼修（即修习道教的《道德经》、儒家的《孝经》和佛教的《心经》），才能够达到"全真"的最高境界。因此，他创立的道教派别，才被称为"全真教"。在金代中期全真教刚刚创立时，其社会影响还很小，到了王重阳的七大弟子，特别是丘处机弘扬该教派之时，该教派才得以迅速崛起。

丘处机最初的传教场所是在山东，是时，金朝和宋朝的统治者都派出使臣前往召见，却都被丘处机拒绝。而当成吉思汗在西域远征时，闻知丘处机有长生不老之术，也派出使臣前往召见时，却被丘处机应允，于是率领十八弟子跋涉万里，远赴西域，拜见成吉思汗。丘处机到达西域之后，深得成吉思汗赏识，被赐号"丘神仙"。不久，丘处机东还，回到燕京，并将这里作为弘传全真教的中心。

由于受到成吉思汗和蒙古政权在燕京的官员们的扶持，全真教在燕京地区得到顺利发展，并且不断向外扩展其势力，很快就变成了整个北方地区的道教第一大派别。由于全真教的迅速发展，教徒众鱼龙混杂，各有其政治目的和社会需求，故而在这时的全真教中，已经很少有人能够坚持"三教兼修"，达到全真的最高境界。王重阳立教的宗旨，被全真教的徒众们渐渐淡忘。

三　佛教发展的轨迹和特点

与道教相比，佛教作为一种外来的宗教，在中国的发展历程就要坎坷得多。然而，正因为是一种外来的宗教，也就比产生自本土的宗教——道教，具有更深刻的思辨性和逻辑性。但是，在佛教刚刚传入中国之时，却因为自身文化渊源的不同，而屡屡与儒家学说、道教文化发生冲突，其冲突的结果，是产生了多次大规模的灭佛运动。如上所述，佛教"汉化"的过程直到唐代才告完成，而其"汉化"的标志之一，即禅宗的出现与进一步发展。

在北方地区，禅宗的发展很快，但是，其在佛教界却一直没有教宗和律宗两派的影响大。这种局面，一直延续到金朝末年。在金元之际，以燕京为中心，禅宗得到不断发展，其社会影响也在不断扩大。特别是禅宗一派出现了许多杰出的佛教领袖人物，而他们又大多与儒家的政治代表人物交往密切，相互切磋儒学和佛学相关的学术问题，从而进一步加快了儒学与佛学相互融合的进程。

如金元之际活跃在燕京的禅宗领袖人物万松行秀，与当时的著名政治家耶律楚材交谊深厚，并且提出了"以儒治国，以佛治心"的主张。这个主张，实际上是强调要把儒家与佛教有机结合在一起，发挥二者各自的特长。其实，儒家学说不仅可以用来治国，也可以用来治心。而佛教不仅在治心方面有其独特的作用，就是在治国方面的重要影响（使社会安定），也是不容忽视的。

第二节　佛教与道教的冲突

一　政治势力对宗教的影响

在蒙古国的势力进入中原地区之初，整个中原的政治局势是十分混乱的，当时的政治势力主要有三个，一个是占有江南地区的南宋政权，另一个是仍然占有中原大部分地区的金王朝，还有一个则是正在崛起的蒙古政权。这三个政治势力之间不断进行着厮杀，彼此势力互有消长，究竟谁能够称霸天下，还是一个未知数。在这种情况下，任何一方都想得到更多社会力量的支持。

当然，三方势力的争斗关系着自身的存亡，故而厮杀极为激烈，在夺取地盘的过程中，最终起决定作用的乃是军事力量的对抗；而在巩固统治的过程中，除了军事力量的维持之外，其他社会力量的作用，特别是宗教的作用就显得至关重要。在当时的历史条件下，势力最大的宗教派别就是佛教和道教。对于这一点，三方势力的统治者都是明了的。

有一点不同的是，宋朝和金朝的统治者对于佛教和道教的教义、组织形式、发展状况等具体问题是有所了解的，因为他们久居中原及江南地区，与这两种宗教的联系是比较密切的，甚至有的统治者还是佛教和道教的忠实信徒。而与他们不同的，乃是蒙古统治者。在蒙古国建立之前，佛教已经传播到了北方大草原上，而且有一部分草原地区的民众已经信奉了该派的宗教，因此，蒙古统治者对于佛教是有所了解的。但是，作为中原地区的道教，一直没有在草原地区得到传播，因此，蒙古统治者对它不甚了解。

当成吉思汗开始对外扩张之后，其视野已经不仅局限在辽阔的大草原上，而是扫向了整个亚欧大陆。在这种情况下，他开始接触到了许多陌生的文化，而道教文化，就是这多种文化中的一个重要代表。成吉思汗听人说，中原地区的道教首领丘处机懂得"长生不老"之术，对于这个年近六旬、征战数十年的草原英杰而言，"长生不老"的诱惑力之大是可以想见的。于是，成吉思汗特别派出使臣，前来中原，敦请丘处机北上，以期得到"长生不老"之术。

如果说金朝和宋朝的统治者派遣使臣召见丘处机是为了利用全真教在中原地区的社会影响，那么，蒙古统治者召见丘处机，更重要的是要获取"长生不老"之术。当丘处机不远万里，终于来到西域拜见成吉思汗之后，蒙古统治者的这个愿望却落空了。丘处机坦诚地告诉成吉思汗，他并没有什么长生不老之术，而只是懂得一些养生之道。虽然没有得到长生之术，成吉思汗对丘道士仍然十分敬重，尊称其为"丘神仙"。

就是这次历尽艰辛的跋涉，给全真教的发展带来了难得的机遇。随着蒙古国的势力在中原地区的逐步扩展，使燕京城（即金中都）再次成为整个北方地区的政治中心。当丘处机从西域返回后，即以燕京城作为发展全真教的中心。由于丘处机手中拿着一面成吉思汗赐给他的"金牌"，遂使其政治地位比起西行之前有了极大的提高，驻守在燕京的蒙古国官员也为全真教的发展提供了各种便利条件。于是，全真教的势力在燕京及其周围地区迅速发展起来。

这种利用政治势力的扶持来发展宗教组织的事情在历史上屡见不鲜，而丘处机在西行前也没有预料到会有这样的结局，正是丘处机不辞艰辛的远征，换来了全真教的发展。在当时的历史条件下，政治局势上的动荡不安，也给全真教的发展增添了动力。当时的蒙古权贵们利用掠夺战争，往往将百姓俘获为奴隶，而这些被俘的百姓一旦投入全真教的教门，成为道士，就可以免去被奴役的悲惨命运。因此，一时之间，加入全真教的百姓十分踊跃，形成一种社会潮流。

二　全真教的扩张引发宗教冲突

对于全真教的宗教势力扩张，蒙古统治者一开始并没有介意，反而是与道教并立的佛教界开始感受到了一种直接的威胁。在中国古代社会中，佛教与道教作为两个最大的宗教势力派别，经常发生冲突，而冲突的结果是，一个宗教派别利用政治权势的扶持，对另一个宗教派别加以毁灭性的打击。由于道教是产生自中国本土的宗教，而佛教是外来的宗教，因此，往往是道教利用统治者的高压手段，对佛教加以打击。在元代之前，就有著名的"三武一宗"的大规模灭佛运动。

然而，佛教的势力并没有因为"灭佛"运动而消亡，却在不断改造自身的不足之处，逐渐"汉化"的过程中得到越来越大的发展。自唐代以后，其势力开始超过道教，而上追儒教，形成了儒、释、道三足鼎立的局面。而且，如上文所述，在金元之际，出现了三教在理论上相互融合的大趋势，三教之间的矛盾已经不再是理论上的巨大分歧。

这时的中原地区的宗教界还出现了一个未能引起人们关注的变化，那就是西域地区的藏传佛教，其势力开始进入中原地区，并且和中原地区的佛教加强了联系。对于中原地区的宗教界而言，藏传佛教势力的东来并没有改变三教鼎立的格局，但是，却在佛教与道教的冲突中产生了不可低估的作用。其最为直接的作用，就是对蒙古统治者宗教信仰的重要影响。

在丘处机发展全真教的时候，成吉思汗主要尊奉的是萨满教，而对于其他的宗教势力，如佛教、道教、伊斯兰教、基督宗教等，皆采用敬而远之、收为己用的态度。但是，在成吉思汗死后，蒙古统治者（包括一些握有大权的蒙古贵族）的宗教信仰开始发生变化，有的蒙古统治者倾向于基督宗教，有的倾向于伊斯兰教，还有的则倾向于藏传佛教，等等。这种宗教信仰上的倾向性，在不同宗教之间和平相处时，是很难显示出其影响的，而一旦出现宗教派别之间的冲突，就会产生重要的作用。

燕京全真教的迅速发展，使得猛增的道教徒众无处可归。要修建大量的新道观，在时间上是来不及的；在财力上是无法承受的。于是，全真教的道士们采用了一种最简捷，也是最有效的办法，那就是成群结队地闯入附近的寺院之中，砸毁佛像，驱逐僧众，强行将寺庙改为道观。这种事情一旦发生，就迅速蔓延，遍及整个燕京地区，并且向其他地区扩张。

这种做法当然会引发佛教界的反抗，从而导致了佛、道二教之间的矛盾冲突。于是，中原佛教界与藏传佛教界的高僧们一起北上蒙古都城和林，要求蒙古统治者出面对道教的这种"非法"扩张加以干预。这时，视丘处机为"神仙"的成吉思汗已经逝世，在朝廷中掌握大权的蒙古贵族们也已经很少有全真教的信徒，而有许多人却是藏传佛教的信徒。在这种情况下，由蒙古统治者调停宗教冲突的结果可想而知。

全真教被要求退出所有"非法"侵占的佛教寺院，以及许多原来属于佛教界的寺产（包括大量良田）。对于蒙古统治者的调停，全真教的领袖们竟然敢"不满意"，拒不退还大量的既得利益。于是，佛教界再次到都城和林去告"御状"，蒙古统治者为了彻底解决问题，下令召集儒、释、道三教的领袖们都到和林城来，举行大辩论会，让佛教领袖和道教领袖当面辩明"是非"，而让儒家的学者充当裁判，以评定是非曲直。

三　政治因素引入宗教冲突

这次辩论大会，其争论的焦点已经不仅仅是寺庙和寺产的问题了，佛教界的矛头指向了道教的根本要害，直接提出了道教典籍的真伪问题。其中，尤以《老子化胡经》受到的攻击最甚。因为这部道教典籍除了提出老子骑牛西行，度化了佛教徒众之外，还包含另外一层含义，就是"化胡"。在中华民众的眼睛里，西方印度的佛教僧侣是"胡人"，从北方大草原入主中原地区的蒙古统治者也是"胡人"。

这个"化胡"的问题一经提出，就不仅是一个宗教上的问题了，还具有了政治上的特殊含义。蒙古统治者来自大草原，熟悉的是游牧文化，而中原地区的汉族民众，熟悉的则是农耕文化，因此，在这个特定的历史阶段，也就存在着两种主要文化之间的融合问题，到底是用农耕文化去融合游牧文化，也就是所谓的"化胡"，还是用游牧文化来取代农耕文化，也就是"胡化"，就成为政治意义十分突出的文化问题。

从客观上来讲，蒙古统治者从中原地区掠获了大批汉族民众，带到大草原上去，在这种情况下，这些汉族民众必须要适应游牧生活，也就是要被游牧文化同化，即"胡化"，这是一种必然的趋势。而当蒙古统治者进入中原地区之后，他们就必须要适应农耕生活，也就是要被农耕文化同化，即"汉化"。以往的许多北方少数民族部落，在进入中原地区之后，都经历了一个"汉化"的过程，而放弃了原来的游牧文化。

从主观上来讲，蒙古统治者却希望中原地区的民众都很快就"胡化"，于是，在许多方面采取了优惠政策，以鼓励人们学习蒙古语言文字，适应游牧民族的生活习惯，认同其伦理道德等观念，等等。这种主观的努力并没有取得其预期的效果，"化胡"的大趋势是任何人都无法扭转的，但是，"化胡"这两个字毕竟触动了蒙古统治者的忌讳。在这种情况下，大辩论的结果也就可想而知了，整个辩论的过程已经不重要了。

佛、道二教辩论的结果，以道教的惨败而宣告结束，但是，冲突并没有结束，道教，特别是全真教的道士们认为这是奇耻大辱，随时随地在寻找着报复的机会。然而非常不幸的是，从元世祖以后的几乎所有蒙古帝王都是藏传佛教的忠实信徒，他们是不会让道教的势力凌驾于佛教之上的。于是，在元世祖至元年间，全真教徒众采取的报复行动，遭到了更加严厉的反报复，元朝政府公开宣布，除了老子的《道德经》之外，所有《道藏》的典籍都是伪书，并且在大都城里的悯忠寺（今北京法源寺）召集道教各派首领——包括全真教、正一教、真大教、太一教等，一起参加焚毁道教典籍的活动。元世祖还下令，禁止道教在社会上自由从事宗教活动。

与之形成鲜明对照的是，藏传佛教的势力变得十分显赫。元朝统治者先是敕封藏传佛教的领袖人物为"国师"，后又加封其为"帝师"，并命其统管全国的佛教事务。为此，元朝政府还专门设置了宣政院，负责管理吐蕃地区的军政事务和宗教事务。与之相比，中原地区的佛教界领袖人物也就变得逊色了许多。在元代，经过佛、道二教的冲突之后，佛教的势力明显凌驾于道教之上。

有一点值得注意的是，佛教和道教在教义上是有共同点的，两个宗教的教义中都有"容忍"的教条，用以教诲其弟子。而且在宋元之际，各宗教派别都在吸取其他教派的精华，但是，在宗教冲突中，任何一方都没有丝毫的"容忍"精神，而是千方百计要把对方击垮，要将对方置于死地，其手段之卑劣、行为之"残忍"，足以"令人发指"。有些学者认为中国没有发生类似于十字军东征那样的宗教战争，其实，各种不同宗教之间的矛盾冲突，就是一场没有军队的战争，其激烈的程度绝不亚于两军对垒和拼杀。

另一点值得注意的是，宗教派别与民族类别的关系十分微妙。道教是产生自中国本土的宗教，信仰该教派的信徒绝大多数都是汉族民众，而其他少数民族的民众则很少有人加入道教。佛教是来自西土印度的宗教，虽然大多数的信徒也是汉族民众，但是，也有许多少数民族民众信奉该教派，特别是来自吐蕃地区的藏传佛教，更是蒙古统治者信奉的佛教派别，而汉族民众信奉藏传佛教的人在当时却较少。

第三节　伊斯兰教的兴衰

一　伊斯兰教对少数民族的影响

元代是伊斯兰教在中国有了大发展的时代。在此之前，伊斯兰教已经在西亚和中亚地区有了极大的发展，建立了强大的帝国，雄踞于欧亚大陆之间。伊斯兰教文化也吸收了欧洲和亚洲文化中的许多优长，从而形成了自己的特色。正是在这个时候，蒙古帝国开始崛起，并且迅速向外扩张，于是，在蒙古帝国与伊斯兰教诸国之间展开了正面冲突，蒙古国的势力勇不可当，连战皆捷，于是在欧亚大陆的中间地带出现了几个新的蒙古汗国，取代了原来伊斯兰教诸国的统治。

此后，蒙古国的扩张矛头又指向了中原和江南地区，许多已经臣服于蒙古国的西域少数民族部落也随着蒙古国的大军不断南下，及元王朝统一全国之后，这些少数民族部落的民众也开始遍布于全国各地。而在这许多少数民族的民众中，有相当一部分人在进入中原和江南地区之前，就已经信奉了伊斯兰教，故而把这种在西域盛极一时的宗教也带到了中国。

在元代，伊斯兰教也是一种外来宗教，与同是外来的佛教不同，伊斯兰教的信徒们并没有像佛教徒一样，广建寺院，出家脱俗，念经行法，普度僧侣，而是只在自己的家族内遵行其教，形成了一个相对封闭的小圈子。而佛教却是一种开放型的宗教，对外传播的速度很快。因此，虽然元代伊斯兰教徒众分布的范围很广，其徒众人数的增长速度却很慢。

这些信奉伊斯兰教的少数民族民众，或是做官，或是经商，或是从军，等等，平时的日常生活与工作和普通民众相比，并没有什么显著的不同。只是在一些生活细节方面，有着独特的习俗。特别值得注意的是，当时的伊斯兰教徒众很少与不信奉伊斯兰教的民众通婚。这种习俗，一直到今天还在许多地方保留着。而这种做法，虽然使得其徒众人数的增长受到限制，却又起到了维护其教派生存，不受"汉化"影响的作用。

早在成吉思汗从蒙古草原崛起之时，即有伊斯兰教信徒参与征战，屡建功勋。因此，在蒙古国不断扩大其疆域的过程中，许多伊斯兰教徒众也在政府和军队中取得了较大的权力，如在军队中任职的札八儿火者，在政府财政部门任职的牙老瓦赤等。元王朝建立后，许多信奉伊斯兰教的官员甚至掌握了朝廷的大权，如元世祖至元年间的朝中宰相阿合马，因为擅长敛财，倍受元世祖信任，权倾朝野。泰定帝在位时期，宰臣倒剌沙亦是如此。

二　伊斯兰教对政治的影响

当这些信奉伊斯兰教的官员在政治上飞黄腾达的时候，伊斯兰教的其他信徒也就自然会受到极大的照顾。如经商的伊斯兰商人，可以在贩运过程中使用政府的交通工具，也可以免除一些政府应该征收的税款，还可以向蒙古权贵们较为便利地出售各种珍宝，等等。而伊斯兰教的宗教活动，也变得较为活跃。

与此形成鲜明对照的是，每当这些在元朝政府中担任要职的伊斯兰教官员在政治上的地位受到冲击而导致较大政局变动的时候，伊斯兰教的活动则会随之而受到冲击，伊斯兰商人的商贸活动也会受到阻滞，甚至有些商人的财产也会因此而遭到变相的冲击，蒙受巨大损失。

这种由于政治局势的变化、政治权力的更迭，而引发的一系列变动，在社会上的影响是十分显著的。因为在元代，信仰伊斯兰教的政府官员大多是以擅长理财而受到蒙古统治者重用的。而这些官员被重用之后，在他们周围又形成了一个信奉伊斯兰教的官员集团，他们的权势迅速增长，直接导致了其他蒙古族官员和汉族官员的权势被削弱，遂造成了政治上的矛盾和冲突。

而在社会上，伊斯兰教商人也十分活跃，他们通过商贸活动攫取了大量财富，其中的很大一部分财富，是通过极为卑劣的手段获得的，例如，在中原地区，回回商人在民间普遍放高利贷，导致中原百姓迅速倾家荡产，由此而激起大多数中原民众的愤恨。当信奉伊斯兰教的官员在朝廷中掌握大权时，这些伊斯兰教商人受到了政治上的庇护；而一旦这些官员倒台之后，伊斯兰教商人们在失去政治庇护之后，就成为了众多百姓冲击的直接目标，必然会遭受较大的财产损失。

当然，在少数民族人士中，伊斯兰教信徒们独特的生活习俗，也是引起文化冲突的一个重要因素。当众多的少数民族人士进入中原地区之初，都带有或多或少的独特的生活习俗，但是，他们中的许多人很快就适应了中原汉族百姓的生活习俗，并且融入其中。而伊斯兰教徒众在进入中原地区之后，仍然坚持其独特的生活习俗，拒绝加以变更，而由此极易产生矛盾冲突。

据历史文献记载，一次，有几个伊斯兰教商人朝见元世祖忽必烈，忽必烈很高兴，把自己的食物赐给这些商人吃，这对于他们是一种殊荣，却遭到了拒绝，因为真正的穆斯林只吃用他们自己的方法宰杀的牲畜。他们的拒绝，使得元世祖大怒，由此而导致了一系列政府禁令的颁布，禁止穆斯林们用他们独特的方式在大都生活，而必须遵从蒙古人的习俗。这种做法导致许多在大都城生活的伊斯兰教徒众被迫纷纷逃离京城，到其他地方去生活。

有时，伊斯兰教的教义中包含的强烈排他性，也会引起矛盾冲突。一次，有人向元世祖报告，伊斯兰教的经典《古兰经》中有杀灭异教徒的条文。于是，元世祖找来伊斯兰教的经师，询问此事，并得到证实。元世祖大怒，因为他所信奉的萨满教和藏传佛教等，皆被伊斯兰教视为异教，元世祖当然也被视同为应该杀灭的异教徒。由此而引发了元世祖排斥伊斯兰教的想法，后经阿合马等信奉伊斯兰教的官员劝解，元世祖才消除了愤怒。

三　伊斯兰教在宗教文化上的差异

显然，在中国流行的主要宗教派别，如佛教、道教等，其教义皆是与中国文化中的"中庸"思想相协调的，很少有强烈的排他性主张。因此，当伊斯兰教传入之后，其所具有的排他性教义就变得与中国的整体文化不协调了。而且，中国的主要宗教都是"偶像教"，而伊斯兰教是排斥偶像的，也造成了伊斯兰教与佛教、道教等在社会上有广泛影响的宗教之间的不协调。这种不协调，极易引发矛盾冲突，不利于伊斯兰教在中国的发展。

当然，随着伊斯兰教进入中原地区，也带来了其独特的伊斯兰文化，并且在许多方面——如天文历法、地理学、医学及其他科技等——都与中华民族原有的传统文化相互融合，促进了元代整体文化的发展。而这种不同渊源文化相互融合的主要场所，就是元大都城。在这里，元朝政府不仅设置了太史院和司天台，还设置了回回司天台；不仅设置了太医院，还设置了广惠司和回回药物院；不仅设置了国子监学，还设置了回回国子监，等等。而在艺文监中，不仅珍藏着历代的书法、绘画精品，还存放着许多波斯文的伊斯兰典籍。

综上所述，在元代，伊斯兰教在中国得到了广泛传播，其传播的主体，乃是信奉该教的少数民族民众。在政治活动中，信奉伊斯兰教官员的权势消长，往往会直接影响到整个伊斯兰教在中国的活动情况。政治冲突的结果，也往往导致宗教冲突及宗教迫害的产生。而宗教冲突的背后，又总是隐含着物质利益冲突。

在元代的大都城里，伊斯兰教徒众的人数相对较多，其势力相对较大，其活动也就比较频繁，如回回国子监、回回司天台等官方设置的机构，就经常开展活动。与之相对应的，在这里的伊斯兰教徒众与其他汉族民众之间的矛盾冲突也就更多一些，上举两个事例就都是在大都发生的。而元世祖时阿合马被刺杀后、元文宗时倒剌沙被捕杀后，大都城的伊斯兰教徒众都受到了或多或少的牵累。

到了元代末年，当众多的信奉伊斯兰教的大臣随着元顺帝逃亡漠北草原之后，伊斯兰教在政治上的势力亦随之大为削弱。当然，由于伊斯兰教徒众的减少，大都城（明代初年改称北平）里的伊斯兰教宗教势力亦有较大衰落。这种新传入中原地区的外来宗教，由于尚未形成广泛的社会影响，故而受到的政治局势变动的冲击还是很大的。

第五章　儒学的重要作用及其影响

在宋元时期，中国的学术界出现了一次大融合，也就是被称为"三教"的儒教、佛教和道教之间的大融合。这种大融合，是基于唐代和唐代以前的三教之间的矛盾冲突之后才产生的大融合。三教之间的冲突，虽然在短时期内对某一个教派造成严重的损害，却并没有导致其教派的衰亡，而是由衰复盛，有了进一步的发展。

在元代以前，儒教的政治地位最为稳固，作为中原汉族统治者建立的王朝，从汉武帝开始，把儒家政治学说作为整个国家的统治思想，从而确立了独尊的地位。而在北方少数民族统治者入主中原之后，也很快就认识到儒家政治学说所产生的巨大社会影响和稳定统治的作用，因此，往往采取尊崇儒术的政策，即是其逐渐"汉化"的一个重要方面。

佛教在刚刚传入中国之时，本是一种外来宗教，在中国社会中所能够产生的作用还很小，因此，经常受到政治局势变动，特别是统治者宗教信仰变动的影响，而时盛时衰。兴盛之时，佛寺遍野，僧众万计；衰微之时，佛寺被毁，僧徒寥寥。直到唐代，佛教在完成了中国化的改造之后，才开始受到广大民众的普遍崇拜，从而在社会上产生了巨大的作用。即使如此，仍然出现了几次大规模的统治者"灭佛"运动，使其遭到严重损害。但是，自宋元时期以来，这种大规模的"灭佛"活动就很少见到了。

道教是唯一产生自中国本土的宗教，自从产生之后，其发展也处于一种时盛时衰的状态中。在许多方面，道教所起到的社会作用与佛教是大致相同的。因此，使得众多的百姓并不会去认真区分二者的差异到底在哪里，即使是在道教与佛教之间的矛盾冲突十分激烈的时候，百姓也不会去主动支持一方，诋毁另一方，而仍然是见神就拜，不分佛道。

不论是儒教、佛教，还是道教，也不论是政治思想，还是宗教思想，在其发展进程中都会形成自身的哲学内涵，在儒教方面，这种哲学内涵表现得十分明显，带有强烈的政治色彩，使人们有较深刻的、直接的感受。而在佛教和道教方面，这种哲学内涵往往隐藏在宗教的外衣之内，使人们很难有明显的、直接的感受。但是，不论是直接的感受，还是间接的感受，其所起到的社会作用都是相同的。

从唐代以后，三教鼎立的格局基本形成，其在社会上所产生的影响也难分高下，在这种情况下，其中的任何一个教派都无法忽视其他两个教派的存在及其影响。而作为个人而言，这种影响也变得越来越复杂。有些著名的儒学家在钻研儒学的同时，也会去钻研佛学和道学；同样，许多著名的僧侣和道士，或者原来就曾是儒学家，由于种种原因而改变信仰，归入空门；或者是兼修儒学。

除此之外，在社会交往中，也普遍出现了儒学家与僧侣和道士结交为朋友的情况，而不是以前普遍存在的双方激烈排斥的情况。在双方友好的交往中，相互之间的抵触情绪消失了，从而有利于学习对方的精华之处。这种友好交往和相互学习，往往成为一种颇为时髦的"佳话"，而在社会上广为流传。这种由三教之间的相互贬抑到相互之间的褒扬，正是三教哲学内涵合流的坚实基础。

到了元代，三教之间在哲学内涵方面的合流，是在一个特定的历史环境下展开的，也就是说，是在少数民族建立的王朝一统天下的环境下展开的。在这种环境下，三教之间原有的政治排位出现了较大的变化，因此，其在合流的进程中所表现出来的变化也不同于此前各个历史时期的状况。而这种独特的合流进程，又是以大都城为其中心的。

第一节 耶律楚材的政治影响

一 耶律楚材政治际遇的变化

当蒙古国崛起于漠北草原之时，在蒙古统治者的思维中只有游牧文化的观念，而对于中原地区盛行的儒家文化并不了解，甚至在某种程度上，还存在着较深的偏见。在这种情况下，作为中原地区的儒家大臣们是很难发挥其政治才干的。作为中原地区杰出政治家代表的耶律楚材，也同样面临着这样的困境。

在蒙古军队攻占金中都城之后，耶律楚材就开始与蒙古统治者有了较为密切的联系，时常在成吉思汗（即元太祖）周围活动。通过与成吉思汗越来越多的交往，耶律楚材逐渐受到了重视。但是，在受到重视的手段方面而言，他不是以一个儒家的学者，或者说是儒家政治家的面貌出现的，却是以一个精通天文历法的占卜家的身份而受到信任的。

据元代初年宋子贞为耶律楚材撰写的"神道碑"记载，成吉思汗每当有军国大事犹豫不决时，就会向耶律楚材咨询，然后加以印证。"于是每将出征，必令公预卜吉凶，上亦烧羊髀骨以符之。"[①] 实际上，成吉思汗把耶律楚材看成是中原地区的"萨满"（即巫师），这是因为每逢天象异常之时，耶律楚材都能够做出恰当的解释，使成吉思汗十分信服。而成吉思汗对于耶律楚材的解释也要用蒙古人尊奉的萨满教的方法，即"烧羊髀骨"来加以印证。

到了窝阔台（即元太宗）登上大汗之位后，耶律楚材的政治地位发生了明显的变化，开始从一个中原地区的占卜巫师变成了名副其实的政治家，用耶律楚材自己的话说，就是"治天下匠"。这种变化之得以实现，其关键源自于窝阔台汗的即位仪式。按照蒙古国的游牧文化习俗，大汗的即位，没有使用中原王朝所惯行的"嫡长子继承制"，而是使用由众多蒙古贵族共同推举帝王的"忽里台"大会制度。

蒙古族游牧文化与中原汉族农耕文化的另一个较大的差异表现在财产继承关系方面。中原汉族民众自先秦时期就已经形成了嫡长子继承财产的制度，次子以下皆分出另立门户。而蒙古族民众却恰恰相反，是由嫡幼子继承财产，其他诸子分出另立门户。由于这两种文化之间的差异，造成了蒙古国大汗继承制度的混乱。其结果是，成吉思汗使用自己的权威，权衡诸子之间的矛盾和利害关系，而确定由第三子窝阔台继任大汗之位。

但是，在成吉思汗死后，对于大汗的继承问题仍然没有得到解决。一方面，是来自"忽里台"大会的挑战，众多蒙古贵族的权利要得到承认；另一方面，是来自成吉思汗幼子拖雷方面的挑战，因为拖雷已经继承了蒙古国的大部分遗产（主要是军队），完全有实力向大汗之位发动冲击。如何处理好这两个重要问题，是关系到窝阔台能否顺利接班的关键所在。

耶律楚材在这个决定整个帝国发展方向的重要时刻发挥了杰出的政治才干。一方面，他利用成吉思汗次子察合台与长子术赤之间的矛盾，使察合台率先在"忽里台"大会上承认了窝阔台的大汗地位，使窝阔台得到

---

① 碑文载《元朝文类》卷五十七。

了更多蒙古贵族的支持；另一方面，又以占卜巫师的身份提出"吉日"已定，拒绝了成吉思汗幼子拖雷企图拖延召开"忽里台"大会的请求。正是在耶律楚材的辅佐之下，窝阔台才得以顺利继承大汗之位。

二　耶律楚材的政治作用

窝阔台汗即位后，开始对耶律楚材提倡的儒家政治学说有了更多的认同。因为他通过自身的体验已经认识到这种代表农耕文化的政治精华所具有的强大优势与潜力。当窝阔台汗采纳儒家的政治学说之后，在执政策略上出现了极大的转变。其一是在战争政策方面的转变。按照蒙古国的惯例，当蒙古军队征伐一座城市时，凡遇到抵抗，城市在被攻占以后，蒙古军队即将全城民众杀死，连毫无抵抗能力的老人和幼童都不能幸免，被人们称为"屠城"。这种残暴的行径曾经使许多繁华的大都市毁于一旦，城市文明亦随之毁灭。

当蒙古军队攻占金朝都城汴京时，有的蒙古大将提出，汴京的抵抗曾经使得蒙古军队死伤惨重，要以"屠城"来复仇。经过耶律楚材的一再劝说，才使得窝阔台汗下令，免除了"屠城"的惨剧。是时，在城中避难的百姓将近一百五十万人，皆由此得以幸免。此后，由于有了这个先例，其他的中原城市在被蒙古军队攻占之后，也往往免去了"屠城"的惨剧。这种做法，显然不是游牧文化的哲学内涵，而是农耕文化的哲学内涵的体现。

其二是在经济政策方面的转变。在蒙古国崛起之初，蒙古军队四出攻掠，其对财富的获取手段完全是使用暴力掠夺，即使是对方交纳贡品，也是在武力胁迫下才实现的。但是，在耶律楚材的帮助下，窝阔台汗在中原地区实行了传统的赋税制度，任命政府官员，在不使用武力胁迫的情况下，一年之内，即收获了巨额的粮食、钱币等财物，使窝阔台汗感到十分震惊。这种不需要武力胁迫，只是通过经济手段即可获取大量财富的方法，充分展示出了农耕文化比游牧文化具有更多的优越性。正是这种优越性，导致了蒙古统治者在许多重要的方面从游牧文化方式向农耕文化方式转变。

耶律楚材发挥了杰出的政治才干，使其受到窝阔台汗的赏识与重用，被任命为中书令，主持中原地区的政务。但是，并不是所有的蒙古贵族都能够认识到农耕文化的这种优越性，由于传统文化（也就是游牧文化）

的影响在许多蒙古贵族中还产生着巨大的习惯作用，因此，当窝阔台汗死后，由于其他蒙古贵族们的抵制，耶律楚材的政治才干无法得到继续发挥，他的许多主张也无法得到贯彻，甚至在他死后，竟然受到诬陷，连家产都被查封，这种情况，不仅是耶律楚材个人的不幸，也是整个蒙古国的不幸。

在此后蒙古国的发展进程中，又出现了一位举足轻重的杰出政治家，通过他的努力，才得以继续沿着游牧文化与农耕文化进一步合流的大趋势发展下去，这位杰出的政治家就是元世祖。在他的政治生涯中，有两位重要的辅佐大臣，一位是刘秉忠，另一位是许衡。这两位辅佐大臣在政府中的官位并不高，职权也不大，但是，其所起到的作用却是巨大的，直接影响到了元代初年的整个历史发展进程。

第二节　刘秉忠的杂学

一　刘秉忠与耶律楚材的比较

刘秉忠是一个极具传奇色彩的人物，在许多方面，甚至可以说他与耶律楚材都有着惊人的相似之处。第一，是他们进入政治界时的身份。如上所述，耶律楚材在受到蒙古统治者——即成吉思汗赏识之初，是以一个中原地区精通占卜术的"巫师"面目出现的，因其预测政局变化的"灵验"而得到成吉思汗重视。他是在受到重用之后，才得以成为"治天下匠"，施展其儒家的政治学说来治理国家的，并且为蒙古国的制度建设做出了突出的贡献。

刘秉忠在受到蒙古统治者——即元世祖忽必烈赏识之初，也不是以一个儒家政治家的面目出现的，而是以一个僧人的身份进入忽必烈幕府的。当时的忽必烈还不是蒙古国的最高统治者，只是以蒙古宗王、大汗之弟的身份负责管理中原地区的政务。但是，这时的忽必烈已经比大多数的蒙古贵族更早地认识到儒家政治学说的重要作用，并且已经把一大批中原地区的儒家政治家收罗到自己的幕府之中，而刘秉忠则是很少的以非儒家政治家身份参与机要的人。

第二，是刘秉忠与耶律楚材一样，都曾经伴随蒙古统治者四出征战，鞍马劳顿，不离左右。耶律楚材曾随从成吉思汗远征西域，转战数千里，每遇军务，必参与谋划，以定行止。刘秉忠在受到忽必烈赏识之后，也是如此。忽必烈在即位之前，曾经主持过两次大规模的军事征伐，一次是在长兄蒙哥汗（即元宪宗）获得大汗之位不久，受命远征云南，穿越青藏高原，虽然没有成吉思汗的西征影响大，其经历的艰难险阻却是有过之而无不及的。刘秉忠随军南征，辅佐之功，初见成效。另一次是蒙哥汗御驾亲征南宋，主攻蜀中，而忽必烈率偏师助攻鄂州（今湖北武汉），刘秉忠亦随军南下，为其出谋划策。

第三，也是最重要的一个方面，是耶律楚材和刘秉忠都辅佐蒙古统治者成就了一代伟业。在耶律楚材的辅佐下，窝阔台汗（即元太宗）建立了蒙古国的一系列典章制度。除上文述及的在中原地区重建赋税制度之外，窝阔台汗还修建了蒙古国的第一座都城，制定了简单的常朝礼仪，等等。而在刘秉忠的辅佐下，忽必烈取得的成就更加辉煌。

二　刘秉忠的重要作用

首先，耶律楚材只是辅佐窝阔台汗顺利即位，在此之前，窝阔台已经取得了继承大汗之位的合法权力。而刘秉忠在辅佐忽必烈之时，忽必烈只是一个地位比较显赫的蒙古宗王，虽然这时的忽必烈有着宏伟的政治抱负，但是，这种抱负还远远没有实现。刘秉忠却以他杰出的政治才干，辅佐着忽必烈一步又一步地向着获取最高统治者地位的目标前进，最后达到了目标。

在这个过程中，最重要的一项举措就是开平府的营建。当忽必烈的长兄蒙哥汗（拖雷之子）从窝阔台汗一派的手中夺得大汗之位后，充分发挥了忽必烈的政治才干，先是派他远征云南，然后又派他主持中原地区的政务。在忽必烈主持中原地区政务之时，他以蒙古国都城和林距离中原地区太过遥远为理由，命刘秉忠为其重新选择一个地方，作为统治中心。于是，刘秉忠在长城外面滦河岸边的金莲川（今内蒙古正蓝旗境内）选中了一处地方，为忽必烈建造了一座王府，称为开平府。

这种做法从表面看是很普通的一件事，其实含义却十分深远。一方面，是忽必烈受命主持中原地区的政务，本来并不需要另外兴建一处统治中心。因为蒙古国在中原地区的统治中心早已经有了，那就是燕京，蒙古国早在成吉思汗时派到中原地区主持军政事务的高级官员（如大断事官等）就驻守在燕京，忽必烈完全可以把他的办公场所也设置在这里，没有必要大兴土木另建一座城市。

另一方面，是忽必烈对这处王府的兴建表现出了过分的重视。他命刘秉忠在选择城址时，使用了占卜的方法，"公以桓州东、滦水北之龙冈，卜云其吉，厥既得卜，则经营，不三年而毕，命曰开平"①。在这里，占卜所得吉地，颇有"龙兴"的意味。而此时刘秉忠的身份，又与成吉思汗时的耶律楚材十分近似。如果我们把这个事情往以后的历史拉抻一下，不难看出，开平府的营建，正是大都城营建的预演。

其次，如上所述，耶律楚材对蒙古国的制度建设做出了重要的贡献，而刘秉忠对元王朝的制度建设则做出了更加重要的贡献。在耶律楚材生活的时代，蒙古统治者的观念中，占据主导地位的文化还是游牧文化，只是在中原地区实行了耶律楚材的建议。而到了刘秉忠时代，作为元朝统治者的忽必烈已经全面推行"汉法"，农耕文化已经成为在整个国家中占据主导地位的主流文化。因此，也就给了刘秉忠一个施展其政治才华的更加广阔的舞台。

据《元史·刘秉忠传》所述，除了主持兴建元上都城和元大都城这两项重要工程之外，刘秉忠又"奏建国号曰大元……他如颁章服，举朝仪，给俸禄，定官制，皆自秉忠发之，为一代成宪"。而元世祖忽必烈对于刘秉忠提出的各项治国方略和典章制度，都给予大力支持。正是由于有了元朝统治者的这种文化上的认同和哲学内涵的合流，才最后有了元王朝的大一统的天下。

再次，就个人的文化素养而言，刘秉忠与耶律楚材更为近似，两人皆以知识驳杂为特色。据《元史·耶律楚材传》记载，耶律楚材治学之道，"博极群书，旁通天文、地理、律历、术数及释老、医卜之说……"，而刘秉忠则是"于书无所不读，尤邃于《易》及邵氏《经世书》，至于天文、地理、律历、三式六壬遁甲之属，无不精通"②。两位杰出的政治家皆以杂学为其特色，表明在当时的历史环境中，不仅是农耕文化与游牧文化之间开始有了更加密切的接触与冲突、融合，而且在农耕文化自身之内，儒、释、道三家也在哲学内涵上日益合流。

三 杂学的治世功能

刘秉忠在辅佐元世祖忽必烈的二十多年中，最初是以僧人的面目出现

---

① 《元朝名臣事略》卷七。
② 《元史·刘秉忠传》。

的，但是，他的许多重要的政治主张却都体现了儒家学说的基本宗旨。因此，当元王朝的各项典章制度大致完备之后，在一些儒家文臣的提议下，元世祖下令，命刘秉忠除去僧服，还俗为官。刘秉忠这种身份的变化，即从僧人改变为政府官员，也充分体现了三教不同学说的合流。其实，身份的改变并不重要，而哲学内涵的合流才代表了整个时代的文化变迁大趋势。

正是在这种大趋势之下，显示出了"杂学"的重要作用。在元代以前，不论是儒家，还是佛教、道教，其著名代表人物都是以学术研究的"纯正"为立足之根本，如果其学术中掺杂了一些别的学派的东西，变得"驳杂"起来，是很容易遭到学术界贬抑的。甚至许多著名的政治家，也只尊奉一个学派的学说。在中国古代社会中，特别是自汉代以来，官方的学术只承认儒家一派的正统地位，而没有佛教和道教的地位。

但是，在蒙古国和元朝初期，两位著名的政治家，即耶律楚材和刘秉忠，却都是以擅长"杂学"而受到重用，来进一步发挥其政治才干的。这种情况的出现，一方面，与蒙古统治者的自身文化修养有着密切的关系；另一方面，也表明在宋、金、蒙三大势力集团激烈对抗的混乱局面中，只有"杂学"才是最适应当时社会的需要、最具有生命力、最有使用价值的一种学术。耶律楚材和刘秉忠皆得以崭露头角，绝不是一种历史发展的偶然现象，而是代表了"杂学"的重要作用，体现了哲学内涵合流的文化发展大趋势。

第三节　许衡的经世致用

一　许衡的文化影响

在元世祖忽必烈即位前后的幕府中，还有许多位受到重用的儒学家，其中的一位，便是许衡。许衡的身份与上文提及的耶律楚材与刘秉忠二人又有所不同，他虽然是以儒学政治家的面目而受到元朝统治者的赏识的，但是他与上述二人的不同之处是，他的儒学中不包含其他的"杂学"成分，而是以一种十分"纯粹"的儒家学说受到赏识，因此，他在大都的政治界，特别是在学术界，产生了较大的影响。这一点，通过他自己的言行，以及旁人对他的评论及评价即可看出。

在政治影响方面，他的作用略逊于刘秉忠。或者说，他是刘秉忠在实施各项政治举措中的一个重要助手。制礼作乐，一直是儒家政治学说的一个重要组成部分，儒学政治家们希望通过制作礼乐来规范统治者的行为，来教化百姓。而刘秉忠在促进元世祖忽必烈"汉化"的过程中，制定礼仪、演练乐舞是一项重要的政治举措，但是，其中又包含了深刻的文化内涵。早在蒙古国时期，大汗蒙哥（即元宪宗）就曾命中原乐工于日月山用雅乐演奏，以助祀典礼仪。[①]

正是因为礼仪和宫廷乐舞乃是突出皇权至高无上地位的一种重要手段，所以元世祖忽必烈对此十分重视，当他的统治地位逐步得到巩固之后，即命刘秉忠着手制定礼仪和乐舞等典制。在这些文化活动中，许衡发挥了极为重要的作用。至元七年（1270年）二月，元世祖在大都东南的柳林行宫，"观刘秉忠、孛罗、许衡及太常卿徐世隆所起朝仪，大悦，举酒赐之"[②]。由此可见，负责制定朝仪工作的主要有四人，即刘秉忠、孛罗、许衡及徐世隆，其中，刘秉忠及孛罗是朝中大臣，领衔主持其事，而许衡和徐世隆才是朝仪的具体制定者。

元世祖对于朝仪的制定工作十分重视，他在制定朝仪之后，还要亲自审定，"前期一日，布绵罽金帐殿前，帝及皇后临观于露阶，礼文乐节，悉无遗失"[③]。至翌年八月，才正式施行。对于乐舞的制定，则是朝中大臣耶律铸与徐世隆等率同旧金、亡宋乐工共同完成的，许衡并未直接参与其事。而乐舞的使用也较礼仪的行用更早一些，只是其规模在不断扩大，到至元年间方成定制。

在制定百官制度方面，许衡也辅佐刘秉忠，发挥了重要的作用。据许衡弟子耶律有尚所撰写的《考岁略》记载，至元六年（1269年），许衡与张文谦、王恂等儒臣一起议定官制，"先生历考古今设官分职之本，沿革之由，与夫上下统属之序，其权摄增置、冗长倒置、行之有弊者，率皆不取。自省部郡县体统之正，左右台院辅弼之制，内外百司联属控制之差，后妃储藩隆杀之防，悉图为定制以闻"[④]。

由此可见，许衡在辅佐刘秉忠制定官制之时，还对历代官制的设置及变迁源流加以考订，总结了其中的利弊得失，并对各个官僚系统之间的关

①　《元史·礼乐志二》。
②　《元史》卷七《世祖纪》。
③　《元史》卷六十七《礼乐志》。
④　苏天爵：《元朝名臣事略》卷八《左丞许文正公》。

系，甚至皇亲国戚的定位等复杂问题，都进行了详细的研究，然后据此制定了一整套完备的官制。对此，后人给予了很高的评价："世祖即位，登用老成，大新制作……遂命刘秉忠、许衡酌古今之宜，定内外之官。其总政务者曰中书省，秉兵柄者曰枢密院，司黜陟者曰御史台。……于是一代之制始备，百年之间，子孙有所凭借矣。"①

元王朝在百官制度的制定方面，是对隋唐以来一统王朝的官僚制度的一次重大的变更，由三省六部制度改变成省（政务）、院（军事）、台（监察）的三权分立制度。这个官僚制度确立之后，不仅如明初之人所说的，"百年之间，子孙有所凭借矣"，而且在此后的几百年间，对明朝和清朝的政治制度的制定，都产生了巨大的影响。这其中，许衡的重要作用是不容忽视的。

如果说许衡在辅佐刘秉忠制定元王朝的各项政治制度方面取得了很大成功，那么，他在参与元王朝的具体政治活动方面则是一个失败者，或者说是成效甚微。在元世祖即位之初，任用的汉族大臣主要有几派，一派是以善于征敛钱财著称的中书省官员王文统为代表，另一派则是以精通治国之道的儒臣姚枢、许衡等为代表。元世祖一方面利用许衡等人制定各种典章制度，另一方面又利用王文统等人来征敛钱财。

显然，精通儒家治国之道的许衡等人是反对过度征敛百姓钱财的，因此，也就自然要反对王文统的各种敛财举措，对此，元世祖忽必烈是不满意的。在这种情况下，许衡、姚枢等人虽然也在朝廷中任职，却无法发挥其政治才干。于是，形成了许衡等人既受到礼遇却又不被重用的局面。早在中统二年（1261 年），儒臣窦默、王鹗等人就曾举荐许衡出掌朝政，"默与王鹗面论王文统不宜在相位，荐许衡代之，帝不怿而罢"②。及至王文统受到山东军阀李璮叛乱的牵连被诛杀之后，许衡才到中书省中任职，却又因为与善于敛财的大臣阿合马在政见上的分歧，而无法受到重用。

于是，许衡多次前来大都城，参与政务，又多次从大都城返回旧居，退隐以教育乡里生员。正如他在给元世祖忽必烈的上书中所云：许衡自认其学问过于"迂远"，"与陛下圣谟神算未尽吻合。陛下知臣未尽，信臣

---

① 《元史》卷八十四《百官志》。
② 《元史》卷四《世祖纪》。

未至，直以虚名误蒙采擢"①。这里他自云的"迂远"，也就是今天人们所说的"书生气十足"。正是由于他的刚正不阿和敢于直谏，使得他在政坛上常常受到权臣的排挤，屡进屡退。

二　许衡的教育成就

许衡在官场上的失意，对于他自己而言，并未放在心上，正如许多儒学家都具有的信念，"达则兼济天下，穷则独善其身"，许衡的一生，都是实践着这一信念的。元世祖虽然不能任用许衡为宰相，以治理天下，却任用他来主持教育工作，为元王朝培养人才，为皇族和其他权贵们教育子孙后代。这个职责，虽然没有执掌朝廷大权那样声名显赫，但是所具有的潜力，其能量之巨大，影响之深远，却是当时人们无法预料的。

元太宗时，南伐的蒙古军队俘获了一位儒生赵复（字仁甫），并且把他送到了燕京，从事讲学活动，两宋儒学的新观念才得以再次传播到北方地区。最早向宋儒赵复学习程朱理学的北方学者有姚枢，其后，则有许衡与窦默等人。"壬寅，雪斋隐苏门，传伊洛之学于南士赵仁甫，先生即诣苏门访求之，得伊川《易传》，晦庵《论》、《孟》集注，《中庸》、《大学》章句，《或问》、《小学》等书，读之，深有默契于中，遂一一手写以还。"（见耶律有尚所撰《考岁略》）文中雪斋即指姚枢，先生即指许衡，而伊川及晦庵即指程、朱等宋朝大儒。从此以后，许衡在学术上完全遵从程朱理学，并将其作为教育生员的范本。

而当忽必烈作为大汗之弟受蒙哥汗之命主持中原政务之时，就曾聘请许衡负责京兆地区（今陕西西安）的教育工作，而当忽必烈即位之后，又曾多次任命许衡为国子祭酒，并在大都设置国子学，命其负责皇族子弟和其他权臣子弟的教育工作。于是，许衡将其所学之程朱理学，一一灌输给这些贵族子弟。在教育的过程中，许衡并没有特别强调玄妙深奥的儒学理论，探讨"性"、"理"、"道"等基本哲学概念，而是从一些儒家的基本行为规范出发，时时加以训练。

据耶律有尚所撰《国学事迹》记载："诸生读书之暇，先生令蒙古生年长者，习拜及受宣拜诏仪，释奠、冠礼时亦习之。小学生有倦意，令习

---

① 耶律有尚：《考岁略》。

跪拜、揖让、进退、应对之节，或投壶习射、负者罚读书若干遍。"① 正是用这种简单的行为训练，结合传授儒家学说的教育方法，许衡为元朝培养了一大批有用的人才。查《元史》中诸"列传"的记载，许多少数民族大臣，如坚童、也先铁木儿、不忽木、秃忽鲁、康里巎巎等，在年幼之时都曾亲身受到许衡的教诲。

也正是从许衡开始，元朝的最高学府国子学即以程朱理学作为学生学习的范本，而程朱理学亦因此而成为官方的正统学说。但是，由许衡所传授的程朱理学，已经是被改造过的"理学"了，这个改造的过程，乃是许衡为了适应蒙古贵族子弟文化基础较差的现实状况而不得不加以改变的。经过改变之后，也确实达到了较为理想的效果。故而，在许衡死后，元朝统治者给了他极高的礼遇。

皇庆二年（1313 年）六月，元仁宗下令："以宋儒周敦颐、程颢、颢弟颐、张载、邵雍、司马光、朱熹、张栻、吕祖谦及故中书左丞许衡从祀孔子庙廷。"② 元朝统治者把许衡与程氏兄弟和司马光、朱熹等人放在同等重要的地位，在元朝只此一人。另外，元朝政府又在京兆设置了鲁斋书院，以弘传其学说，并在大名路设置了许衡庙，岁时加以祭祀。

三 后世对许衡的推崇

许衡在当时的文化界，还参与了两件大事。一件事情是修订新的历法，另一件事情是制定新的科举考试办法。元代初年修订的新历法被称为《授时历》，是元世祖在平定江南、一统天下之后施行的一项重要文化举措。在元朝统一天下之前，由于政治局面的分裂，两宋王朝与辽金元三个王朝使用的历法是不同的。也就是说，宋朝人对年、月、日的记录，与辽、金、元三个朝代是不同的，因此造成了许多重要的历史事件在时间记录方面的混乱。在天下没有统一之前，这种状况不易改变；而在天下统一之后，这种状况就必须改变。

元朝政府为了修订新的历法，在至元十五年（1278 年）二月，设置了专门的官僚机构，"置太史院，命太子赞善王恂掌院事，工部郎中郭守

---

① 苏天爵：《元朝名臣事略》卷八。
② 《元史》卷二十四《仁宗纪》。

敬副之，集贤大学士兼国子祭酒许衡领焉"①。但是，据《元史·历志》记载："十三年，平宋，遂诏前中书左丞许衡、太子赞善王恂、都水少监郭守敬改治新历。"则修订历法的工作应是从至元十三年就开始了，而且许衡还是修订历法的主要负责人。修订历法的工作是在至元十七年（1280 年）完成的，翌年正式在全国推行。由许衡、郭守敬等人修订的这部新历法，是当时世界上最为精确的历法。

元朝科举制度的正式施行，乃是在元仁宗即位之后的事情。但是，在此之前的元太宗和元世祖时期，各施行了一次科举考试。而且在至元年间还专门对科举考试进行了较为广泛的讨论。许衡作为儒学大师，参加了这次讨论，并且发表了自己的见解，对元世祖的影响很大。在《元史·选举志》中，两次提到了许衡参与科举考试之事，但是却有许多矛盾之处，令人读之而未明其意。

在《选举志》前面的一段云："世祖既定天下，王鹗献计，许衡立法，事未果行。"王鹗提出施行科举考试的时间是在至元四年（1267 年），离元世祖攻灭南宋，平定天下尚有十年之差距。《选举志》后面的一段云："继而许衡亦议学校科举之法，罢诗赋，重经学，定为新制。事虽未及行，而选举之制已立。"这段文字，是放在至元二十一年（1284 年）朝中大臣和礼霍孙议行科举之后，而有"继而许衡……"云云，但是，此时许衡已经逝世，不可能再继续讨论科举之法。

在元人欧阳玄为许衡所作"神道碑铭"、苏天爵《元朝名臣事略》所录许衡事迹及《元史·许衡传》中，都对许衡参与科举考试之事只字未提，因此，对这件事情的详情也就不得而知了。但是，许衡确实参与了科举制度的制定工作，并且已经有了具体的实施方案，只是因为没有得到落实，而许衡又不愿意向其他人述及此事，在此后又隔了元成宗、元武宗两朝，故而其事后人已难得其详，只在《选举志》中留下了些蛛丝马迹。

我们如果把元代初年的刘秉忠和许衡这两位著名的儒臣加以比较，可以看出，他们的特点是十分突出的。这从史传对另一个人的评价即可了然。在与刘秉忠和许衡同处于一个时代的大臣中，张文谦在政坛上的影响是很大的，他与二人的交往也是很密切的，"文谦蚤从刘秉忠，洞究术

---

① 《元史》卷十《世祖纪》。

数。晚交许衡，尤粹于义理之学"①。史传在评价张文谦的时候，实际上对刘秉忠和许衡的特点也有了定评，即刘秉忠的特点是"洞究术数"，而许衡的特点则是"尤粹于义理之学"。

对于术数之学，元朝统治者出于其自身文化修养的本色，是比较容易接受的，也是比较信服的。因此，刘秉忠的许多政治主张都能够得到元朝统治者的支持，得以顺利实施。而对于义理之学，却与元朝统治者的自身文化修养之间有着较大差距，元朝统治者虽然也认识到，这种义理之学对于巩固其权力、治理国家具有十分重要的作用，但是，在情感上的信服程度却差得多，故而在实施过程中就会大打折扣。特别是这种义理之学与聚敛钱财的政策发生矛盾时，元朝统治者当然要支持聚敛钱财的一方，而压制义理之学。这也是刘秉忠和许衡在官场上得意与失意的关键所在。

第四节　吴澄的际遇

一　元代的朱陆之争与融合

在儒学的发展历程中，与朱熹同时代，又观点不同的南宋著名儒学家有陆九渊，被后人并称为"朱陆"。如果说朱熹是宋代理学的集大成者，那么，陆九渊则是宋代理学的创新者或是革新者。他们的学说都对元代儒学的进一步发展产生了巨大的影响。相对而言，朱熹的学说对元代北方儒学家们的影响是巨大的；而陆九渊的学说则被许多南方的儒学家接受，这种不同区域所产生出的不同文化特色，一直是中国文化发展历程中的特点之一。

程朱理学在宋代，只是作为学术上的一家之言，与其他不同的儒学派别各有优劣、异同。但是，到了元代，由于许衡的提倡，遂使朱熹之学变成了官方唯一认可的正统儒家学说。对于许衡在学术上，特别是在政治上的这种重要作用，后人曾作诗云："乾坤已换宋山川，闽洛茫茫堕正传。不有先生挑担子，中原文物竟沉湮。"② 宋儒的理学，不仅代表的是儒家学说的最新发展阶段，而且代表了中华文化发展的核心内容。

当时的大都城，既然是中国的政治和文化中心，自然也就成为朱熹学

---

① 《元史》卷一百五十七《张文谦传》。
② 《鲁斋遗书》卷十四所载西蜀冷宗元诗。

说占统治地位的文化中心。这种情况的出现，是与许衡培养的弟子们所具有的政治上的相应地位密切相关的。自从许衡在大都城受命创立国子学之后，就把自己的亲传弟子们召集到大都城来，作为助教。而在国子学中学习的学生，其大多数都是蒙古贵族和汉族大臣的子孙，当这些人在大都的国子学中毕业之后，往往承袭父辈的官职，在政府的各级机构中占据要职。这些人对于朱熹学说的认同，或者说是对于许衡所传授的朱熹学说的认同，也就使这种学说具有了被官方承认的统治地位。

而许衡的弟子们先是在大都城的国子学中担任助教，及许衡隐退之后，则陆续走上了国子学的领导岗位，掌管了国家最高学府的大权。在这种情况下，他们当然也要维护许衡学说的正统地位，不允许其他的儒家学说，特别是陆九渊的学说来对许衡学说加以挑战。因此，在当时的条件下，要想在元大都城里的国家教育机构中任职，其最主要的标志就是能否承认许衡学说的正统地位，如果不能做到这一点，而是想在学术上有"自由发挥"的余地，必然会遭到许衡一派学术势力的反击，其对抗的结果是可想而知的。

二　吴澄的北上与南归

在许衡死后，其众多弟子在对儒家学说的钻研方面几乎没有什么建树，只是墨守成规而已。但是，江南地区的儒学却仍然十分活跃，其最主要的代表人物就是吴澄。有些人曾认为，在元代的儒学界，最著名的，即是"北许南吴"。吴澄在元朝政府中的学术声望一直就很高，元世祖在攻灭南宋之后，曾经派遣近臣程钜夫到江南地区搜访各种人才，召集到大都来为元朝政府效力，在当时被征召的诸多人才中，即有吴澄。但是，吴澄在当时的历史背景下，并没有为元朝政府效力的意思，因此，不久之后就以母亲年老为由告辞回乡了。到元成宗即位后，由于有朝中大臣的推荐，吴澄再次来到大都城，但是，因为他来的时间拖得较长，到京城后，其官职已经被别人取代了，只得重回乡里。由此即可看出，在大都城里，有些人是不欢迎吴澄北上的。

元武宗即位后，吴澄第三次被召到大都城来，在至大元年（1308 年）出任国子监丞，开始介入大都城的儒学教育。如果我们拿刘秉忠与许衡相比较，那么，刘秉忠是政治家，而许衡是学者。如果我们再拿许衡与吴澄相比较，那么，许衡是政治家，而吴澄是学者。换言之，刘秉忠是纯粹的政治家，许衡是学者兼政治家，而吴澄则是纯粹的学者。因此，当吴澄来到大都城之后，并没有看清楚许衡一派的学术势力加上政治势力的强大，或者说是他根本没有把学术与政治联系在一起，因此犯了一个严重的政治错误，也因此断送了自己的政治前途。

元仁宗皇庆元年（1312 年），他升任国子司业之后，开始主持全面的教学工作，于是，他在国子学中直接表达了个人的学术观点，也就是试图要调和朱熹与陆九渊之间的学术矛盾。吴澄认为："朱子于道问学之功居多，而陆子静以尊德性为主。问学不本于德性，则其蔽必偏于言语训释之末，故学必以德性为本，庶几得之。"① 这种学术观点其实并没有错误，最大的错误是他抬出了陆九渊，并且公开承认，陆九渊的"尊德性"是钻研儒家学说的根本途径。这样，他就把自己摆到了许衡及其众多弟子的对立面上去了。

于是，吴澄的观点立刻遭到了许多人的非议，而他在大都国子学中又实行了一系列的改革措施，使得许多原来许衡的弟子更加不满。在这种情况下，吴澄在大都城里的仕宦生涯已经很难维持，于是，他不辞而别，复归乡里。到元英宗即位后，第四次把这位江南名儒召到大都城来，并且破格提拔他为翰林学士。泰定帝在即位后，开经筵，请名儒讲解儒家学说，而吴澄与国子祭酒邓文原、宰臣张珪一起被聘任为经筵讲官，这是吴澄在官场上最得意的时期。

作为著名学者，吴澄的地位已经十分显赫了，但是，他的许多学术主张却无法得到贯彻落实，于是，他又采取了不辞而别的办法，第四次重回故乡。此后，元朝政府再也没有把他召回都城，加以重用。吴澄在官场上的浮沉经历，至少说明了两个问题。第一，在当时大都城的儒学界，许多人对于朱熹的学说与陆九渊的学说究竟有什么本质上的差异，是不清楚的，他们反对吴澄，只是因为吴澄改变了许衡所制定的旧规，也就是说，这种矛盾冲突不是学术见解的争论，而是政治派别的斗争，即对"正统"观念的争夺。

在当时的元大都城里，人们的身份是不同的，从而导致了在争论中所处地位的不同。许衡作为北方的著名学者，尊崇的是质朴的实践观点，更适合于文化程度较低的蒙古贵族和其他少数民族权贵们的需要。其亲传弟

---

① 《元史》卷一百七十一《吴澄传》。

子，也大多是北方学者。而吴澄作为南方的著名学者，尊崇的是对深奥的义理的研讨，很难被蒙古贵族接受，也是许多北方学者的"弱点"之一。因此，吴澄的所作所为必然会受到排挤。而吴澄的身份又是地位最低的"南人"，故而在与北方学者的争论中，自身就处于劣势，于是，他也只能采取不辞而别的消极办法，几次来到大都城，又几次从大都"溜走"。

三　儒学的变化与儒士的穷通

纵观有元一代的儒学界，先是有耶律楚材的"治天下匠"的举措，还看不到宋儒理学的影响，而是自汉唐以来的传统儒家的政治学说的再次实践。其间，受到了草原游牧文化的强烈冲击，在冲击的过程中，经过逐渐的融合，也就是"汉化"，才使耶律楚材的政治才干得到发挥。而儒家学说在蒙古政权中所产生的学术作用，则是微乎其微的，远远逊色于中原佛教、藏传佛教和道教全真派，乃至于伊斯兰教及基督宗教的影响。

到了刘秉忠辅佐元世祖时期，儒家学说的影响在不断扩大，许多重要的观念都被贯彻到整个国家的根本大法之中去了。在这时，一些著名的儒臣，如姚枢、窦默、王鹗、许衡、王恂等人，都在元朝的政治生活中占有了一席之地，从而形成了一股政治势力。尽管这股政治势力的能量还很弱小，却比耶律楚材时期的儒学势力有了较大的进展。其中，又以许衡，用纯粹的儒学大师的身份开创了元朝的教育事业，使许多蒙古贵族和其他少数民族贵族子弟对儒家学说有了粗浅的认识。也正是在这个时候，程朱理学开始成为元朝政府承认的官方学说。

到了元代中期，以吴澄为代表的南方儒学家开始在大都城产生了一定的学术影响，但是，他们在政治上的地位仍然十分低下，也就使之在官场上的学术争论中处于劣势，无法发挥其政治作用。纯粹的儒家学说与驳杂的儒家学说相比，显然缺少其生命力和社会适应性。就学术流派的发展历程而言，儒学则是从三教合流的"杂学"向排斥佛、道的"纯粹"学说回归。

第六章　民族关系的复杂性在文化上的表现

　　元王朝是由蒙古统治者建立的第一个统一的中国少数民族封建王朝，而且，这个王朝把中国的版图扩张到了极限。在这个辽阔的疆域内，形成了以汉族为主体的、包括更多其他少数民族民众在内的民族融合体，其不同民族的数量之多，达到了历史上空前的程度。因此，民族融合问题也就成为元朝统治者十分关注的重要社会问题。

　　对于如何处理民族关系问题，有以下几个主要方面是值得关注的。首先，是对不同民族自身的定位问题，由此延伸，而带来对其在社会上的待遇问题。其次，是对不同民族之间矛盾的处理问题，由此延伸，则是通过矛盾冲突而达到的融合问题。再次，是对不同民族的文化渊源之间表现出来的差异的认同问题，由此延伸，而导致的"汉化"还是"胡化"的同化问题。

　　元朝统治者自身的政治地位、文化素养、个人喜好等各方面的因素，都对元朝政府制定相关政策、采取具体措施，产生很大影响。这种影响，既有出于政治考虑的局限性，也有民族因素的局限性，还有封建时代的局限性，因此，在许多问题的处理方法上，元朝统治者的做法都存在着这样或那样的错误，最终的结果不仅没有缓和民族矛盾，反而把民族矛盾与阶级矛盾纠缠在一起，使之不断激化，导致农民起义爆发，以及元朝腐朽统治的垮台。

　　因此，元代的大都城，作为全国的政治和文化中心，这种民族矛盾与民族融合、文化冲突与文化认同，在这里都表现得极为突出，极其复杂。当然，在民族矛盾与民族融合、文化冲突与文化认同这两个共同体中，民族融合与文化认同代表了时代发展的主流，而民族矛盾与文化冲突，只是历史大潮中的一股支流。

第一节　四等人制度的出现及其影响

一　少数民族统治者的民族意识

在中国古代，由少数民族统治者建立的封建王朝，对于本身的少数民族人士而言，有着明显的优待，这种做法是可以理解的，却是不能够给予认同的。任何一个少数民族的统治者，在其进入中原地区之前，就已经产生了十分强烈的民族意识。这种民族意识，不是现代意义上的民族意识，而是一种朦胧的、原始的民族意识。

在进入中原地区之后，面对人数众多的汉族百姓，少数民族统治者的民族意识不是削弱了，而是更加增强了。因为这些汉族百姓所遵行的文化模式，与自身所处的少数民族习惯遵行的文化模式有着较大的差异，两者相比，汉族百姓遵行的农耕文化比起少数民族遵行的游牧文化来，有着明显的优势。而两种不同模式的文化之间所具有的差异，又时常会产生出各种各样的矛盾冲突。

对于这种文化差异和由此而产生的冲突，作为少数民族统治者而言，有两种态度，其一是抵触；其二是学习。那些习惯于游牧文化的少数民族统治者，对于与之差异极大的农耕文化，第一个感觉就是不适应，也就是不习惯。而在受到习惯因素的影响下，自然而然地就会产生出抵触情绪。如果他的抵触情绪不断扩大，就会运用手中掌握的权力对农耕文化加以排斥。这种情况，在蒙古统治者进入中原地区之初，就有所体现。一些蒙古贵族曾提出，要把农田变为荒地，以适应放牧牲畜的需要。在元朝的统治末期，也有一些蒙古贵族提出，要杀尽张、王、李、赵等五姓汉人，这种极端的偏激意见，乃是文化对抗转而变为政治对抗的结果。

对于少数民族统治者而言，他对农耕文化的抵触，往往是由于陌生的差异而产生的，当他对农耕文化有了进一步的了解之后，这种抵触情绪就会被崇奉的情绪取代，因为中华民族的农耕文化以其博大精深的魅力，震撼着每一个对它有所了解的人。了解得越多，其魅力也就越强，其所产生的震撼力也就越大。

在这种强大魅力的震撼之下，少数民族统治者的抵触情绪越来越少，崇奉情绪越来越多，导致其在不知不觉中产生了学习的欲望，并且很快就付诸行动。因为他们已经深切体会到，农耕文化在中国社会中所产生的巨大影响及其作用是任何其他的东西都无法取代的。因此，要巩固他们在中原地区的统治，就必须学习农耕文化的精髓，并加以利用。

在这种情况下，许多少数民族统治者都采取了积极学习的态度，并且制定了若干与之相适应的政策和举措。例如，北魏时期的鲜卑族统治者、辽代的契丹族统治者和金代的女真族统治者，等等，皆曾采取了积极学习汉族农耕文化的举措。由此导致的结果，是其少数民族的民族意识弱化，也就是人们通常所说的"汉化"过程。

二　"四等人"制度的政治作用

对于少数民族统治者而言，这种"汉化"的过程有早有晚，其程度也有深有浅。相对而言，鲜卑族和女真族的统治者，其"汉化"的时间较早，其"汉化"的程度也较深；而契丹族统治者在"汉化"的同时，自始至终都坚持着自身习惯的游牧文化，采用"一国两制"的办法。到了元代，蒙古族统治者在许多方面的做法，皆与契丹族统治者有着类似之处。

其一，是蒙古统治者的"汉化"进程较为缓慢。早在元太祖（即成吉思汗）时期，耶律楚材等汉族大臣（耶律楚材虽然是契丹人，但是已经被蒙古统治者视同汉人）就开始为蒙古国效力，到元太宗（即窝阔台汗）时期，中原地区就已经实行"汉法"，但是，农耕文化对整个帝国的发展，还没有起到重要的影响。直到蒙古立国半个世纪之后，元世祖才开始在整个帝国较为全面地推行"汉法"。

其二，是蒙古统治者在"汉化"的同时，还一直坚持着自身习惯的游牧文化。在元世祖即位之前，整个蒙古国的游牧文化占有主导地位，其他文化，如中原地区的农耕文化、中亚等地的伊斯兰文化和欧洲各地的基督教文化等，皆处于辅助的地位。在元世祖即位之后，元朝文化的主流开始转变为二元化的结构，即汉族的农耕文化与蒙古族的游牧文化并重。其他文化，如伊斯兰文化和基督教文化，仍然处于辅助的地位。即以二元化的结构而论，也是各有侧重，在中原及江南地区，占据主导地位的仍是农耕文化，而在塞外的草原地区，占据主导地位的则是游牧文化。

就以少数民族统治者个人的文化修养而言，若以金元两代加以比较，也不难看出其"汉化"的进程及深度。金代自金太祖立国，即开始重用汉族大臣，到了金熙宗、金海陵王这一代（即第三代女真统治者），已经完全"汉化"了。《大金国志》称金熙宗"贯综经业，喜文辞……所与游处尽文墨之士"。又称金海陵王"好读书，学弈象戏、点茶，延接儒生，谈论有成人器"。元代自元太祖立国，一直到元世祖，也是第三代蒙古统治者，却只有极少数人主张行"汉法"。我们若就其个人修养而言，就连极力主张行用"汉法"的元世祖，也听不懂汉语，更不要说品味"贯综经业"、"学弈象戏、点茶"等较高层次的农耕文化精品了。直到更晚近的元仁宗、元文宗等蒙古统治者，因其自幼生长在中原汉地，才逐渐增加了农耕文化的修养。

元朝统治者在处理民族关系的问题上，实行的是"四等人"制度。这个制度的实行，有一个历史的变化过程，也即元朝统治者的民族意识的体现过程。四等人制度中的第一等人是蒙古人，在当时又被称为"国人"。这部分"国人"，也就是蒙古国立国之初归附到成吉思汗大帐之下的蒙古草原上的各个部落，《南村辍耕录》卷一中"氏族"条所列之"蒙古七十二种"，即是对这部分人的概括。

当蒙古国向外扩张之后，占有的疆域越来越大，归附的民众越来越多，于是，蒙古统治者对于这些疆域和民众进行了新的划分，主要分为三个部分。第一个部分是蒙古大草原，在这里生活的少数民族民众即是所谓的"国人"；第二个部分是蒙古大草原西面的辽阔地带，中国古代称之为"西域"的地区，在这里生活的众多少数民族民众则被称为诸国人，又称"色目人"；第三个部分是中原地区，在这里生活的民众被称为"汉人"。因为在蒙古统治者占有中原地区之前，已经有大批的契丹族和女真族的少数民族民众长期在此定居，于是，这些人也就被视同为"汉人"。

由此可见，在蒙古国时期（也就是元世祖即位之前），蒙古国的民众构成只有三个等级，即国人（蒙古人）、诸国人（色目人）及汉人。也正因为如此，所以在《南村辍耕录》书中的"氏族"条目中，除了"蒙古七十二种"之外，又列有"色目三十一种"和"汉人八种"，而没有第四个等级，也就是"南人"。在当时的三个等级中，蒙古人的等级自然最高，在其他两个等级之上。而在色目人和汉人之间，并没有明确的高低之分。

元世祖即位之后，蒙古国的重心明显南移，开始向江南地区扩展，于是，经过统一战争，有越来越多的江南民众归附到蒙古国的势力之下，对于这些归降的人，元朝统治者称之为"南人"。这时的"南人"，数量在不断增加，及至元朝一统天下之后，"南人"遂被列为第四个等级，居于整个社会的最下层，四等人制度也就最终形成。

由此不难看出，蒙古统治者在划分四个等级的时候，大致上是以诸多民众归附于蒙古国的时间先后为序的。如果从政治的角度加以观察，最先归附于蒙古国的民众，其抵抗的时间也是最短的。相对而言，"南人"是最后归附的民众，抵抗的时间最长，抵抗的形式也最激烈，甚至导致蒙古大汗（此指元宪宗）在进攻南宋时阵亡，因此，"南人"也就自然被放在了最下层。

如果从民族关系的角度加以观察，蒙古人与色目人都是少数民族民众，而汉人和南人中虽然也包括有各种少数民族民众，但是占绝大多数的仍然是汉族民众。因此，元朝统治者很容易把色目人与自身归为一类，而把汉人与南人归为另一类。在当时的历史条件下，汉族民众也就很自然地把蒙古人和色目人视为异类。二者（汉族和少数民族）之间在这两个方面（政治上和民族关系上）的差异，造成了矛盾冲突，也造成了相互融合。

三 "四等人"的待遇及社会影响

由于有了四等人的划分，在社会上遂产生了完全不同的待遇。蒙古人的待遇最好，色目人与汉人的待遇在有些情况下是相同的，在有些情况下略有不同，而南人的待遇与色目人和汉人相比，差距最大，也最为恶劣。在元代的文献之中，除了国人、色目人、汉人和南人之外，又常常见到高丽人（即朝鲜族），与四等人相提并论。若细论之，高丽人确实与上述四等人不同，但是，因其对元代的历史发展进程影响不大，故而往往被人们忽略不论。

据有关元代的历史文献记载，元朝统治者在处理民族关系时，并没能采取公正的态度，显然也不可能采取公正的态度。这一点，在许多问题上都是有所表现的。为了巩固其统治，元朝统治者明确规定，在各级政府的职能部门中，达鲁花赤（意为监临官）一职必须由蒙古人担任，其他的职务，才可以由色目人和汉人担任。这一方面是把统治权牢固地掌握在自己人手中，另一方面是充分利用色目人和汉人的能力来为自己服务，此外，还可以利用色目人与汉人之间的矛盾，来更好地加以控制。

由于大都城是元朝各级政府设置最为集中的地方，因此，在这些政府部门中，聚集了大批蒙古人和色目人官吏，这些人往往掌握着实权，左右着国家的命运。相对而言，政府职能部门越重要，在其中任职的人也就需要越可靠。同样的，在蒙古统治者眼中，相对而言，色目人比汉人和南人更为可靠。因此，在有些机要部门中，只有很少的汉人或是南人任职，甚至有些部门还禁止南人任职，因为他们比汉人更加不可靠。

例如，在元朝中央政府的中书省、枢密院和御史台（简称省、院、台）等重要机构中，基本上没有南人任职。元世祖时，南人程钜夫得到信任，向元世祖进言，只有南方人才更了解江南地区的风土民俗，因此，应该让他们在南方的监察机构中担任职务。他的建议得到了元世祖的认可，才有了一些南人在中书省及御史台等机构中任职。但是，在元世祖死后不久，南人又被从中书省和御史台等机构中的重要部门中排挤出去。

当然，在大都城里也有一些主持文化工作的政府机构，在这些机构中，从南方北上的文人学士的数量要比其他官僚机构中的人数多一些。这是因为江南地区的文化，自隋唐以来很少受到战乱的破坏，而繁荣的社会经济也为文化的进一步发展打下了雄厚的基础，再加上江南的许多地方山清水秀，人杰地灵，由此而产生了许多出色的文人学士，这些人在来到大都城之后，在文化机构中任职，充分发挥了他们的才干。但是，他们中的许多人也清楚地知道，不管他们如何对元朝统治者效忠，也很难得到更多的信任。

元朝统治者对汉人和南人的不信任态度，在许多地方都表现得十分明显。如在政府的一些文件中，严禁汉人和南人持有武器。据《元史·仁宗纪》记载，就连那些受到信任而充任宿卫士兵的汉人、南人和高丽人，其在执行宿卫任务之时，也不许持有武器。元朝统治者还多次下令，汰除那些在宿卫军中任职的汉人、南人和高丽人，如果发现宿卫军官收纳这些人，也要一并治罪。

与少数民族统治者相对的，是中原地区的汉人和江南地区的南人，这些人虽然大多数都是汉人，但是在他们之间也存在着较大的差异。江南地区的民众，其民族意识是很强的，也就是汉族民众多年来一直沿袭的"正统"观念，认为汉族比少数民族要更文明。也正是由于有了更加辉煌的文明，所以产生了对其他少数民族民众的蔑视。在元朝统一天下之后，这种蔑视的情绪转变为敌视的情绪。

与江南地区的民众不同，中原地区的民众，其民族意识就要淡泊许多。特别是燕京地区的民众，更是如此。这是因为从隋唐时期开始，即有大量的契丹族、奚族等少数民族民众生活在这里，与幽州地区的民众长期共处在一起。到了辽金时期，又有更多的契丹族和女真族的大批民众迁移到这里定居。因此，这里的汉族民众一直处于不同民族之间相互融合的状态中。及至元代的蒙古族民众和其他少数民族民众来到这里之后，大都地区的汉族民众对其已经较为适应，故而抵触情绪也就相对更淡泊一些。

综上所述，民族关系问题在元代是一个十分复杂的问题，其表现形式也是多种多样的。而元朝统治者的所作所为对于如何处理民族关系影响极大。有的统治者懂得充分利用汉族大臣的才干，其统治就较为稳固；有的统治者畏惧汉族民众的强大力量，避而不用汉族大臣，只信任蒙古族和其他少数民族的大臣，在处理重要的政务时就难免出现失误，造成政治局势动荡不安。而在民族关系的问题上，由于元朝统治者举措不恰当，也往往会激化民族矛盾，造成不同民族之间冲突时有发生。当然，元朝统治者在对其他少数民族的政策方面，采取了更多的优惠举措。

第二节　国子监学与蒙古、回回国子学

一　蒙古子弟的"汉化"教育与蒙古文字的推广

学校是传承文化的主要场所，中华民族自古以来即十分重视教育工作，儒家学派创始人孔子就以从事教育工作成绩卓著而被后人尊为"万世师表"。到了元代，在教育领域中基本上传承了前代的教育制度，同时也充分表现出了具有时代特色的民族关系的复杂性。一方面，是少数民族人士在学习中华民族传统文化中享有更为优越的待遇；另一方面，则是鼓励广大汉族民众和其他少数民族人士学习蒙古族文化。

在大都城里，元朝政府设置了直属于中央的最高学府——国子监学，作为传播中华民族传统文化的主要场所，此外，又设置有传播蒙古族文化的蒙古国子学和传播伊斯兰文化的回回国子学，与国子监学鼎足而立。但是，不论是设置时间的长短、入学人数的多寡，还是其在社会上的影响，后两者皆无法与前者相比，存在着较大的差距。

元代的国子学始建于元太宗时期，地点就在当时的燕京城。在这座国子学中学习的学生，主要是蒙古贵族子弟。而他们学习的主要内容，则是中原地区的汉语及汉字。在这个时期，蒙古国已经攻灭了原来的中原霸主

金王朝，占有了江淮以北的大片地区，在这种情况下，蒙古少数民族人士如果连汉语及汉字都不懂，不会使用，是无法牢固控制这片地区的。

因此，在燕京国子学中学习的蒙古贵族子弟们，被严格要求用汉语来进行语言交流，能够"背识背写"，据《析津志辑佚》一书中的"学校门"所载蛇儿年（1233年）六月的元太宗诏书规定，蒙古子弟在国子学中只能用汉语说话，如果发现谁用蒙古语说话，"一番（即一次）一简子打者，第二番打两简子者，第三番打第三简子者，第四番打四简子者"。

这种强迫命令蒙古子弟学习汉语、汉字的做法，虽然明显是出于政治统治的客观需要，但是却在无形之中加强了民族之间的文化交流。在这个时期，蒙古等少数民族民众刚刚进入中原地区，对中华民族的农耕文化还十分陌生，只要能够认识一些常用汉字，会写一些汉字，并且会一些日常的会话，就已经很不容易了。对儒家学说的深奥道理的认识和理解，则是以后的事情了。

在燕京国子学中，除了蒙古子弟之外，一些汉族官员的子弟也在这所学校中学习，但是，他们学习的已经不是汉语和汉字，而是蒙古等北方少数民族民众所擅长的骑马和射箭。当时的蒙古统治者因为惧怕汉族民众反抗，曾经下令禁止汉人持有兵器，但是，对于国子学中的汉人子弟，却不去禁止他们持有弓箭，而是希望他们尽快学会骑射的技艺。这种做法，乃是民族融合的另一个侧面。

到了元宪宗（即蒙哥汗）时期，受命主持中原地区军政事务的宗王忽必烈以其杰出政治家的敏锐观察力认识到了儒家学说在政治方面的巨大潜力，于是，专门聘请了中原地区著名的儒学大师许衡、王恂等人来教导自己的子弟——蒙古贵族们的后裔。元王朝在大都城新创建的国子学，就是在这个基础上产生的。这时的国子学，已经不仅仅是蒙古贵族子弟们学习汉语和汉字的场所，而且开始讲授儒家学说中的许多简单礼仪（主要是被称为"小学"的东西）。

二　教育机构的民族融合功能

及元世祖忽必烈即位之后，进一步全面推行儒家的政治学说，新创建的大都国子监学就成为弘传儒家学说最主要的场所之一。这时的国子监学，其规模比起燕京的旧国子学要大得多，并且还在不断扩大，但是仍然无法满足前来求学者的需求，还有很多有才华的青年被阻拦在校门之外。

而在国子监学中学习的学生中，蒙古族和其他少数民族子弟占了大多数，而汉官子弟只有一小部分。

当时，大多数少数民族官员子弟的文化基础较差，作为主持国子监学的大学者许衡却能够因材施教，教这些学生学习算术和书法，以及揖让、释奠、洒扫、应对等各种礼仪。正是这种基于实践的教育方法，使得很多少数民族子弟逐渐领悟了中华民族传统文化的博大精深，顺利完成了他们的"汉化"过程。由于这些少数民族子弟在日后大都城里成为元朝政府各级部门的主要官员，因此，"汉化"所产生的潜在影响是极其深远的。

在少数民族人士逐渐"汉化"的同时，元朝统治者也在为"振兴"蒙古等少数民族文化而努力。元世祖在即位后不久，就请藏传佛教著名领袖八思巴制作了一套新的蒙古文字。在此之前，蒙古族民众曾经使用回鹘文制作出了一套蒙古文字。元世祖命八思巴新创的蒙古字，则是使用八思巴所熟悉的梵文的方法制作的。当新的蒙古字造成之后，元世祖即下令在全国加以推广，为此，元朝政府又在大都城创立了蒙古国子学，以教授蒙古新字。

蒙古新字的创制和使用，是元朝统治者大力推广蒙古族文化的一项重要举措。但是，这项举措的推广行动却受到了无形的阻滞。一方面，是主观上的阻滞。自从元朝政府设立蒙古国子学之后，元世祖即下令，命令朝中百官子弟到这里学习，但是，很少有人入学。显然，当时的人们对于学习这种新文字是不感兴趣的。不仅汉族官员的子弟们不感兴趣，就连那些少数民族官员的子弟们也不感兴趣。虽然元朝统治者一再加以敦促，仍然很少有政府官员子弟入学来学习蒙古新字。

在蒙古国子学中，用于教学的教科书，虽然是以学习蒙古字和蒙古语言为主要目的，但是，在教材的内容方面，使用的却不是"人之初，性本善"（中国古代儿童识字启蒙的《三字经》），或是"天地玄黄，宇宙洪荒"（也是儿童启蒙常用的《千字文》）一类的常识性读物，而是《通鉴节要》的蒙古文译本。即由汉族学者把《资治通鉴》一书中的重要内容加以摘要，编为《通鉴节要》，再翻译成蒙古文字，以供蒙古国子学中的学生学习。

三 语言文字互译与文化交流

元世祖在大都城创办蒙古国子学的同时，为了进一步扩大蒙古文字的传播范围，又在全国各地皆设置了学习蒙古字的学校，称为"诸路蒙古字学"，而在这些学校中使用的教材，也是用蒙古文翻译的《通鉴节要》。这种把学习蒙古语言文字和学习中国传统历史政治学说有机结合在一起的做法，在无形之中促进了农耕文化与游牧文化之间的相互融合。

元世祖在创制了蒙古新字和设立了蒙古国子学之后，又专门设置了蒙古翰林院，负责蒙古新字的翻译和日常使用。例如，在元朝帝王颁给不同地区、不同民族的诏书时，必须用两种文字书写。排在第一的，是用蒙古新字书写的诏旨，排在第二的，是对方地区所使用的文字，如颁给中原地区的诏旨，即用汉字书写，颁给西域少数民族的，即用亦思替非文字书写，而颁给征东行省的诏旨，则用高丽文字书写，等等。

此外，在许多重要的典礼仪式上，元朝统治者也是把蒙古语和汉语并用的。如元朝每个帝王在举行即位大典之时，都要发布即位诏书，并举行受诏仪式，由礼官宣读诏书，第一遍，是用蒙古语宣读，第二遍，则是用汉语宣读。这两种文字的诏书，内容是一样的，或是由汉族文官先写成汉文的，再润色为蒙古文的；或是由蒙古文官先写成蒙古文的，再翻译为汉文的。

在元世祖颁行蒙古新字之后，旧蒙古字仍然在社会上有所流行，遂出现旧蒙古字与新蒙古字并行的局面。如元世祖即位之前，各位蒙古统治者都对撰写本朝祖先的帝王"实录"没有足够的重视。在元世祖即位之后，由于汉族文官的提议，开始设立国史院，纂修自元太祖以来的各位蒙古帝王的"实录"。这时候修撰的，计有五朝"实录"，即《太祖实录》、《太宗实录》、《定宗实录》、《睿宗实录》及《宪宗实录》，这些"实录"都是用汉文撰写的。及完成之后，蒙古文臣撒里蛮提出，将累朝实录用"畏吾字"加以翻译和保留，得到了元世祖的赞同。撒里蛮所说的畏吾字，即旧蒙古文字。

当时许多著名的汉文著述，也都被翻译成了蒙古文，以供蒙古等少数民族人士阅读和学习。早在至元元年（1264 年）二月，元世祖即下令："敕选儒士编修国史，译写经书，起馆舍，给俸以赡之。"① 开始用蒙古文翻译汉文典籍。是时，有少数民族大臣相威译成《资治通鉴》，元世祖命

---

① 《元史》卷五《世祖纪》。

赐给东宫，以供皇太子学习。① 是时，又有元世祖身边的汉族大臣赵璧在学会蒙古语之后，用蒙古语翻译宋儒真德秀《大学衍义》一书，随时讲解给元世祖。

在元世祖之后的元朝诸帝，也仍然继承了这个传统，经常下令命儒臣用蒙古文翻译汉文典籍。如元武宗时，有少数民族大臣孛罗铁木儿译成蒙古文《孝经》，元武宗即命中书省刊印，以赐蒙古诸宗王和其他大臣，以供他们学习。元仁宗时，又命文臣阿林铁木儿翻译《贞观政要》，命文臣忽都鲁都儿迷失及李孟等翻译《资治通鉴》，命文臣忽都鲁都儿迷失及刘赓等再次翻译《大学衍义》。翻译《大学衍义》的工作，直到元英宗时才告完成，元英宗称："修身治国，无逾此书。"②

此后，泰定帝时，又曾下令，命用蒙古文翻译《大元通制》、《资治通鉴》及《皇图大训》等书。元文宗时，又再次命奎章阁学士院的文臣翻译《贞观政要》，刊印以赐百官。由此可见，蒙古语言文字的创制与推广，对于少数民族人士学习本民族的文化是有促进作用的，而对于少数民族人士学习中华民族的优秀传统文化，也有着重要的促进作用。

纵观元朝诸帝组织文臣们翻译的汉文典籍，主要是侧重在历史政治学的范围之内，不论是《贞观政要》，还是《资治通鉴》及《大学衍义》，都是着重在修身、治国、平天下的方面，而且对这些典籍，还不是只有一种译本。如《贞观政要》一书，即有少数民族大臣察罕的译本、汉族大臣曹元用的译本（即元文宗下令翻译本）；《大学衍义》一书，即有元世祖时汉族大臣赵璧译本、元仁宗时文臣忽都鲁都儿迷失及刘赓等译本。而《资治通鉴》一书，既有相威的译本，又有忽都鲁都儿迷失及李孟的译本，还有元世祖时颁行在蒙古国子学和诸路蒙古字学的《通鉴节要》译本，等等。

此外，又有一些原来用蒙古文撰写的重要文献，则被翻译为汉文的文献。如在元仁宗时，少数民族大臣察罕奉命将蒙古文的重要文献《圣武开天纪》（即《脱必赤颜》，又译为《元朝秘史》）、《纪年纂要》、《太宗平金始末》等书，译为汉文，"俱付史馆"。③ 及元朝灭亡之后，蒙古文的

---

① 《元史》卷一百二十八《相威传》。
② 《元史》卷二十七《英宗纪》。
③ 《元史》卷一百三十七《察罕传》。

《脱必赤颜》一书已经亡佚，后人所能读到的，只有汉文的《元朝秘史》了。

四　其他少数民族文化在教育体系中的突显

在元代，正是由于有了民族大融合的历史背景，蒙古少数民族除了学习了大量的中原农耕文化之外，对于域外的其他流派文化也进行了广泛学习。如元世祖之时，曾礼聘一些西番僧人到大都来，出任国师。但是，当蒙古统治者在向国师学习佛法之时，却遇到了语言不通的困难。为此，元世祖命少数民族大臣迦鲁纳答思向国师学习西番语言文字，此后，迦鲁纳答思即用旧蒙古文翻译了西番佛教的各种经、论典籍，"既成，进其书，帝命锓版，赐诸王大臣"。以供蒙古统治者学习佛法之用。[①]

在元代，除了蒙古文字之外，使用最多的非汉族语言，当属亦思替非文字（即波斯文）。这种文字，最初是在中亚及西亚各地流行，并没有在中原地区广泛流传。由于元朝版图的迅速扩张，相继在这一地区建立了几个蒙古汗国，于是，亦思替非文字也就成了诸蒙古汗国的常用文字。而在这些地区的民众被元朝统治者征召到中原地区来之后，也就使这种文字也随之传入中原，并且有了较为广泛的传播。

这些伊斯兰教民众在进入中原地区之前，就在故土长期受到伊斯兰文化的熏陶，在进入中原地区之后，把这种文化也带到了这里。与伊斯兰教的宗教信仰相比，其文化在中国社会所产生的影响则要大得多。为了进一步扩大其影响，元朝政府特意在大都城又设置有回回国子学，专门负责教授这种亦思替非文字。

元朝政府规定，在许多政府部门中所使用的相关重要文件，都要以蒙古文、汉文和亦斯替非文来加以记录。因此，在回回国子学中学习的学生是不愁没有出路的，可以在各级政府的相关部门中任职。但是，由于这种文字的使用范围毕竟十分狭窄，而在任职之后的升迁机会却不多，所以前来在回回国子学中求学的学生人数也并不多。

由于在元代的政治斗争中，少数民族官员，特别是信奉伊斯兰教的官员们在官场上的荣辱起伏很大，故而回回国子学的兴办也就直接受到影响。元世祖至元年间创办回回国子学之时，正是一些信奉伊斯兰教的少数

---

① 《元史》卷一百三十四《迦鲁纳答思传》。

民族官员在朝廷中受到宠信之时，因此回回国子学得以创办。其后，回回国子学屡废屡复，无不与少数民族官员的政治生活密切相关。

若以国子监学、蒙古国子学和回回国子学的办学规模加以比较，可以看出，它们的排序与"四等人制度"是有所不同的。在政治上，蒙古人排第一位，色目人排第二位，汉人排第三位，南人排第四位。但是，在极为重要的文化教育机构中，弘传中华民族农耕文化的国子监学却排在第一位，许多在国子监学中任职的官员都是汉人和南人，而且南人在学术上的影响甚至超过了汉人。而弘传蒙古游牧文化的蒙古国子学却排在了第二位，弘传伊斯兰文化的回回国子学则排到了第三位。

这种政治上和文化上排位所显示出来的差异，是完全不同的。政治上的排位，是由人为的因素决定的，而文化上的排位，则是由其在社会上所产生的影响大小而自然形成的。这种文化上的排序，又正好与办学规模是一致的。元世祖至元年间创办三所学校时，国子学的学生人数最初为100人，很快增加到200人，最后增加到400人。而蒙古国子学最初为30人，后来增加到60人，最后增加到150人。而回回国子学的学生，最初的正式名额只有20多人，最多的时候也只有50多人。

还有一个值得一提的现象是，在弘传农耕文化的国子监学中学习的学生，其大多数都是蒙古官员和色目官员的子弟，只有一小部分学生是汉族官员子弟和平民百姓子弟。而在蒙古国子学中求学的学生，其中的大多数却是百官及庶民子弟。这种互相学习的现象，恰恰显示出了元代多元文化大融合的历史发展总趋势。

第三节　官修正史中的正统之争

一　官修正史传统的断档

在元代的大都城，还进行着一项重要的文化工程，即由元朝政府组织全国著名的学者从事前代历史的修撰工作，这项工作，在当时具有十分重要的意义。其一，在此之前，由于天下政治局势的分裂，导致了修史工作的停顿，出现了极为严重的断档现象，由新的王朝统治者撰写前朝历史的惯例一直没有得到落实。

在宋代，由统治者组织相关的著名学者纂修了前代（也就是唐代和五代时期）的历史。但是，宋朝和辽、金两个少数民族政权的对立（其他少数民族政权如西夏、吐蕃、大理等尚未计算在内），使得官修正史的工作不可能全面展开，也一直没有较为完满的结果。即使是一脉相承的政权，如南宋接承北宋、金朝接承辽朝，也没有完成纂修前朝历史的工作。

及蒙古国崛起于漠北草原，势力迅速扩张到中原地区，攻灭金朝之后，又向南宋发动进攻。至元世祖即位后，建立元王朝，才攻灭南宋，一统天下。正是在这个从蒙古国转变为元王朝的过程中，蒙古统治者开始懂得了纂修历史的重要性，于是，专门设置了纂修历史的官僚机构，聘请著名的学者在其中任职，主持本朝历史（当时又称为“国史”）的撰写工作。

在当时，对于前朝历史的纂修工作，还没有引起最高统治者的重视。只是在纂修本朝历史的同时，附修前朝历史。当时因为宋朝还未被攻灭，故而附修的前朝史事，只有辽、金两代的历史。对于辽朝的历史，契丹统治者并没有足够的重视，对辽朝诸帝《实录》的纂修，已经是辽代中期的事情，而对于辽朝“国史”的纂修，则是到了辽代后期，距辽朝立国已将近200年。到了金代，也有人开始纂修辽朝史，并且到了金朝中后期已经初具规模，这部由金朝学者纂修的《辽史》，一直流传到了元代初年。

金朝的历史，纂修的时间比较早，从金熙宗时就开始有了《实录》和《国史》的撰写，距金朝立国只有20多年。此后的纂修本朝历史工作一直没有中断，直到蒙古国攻入中原地区，金朝的统治已经岌岌可危之时，诸帝《实录》的纂修工作仍在延续。故而当金朝灭亡之后，蒙古国的大臣张柔很快就收集到了金朝诸帝《实录》，并将其上交到元朝的史馆，加以收藏，以供纂修《金史》之用。当然，在元世祖时期，诸多文臣所关注的重点，只是本朝历史的纂修工作，故而对《辽史》和《金史》的撰写工作并没有实质性的结果。

二　元朝修三史对“正统”的处理

及元世祖攻灭南宋，又获得了大批宋朝的历史资料，多达五千余册，据元朝人统计，共有自宋太祖至宋宁宗的《实录》三千卷，宋朝文臣自己纂修的《国史》六百卷，《编年》史又有一千余卷，另有《宗藩图谱》等若干卷。其可供修史的资料，比起辽朝和金朝来，要丰富得多。但是，这时的元朝文臣们正在全力纂修本朝对外扩张的辉煌历史，而无暇顾及对前朝历史的编纂工作。

到了元仁宗即位之后，蒙古统治者在众多文臣的呼吁之下，开始着手对辽、金、宋三史的纂修工作。许多学者都意识到，如果不能及时纂修前朝的历史，当时存留的文献一旦损毁，其后果将不堪设想，中国历代以修史而记载文化的传统也将中断。于是，纂修前朝史的工作开始展开。但是，由于蒙古统治集团内部矛盾的激化，爆发了一系列的政治巨变，使得修史工作不得不被迫中断。

到元文宗即位之后，再次大兴文治，在召集大批文臣编修《经世大典》的同时，纂修辽、金、宋三史的工作也再次被提到议事日程上来。但是，这时却发生了一个至关重要的争议，即关于"正统"问题的争议。这个问题，最著名的先例，就是陈寿在纂修《三国志》时，应该以曹魏为"正统"，还是以刘蜀为"正统"。因为最后晋朝统一天下，其前身是承袭的曹魏，故而《三国志》是以曹魏为"正统"，这一做法，引起后世很多视刘皇叔（指刘备）为"正统"的史学家们的唾骂。

到元代纂修辽、金、宋三史，同样面临这样一个问题，在分裂割据的局面下，谁才能够代表"正统"。一种意见认为，占据中国大部分疆域、立国时间最久、文化最发达、经济最富庶的宋朝，应该是"正统"的代表，纂修三史，应该以宋朝的正朔和年号为"正统"。另一种意见则认为，元王朝崛起于朔漠，与辽、金两代的统治者一脉相承，都是少数民族，因此，应该以辽、金为"正统"的代表。这两种意见各有各的"道理"，互相争执不休。

若从文化的主流角度来看，以宋朝为"正统"代表的意见是有道理的，因为其代表的农耕文化确实博大精深，代表了当时中华民族整体文化发展的最高水准。若从更为敏感的政治角度来看，显然，元朝统治者是支持以辽、金为"正统"的意见的，如果否定了辽、金二朝代的"正统"地位，也就间接地否定了元朝的"正统"地位。也正是由于存在着文化与政治上的观点差异，使得争论很难有一致的结果，三史的纂修工作也就一直无法继续开展下去。

到元顺帝即位之后，再次由朝廷中的大臣主持三史的纂修工作。主持全面工作的都总裁官脱脱接受了著名学者虞集的意见，完全摆脱"正统"的争论，使辽、金、宋三个王朝互不统属，各自为编，各用各的年号，各记各的史实，由于避免了"正统"的纠纷，使得三史的纂修工作顺利展开，并且很快就取得了成效。辽、金、宋三史，各立史局，依据不同的史料，采取不同的立场和观点，虽然导致在三史之间矛盾百出，却并不影响各史叙述的完整性。

元朝对三史的纂修，虽然存在着各种各样的不足之处，但是，却继承了中国历史上每个朝代都要纂修前朝历史的优良传统，使我国古代的历史发展大脉络被清楚地记录下来，这项文化功绩是有目共睹的。而且，在纂修三史之时，元朝政府调集了当时许多著名的文人学者，并且给予修史之人以较为优厚的物质待遇，这些做法，也为三史的顺利纂修，提供了保障。

从对纂修历史没有认识，到开始重视修史工作；从重视纂修本朝历史，到重视纂修前朝历史；这些变化，都显示出了元朝统治者对于中华民族优秀传统文化的认识在不断加深，其认同程度也在不断加大。可以看出，元世祖、元仁宗、元文宗，乃至元顺帝，正是接受"汉化"最多的几位蒙古帝王，也正是在他们执政时期，纂修三史的工作被一次又一次地提出，并且取得了一次又一次的进展，最终在元顺帝时得到完成。

第七章 城市建筑的文化内涵

　　元世祖时兴建的大都城，是元代初年城市建设的一例典范，代表了当时建筑发展的最高水平。与此同时，元大都城的建设，又包含了极为丰富的文化内涵，在以汉族农耕文化为主体的情况下，又加入了其他少数民族文化，包括游牧文化、藏传佛教文化及伊斯兰文化在内的多元文化，充分显示出民族融合给大都地区文化的发展增添了巨大的活力。当然，这其中，对前代文化的继承与发展，构成了元大都城市建设的一条主线。

　　元代的大都城，是全国的政治和文化中心，其作为城市的各项功能是较为完备的。既有起到政治中心功能的皇城和宫城，也有代表政府各种行政职能的众多官僚衙署；既有供城市居民住宿的坊里宅第，也有供其进行日常娱乐活动的茶楼酒馆；既有出售各种物质产品的商市，也有传播各种宗教信念的寺庙道观。这些具有不同功能的建筑，都有其独特的文化内涵。而在大都城里，这些建筑皆被有计划地安置在城市的不同部位。

　　此外，城市建筑本身，也包含有丰富的文化内涵。那些居住在城市里的人们，必然会把他们所认同的文化理念，体现到城市建筑中来，从而构成了静态的建筑文化和动态的生活文化两个部分的有机结合。对于这种结合而形成的元大都的城市文化，是整个元代文化的一个更重要组成部分，同时也是元大都文化的一个更加重要的组成部分。我们只有把动态的文化和静态的文化结合起来加以研究，才能够得出比较全面的、比较科学的结论。

第一节 城市布局的文化内涵

一　大都城兴建之前的都城建设

在中国古代，城市的出现是与人们的定居生活方式联系在一起的，有的学者甚至认为城市的出现乃是人类文明产生的重要标志。而国家出现之后，开始有了作为统治中心的都城，在众多的城市中，都城的建设规模是最为宏大的，这种传统一直延续了几千年。而这种状况，只适用于那些以农耕生产为主的民族，当然也包括中国古代的汉族。但是，对于那些以游牧生产为主的民族，包括中国古代北方大草原上的各个少数民族而言，这种状况是不太合适的。

对于那些常年"逐水草而居"的少数民族部落而言，又有其独特的生活方式。他们的居住形式也是流动的，主要是毡帐与毡车。一方面，是出于畜牧生产的需要，牛羊、马驼等牲畜要岁时寻找水草茂盛的地方饲养；另一方面，则是出于军事防备的需要，岁时流动的方式很难给敌人留下突袭的固定目标。因为与北方游牧民族长期处于对抗状态中的，是中原地区强大的农耕政权。一旦给农耕政权留下固定的居所，遭到的打击将是毁灭性的。

当北方少数民族部落的军事力量不断壮大，足以与中原地区的封建王朝相对抗，甚至其军力占有一定优势之后，特别是其受到农耕文化越来越大的影响之后，也会采取定居的方式，建造自己的都城。在蒙古国建立之前，辽朝的契丹统治者和金朝的女真统治者，就先后建造有辽上京、金上京等都城。但是，由于受到当地经济条件的限制，其都城的规模远远不能与中原地区封建王朝的都城相比。直到女真统治者将其都城从东北地区的金上京迁移到中原地区的金中都之后，才大兴土木，营造了一座在当时整个北方地区最为宏大的都城。

蒙古国在草原上崛起之后，其军事力量迅猛增长，四处扩张，兵锋所至，玉石俱焚，但是，终成吉思汗之世，一直也没有兴建自己的都城。这种情况，主要是受到以往游牧习俗的影响，而不是担心遭受其他政权的攻击。到窝阔台汗即位之后，蒙古国的力量更加强大，又受到农耕文化越来越大的影响，于是，在漠北草原建造了蒙古国的第一座都城，也就是和林城。蒙古国的力量虽然已经十分强大，但是这座都城的规模，仍然无法与中原地区的以往中央王朝的任何一座都城相比。

而此时被蒙古国攻占的金中都城已经改称燕京城，作为其统治中原地区的大本营。于是，城市功能发生了一些变化，而其建筑组成部分也随之而发生变化，以前作为都城核心建筑的皇城和宫殿苑囿，在遭到战乱严重破坏之后，都没有再修复起来。那些原来供金朝各级政府使用的官僚衙署，也没有恢复，许多被蒙古统治者派到燕京来的重要官员，都是在自己的住所办公。这种状况，一直延续了很长一段时间。

元世祖忽必烈的即位，不仅是中国历史发展的一个重要转折标志，也是北京地区城市建设发展历程的一个至关重要的转折点。在他即位之前，因为已经受命主持中原地区的军政事务，故而在漠南的金莲川兴建了一座王府，也就是一座新的城市。这座新的城市，在元世祖即位后，被作为元王朝的第一座都城，称为元上都，用以取代了漠北草原的蒙古国的都城和林城。这座漠南的都城，其规模与漠北的都城一样，也受到经济条件的限制，无法建造得更加宏大一些。

刚即位的元世祖立刻受到来自两个方面的严重挑战，一方面是驻守在漠北草原上的蒙古贵族对大汗位置的公开争夺；另一方面是驻守在中原地区的割据军阀的叛乱。当元世祖平定了这两个方面的挑战，统治地位得到巩固之后，就开始营建元王朝的新都城。而其对新都城位置的确定，最终放在了燕京地区。这个决定，是经过深思熟虑之后的选择，显然，随着此后历史进程的发展，也证明了这个选择的正确性。于是，就有了对元大都城的营造。

我们不能不承认，元王朝定鼎大都城，是受到了金朝定鼎金中都城的影响，在许多方面，大都城的营造甚至是对金中都城的模仿，这就是文化上的传承关系的反映。据历史文献记载，金海陵王在营建金中都城和城里的皇宫、苑囿之时，是模仿了北宋都城汴京（今河南开封）的规制，而且许多宫殿的建筑材料，也是从汴京的宋朝旧宫殿上拆下来，再运送到中都城来使用的。当然，这种模仿并不是原样照搬的，而是有所改变的。例如，宋代汴京的皇家苑囿是设置在都城外面的西郊之处，而金中都的苑囿（此指西苑），则是设置在都城之内的皇宫西面，更便于女真统治者四时游玩及宴乐。

二　大都城的文化传承

元大都城在建造的过程中，继承的主要是两个文化系统。一个是上面提到的金朝的都城文化系统，主要体现在皇城及宫殿的营造方面。如元朝的皇家苑囿也是设置在主体宫殿群的西侧，皇宫的主体建筑坐落在全城的中轴线上，等等。另一个则是继承了儒家传统建都学说的系统，而且是用于对整个都城的规划设计方面。对儒家传统建都学说最早加以实践的都城是周代的洛邑，皇宫在都城的中央，其后面设置有市场，全城有纵横各三条主要街道，等等。但是，在此后历代的都城建造过程中，已经很少见到对这种建都学说的具体实践，就连汉唐时期的都城长安城的建造，也没有遵循这种学说。

但是，元王朝在建造大都城的时候，却再次实践了这种学说。根据当代考古工作者的实地考察和研究，我们知道，大都城里的皇城是设置在全城的中心偏南的地方，在它的后面，也就是钟楼和鼓楼一带，则设置有诸多的商市。这也就是对儒家传统建都学说中"面朝背市"理论的实践。除此之外，对于儒家建都学说中的"左祖右社"等理论，也皆加以实践，而没有不同的"创意"。由此可见，元大都城的建造，是继承了两个不同的文化系统。

三　元朝两都的比较

在这里，我们有必要提及的，是与大都城具有同样重要地位的元上都城。由于元朝是由蒙古统治者建立的少数民族政权，因此，在文化传承方面，就必然带有强烈的游牧文化的特色，而当其进占中原地区之后，又必然受到文明程度更高的农耕文化的影响，而形成农耕文化与游牧文化并存的局面。这种二元文化在都城建设方面的主要表现之一，即是元上都与元大都的并存。如果不是对元朝历史进行深入研究的话，是不容易理解大都城与上都城的这种密切关系的。

作为元王朝的最高统治者，从元世祖到元顺帝，每年都要来往于元大都与元上都之间，春天从大都城前往上都城度夏，秋天再从上都城回大都城过冬。而在元朝统治者来往于两个都城的同时，又有一大批蒙古贵族、政府官员、侍卫军队，及宗教界领袖人物等各种人员随同奔波，往来于两地之间。这就成为了一种典制，从元世祖之后到元顺帝的诸位蒙古帝王，没有一个人敢于废止这种做法，一直到元朝末年的红巾军攻陷并毁去元上都城之后，这种典制才不得不被迫终止。

随着蒙古帝王的四时来往于大都城与上都城之间的不停流动，元朝的政治和文化中心也处于一个不断流动的状态中。这不禁使我们联想到汉唐时期的两京制度。从形式上来看，汉唐时期是西京长安和东都洛阳并立，而元朝则是北面的上都和南面的大都并立，两者是一样的。但是，汉唐时期的两京制度是一个为主，另一个为辅，也就是说，只有一个首都，一个政治和文化中心。而元朝的两都制度，却没有一个为主，另一个为辅的关系，而是两个中心的真正意义上的并立。因此，当元朝统治者在大都生活的时候，所有的政府官员都是在大都城的衙署里面办公。而当元朝统治者在上都生活的时候，重要的政府官员又必须一同前往上都，并在那里办公。

这又使我们联想到了辽代的五京制度，这个制度与汉唐时期的两京制度是完全不同的。汉唐时期的两京制度，是农耕文化的产物，而辽代的五京制度，则是游牧文化的产物。因为辽代的契丹统治者还保存着完全的游牧民族的生活习惯，即四时随水草而流动的习惯，除了首都（先是在辽上京，后来转移到辽中京）乃是政治中心之外，其他四个陪都也仅仅是象征着四时游猎之处（当时称之为"捺钵"）。因为辽代的情况比较特殊，其文化中心是与政治中心分离的。政治中心是辽上京，而其文化中心则是辽南京（即今天的北京）。

从游牧文化本质上来看，元朝的两都制度与辽朝的五京制度是一致的。元朝的上都和大都既同是首都，又同是"捺钵"，如果从大都城的角度来看，上都城是夏季的"捺钵"之处；而如果从上都城的角度来看，大都城则是冬季的"捺钵"之处。当然，从两个都城的使用功能而言，乃是有一些差别的。就大都城而言，主要是处理中原地区和江南地区相关政务的地方；而就上都城而言，则主要是处理大草原上相关政务的地方。每年夏天，当元朝统治者回到元上都时，众多的蒙古贵族们，包括那些长期镇守漠北草原而很少到大都城来的蒙古贵族们，就都会到上都城来，参加"大聚会"。

因此，大都城与上都城虽然在地理位置上是分离的，一个是在中原地区，另一个是在漠南草原，但是，在政治上和文化上则是合二为一的，彼此之间有着不可分割的密切联系。这种联系，正是农耕文化与游牧文化之间在元代形成的密切联系的体现，是从城市建设方面形成的文化融合的体现。可以说，大都城包含有更多的农耕文化的因素，而上都城则包含有更多的游牧文化的因素。

例如，从蒙古统治者的生活习俗来看，他们是十分喜爱游猎活动的，但是，在大都城的周围，种植的都是庄稼，要想举行游猎活动，必然会毁坏大量庄稼，十分不便，客观环境的因素直接限制了蒙古统治者的日常生活爱好。而在上都城的周围，都是大片的草原，既可飞奔驰骋，又有众多的野生鸟兽，非常适合于从事游猎活动。这种生活大背景的差异，不仅影响到了生活在这里的人们的各种行为，久而久之，还会影响到他们的文化观念。

四　大都城的文化内涵

如上所述，在大都城的建设中，皇宫的建造过程汲取了金中都的文化因素，在整体城市布局方面，又汲取了先秦儒家关于建都学说的文化因素。特别值得一提的是，在城市里面的建筑格局方面，元朝统治者又汲取了宋朝都城汴京的文化因素。这就是从汉唐时期的封闭式的坊里制度，转变为开放式的街巷制度。在元大都城兴建之前，辽代的南京城在城市建设方面基本上保留了唐代幽州城的格局，也就是封闭式的坊里制度。金海陵王在扩建中都城的时候，虽然在皇宫的建筑方面汲取了宋代汴京的模式，但是在城市里面的建筑格局方面，却仍然沿用了辽南京城的模式，也就是封闭式的坊里制度。

在元朝政府兴建大都新城的时候，放弃了自汉唐时期就一直沿用的封闭式的坊里制度，并没有再修建高大的坊墙，把居民们严密控制在坊里之中，而是用宽阔的街道和笔直的胡同把民众的宅第串联在一起。对于这种做法，有的学者从城市经济的发展角度来观察，认为是商品经济不断发展的必然结果。这种看法不无道理，但是，作为一个统治中心而言，特别是中国古代的统治中心，首先要考虑的，不是城市经济的发展状况，而是政治上的安全性。

在蒙古统治者的眼里，对于安全的理解，是和汉族统治者完全不同的，这实际上就是文化方面的差异。在汉族统治者看来，把居民们都封闭在高大的坊墙里面，限制他们的日常活动范围，乃是最安全的做法。但是，在蒙古统治者看来，只有把居民们都放在没有高墙的地方，才是最安全的。没有高墙的隐蔽，居民们要从事反叛活动更易于被发现，而在镇压居民们的反叛活动时，没有高墙也比有高墙要容易得多。因此，当元朝统治者在建成大都城，并且把居民们从旧燕京城迁到大都新城之后，立刻就把旧燕京城的城墙拆毁，并且把壕沟填平。

蒙古统治者的这种对城市的"开放"式的做法，是有其历史渊源的。早在蒙古国崛起之初，开始扩张其势力，进入中原地区之后，每当蒙古军队攻占一座城镇之时，首先要做的一件事情，就是把这座城镇的城墙拆毁，使其无险可守，以利于蒙古骑兵的来去自由。此后，蒙古军队的扩张范围越来越大，从中原地区向西延伸，一直延伸到中亚、西亚及东欧等处。他们在这些地方，也往往采用了拆毁城墙的做法，以削弱当地居民的反抗力量。

从农耕文化与游牧文化的差异上来看，也大致是这种情况。农耕文化的一种明显的倾向，即是其封闭性。这种封闭性，在今天许多人的眼睛里，是和落后性划着等号的，这实在是一种偏见，或者说是一种误解。在许多情况下，在许多的地方，这种封闭性具有其所特有的合理性。而游牧文化的明显倾向则是开放性，这种开放性有时又是与流动性密切联系在一起的。

我们如果再把商业文化的因素也加进来，不难看出，商业文化与游牧文化之间的联系更加密切，它们的发展都是以开放性与流动性为基础的，没有开放性和流动性，就会严重限制商品的交换，也会严重影响到牲畜的饲养。而农耕文化与商业文化之间的关系，在中国古代的社会环境下，是矛盾大于联系，冲突大于融合。因此，历代中原农耕王朝的统治者，都把"重农抑商"作为一项基本国策。

而大都城的开放性，正是游牧民族的文化因素的表现之一，是其出于政治上的安全性的考虑而采取的必要举措。而这项举措从表面上看来，又恰好与北宋都城汴京的建筑形式完全一致，也就使一些学者产生了类推的联想，既然汴京的城市开放性是城市经济，特别是城市商业经济繁荣发展的结果，那么，大都城的开放性，也应该是城市经济发展的必然结果。也许正是由于游牧文化与商业文化的这种内在因素的"合拍"，才使得人们极易产生这种联想，而忽略了政治因素的重要作用。

在涉及大都城的建筑文化的研究之时，有一点也是人们容易忽略的地方，即大都新城与燕京旧城之间的关系问题。在大都新城没有建造完成之前，在旧城的大量居民没有迁居到新城之前，燕京旧城实际上是整个城市的主体，而位于旧城东北郊的大宁宫，也就是后来新城的中心地带，在当时只是旧城的一个附属建筑，是前朝（即金朝）帝王的一座离宫。在旧城之中，虽然没有宫殿等都城的核心建筑，却已经建有了太庙、孔庙和国子学等作为都城标志的礼制建筑。

在大都新城建好之后，这里开始成为全国的政治中心，旧城的许多重要的城市功能都转移到这里来了，因此，旧城中的许多建筑或是被拆毁了，或是日渐荒颓了。但是，也有许多建筑，特别是那些宗教建筑，即被后人称为名胜古迹的建筑，在当时仍然发挥着作用，供各种宗教界人士开展频繁的宗教活动。此外，还有一些著名的私家园林也得以保留，成为供人们岁时休闲娱乐的重要场所。

第二节　宫廷建筑的文化内涵

一　政治内涵的体现

宫廷建筑，是元大都城建筑的一个重要组成部分，甚至可以说，是整个都城建筑的核心部分。如果没有宫廷建筑，也就不可能被称为都城，而只不过是一座普通的城市。因此，在大都新城建造完成之前，旧的燕京城虽然被称为京城，却由于没有建造新的宫廷建筑，也没有恢复旧的宫廷建筑，而缺少其应有的城市功能，只有京城之名，而名不副实。也正因为如此，元朝统治者才又在旧燕京城的东北方向，建造了新的大都城。

在新建的大都城内，皇城的位置，既对前朝的建制有所继承，又与前朝有了明显的不同。从隋唐时期新建的长安城开始，皇宫就占据了皇城的中轴线的位置，当然，这时皇城的整体部分是在全城的北面，也就是说，都城有中轴线，而皇城与都城的中轴线是不一致的。并且，皇城的很大一部分，是放置了在了都城的外面。从而使皇城在全城的整体结构中，显得脱离了中心位置，布局比较松散。都城中的主要商市，即东市和西市，被放置在了皇城的前面，使其都城的核心主题（即皇宫本身）没有得到突出的显示。

到北宋王朝营造都城东京（今河南开封）时，其皇城的位置得到调整，从城市的北面迁移到了城市的中央，这种形制，与周朝营造的洛邑最为近似。但是，作为皇城附属设施的苑囿却设置在了城外的西郊，这是与该地的水系结构相适应的。到金朝营造金中都城时，皇宫的位置承袭了北宋东京的模式，却把附属的苑囿从都城外面迁移到了皇宫的西侧。而在元朝新营造的大都城里，苑囿的位置虽然仍是在皇宫正殿的西侧，却又在苑囿的西侧建造了其他的宫殿群落，从而使以太液池为主体的苑囿成为了整个皇城的中心。

由此不难看出，其一，皇宫的正殿一直占据着中轴线。其二，作为皇宫附属设施的苑囿，其与皇宫的联系，变得越来越密切。其三，到了元代，皇城在都城中的位置又向南面迁移，到了全城中心标志鼓楼和钟楼的南面，因此，不仅在皇城的南面有中轴线在向前延伸，而且在皇城的北面也有中轴线在向后延伸，从而使得其核心的位置更加突出。而作为都城中必不可少的诸多商市，都被安置到了皇城的后面。经过这种调整，一方面使皇城内部的结构更加谐调，另一方面使整个城市的结构也变得更加紧凑。此外，这种布局又与儒家"面朝背市"的建都模式更加合拍。

都城里面的皇宫正殿，是当时最为雄伟的建筑，在这座庞然大物的面前，人们都会感到自身的渺小。特别是在当时的大都城里，当众多大臣从低矮的小平房中走出来，面对雄伟的皇宫时，感觉上的反差是如此巨大。而作为这座庞然大物的主宰，元朝帝王雄踞在宝座之上，面对群臣的山呼万岁，自我的成就感油然而生，这种感觉，显然是在大草原上的蒙古包里感受不到的。就连元世祖忽必烈这样雄才大略的帝王，在看到刘秉忠、许衡等人排演的大朝仪之后，也会大喜。

二 少数民族文化内涵的体现

有一点是值得一提的，当元朝统治者开始建造大都皇宫的时候，并没有修建高大的宫墙，以阻隔皇宫与外界的联系。甚至当皇宫建好之后，围墙仍然没有建好。据元成宗时的枢密院官员上奏曰："昔大朝会时，皇城外皆无墙垣，故用军环绕，以备围宿。今墙垣已成……"[1] 枢密院官员上奏之时是在元贞二年（1296 年）十月，由此可知，直到这时，皇城外面的围墙才全部修筑完毕，距元世祖开始营建皇宫已经过了 30 年。元朝统治者对围墙修筑的不甚重视，也是游牧文化"开放性"的一种体现。当他们适应了生活在高墙之内的、严密封闭的宫殿之时，也就表明了他们对"汉化"的认同程度在不断加深，而其原有的游牧意识则在不断弱化。

皇宫中的正殿大明殿，是元朝统治者举行大朝会的地方，每年的重要节日，如元旦（也就是今天的春节）、万寿节（也就是帝王的诞辰）等时候，以及有重大政治事件发生，如新的帝王即位、重要的战役取得胜利、国外重要的使节来访等时候，都会在这里举行大朝会（即大聚会）。当然，这种大朝会还要受到两都巡幸制度的影响，每年夏天举办的大朝会，就都是在上都的宫殿里。

---

① 《元史》卷九十九《兵志》。

在元大都的皇城里面，太液池的西侧，元朝政府建造有一处专门供皇太子居住的宫殿，也就是人们俗称的"东宫"。在中国古代，皇位的继承问题始终是一个关系到国家兴衰存亡的重要问题，凡是这个问题解决得比较好的时候，国家的发展就会日益昌盛，国家的统治也会日益牢固；而一旦没有解决好这个问题，就往往造成政治纷争加剧，社会动荡不安，甚至导致国家败亡。从蒙古国立国之初，一直没有解决好皇位继承制度问题，因此，在元世祖即位之前，就蒙古大汗的继承问题即曾发生过激烈的冲突。而元世祖自己登上大汗之位，也是经过了一番激烈的争夺。

在皇位继承问题上，农耕文化显示出了其在制度上的优势，而蒙古贵族习惯上的财产继承传统却是游牧文化的一个重要组成部分，与农耕文化之间存在着较大的差异。早在先秦时期，高度发达的农耕文化就比较妥善地解决了财产继承问题，即确立了嫡长子继承制度，并且把这种制度推广到了政治权力的继承问题上，在皇位的继承方面，也采用了由嫡长子继承的办法，而基本上废除了嫡长子继承与兄终弟及并行的办法，从而有效地减少了这方面不必要的纷争。

而在游牧文化体系中的财产继承问题上，其做法却与农耕文化恰恰相反。在元朝建立之前，游牧民族的传统习惯是，最小的儿子继承家庭的绝大部分财产，而其他兄长出去分立门户。因此，当成吉思汗创立蒙古国之后，每当出军征伐之时，几个年长的儿子分为一路，而他总是与幼子拖雷自为一路。并且在他死后，蒙古国的绝大部分财产都留给了幼子拖雷，其他几个年长的儿子只分到了很少的财产。就连窝阔台继承了大汗之位后，几个兄弟都离开蒙古大草原东部，到西面再创立其他的蒙古汗国，而幼弟拖雷仍然驻守在大草原东部。并且，到拖雷的儿子蒙哥时又夺得了大汗之位，还是还原了幼子继承财产（皇位本身也是一笔巨大的财产）的游牧习俗。

及蒙哥汗死后，按照蒙古族的游牧文化习俗，本来是应该由留守漠北草原都城和林、负责监国的幼弟阿里不哥继承大汗之位，但是，雄才大略的忽必烈却利用中原地区的雄厚经济实力和他所统率的军队打败阿里不哥，夺取了大汗之位。这种行为，实际上是向传统的游牧文化习俗发动的挑战。因此，当忽必烈即位后，汲取了以往的历史经验教训，接受了汉族大臣们的建议，将皇子真金立为皇太子，确定了自己的皇位继承人，并且，在皇宫之内为他专门修建了皇太子宫。

但是，皇太子真金却因为体弱多病，又经受不起政治风波的冲击，而突然夭折，于是，东宫就变成了没有皇太子的宫殿。此后，忽必烈在皇位继承问题上一直处在犹豫不决的状态，没有再明确皇太子的人选。直到忽必烈死后，皇孙铁穆耳才在掌握朝廷大权的大臣们的辅佐下即位，是为元成宗。因此，铁穆耳在即位之前，并没有住在应该由皇太子居住的东宫里面，而是被派驻到漠北草原上去了。在此后的几十年中，就皇位继承问题，蒙古贵族之间又曾展开过多次激烈争夺，甚至兵戎相见，大打出手，互相残杀，却很少有人再度以皇太子的身份住进东宫。

游牧文化与农耕文化在皇位继承问题上的另一个重要的差异，是农耕文化采用的是制度决定人选的办法，而游牧文化所采用的，则是人为因素决定人选的办法。这种办法，乃是原始社会选举部落酋长的民主政治的遗风的延续。当需要推举新的大汗时，众多的蒙古贵族都有发言权，通过召开贵族大会（当时称为"忽里台"大会），经过大多数贵族的认可，才能够产生新的大汗。这种由众多蒙古贵族认可的原始民主制，就是对嫡长子继承制度的一种挑战，或者是一种否定。而这种游牧文化的传统习俗所形成的政治势力之强大，是不熟悉游牧文化的人们很难想象的。

在元代中期，大多数帝王都是由于受到偶然因素的影响才得以继承皇位的，因此，也就是说，大多数帝王都没有在大都城的皇宫里面居住过东宫的宫殿。直到元朝末年，元顺帝从外地来到京城，继承皇位之后，才明确确立了皇太子的人选，并且使皇太子在皇宫中"合法"居住。但是，这时的元朝已经日暮途穷，在皇太子还没有继承皇位之时，农民起义军已经推翻了元朝的腐朽统治。仅有一例意外，即元仁宗曾经作为皇太子在东宫居住过。

三　游牧生活环境的营造

在元大都新建造的皇宫里面，蒙古统治者在宫殿的前面种满了茂密的茅草，并称之为"誓俭草"。元代诗人曾作诗以记录其状况曰："黑河万里连沙漠，世祖深思创业难。数尺阑干护春草，丹墀留与子孙看。"[①] 诗人在诗后又注释曰："世祖建大内，命移沙漠莎草于丹墀，示子孙毋忘草地也。"又有诗人作诗曰："墀左朱阑艸满丛，世皇封植意尤浓。艰难大

---

① 柯九思：《宫词十五首》之二，载于其诗集《草堂雅集》卷一。

业从兹起，莫忘龙沙汗血功。"①

由此可见，元世祖在营建皇宫的时候，是把大草原上的茂草移植到了宫殿前面，其用意之一，是要让子孙后代不要忘记祖先创业的艰难。其用意之二，则是要让子孙后代不要忘记游牧文化的影响，而完全"汉化"。这也使人们把蒙古民族与此前的契丹民族加以联想，二者同样是游牧民族，当契丹统治者占有燕京等中原地区之后，并没有进驻到燕京来，而始终生活在大草原上，只是偶尔到燕京地区来狩猎而已。而当蒙古统治者在攻占燕京之初，也没有进驻这里，甚至连狩猎也没有到过这里。直到元世祖夺得皇位之后，才将整个国家的政治中心南移，从漠北草原的和林城南移到漠南的上都城，再南移到中原地区的大都城。

这种政治中心的大幅度南移，显然是整个国家发展的需要（元世祖的决策正是适应了这种需要），但是，却使得已经习惯于游牧生活的众多蒙古贵族逐渐远离了他们十分熟悉的大草原，而来到了十分陌生的农耕地区。这种自然环境的巨大改变，使得许多蒙古贵族很难适应，也就使得有些蒙古贵族甚至提出要把农田废弃、变成草原的荒谬想法。这种文化差异上的反映，直到元世祖营建大都城时才再次显现出来。既然不能把大面积的农田变成草原，也就只能在皇宫中营造一种浓郁的草原氛围，"誓俭草"的种植，也就不难理解了。

在宫殿外面种植茅草的同时，元朝统治者还在宫殿里面也营造了十分浓郁的草原氛围。当蒙古族民众生活在大草原上之时，其所居住的帐篷和毡车之中，为了阻隔草地上的潮气，往往使用毛毡铺在帐篷和毡车里面。而为了阻隔帐外的寒风，蒙古族民众还将各种兽皮挂起，以御风寒。及至到了大都城里，新建的宫殿已经有了防潮湿和御风寒的功能，元朝统治者仍然在宫殿的地上铺满毛毡，在墙壁上挂满兽皮。对此，元代诗人亦作诗以述其情景曰："壁衣面面紫貂为，更绕腰阑挂虎皮。大雪外头深一尺，殿中风力岂曾知。"② 当人们跨入宫殿之时，满眼皆是地毡和皮挂，与进入帐篷（俗称蒙古包）之时的感觉是一样的，这种游牧文化的浓郁氛围，也正是元朝统治者刻意营造的。

由此可见，元朝统治者在从大草原上迁移到中原地区之后，一方面，

① 张昱：《辇下曲》之二十二，载于其诗集《张光弼诗集》卷二。
② 张昱：《辇下曲》之九十八。

大量接受了农耕文化的精华内容；另一方面，又把大量的游牧文化的精华内容也带到了中原地区来。大都城里的宫廷建筑就是这两种不同渊源文化的结合点，也可称之为交汇点或是融合点。蒙古统治者在入主中原地区之后，显然是要经历一次文化的大融合，即一方面要接受农耕文化的巨大影响，如果不能接受这种影响，也就无法在中原地区立稳脚跟。另一方面，又要把游牧文化带到中原地区来，并且加以大力推广。在这种文化大融合的过程中，宫廷建筑无疑是一个范例。

第三节 礼制建筑的文化内涵

一 太庙的设置与建造

大都城作为元朝的政治和文化中心，设置有众多的军政衙署和文化机构，为这些机构行使其功能，元朝政府陆续修建了各种各样的建筑。而这些建筑本身，也包含了各种丰富的文化内涵，构成了大都城整体文化中的一个独特的组成部分。在这些建筑中，有的是出于新的创意，但也有些则是具有明显的文化传承性。有些乃是农耕文化的典型代表，还有一些则带有明显的游牧文化的特色。

太庙，是都城礼制建筑的重要组成部分。在中国古代的农耕文化中，尊祖敬宗是一项优良的传统，这是与农耕生产的延续性密切相关的，在许多情况下，父兄的生产经验的指导作用，要远远大于无目的的蛮干。而生产经验在古代社会中只有通过父子、祖孙的传授才得以延续，由此则使中原民众养成了尊老爱幼的文明习俗。太庙乃是实践这种习俗的产物，从伦理角度而言，是封建帝王为了表示其尊祖敬宗的理念而举行祭祀活动的场所；从政治角度而言，是为了表示其继承统治权的合法性。

但是，生活在北方大草原上的游牧民族，在其生活习俗中却没有这种理念。不论是契丹人、女真人，还是蒙古人，在他们的理念中，放在重要地位的，不是对生产经验的传承，而是对武力的崇尚和对鬼神的敬畏。在大草原上，部落之间经常的相互兼并，随时的烧杀攻掠，使得民众不得不依恃强大的武力，这是他们赖以生存的基础，由于对武力的崇尚，故而对老弱者则十分轻视，这种轻视显然是与尊老爱幼的观念相矛盾的。

在中原地区的农耕文化中，宗教主体是人与神的结合，不论是佛教还是道教，其崇拜的神灵，许多都是历史上的著名人物，特别是在道教的神灵中，许多都是中国远古时期的著名人物。因此，在农耕文化的宗教活动中，包含着浓厚的尊祖敬宗的理念。而在北方草原上生活的诸多少数民族部落中，较为盛行的宗教是萨满教，在这种多神的宗教中，自然界的神灵（如水、火、雷、电等）占有十分重要的地位。这种对自然神灵的敬畏，也就相对弱化了其对祖先的崇敬。

正是因为如此，在契丹、女真、蒙古等少数民族进入中原地区、接触农耕文化之前，由于没有对祖先的足够的敬畏，也就没有建造专门祭祀祖先的太庙。不论是契丹统治者，还是女真统治者，在进入中原地区之前，皆是如此，只有当他们进入中原地区之后，并且开始正式承认农耕文化的重要影响之后，才着手在都城建造太庙。蒙古统治者也是如此。在元世祖即位之前，没有建造祭祖的太庙，而当其即位之后，才在燕京城（即旧金中都城）里营建了第一座太庙，"初建太庙"[①]。时间是在中统四年（1263 年）的三月。

在元世祖修建新大都城之后，又在新城的东南门齐化门（今朝阳门）内新建了一座太庙。时间是在至元十四年（1277 年），而太庙的正式建成，则是至元二十一年（1284 年）的事情，"二十一年三月丁卯，太庙正殿成，奉安神主"[②]。在元代新建的太庙，其样式应该如何，曾经引起过争论。其供奉的牌位应该有谁，如何排列，也引起过争论。特别是这些牌位在太庙中应该如何排列，乃是一个十分敏感的问题。

因为自元太祖铁木真（即成吉思汗）创立蒙古国之后，其皇位传给了第三子窝阔台（即元太宗），但是，此后不久，皇位又被幼子拖雷的子孙（包括元世祖忽必烈在内）所夺得，故而，在太庙中，如何处理窝阔台与拖雷的关系，就变得很难办。此外，元太祖铁木真的长子术赤及次子察合台等人又在西域等地创建了各自的汗国，也是蒙古国（包括后来的元王朝）的重要组成部分，而术赤及察合台等人也是"黄金家族"的成员，应该在太庙中保留适当的位置，对这些问题的处理，也很难办。

当元世祖在燕京初建太庙之时，其形制为前庙后寝，庙分八室，依次排列为：烈祖（即太祖之父）也速该为第一室，太祖铁木真为第二室，太宗窝阔台为第三室，太祖长子术赤为第四室，太祖次子察合台为第五

---

① 《元史》卷五《世祖纪》。
② 《元史》卷七十四《祭祀志》。

室，太祖幼子拖雷（即世祖之父）为第六室，定宗贵由（即太宗之子）为第七室，宪宗蒙哥（即世祖之兄）为第八室。其中，第三室至第六室皆为亲兄弟关系，且术赤、察合台及拖雷皆没有当过大汗。第七室及第八室也是同辈关系。这种排列，显然没有使用农耕文化惯常的"昭穆"之制。但是，却淡化了"黄金家族"在皇位继承问题上的尖锐矛盾，掩盖了血腥争夺的史实。及元世祖在大都城新建太庙之时，开始采用了"昭穆"之制，将前庙改为七室。以太祖居中，而除去了烈祖也速该的牌位。

及元武宗即位后，因为受到争夺皇权的政治斗争的影响，也因为又增加了元世祖及元成宗的两座牌位，遂将太庙中的排列秩序重新加以调整，从而发生了巨大的变化。据《元史·祭祀志》的记载，元太祖位居太庙正中一室，西面第一室为睿宗拖雷，西面第二室为世祖忽必烈，西面第三室为裕宗真金（即世祖之子、成宗之父）。东面第一室为顺宗答剌麻八剌（即武宗之父），东面第二室为成宗铁穆耳。东面第三室为谁，没有记载。经过调整，不仅术赤、察合台等宗王没有了，就连当过大汗的元太宗、元定宗、元宪宗也没有了，而加进来的裕宗、顺宗根本就没有登上过皇位，只不过是日后的追谥而已。此后，随着蒙古贵族对皇位争夺的加剧，太庙中供奉的牌位仍在不断发生变化。

二　社稷坛的设置与建造

社稷坛，是都城礼制建筑的另一个重要组成部分，其重要性是与太庙并列的，人们往往称之为"左祖右社"。也就是说，太庙应该位于皇城的东面（即"左祖"），而社稷坛应该位于皇城的西面（即"右社"）。在大都城里，这两座重要的礼制建筑也正是这样设置的，太庙在齐化门（今朝阳门）内，而与之相对应的，社稷坛则被设置在了大都城西南面的平则门（今阜成门）内①，一东一西遥相呼应。

社稷坛的修建比太庙要晚一些，这与蒙古统治者对农耕文化的认识过程有着密切的关系。在蒙古统治者进入中原地区之前，对农业生产的重要性是认识不足的，因此，也就无法理解"社稷"观念的重要意义，是与"国家"的含义等同的。及蒙古统治者进入中原地区之后，开始对农耕文

---

① 《元史·世祖纪》称社稷坛建在和义门（今西直门）内。社稷坛建在平则门北，和义门南，距平则门更近一些。

化有了越来越深入的了解，于是，对农业生产的重要作用也有了新的认识，对于"社稷"的观念也就有了共识。

在这种情况下，修建社稷坛才被提到工作日程上来。至元七年（1270年）二月，元朝政府设置了专门负责农业生产的官僚机构，"立司农司，以参知政事张文谦为卿，设四道巡行劝农司"①。同年十二月，又将司农司升为大司农司，并命御史中丞孛罗兼任大司农卿，以示对农业生产的重视。也正是在这时，元朝政府正式举行了祭祀社稷之神的仪式，"至元七年十二月，有诏岁祀太社太稷"②。只是没有明确指出举行祭祀活动的场所。

此后，元朝统治者对于祭祀社稷之神的活动更加重视，在至元十一年（1274年）八月，由政府下令，"颁诸路立社稷坛壝仪式"③。到了至元十六年（1279年），又由政府中的太常寺（主管礼仪工作的机构）官员加以反复研究，编写出了名为《至元州县社稷通礼》的专著，上报给元世祖审定。经过这一系列的基础工作都得到落实之后，到了至元二十九年（1292年）七月，才在政府官员崔彧等人的建议下，正式开工兴建社稷坛，"建社稷和义门内，坛各方五丈，高五尺，白石为主，饰以五方色土。……悉仿古制，别为斋庐、门庑三十三楹"④。

三　郊坛的设置与建造

在中国古代，与太庙和社稷坛的历史同样悠久的，又有郊坛，其功能主要是用于祭祀天地之神。因为古人有"天圆地方"的宇宙观念，因此，又有些朝代将祭祀天神的坛壝与祭祀地神的坛壝分开，俗称之为天坛（又称圜丘）和地坛（又称方丘）。草原上的游牧部落首领对天神的敬畏，是与中原地区的封建帝王一样的，只是其祭祀的方法不同而已。据文献记载，自蒙古国建立以来，按照中原王朝的形式而正式举行祭祀天神的蒙古统治者是元宪宗蒙哥，他祭祀天神的地点是在漠北草原上的日月山，也就是蒙古民族所崇拜的神山。

此后，元世祖即位后，也曾多次举行祭祀天神的仪式，只是还没有固

---

① 《元史》卷七《世祖纪》。
② 《元史》卷七十六《祭祀志》。
③ 《元史》卷八《世祖纪》。
④ 《元史》卷十四《世祖纪》。

定的祭祀场所。至元二十四年（1287年），以方伎之术受到元世祖信任的阴阳家田忠良就曾上言：“请建太社于朝右，建郊坛于国南。”① 此处的“太社”即是社稷坛，“郊坛”即是祭祀天地神灵的场所。但是，直到至元末年才建成社稷坛，而郊坛一直到元世祖逝世，也没有动工修建。

元成宗即位后，也曾举行过祭祀日月神灵的活动，其地点在大都城正南门丽正门外的东南方。直到大德九年（1305年）七月，元朝政府才完成郊坛的修建工作，“筑郊坛于丽正、文明门之南丙位，设郊祀署，令、丞各一员”② 。元代修建的郊坛是采用天地神灵合祭的办法，故而只修建了一处祭祀场所。此后，虽然也有官员提出在北郊另外修建“地坛”，改行天、地之神分祭的办法，却一直没有被政府采纳和实行。

在中国古代，祭祀天地之神、社稷之神和太庙中的祖先神灵，是只有帝王才能够行使的权力，如果帝王亲临祭祀的场所参加祭祀仪式，是一项十分隆重的活动，如果帝王没有亲自参加祭祀活动，也要任命政府中的重要官员代表自己前往祭祀场所，主持祭祀仪式。在元代，帝王是否亲自参加祭祀活动，成为衡量其对农耕文化认同程度深浅的一个标尺。而这些祭祀场所的建造过程，也反映出了蒙古统治者对农耕文化的认识过程。

第四节 城市功能的变化及其文化内涵

一 新城模式的文化内涵

在中国古代，封建统治者对城市的管理是十分严密的，其在建筑形式方面的体现，就是坊里制度的设置。这种坊里制度，是一种封闭式的居住形式，把城市中的居民，用一道道高大的坊墙隔离开来。在这些高大的坊墙四面，开设有坊门，以供居民出入，而坊门的开放与关闭，则是由政府控制的。在北京地区，自汉唐以来的幽州城，就是采用的这种封闭式的居住形式，全城除了官僚衙署和寺院道观之外，被分割成了26个坊。

到了辽代，官僚衙署被改建为皇宫，而居民的住宅并没有发生变化。到了金代，海陵王完颜亮在大规模营建金中都城时，对全城的格局进行了很大调整，皇宫从原来偏于全城的西南部，而调整到了全城的中央。由于

---

① 《元史》卷二百三《方技传》。
② 《元史》卷二十一《成宗纪》。

全城总体面积的扩大，居民的居住面积也有所扩大，坊里的数量也有所增加，但是，其居住形式，却没有发生根本性变化，仍然沿用了汉唐以来的封闭式的坊里格局（当然，也有一些学者认为，金代的中都城已经部分采用了开放式的格局）。

到了元代，元世祖忽必烈营建新大都城时，才完全采用了开放式的建筑格局。虽然这时候的社会基层组织仍然保持着坊里的结构，但是，在城市建筑方面的高大坊墙，却已经消失不见了，只是象征性地在每个坊的四面设立了坊门，上面书写着坊名，以供人们辨别方位、寻找居民之用。这种建筑格局的开放性，是与蒙古少数民族所习惯的游牧文化的观念相一致的。正如上述的皇宫的宫墙都迟迟未建一样，各个居民的坊里没有围墙阻隔，对少数民族统治者而言，是更加安全的做法。

元朝统治者在营建新大都城时，主要建造的是皇宫、苑囿、官僚衙署、仓场库房，等等，而那些居民的住宅，元朝政府是不负责建造的，只是由政府分配给居民一定数量的宅基地，而让其自己施工建造。为此，元朝统治者曾下令，建造房舍的居民，不管其职务高低，也不管其财产多少，以及其家庭人口多少，每户居民只能占有八亩地。这个规定从表面上来看，是一种绝对平均主义思想的体现，但是，实质上却是高度中央集权的体现。

因为在中国古代社会中，占据统治地位的，是严格的封建等级制度，根本不可能存在绝对平均主义的事情，而只有一个特定的地方例外，就是在至高无上的皇权之下，所有的人，不论其官位高低、财产多寡、职业如何，都是臣民，都必须遵守绝对地服从。所以，元朝统治者所规定的居民房舍占地面积的大小一致，并不是绝对的平均，在同样的面积上，建造的房屋却是完全不一样的，其财力丰厚，建造的房屋就会高大宽敞，其财力贫乏，建造的房屋就会十分简陋。

这个绝对平均的宅基地的分配，其根本目的，乃是要保证全城总体规划的整齐一致。如果有的民居占地面积很大，有的却占地面积很小，大小之间所产生的差距，必然会影响到大大小小街道的顺畅，而形成多处的曲折和弯道，无法使其笔直而宽阔。如果说，在有高大坊墙约束的情况下，坊里内部的混乱还不足以影响全城的整齐划一的外貌；那么，当失去了高大坊墙的约束之后，这种宅院大小不一的混乱，就会使得整个城市都变得杂乱无章，从而无法体现中央集权的强大威力。

正是在高度集权的政府指挥下，建造的大都城才会有笔直而宽阔的街道，其所体现出来的宏伟气势，让马可·波罗等国外旅行家看到之后大为叹服。在这些外国人的头脑中，是没有中央集权的观念的，也没有对中央集权所产生的强大威力的亲身体会，因此，自然会产生深刻的感触。而长年生活在中国的民众，对于这种建筑格局已经习以为常，不足为怪了。倒是当时那些已经习惯于生活在高大坊墙包围之中的居民，一旦失去了围墙的"保护"之后，就会产生一种"解脱"感。

二　旧城功能的延续

在新的大都城建造完成并且很快投入使用之后，旧燕京城的城市功能，特别是作为都城的功能开始迅速退化。大多数的居民搬到了新城定居，绝大多数的官僚衙署也迁移到新城，新建的商市买卖也日益兴隆，因此，也就产生了一个新的居民活动中心。留在旧城的居民，主要是一些贫困户，无力在新城营建新居，而不得不滞留在旧城。当然，也有一些达官显贵们，虽然在新城中修建了豪华的宅第，但是，却同时保留了他们在旧城的宅第和私家园林，以供其在退朝之暇到此休闲娱乐。

在旧城之中，有些私家园林是很著名的，如元世祖时朝中大臣廉希宪的野园（又称廉园），张九思的西园（又称遂初园），以及乡绅赵鼎的匏瓜亭等，皆是如此。廉希宪的野园，被当时人称赞道："廉右丞园号为京城第一。"① 其中，尤以园中种植的牡丹花号称名品，就连元朝政府官员为皇太子修建东宫时，也想从野园中移植数株到皇宫里面来，但遭到廉希宪的拒绝。一时文人雅客，亦经常到园中聚会，饮酒赋诗，如朝中大臣刘秉忠曾作有《野园会饮诗》，② 王恽曾作有《秋日宴廉园清露堂诗》③ 等，均为在野园中参加聚会留下的佳作。

又如张九思的西园，也是京城名流岁时聚会的一个主要场所，文人雅士饮酒赋诗，留下了许多名篇。元代初年的名士刘因即作有《张氏西园诗》，④ 名士赵孟頫还曾在西园中居住过一段时间，作有《都南张氏园寓

---

① 袁桷：《清容居士集》卷十。
② 《藏春集》卷三。
③ 《秋涧先生大全集》卷二十二。
④ 《静修集》卷九。

居诗》，① 元代中期的著名诗人范椁亦曾到此游赏宴饮，并且作有《追和卢修撰张平章园亭观花饮诗》，② 由此可知，在范椁游览西园之前，著名文士卢挚已经来过这里，而且留下了诗篇。

从元代前期到中后期，前来这些著名私家园林游览的人们络绎不绝，有些人因为没有事先通知园林的主人，所以在到了园林之后也被拒绝入内，只好望园兴叹了。而这些私家园林之所以能够吸引许多文人雅士前来游赏，除了园林的主人文化修养深厚，好客而不俗之外，园林中的建筑本身也包含了丰富的文化内涵。如各种殿堂、亭台、池榭的建造，都是按照中华民族的传统审美观念而设置的。表达了园林主人虽然身在庙堂，却不忘乡野的达观情趣。

在大都新城建好之后，由于受到每户八亩的面积限制，因此也就很难在八亩地之内既建造有宅第，又修建有园林，故而在新城之内，没有再出现新的、著名的私家园林。而由于城市的开放式格局带来的便利，使得一些公共场所，如海子（今积水潭等处）沿岸地区，遂成为了居民岁时游览的主要场所。在这里，既有商市和酒楼，以供宴饮和购物，也有船只，以供游客在湖中赏玩风景，别有一番风致。

此外，在新城修建之前，旧燕京城是整个北方地区的宗教活动中心，修建有众多的寺庙和道观，居住着数量可观的僧侣和道士。在新城修建之后，许多居民在新城又建造了新的住宅，而大多数僧侣和道士却很难在新城中修建新的寺庙和道观。一方面，是占地面积很难有合适的；另一方面，则是许多寺庙和道观的财力有限，很难投入大量资金兴造新的宗教活动场所。因此，也就使得大多数的宗教界人士不得不滞留在了旧燕京城里，继续从事宗教活动。所以，旧燕京城在很长一段时间里，仍然是整个北方地区的宗教活动中心。许多原有的著名寺庙和道观，仍然保持着其在宗教界的权威地位。

---

① 《松雪斋集》卷五。
② 《范德机诗集》卷七。

第八章　宫廷文化的重要影响

　　大都城作为全国政治和文化中心的重要地位，是在元代确立的。也正是从这时开始，作为全国的最高统治者长期生活在这里，从而形成了独具特色的宫廷文化。在原有的地域文化中，增加了新的丰富内容，并且开始在全国范围内产生巨大影响。由于有了这个巨大的影响，遂使得原有的地域文化的性质也发生了本质性的变化，开始从区域性的支流文化转变为中心性的主流文化。在这个本质性的变化中，宫廷文化的重要作用是不容忽视的。

　　在中国古代，宫殿建筑始终都是整个都城建筑的核心部分，而宫廷生活也是整个都市生活中影响最大的一个部分，由此形成的宫廷文化，自然也就成为整个都城文化的核心部分。换言之，一个时代的宫廷文化，乃是这个时代的都城文化，甚至是整个时代文化的集中代表。宫廷的饮食文化，集中了该时代饮食文化的精粹；宫廷的服饰文化，也代表了该时代服饰发展的最新趋势；宫廷的娱乐活动，则是当时最时髦的娱乐活动；等等。

　　宫廷文化从各个方面所体现的出类拔萃的特性，使之能够成为引领文化发展潮流的时尚，由此自然会产生巨大的社会影响。但是，这只是事物发展的一个侧面，而另一个侧面则是这种文化在政治上所具有的至高无上的权威性。由于这种政治上的权威性也具有无形的强大潜力，因此使得民间社会与之相对应，也产生了一种不自觉的模仿性，这是一种盲目的模仿，却又受到很大程度的控制，或者说是禁止。皇家的宫廷的东西是具有严格的排他性的，这就使得明令的禁止和盲目的模仿之间产生了文化上的矛盾与政治上的冲突。

　　此外，在元代的大都城里，宫廷文化又带有浓厚的游牧文化的特色。这种状况，也是此前所没有的。在汉唐时期的幽州，只是一处军事要塞，不可能在这里产生宫廷文化。到了辽宋对峙时期，这里成为辽朝的陪都南京（又称燕京），但是，因为契丹统治者采用的是"一国两制"的方略，契丹人沿用的是游牧文化的习俗，汉人则沿用农耕文化的习俗，而且契丹统治者一直生活在塞外的大草原上，故而在辽南京的地域文化中，仍然是以农耕文化占据了主导地位，游牧文化的影响是有限的。

到金宋对峙时期，这里先是作为金朝的陪都燕京，然后又上升为首都金中都，开始有大批女真贵族迁移到此定居。但是，女真统治者在进入中原地区之后，迅速"汉化"，其定鼎金中都之后，已经基本完成了"汉化"的过程，因此，在这时的中都城里，不论是广大汉族民众，还是其他少数民族的民众（主要是契丹族和女真族），对于农耕文化的认同程度，都已经超过了游牧文化。也就是说，在金中都地区，占据主导地位的地域文化仍然是农耕文化。

而到了元代，在大都地区则出现了农耕文化与游牧文化并重的局面。一方面，是蒙古统治者开始离开漠北草原，定居到了中原地区，这一点，是蒙古统治者与契丹统治者的不同之处。另一方面，则是蒙古统治者仍然自觉或不自觉地维系着少数民族游牧文化的习俗，其"汉化"的速度十分缓慢，这一点，又是蒙古统治者与女真统治者的不同之处。正是存在着这样两处明显的不同之处，也就使得元代大都的地域文化表现出了与辽金时期完全不同的面貌。

如果说，就大都区域文化的整体而言，乃是农耕文化与游牧文化并重的局面，那么，就宫廷文化而言，其所表现出来的特色，则是带有更加浓厚的游牧文化的内涵。蒙古统治者虽然入住到了中原地区，但是，却基本保留了游牧民族的生活习俗，除了衣食住行几乎没有改变之外，就连婚丧嫁娶也维持着旧俗，以保证其黄金家族的血缘纯洁性。从政治角度来看，则是蒙古统治者告诫其子孙不要忘本的一种重要手段。

当然，已经入住到中原地区的蒙古统治者，仍然不能忘怀于大草原，也因此，才有两都制度的出现，以及每年巡幸于两都之间的游动生活。此外，蒙古统治者还在大草原上留驻大量军队，以保证这块"龙兴"之地的绝对安全，一旦中原地区出现政治上的惊涛骇浪，蒙古统治者也可以有一个安全的退身之所。果然，当元末农民起义军向大都城发动全面进攻的时候，元顺帝见大势已去，遂率领其臣下逃回大草原去了。

第一节　饮食和服饰的文化特色

一　宫廷饮食及其文化特色

在元代，蒙古统治者所采用的饮食方法和服饰形式，与中原地区的广大汉族民众是有着很大差异的。这种差异，是由于漠北草原蒙古少数民族的游牧生产方式与中原地区广大汉族民众的农耕生产方式之间的差异所决定的。在中原地区，汉族民众长期从事农业生产，其生产的产品主要是各种植物，包括各种粮食和蔬菜等，当然，也有一些猪羊、鸡犬等家畜的饲养和鱼虾等水产品的捕捞，以作为主食的补充。

而在漠北草原上，各个少数民族的生产是以放牧牛羊、马驼为主，而很少种植庄稼，故而其所得到的产品，则是以各种牲畜的肉类和乳类制品为主，由此也就使其养成了长期食用肉类和乳类制品为主的饮食习惯。这种习惯的养成，是一个长期的过程，已经在蒙古等少数民族民众的观念中形成了固定的模式，很难在短时期内有较大的改变。

当蒙古统治者占有中原地区之后，很快就开始了对于粮食的征收，从而使其民众的饮食物品也随之开始发生变化，从单一的肉类和乳类食品转变为肉类和其他粮食类食品综合食用的状况。当然，作为蒙古统治者而言，其饮食方式仍然是以肉类和乳类为主，而辅之以其他粮食制品。这一点，在许多元代的文献中都有所反映。元英宗至治年间，主管蒙古帝王生活的宣徽院官员曾说："世祖时，晃吉剌岁输尚食羊二千，成宗时增为三千，今请增五千。"[①] 由此可见，在元代初年，仅晃吉剌（又作"弘吉剌"等）这一个部落每年就要提供专门为帝王食用的羊数千只。

又如，在元代初年的汉族大臣耶律铸的诗文集《双溪醉隐集》中，曾记载有元朝统治者在日常出行时的饮食物品，即所谓的"行厨八珍"，也就是元朝帝王的八种御用食品。这八种食品为："一曰醍醐，二曰麈沆，三曰驼蹄羹，四曰驼鹿唇，五曰驼乳糜，六曰天鹅炙，七曰紫玉浆，八曰元玉浆。"[②] 其中，驼蹄羹、驼鹿唇、驼乳糜及天鹅炙当为肉类食品，而醍醐、麈沆、紫玉浆及元玉浆应是乳类食品。此处所谓的"八珍"，是

① 《元史》卷二十八《英宗纪》。
② 《双溪醉隐集》卷六《行帐八珍诗》序。

指这些食物十分难得，平常不易吃到。而日常所食用的，则主要是牛、羊、马肉（蒙古人较少吃马肉）和其乳制品。

至于粮食类制品，也已经成为蒙古统治者的日常食物。这些粮食制品，主要是由政府设置的尚食局负责制作的，其使用的原料，则是米、面等，只是其加工更为精细而已。据历史文献记载，元世祖时，"有食尚食余饼者，帝察知之，怒"。可见在尚食局中，经常备有面饼，而且还曾被人偷吃。此外，蒙古统治者食用的稻米，也要经过精细加工，"计粳米一石，仅得圆米四斗"①。

为了保证蒙古统治者食用的肉类和乳制品的高质量，元朝政府还专门设置了一些官僚机构，养马以获取乳汁，制成乳制品，称为"马湩"，以供统治者食用。元世祖忽必烈就十分喜欢饮用马湩，"世祖过饮马湩，得足疾，国祯进药味苦，却不服"②。这种马湩，应是用马乳制成的酒类饮料，饮用过量，会导致身体不适。

由于马湩是游牧民族民众都很喜欢的饮料，因此，蒙古统治者又将其作为祭祀祖先的重要祭品，"其祖宗祭享之礼，割牲、奠马湩，以蒙古巫祝致辞，盖国俗也。……凡大祭祀，尤贵马湩"③。既要饮用，又要祭祀供奉，这就导致了马湩使用量大增，至治三年（1323 年）正月，元英宗即曾下令："命太仆寺增给牝马百匹，供世祖、仁宗御容殿祭祀马湩。"④翌年，元英宗被弒，泰定帝即位，又下令："市牝马万匹取湩酒。"⑤ 由此可见，在元代的宫廷生活中，马湩的需求量是很大的。

上文述及的用蒙古习俗（所谓的"国俗"）举行的重要祭祀仪式中，又有"割牲"，即宰杀牲畜以用于祭祀，这种习俗，则是北方草原上的游牧民族与中原地区的农耕民族所共同行用的。因为在中原地区，民众主要从事的是农业耕作，但是也饲养了一定数量的牲畜，除了日常的食用之外，在举行祭祀仪式时，也以之供奉于祖宗的牌位之前。

在元代的宫廷生活中，大宴会（又称"大聚会"）是一项十分重要的活动。从表面上来看，这虽然只是一项贵族们的饮食活动，而其所包含的

---

① 《元史》卷一百二十五《铁哥传》。
② 《元史》卷一百六十八《许国祯传》。
③ 《元史》卷七十四《祭祀志》。
④ 《元史》卷二十八《英宗纪》。
⑤ 《元史》卷二十九《泰定帝纪》。

重大意义，却已经远远超出了饮食文化的范围。由于参加大宴会的人士都被要求穿着同样颜色和样式的服装，所谓"预宴之服，衣服同制，谓之质孙"①。故而其宴会又被称为"质孙宴"。有些文献又将"质孙"写为"只孙"、"只逊"等。

　　这种大宴会，一般是在重要的节日，如元旦（即今天的春节）、天寿节（帝王生日）等，或是发生重大的事件，如皇帝登基、将帅出征及凯旋归来等时候举行。大宴会十分热闹，千官聚会，肉山酒海，"万里名王尽入朝，法宫置酒奏箫韶。千官一色真珠袄，宝带攒装稳称腰"②。

　　一些当时曾经来到大都城的国外游客，对于这种大宴会场面之宏大，十分震惊。与马可·波罗齐名的另一位欧洲旅行家鄂多立克在他的《游记》中曾经描写了大宴会的情景："当大王想设筵席的时候，他要一万四千名头戴冠冕的诸王在酒席上侍候他。他们每人身披一件外套，仅上面的珍珠就值一万五千佛洛林。"③鄂多立克所说的"外套"，就是质孙服。在元代，能够参加大宴会，是一种极高的政治待遇，因为在大宴会上，除了吃喝之外，还有各种财物的赏赐（即再分配），以及对许多国家大事的议论。而要想参加"质孙宴"，就必须先获取由蒙古统治者赏赐的质孙服。

　　蒙古统治者对臣下的质孙服赏赐，往往是不一样的，因为质孙服的颜色不同，每次的大宴会只能使用同一种颜色的服装，所以臣下获得的质孙服的套数越多（每种的颜色各异），他参加大宴会的机会也就越多。如元代前期，御史台大臣秦起宗因为敢于直言受到元世祖赏识，"元会，赐只孙服，令得与大宴"④。此处所云"元会"，就是农历元旦的大宴会。又如元代中期的枢密院官员卜天璋，也因为受到蒙古统治者赏识，"赐侍宴服二袭"⑤。

　　从政功劳越大、受到蒙古统治者宠信越深的大臣，其得到的质孙服也就越多。元代中期的朝中大臣谢让，由于受到元仁宗的特别赏识，"赐青

---

　　①　《元史》卷六十七《礼乐志》。
　　②　见元人柯九思所作《宫词》十五首之五。诗后又有注文曰："凡诸侯王及外番来朝，必锡宴以见之，国语谓之'质孙宴'。质孙，汉言一色，言其衣服皆一色也。"柯九思的《宫词》，载其诗文集《草堂雅集》卷一。
　　③　见何高济译本《鄂多立克东游录》。
　　④　《元史》卷一百七十六《秦起宗传》。
　　⑤　《元史》卷一百九十一《卜天璋传》。

鼠裘一袭、侍宴服六袭"①。在元代文献中，受到赏赐质孙服最多的人，当属少数民族大臣康里巎巎。元代后期，他任经筵讲官，给元顺帝讲授历史上的治国道理，得到顺帝赏识，"特赐只孙燕服九袭及玉带楮币，以旌其言"②。

由于质孙服所具有的这种政治上的特殊作用，因此，在制作这种服装时，其工艺是十分精美的，蒙古统治者对其也十分重视。早在元太宗即位之初颁发的各种命令中，就曾特别指出："诸妇人制质孙燕服不如法者……乘以骟牛徇部中，论罪。"③ 由此可见，蒙古统治者对于这种缀饰有珍珠的服装的制作工作，要求是极为严格的。

二　宫廷服饰的发展变化

蒙古等北方少数民族民众在进入中原地区之前，为了适应游牧生活的需要，制作有一整套与中原地区农耕民众完全不同的服装，以抵御大草原上的岁时严寒气候。这种服饰样式方面的差异，不仅中原地区的民众有所体会，就连那些远自欧洲而来的使者，也深有体会。如在蒙古国时期出使前来的教皇使者柏朗嘉宾，就曾对蒙古民众的服装有较为详细的描述。

他指出，第一，蒙古民众的服装没有显著的男女区别，"无论是男还是女，他们的服装都根据同一式样而裁缝"。第二，他们的服装是从上到下开口的，"这种制服仅仅在左部由唯一的一颗扭扣固定，右侧有三颗扣子"。第三，在服装外面为了增加御寒功能，又往往套上一件短皮外套，"外套短皮袄的毛皮露在外面，同时也在身后开口"④。蒙古统治者在进入中原地区之后，仍然长期保留着这种具有北方少数民族特色的服饰样式。

蒙古少数民族的男女服饰差异不大，但是，为了在服饰方面表现出不同的含义，特别是表示未婚女子与已婚妇女之间的区别，则有头饰上的变化。蒙古族的已婚妇女，一般要在头上戴上被称为"故姑"（又写作"顾姑"或是"罟罟"）的头饰，蒙古贵族妇女所戴的故姑制作极为精美，样式变化多彩，"以金色罗拢髻，上缀大珠者，名脱木华。以红罗抹额中现花纹者，名速霞真也"。而在故姑之上，还装饰有各种珠宝，"脱木华以

---

① 《元史》卷一百七十六《谢让传》。
② 《元史》卷一百四十三《康里巎巎传》。
③ 《元史》卷二《太宗纪》。
④ 见耿升译本《柏朗嘉宾蒙古行纪》第二章。

大珠穿成九珠方胜，或叠胜葵花之类，妆饰于上"①。

元朝统治者在日常生活中主要穿着的是蒙古族的服装，但是，在一些特定的场所，从事各种重大活动时，却又必须穿着专门为帝王制作的服装。而这些服装，完全代表了农耕文化的主体内涵，也就是说，这些专门为蒙古帝王准备的服装，是代表儒家学说的重要标志，是完全按照历代中原王朝的帝王们所穿着的服装样式来制作的。元朝统治者对这些服装的认同，也表明了他们对农耕文化的认同。当然，这也需要经过一个较为漫长的过程。

早在元宪宗（即蒙哥汗）夺得大汗之位后，为了表示其皇位的正统性，曾举行过祭拜天神的仪式，"宪宗即位之二年，秋八月八日，始以冕服拜天于日月山"②。这是蒙古统治者最早使用儒家服饰的行为，而其冕服的制作工作，则是由中原地区的工匠们承担的。其后，元世祖即位，进一步推行"汉法"，大兴礼乐，于是，陆续制定了各种祭天、祭祖、祭社稷及山川之神的仪式，与此同时，也就相应制作了各种冠冕服饰。

到元武宗即位后，又专门设置了管理帝王服饰的官僚机构，称为尚服院，此后又在其下设置了尚冠、尚衣、尚辇、尚沐、尚辇、尚饰等六种职官，分掌各项职能。由于有了专职机构及专职官员的管理，使元朝统治者的御用服饰变得更加规范。"上而天子之冕服，皇太子冠服，天子之质孙，天子之五辂与腰舆、象轿，以及仪卫队仗，下而百官祭服、朝服，与百官之质孙，以及于士庶人之服色，灿然其有章，秩然其有序。"③ 明初学者对元代宫廷服饰的这个评价是很高的。

在元代中期，使用冠冕来举行祭祀仪式的是元英宗，在至治元年（1321 年）正月，"帝服衮冕，享太庙，以左丞相拜住亚献，知枢密院事阔彻伯终献"④。翌年正月，元英宗又"亲祀太庙，始陈卤簿，赐导驾耆老币帛"⑤。"帝服通天冠、绛纱袍，出自崇天门。"⑥ 这次的祭祀活动更加壮观。元英宗也深切体会到中华民族的辉煌文明所具有的巨大震撼力。

---

① 见元人熊梦祥《析津志（辑佚）》中的"风俗门"。
② 《元史》卷七十二《祭祀志》。
③ 《元史》卷七十八《舆服志》。
④ 《元史》卷二十七《英宗纪》。
⑤ 《元史》卷二十八《英宗纪》。
⑥ 《元史》卷一百三十六《拜住传》。

此后，元文宗和元顺帝也都曾身穿冕服，举行过祭天和祭祖的各项仪式。

三　其他服饰文化在宫廷中的体现

在元代后期的大都城里，除了蒙古族服装和汉族服装之外，还有两种服装颇为流行。一种服装是吐蕃地区（今西藏地区）的宗教服装，另一种服装则是高丽地区（在元代时为征东行省）的宫装。元朝统治者一直都对藏传佛教十分尊崇，从元世祖尊封八思巴为帝师，到元顺帝修炼"秘密"佛法，藏传佛教在宫廷里面十分活跃。特别是元顺帝很喜爱观赏藏传佛教的歌舞，"西天法曲曼声长，璎珞垂衣称艳妆。大宴殿中歌舞上，华严海会庆君王"[1]。遂使其歌舞及独特的藏族式服装成为一时之风尚。

元顺帝即位之后，其所宠爱的皇后有一位（即奇氏）为高丽人，而在皇宫中，又有许多从高丽来的宫女，侍奉顺帝及皇后奇氏，而皇后奇氏及这些宫女都穿着的是高丽样式的服装，也就变成了一种时髦的风尚，引得大都城里的妇女们纷纷效仿，"宫衣新尚高丽样，方领过腰半臂裁。连夜内家争借看，为曾著过御前来"[2]。

第二节　出行及娱乐活动的文化特色

一　两都巡幸及其文化特色

蒙古少数民族长期生活在大草原上，由于受到"逐水草而居"的游牧生产方式的影响，其在生活中也就养成了岁时流动的习惯，作为蒙古统治者而言，其宫廷生活也没有摆脱这种岁时流动的生活习惯的影响，从而产生了把定居与游动相结合的生活特色。两都制度的确立，就是这种生活特色的反映。每年春天，蒙古统治者从大都城流动到上都城，到了秋天，再从上都城回到大都城。在两个流动过程之间，则是定居在大都或上都城里。

早在辽代，契丹统治者就创行有五京之制，其活动中心是在草原上的辽上京，此外又设置有东、西、南、北四京，以作为控制四方的四个重

---

① 张昱：《辇下曲》之十七，载于《张光弼诗集》卷二。

② 张昱：《宫中词》之八，载于《张光弼诗集》卷二。

镇。辽南京（即燕京）就是辽王朝对抗宋王朝的前沿重镇。除此之外，这四处陪都又是契丹统治者岁时巡幸的地方，如辽南京城东南面的延芳淀，就是契丹统治者春季举行狩猎活动的主要场所之一。当然，在辽上京的附近，契丹统治者也设置有"捺钵"之地，作为四时出巡游猎的场所。

蒙古统治者的出巡之制，其范围与辽代不同，从四时设置的四个不同狩猎场所，减少到只有两个主要场所，即大都与上都，而其包含的内容，也有了很大的不同。契丹统治者在整个辽朝的疆域内实行的是"一国两制"，在接受中原地区的农耕文化的同时，也保留着契丹等少数民族的游牧文化，而这两种不同的文化是截然分开的，即对契丹人而言，行用的是契丹之法，也就是游牧文化之法。而对汉族民众而言，行用的则是中原地区的旧法，也就是农耕文化之法。岁时的游猎活动，正是游牧文化之法，与农耕文化之法没有密切的联系。

这种"一国两制"也在都城制度方面有所体现，所谓的"一国两制"，就是所谓的南面官制与北面官制，南面官制，也就是中原地区的封建王朝一直行用的传统官制；而北面官制，则是北方草原上游牧民族的军政合一的官制。在辽上京城，行用的主要是北面官制，而在辽南京城，行用的主要是南面官制。北面官制，是用来管辖契丹等北方少数民族民众的；而南面官制，则是用来管辖中原地区的汉族民众的。

到了元代，蒙古统治者在全国实行的，虽然也是"一国两制"，但是却把这两种制度糅合到了一起，也就是把农耕文化与游牧文化糅合在一起。不论是在大都城，还是在上都城，皆设置有同样的官制。既有体现中原地区久已行用的汉官制度，如中书省、枢密院、御史台等机构，也有体现草原地区原已行用的少数民族官制，如斡耳朵制、怯薛制、断事官等机构。这两种制度的共存，是与此前的辽代完全不同的。

由于有以上的完全不同，也就使得少数民族统治者的岁时巡幸活动也产生了完全不同的结果。在契丹统治者岁时巡幸之时，随从其参加狩猎活动的，主要是那些长期生活在辽上京的北面朝官们，而驻守在辽南京的南面朝官们，并不会受到狩猎活动的较大影响。只有当契丹统治者来到南京城从事狩猎活动时，驻守在这里的官员们才会参加狩猎活动。

在蒙古统治者岁时巡幸之时，却是倾城相随。当其在春天从大都到上都去时，在大都城里的各种官员，包括省、院、台等中央机构和斡耳朵、怯薛等蒙古官僚机构的大部分官员们，都要一起前往上都。在这种情况下，大都城立刻变得萧条起来，而不久之后，上都城却开始热闹起来。到了每年的秋天，蒙古统治者回到大都城之后，这里立刻热闹起来，而上都城却又变得十分萧条。

在来往两都的巡幸中，人为造成了一支定时流动的庞大队伍。其中，有蒙古帝王和众多后妃等蒙古贵族，有在中央政府各部门任职的百官人等，有大批侍卫军队，也有各种为蒙古帝王和其他贵族生活提供服务的杂役人员，等等。甚至包括一些在国子学中正在学习的贵族子弟，也要随从国子学中的教官们，一起来往于大都城和上都城之间。

在从大都城前往上都城的漫长路途中，有的时候是可以在沿途的城镇中做短暂休息的，有的时候，由于这支流动的队伍实在太庞大，沿途的城镇无法提供足够的休息场所。但是，对于那些长期习惯于流动生活的北方少数民族民众而言，这并不是难以克服的困难，他们在出行的时候，已经作好了充分的准备即制做了大量的毡车和毡帐。当这支庞大的队伍行进在两都之间时，构成了一幅极为壮观的场面。

元朝的诗人曾作诗描写过这种景色，"北方毡车千万两，健牛服力骆驼壮。清晨排作雁阵行，落日分屯夹毡帐。"① 有的毡车上运载的是规模庞大的毡帐（即人们常说的"蒙古包"），以供人们随时在路旁扎帐休息，而有的毡车自身就是一个可以移动的住所，只是规模比起毡帐要小得多。还有一些车辆则满载着各种生活物资，如粮食、盐、酒、茶等，以供蒙古统治者到上都城后享受。

此外，还有一些车辆满载着各种珍宝，包括金银珠宝、绫罗绸缎等，这些珍宝是蒙古统治者从中原和江南地区的百姓们身上搜刮来的，为了赏赐给那些镇守在大草原上的诸多蒙古贵族们而被运到大草原上来的，每当蒙古统治者来到上都城之后，驻守在大草原各地的蒙古贵族们都纷纷前来拜见，并且获得各自分内"应该"得到的那笔巨额财富。

应该说，在上都的生活，是蒙古统治者和其他贵族最快乐的日子。在这里，他们要做的"大事"只有两样，一样是大规模的宴会，也就是上文述及的"质孙宴"，另一样则是大规模的狩猎活动。在上都举行的大宴会，就像是"黄金家族"举行的家宴，因为许多成吉思汗的后裔都被留在了大草原上，而没有能够随同元世祖忽必烈一起进入中原地区，他们仍

---

① 见元人陈宜甫《秋岩诗集》卷上"毡车行"诗。

然驻守在大草原上，其在政治上的作用是极为重要的，这一点，蒙古统治者比谁看得都清楚。

为了嘉奖他们的"功绩"，自然在每年夏天蒙古统治者都要带来数额巨大的财富作为奖品，而大宴会就是瓜分这笔财富的分赃会。与此同时，大宴会还是他们商议国家大事的最佳时刻，就是在大吃大喝的同时，许多重要的征伐行动得到了认可。只有从这个角度来观察问题，人们才能够理解"质孙服"所包含的政治含意之重要，没有质孙服，也就没有参加大宴会的资格。

当然，大宴会本身，还体现出了许多游牧文化的特色，也就是完全不同于农耕文化的特色。从财产观念而言，这种大宴会体现出了原始共产主义的色彩。整个蒙古帝国的财富，不是元朝帝王的私产，而是全体"黄金家族"共有的财富，吃喝每个人都有份，珍宝也是每个人都有份。从政治观念而言，也体现出了原始共产主义的色彩，重大的事情，甚至包括帝王的废立与传承，也都要经过贵族集体会议（即所谓的"忽里台"大会）来讨论通过，才被视为合法。

二　宫廷狩猎及其文化内涵

由于蒙古统治者是在四处征伐中建立的庞大帝国，因此，对于"马上得天下"的道理是深有体会的。为了巩固其统治地位，他们在借助于儒家的政治学说之外，还时时告诫自己和后代子孙，要随时保持着这种"马上"的武力优势。而要保持这种优势的一个最简便的方法，就是要经常举行大规模的狩猎活动。而狩猎活动，一直是古代封建王朝训练军队的一种有效方法。

在进入中原地区之前，蒙古统治者的四出征伐活动是相当频繁的。他们只是在征伐活动的间隙之时，偶尔举行一些狩猎活动。当他们进入中原地区之后，特别是在攻灭南宋、一统天下之后，就很少再有大规模的军事行动了。在这种情况下，组织一些狩猎活动，就成为训练军队组织性、提高其战斗力的一种重要方法。但是，与在大草原上不同的是，在中原农耕地区组织狩猎活动是非常困难的。

其一，是自然环境的不同。在大草原上，茂草丰盛，地势平坦，各种禽兽也很多，十分适合举行大规模的狩猎活动。而在中原地区，平坦之地，到处都是庄稼，从春天到秋天，不允许人马随意践踏。而山岭之间，庄稼较少，地势却较为险峻，不适宜纵横驰骋。到了冬天，庄稼虽然已经收割完毕，而各种禽兽却也已隐身过冬，或是南迁，很少能够捕获到。这种自然环境的限制，是人为的因素所无法控制的。

其二，是从事狩猎活动的成本不同。在大草原上，纵横驰骋，马匹所到之处皆是茂草，提供了天然的丰富饲料，其成本是很少的。而在中原地区，蒙古统治者只能在冬季的农闲之时举行狩猎活动，到处都是荒山野岭，平原上的庄稼收割之后，也没有了可供马匹食用的饲料，只能从百姓们身上征收，而这种征收的饲料是不可能无偿获得的，自然就增大了狩猎活动的开支。为此，元朝统治者曾经下令，禁止大都地区的农民在秋收之后把农田翻耕，以便保留下庄稼秆，供狩猎时的马匹食用。

其三，是其狩猎活动的收获不同。在大草原上，人烟稀少，水清而草茂，故而飞禽走兽繁殖较多，每当举行狩猎活动，其收获也自然是相当多的。而中原地区久经耕作，人烟幅凑，很少见到野兽和飞禽，因此，其狩猎活动所能获得的猎物较之大草原上要少得多。为此，元朝统治者曾经多次下令，严禁大都数百里内的民众从事捕猎活动，以使飞禽走兽得以繁衍，以供其举行狩猎活动时作为猎物。

虽然大都地区的狩猎活动比起大草原上要相差很多，但是，元朝统治者仍然常常在这里举行狩猎活动。从元世祖时开始，在大都地区举行狩猎活动最多的地方是漷州（令北京通州境内）柳林行宫，也就是辽代统治者常到辽南京来狩猎的延芳淀。这是一片范围相当宽阔的湿地，有湖水，有芦苇荡，有岛屿，有行宫，每年的春天，候鸟聚会在此，故而是元朝统治者猎获飞禽的最佳场所。

几乎每年的春天，元朝统治者都要来这里举行射猎，又称"飞放"，有时是十几天，有时长达一个月左右。元朝政府为了使蒙古统治者获得更多的猎物，还采取了一些措施，"彼中县官每岁差役乡民，广于湖中多种茨菰，以诱之来食。其湖面甚宽，所种延蔓，天鹅来千万为群。俟大驾飞放海青、鸦鹘，所获甚厚。乃大张筵会以为庆也，必数宿而返"①。而在狩猎活动中获得的头鹅，又往往用于对祖先的祭祀，成为最好的祭品。

此外，元朝统治者还在大都周围的旷野之地举行大规模的狩猎活动。据当时的许多文献记载，当狩猎活动开始之前，先由专职的鹰坊猎户将山

---

① 见载于《析津志辑佚》中的"物产"门。

林中藏匿的野兽驱赶到猎场之中，然后，由蒙古帝王率领侍卫军队将其包围，皇帝、宗王、大臣、武将等依次射猎，众多士兵再一拥而上，纷纷射杀猎物，最后根据各人猎获野兽的多少，来定赏罚。这种狩猎的场面与发动战争十分相似，元代诗人曾描写道："一声画鼓肃霜威，千骑平岗卷晴雪。……马蹄蹴糜欻左兴，赤绦撒镞惊龙腾。锦云一纵飞尘起，三军耳后秋风生。"①

但是，这种狩猎活动毕竟不同于刀光剑影的战争，缺少了肃杀之气，更多的是娱乐性，于是，久而久之，也就变成了纯粹的娱乐活动，而背离了元朝统治者最初要保持武力优势的深刻含意。与大规模的狩猎活动不同的是，蒙古贵族又在城里经常举行"击球"、"射柳"等小范围的习武活动、击球活动，其目的是为了练习娴熟的骑马技术，因为是打马球，要想取胜，必须练就高超的骑术。

时人描述击球活动十分生动，"先以一马前驰，掷大皮缝软毯子于地，群马争骤，各以长藤柄毬杖争接之。而毯子忽绰在毬棒上，随马走如电，而毯子终不坠地。……当其击毯之时，盘屈旋转，倏如流电之过目，观者动心骇志，英锐之气奋然"②。而击球活动所用马匹，都是百里挑一的骏马。击球者分为两队，以较胜负，胜者赏，败者罚。

射柳活动不仅在北方少数民族民众中广为流传，在中原地区也很盛行，早在先秦时期就有了"百步穿杨"的典故。蒙古统治者对这项活动也十分重视，沿袭辽金时期的习俗，在每年的端午节，都要举行射柳活动。诸多蒙古贵族聚会在专门设置的射场（又称"射圃"），也是分为两队，比较射箭技艺，以定胜负。这些击球和射柳的活动，最初也是和大狩猎活动一样，是蒙古统治者为保持其武力优势而采取的不同方法，但是，在社会环境相对稳定的情况下，是很少有人能够"居安思危"的，这些活动也就都变成了宫廷中的娱乐活动。

随着元朝统治者自身"汉化"程度的加深，宫廷活动的内容也在发生着变化。例如，元世祖忽必烈虽然是大力倡行"汉法"的第一位蒙古帝王，却并没有学会写汉字、识中文，甚至连汉话也不会讲、听不懂。但是，到了元代中后期，有些蒙古帝王（如元仁宗、元文宗、元顺帝等人）

---

① 王恽：《秋涧集》卷六"飞豹行"诗。
② 见载于《析津志辑佚》中的"风俗"门。

从小就生活在中原地区，对汉语和汉字已经能说、能识、能写，在这种情况下，他们对农耕文化的熟悉程度，显然超过了元代初期的帝王，当然更是超过了蒙古国时期的帝王们。

有些元朝帝王在骑马狩猎、喝酒吃肉之暇，也要舞文弄墨，填诗作词，附庸风雅。还有些蒙古帝王，如元顺帝，还迷上了木器制造工艺，自己亲手在大都皇城里面的太液池中打造龙舟，技艺竟然也十分高超。这种生活方面的逐渐转变，是文化潜在影响力的集中体现，也是武力的影响完全无法与之抗衡的。在一些蒙古帝王的心里，对"汉化"有着明显的抵触心态，只想在中原地区大力推广蒙古族自身的文化，却很少得到广大汉族民众的认同，最终，曾被大力推广的蒙古族文化还是在中原地区消亡了。

第三节　频繁的宗教活动

一　元朝统治者的宗教观念

宗教活动，在中国古代社会中的影响，虽然比不上西方古代社会中所产生的影响那么大，但是，在社会各阶层中——从最高统治者到最下层的穷苦百姓——也有着十分广泛的影响。蒙古统治者作为漠北草原上的游牧民族，对于宗教的认识与中原地区的封建统治者和广大民众是有所不同的。从而使其在宗教活动中也表现出了较大的差异，这种差异，又在宫廷生活中有所反映。

在蒙古统治者的观念中，神的地位是至高无上的，远远超过了伦理道德的地位。特别是，蒙古统治者像其他北方少数民族民众一样，信奉的是"萨满教"，这种宗教的原始性，使信奉者认为，世上几乎所有的东西都是有"神灵"的，山有神，水有神，草木也有神。对于如此众多的神灵，蒙古统治者都十分虔诚地加以供奉。与此同时，对于那些能够有法术与神灵打交道的宗教界人士，蒙古统治者给予了同样的重视。

由于受到"萨满教"自身的多神教的特点影响，蒙古统治者对于各种不同源流的宗教采取了一视同仁的态度，不管是在中国本土已经得到广泛传播的佛教与道教，还是在中国社会中影响甚微的伊斯兰教和基督宗教（包括其分支的景教），其宗教首领都受到了蒙古统治者的优厚待遇。据当时到过中国的外国人士所述，是时在元世祖忽必烈周围，有着人数众多、教派各异的宗教界的活跃人物。

马可·波罗在他著名的《马可·波罗游记》中曾写道："在汗八里城的基督教徒、撒拉逊人和契丹人中，约有五千名星占学家和占卜家。他们的衣食由皇帝供给……而他们这些人，却因此可以经常把精力花在法术方面。"① 文中所云撒拉逊人，是指伊斯兰教徒，而契丹人则是泛指汉人，汗八里城是指元大都城。这些星占学家和占卜家，在元代被称为"阴阳户"，是与释道户、儒户等同样受到元朝政府优待的人户。

当然，在马可·波罗的眼睛里，和在蒙古统治者眼睛里所看到的，是一样的。但是从宗教学的角度来看，这些占卜家和僧侣、道士、基督教徒、伊斯兰教徒相比较，是有差异的，而当时的蒙古统治者是无法认识到这种差异的，因此对他们是一视同仁的。而对于那些大的宗教派别的领袖人物，由于其在社会上的影响十分广泛，蒙古统治者所给予的待遇也就更加优厚。

二　藏传佛教在宫廷中的影响

在元代才刚从西藏地区（时称吐蕃）传播到大都城来的藏传佛教，作为佛教的一个分支，其领袖人物受到了元朝统治者的极高礼遇。元世祖即位不久，该教萨迦派的领袖人物八思巴来到大都城，先是被敕封为国师，然后又在中统元年（1260 年）十二月下令："以梵僧八合思八为帝师，授以玉印，统释教。"② 文中的"八合思八"，即八思巴。他在被封为帝师之后，取得了统管全国（这时元朝尚未统一江南，故而其范围只是在长江以北地区）佛教事务的权力。及八思巴死后，藏传佛教萨迦派的领袖们就世袭该职务，一直到元朝灭亡。

在元世祖任命帝师八思巴统管全国佛教事务之前，他的长兄蒙哥（即元宪宗）在即位之初，也曾任命过全国的宗教领袖，"以僧海云掌释教事，以道士李真常掌道教事"③。文中所云李真常乃是全真教的领袖人物李志常，道号真常子（真人），蒙古人对人名和道号很难区分清楚，故而又称其为李真常。而高僧海云乃是燕京地区的禅宗领袖人物。当元世祖

---

① 见陈开俊等合译本《马可·波罗游记》第二卷第三十三章《汗八里城的星占学家》。
② 《元史》卷四《世祖纪》。
③ 《元史》卷三《宪宗纪》。

时把统管全国佛教的权力从中原佛教的领袖人物手中，转到藏传佛教领袖手中，这种转变，显然有着重要的政治原因。

西藏地区归附于蒙古国，是在元太宗时候的事情，直到元世祖即位之后，仍然是采用政教合一的体制，藏传佛教的领袖们在政治上也有着巨大的影响。因此，对其宗教领袖的尊崇，在巩固元朝政府对西藏地区的统治方面，会产生十分有益的作用。元世祖忽必烈作为一个杰出的政治家，对此有着清醒的认识，才会采用敕封帝师的办法，来抬高藏传佛教领袖的地位。此外，元朝政府还专门设置了一个中央官僚机构——宣政院，主管西藏等地区的军政和宗教事务，其宣政院官员的任命，必须经过帝师的同意，元世祖的做法有着深远的意义，并且被此后的清朝统治者沿用。

作为藏传佛教的领袖人物，帝师经常往来于西藏地区和大都城之间，每当他来到大都城之时，都会受到隆重欢迎，元文宗时，"帝师至京师，有旨朝臣一品以下，皆乘白马郊迎"①。特别是每年的二月八日（一说为二月十五日），大都城里都要举行"帝师游皇城"的活动。其规模更加宏大，场面更加壮观，据当时人作诗描述曰："凤城女乐拥祥烟，梵座春游浃管弦。齐望彩楼呼万岁，祥云只在五云边。"②诗后注文曰："故事：二月十五日迎帝师游皇城，宫中结彩楼临观之。"帝师在游皇城时，高高坐在象辇之上，前面有各种乐舞开道，四周有围观的百姓簇拥，皇城上有后妃宫女聚观，热闹非凡。

帝师和其他藏传佛教的高僧们，不仅在游皇城的时候十分受人尊敬，就是在平常的时候，也会经常到皇城里面举行各种佛教活动，在元代初期，元世祖就往往把这种活动安排在万岁山上（今北海公园琼华岛）和皇宫里面举行，到了元代中后期，由于宫廷中的政治斗争越来越激烈，所以，蒙古帝王和其他贵族在相互残杀之后，为了获得心灵上的安慰，就更加频繁地举行佛教活动。其中，既有由中原地区的佛教高僧主持的各种活动，更多的则是由藏传佛教高僧，特别是以帝师为首的僧侣们主持的活动。

藏传佛教高僧们举行的佛教活动，与中原地区僧侣们的活动相比，有着一些明显的不同。据历史文献记载，主要有镇雷阿蓝纳四（意为庆

① 《元史》卷一百八十三《字术鲁翀传》。
② 柯九思：《宫词十五首》之八，载于《草堂雅集》卷一。

赞）、亦思满蓝（意为药师坛）、朵儿禅（意为大施食）、搠思江朵儿麻（意为护法神施食）等三十余种。在这些不同种类的佛教活动中，有许多都属于藏传佛教中的密宗一派的方法。因为这种方法带有更多的神秘色彩，故而受到蒙古统治者更大的敬畏。

由于蒙古统治者对藏传佛教极为笃信，因此，每当新的帝王即位之前，都要请帝师为其受戒。"累朝皇帝，先受佛戒九次，方正大宝。而近侍陪位者，必九人或七人，译语谓之'煖答世'。此国俗然也。"① 文中所云"正大宝"，就是登基称帝。又所云"国俗"，就是蒙古族的习俗。而在元代的有些帝王，在即位之后，也经常请帝师为其受戒。有时，不只是蒙古帝王受佛戒，就连皇后、皇子等蒙古贵族也一起受佛戒。

如泰定元年（1324 年）六月，"帝受佛戒于帝师"②。翌年十月，"皇后亦怜真八剌受佛戒于帝师"。同年十二月，"帝复受佛戒于帝师"。（引文同上）到了致和元年（1328 年）三月，泰定帝因为身体状况欠佳，于是又想得到佛教神灵的保佑，"帝御兴圣殿受无量寿佛戒于帝师"③。但是，佛教神灵没有能够保佑他的安康，在他夏天前往上都城之后，就很快病故了，其皇位也被元文宗发动政变夺去了。

元文宗在即位之后，为了巩固既得利益，于是将同父异母的兄长（即元明宗）害死。为了减少罪恶感，也来求助于佛教神灵。天历二年（1329 年）十一月，元文宗在重新登上皇帝宝座之后，"受佛戒于帝师，作佛事六十日"④。翌年二月，元文宗对害死兄长之事仍然不能释怀，于是"帝及皇后、燕王阿剌忒纳答剌，并受佛戒"。此后，又"命明宗皇子受佛戒"⑤。

在元代初期，元世祖虽然在皇城里面举行过佛教活动，但是，更多的佛教活动主要是在寺庙中举行。到了元代中期，由蒙古帝王下令举行的佛教活动，不仅次数越来越多，而且在皇宫里面举行得也越来越多。如元仁宗在延祐七年（1320 年）曾经于延春阁举行"秘密佛事"活动。泰定帝亦曾先后在水晶殿"修黑牙蛮答哥佛事"，在延华阁"修烧坛佛事"，在

---

① 《南村辍耕录》卷二《受佛戒》。
② 《元史》卷二十九《泰定帝纪》。
③ 《元史》卷三十《泰定帝纪》。
④ 《元史》卷三十三《文宗纪》。
⑤ 《元史》卷三十四《文宗纪》。

大明殿、兴圣宫和隆福宫中"修洒净佛事"，等等。

在藏传佛教的佛事活动中，有一种称为"睹思哥儿"的，意为"白伞盖咒"，在当时十分流行。"世祖至元七年，以帝师八思巴之言，于大明殿御座上置白伞盖一，顶用素段，泥金书梵字于其上，谓镇伏邪魔护安国刹。"① 一直到元代后期，元顺帝还曾对大臣脱脱曰："朕尝作朵思哥儿好事，迎白伞盖游皇城，实为天下生灵之故。今命剌麻选僧一百八人，仍作朵思哥儿好事，凡所用物，官自给之，毋扰于民。"② 文中所云"朵思哥儿"，就是"睹思哥儿"，从藏语转译后的译音不同。文中又云"剌麻"，也就是今天人们所说的"喇嘛"，在此专指帝师。

在这个时期，朝中大臣为了取得元顺帝的宠信，于是，又将藏传佛教僧人引入宫中，诱使元顺帝修习所谓的"秘密佛法"。至正十三年（1353年），"哈麻及秃鲁帖木儿等阴进西天僧于帝，行房中运气之术，号'演揲儿法'。又进西番僧善秘密法，帝皆习之。"③ 为了修习这种"秘密佛法"，元顺帝又特意在皇城里面的清宁殿前建造了月宫等殿宇，以作为修习的专用场所。元顺帝又命三圣奴、妙乐奴、文殊奴等宫女向藏传佛教僧人学习所谓的"十六天魔舞"，这些宫女化妆十分艳丽，"首垂发数辫，戴象牙佛冠，身披璎珞，大红销金长短裙，金杂袄，云肩合袖，天衣绶带鞋袜"④。又命宫女十余人演奏龙笛、笙、筝、琵琶等乐器，为舞蹈伴奏。

在这种情况下，元顺帝等蒙古贵族的修习佛法，其所包含的内容，娱乐功能已经远远超过了宗教功能的含义。故而在社会上，人们把元顺帝等人修行"佛法"的活动，视为荒淫无耻的享乐。由于元顺帝的注意力被吸引到了修习佛法的活动中去，故而无心管理朝廷大事，遂使得奸臣大行其道，祸国殃民，无恶不作。在这种情况下，元朝的统治迅速腐败，农民起义纷纷不断，很快就推翻了元顺帝的宝座。佛教神灵如果有知，也不会去庇护这种昏君的。

---

① 《元史》卷七十七《祭祀志》。
② 《元史》卷四十三《顺帝纪》。
③ 同上。
④ 同上。

第九章　市民文化的兴起及其影响

　　元大都城的兴建，使得自汉唐以来就极为封闭的都城模式结束了其发展的历史使命，又使得开放式的城市建筑格局变成了一种普遍的模式。这种新的城市建筑格局，不仅带来了城市经济的迅速发展和繁荣，使其达到了一个空前的高度，并且也带来了城市文化的进一步发展和繁荣。而在城市文化的发展进程中，市民文化的兴起和日益繁荣，乃是一个十分重要的标志。也正是由于有了市民文化的崛起，才使得都市文化增添了新的强大的生命力。

　　由于在众多大都城的市民中，有着许多不同社会阶层的人物，其在文化的表现上，也就显示出了完全不同的多元特色，如果我们用一个比较常见的区分方法加以描述，那么，大致可以分为两类，一类是高雅的文化，另一类则是通俗的文化。高雅文化的创造者，其主体乃是官僚士大夫阶层，特别是那些主持文化工作的官员们。而通俗文化的创造者，其主体则是处于社会中下层的普通市民。

　　在高雅文化的创造方面，官僚士大夫们很少有所创新，基本上沿袭了前代文人士大夫们的创作风格和主体形式，在文学创作方面，仍然是以诗词、文赋为主，在文人聚会的应酬中，以展示其文字的创作技巧和文化修养方面的才华。而在艺术创作方面，更是直接承袭了前代艺术家们的传统，特别是使得一种独特的绘画流派——文人画——达到了一个新的高度。其中的许多代表人物，包括一些少数民族文人，都在北京地区的文化发展史上，乃至于整个中国的文化发展史上占有重要的地位。

　　在通俗文化的创造方面，大都地区的文艺工作者和广大的市民们一起，创造出了一种新的文化载体，也就是被人们称为"元杂剧"的新的载体。这种文艺形式以前所未有的强烈感染力使得人们对其加以更多的关注，使之成为一种被最广泛的社会阶层普遍接受的文艺形式，并且把这种文艺形式推向了一个文化发展的新高潮，是继唐诗、宋词之后的又一个高潮。这种新的文化载体滥觞于前代，然而，却在元代达到了前所未有的艺术高度，表现出了大都地区广大民众和文艺工作者们所具有的丰富的创造力。

当然，在市民文化中，这两个重要的组成部分是密切联系在一起的，而不是截然分开的。在通俗的元杂剧的创作中，既有直接反映社会生活真实场面的杰出现实主义作品，如关汉卿的《窦娥冤》，也有表现追求美好理想的杰出浪漫主义作品，如王实甫的《西厢记》。正是元杂剧这种文化载体，把大雅大俗集于一身，从而获得了社会上最广泛阶层的青睐，使之成为当时市民文化的当之无愧的"全权代表"。

而在高雅文化的创造方面，也出现了十分明显的"俗化"倾向。一方面，许多进行元曲创作的作家们，在创作活动中加进了大量口语化的词句，从而使得作品在形式上有了更加通俗化的"外貌"。另一方面，许多元曲作家把当时的市井生活的内容作为创作的主题来加以表述，从而使得作品的"内涵"也在进一步世俗化。也就是说，在许多元曲作品中，没有了汉唐时期作者对政治抱负、对理想人生的追求，而充满了对吃喝玩乐的世俗享受的津津乐道。

第一节　元杂剧兴盛的文化意义

一　元杂剧兴起的原因

对于元代的杂剧艺术，人们并不陌生，因为它是与楚辞、汉赋、唐诗、宋词等中华文化中的精品文艺体裁并称于世的代表之一。因此，以往对这种文艺形式的研究者大有人在。但是，迄今为止，人们在这个研究领域中所进行的大量工作，虽然取得了很多的学术成果，却也在许多方面还存在着空白点，甚至在有些方面还存在着较大的误区。也就是说，在有些问题的叙述与评价方面，还存在着不足之处，或者说与历史发展的实际有一些不尽相同之处。故而有必要对其中的重要问题重新加以评价，以求更客观、更准确地还历史以本来面目。

首先，我们要探讨的一个重要问题，是元杂剧为什么会在元代兴盛起来。对于这个问题，有些研究者认为，这是因为元朝统治者对儒士们采取了歧视和压迫的政策，在政治上不给他们施展才干的机会（也就是废止了科举考试制度），使其无所事事，故而把精力全都放到了元杂剧的创作活动中去了。这种观点固然有一定的道理，但是，这个重要的社会问题显然是一个十分复杂的问题，并不是用一个简单的答案所能够解释的。

元代杂剧的兴盛，是受到许多因素影响的，既有文化方面的，也有艺术方面的；既有社会方面的，也有方针政策方面的；等等。以下将逐项述及之。从文化方面来看，当时的大环境背景，乃是中原地区的农耕文化与北方草原地区的游牧文化之间的大规模的冲突与融合，也就是说，乃是广大汉族民众与北方少数民族民众之间的冲突与融合。其结果，必然要在文化方面产生巨大的影响，从而产生出一些新的文化产品。在上文述及的藏传佛教歌舞传入大都宫廷之中，就是这种新的文化产品的表现之一。

在中国传统文化的发展历程中，有两条主线，如上所述，一条主线是所谓"雅"的文化，另一条则是"俗"的文化，二者的渊源皆十分久远。"雅"的文化，其在各个不同的历史时期（是以朝代更替为分界的）有着各自不同的杰出作品，是以各不相同的文学载体加以体现的。如先秦时期的楚辞、两汉的文赋、唐代的诗歌、宋代的词曲，等等。这种"雅"的文化，其创作者主要是文人士大夫，也就是各个朝代的知识分子。

而"俗"的文化，也是自古以来就已经产生，并且长期在民间流传，如先秦时期的诗三百篇、汉魏时期的古诗十九首，以及在许多少数民族民众中长期流传的各种史诗（如《阿诗玛》、《萨格尔王传》）等。这种"俗"的文化，其作品不是某一个或是某几个著名文学家的个人创作，而是人民大众长期的、集体的创作。与"雅"的文化相比，二者之间存在着较大的差异。

这种差异，不仅在其所反映的内容方面有着"雅"与"俗"的差异，就是统治阶层中的官僚士大夫与广大民众之间的文化品味上的差异。而且在其文化载体方面，也有着很大的不同。其主要的不同点之一，就是"雅"的文化使用的大多是书面语言，或者我们称为"文言文"，这种语言在人们的日常生活中是较少使用的；而"俗"的文化，其使用的则多为口头语言，故而又被人们称为"白话文"。

在元代之前，作为传承中华文化主体的知识分子阶层，其所关注的，主要是"雅"的文化，其所接受的也自然是"雅"的文化，因此，在中国古代的文坛上，楚辞、汉赋、唐诗、宋词等文化载体，其影响之大，显然要超过"俗"文化的代表作。也就是说，在元代之前的中国文坛上，文言文的表现形式占据了支配地位。但是，从元代开始，由于元杂剧的产生和不断发展，使得这种状况发生了根本性的转变。

其转变的重要标志之一，是"雅"的文化与"俗"的文化在表现形式上的有机结合。在元杂剧的众多角本中，既有用白话文创作的道白，也有用文言文创作的唱曲，文白结合，浑然一体。而在许多唱曲之中，除了使用文言文的词汇之外，也加入了许多白话文的词汇，使得其创作主体更加通俗化、大众化。这种情况的产生，又与元朝统治者和大多数蒙古贵族们（包括其他少数民族的上层人士）的文化修养较差，特别是对中华民族的传统文化的学习程度较浅，有着极大的关系。因为就他们的现有文化修养的程度而言，接受白话文要比接受文言文容易得多。

其转变的重要标志之二，是"俗"的文化开始在都城的文坛上占据越来越重要的地位。由于元杂剧的出现，使得这种新出现的文化载体开始在文坛上崭露头角，并且很快就成了整个社会各个阶层都喜闻乐见的一种表演形式。由于在元杂剧的创作中掺入了大量的"俗"的因素，包括语言上的"白话"倾向和戏剧内容上的"世俗"倾向，使得原来不能登上大雅之堂的东西，开始在社会上广为流传，其影响也变得越来越大。虽然这时的杂剧作家们的社会地位都很低下，就连关汉卿等"超一流"的著名杂剧作家也不例外，但是，他们创作的杂剧作品的文化地位和产生的社会影响，却是当时的任何一种其他的文艺作品都无法与之相比的。

二　元杂剧发展的环境

从艺术方面来看，在中国古代，表演艺术的渊源也是十分久远的。早在先秦时期，表演艺术就分为两大类，一类是杂耍，当是今天的杂技艺术的源头；另一类是俳优，当是今天相声艺术的源头。前者的表演动作惊险，五彩缤纷，主要是炫人耳目；而后者的表演以诙谐擅长，杂之以歌舞，以供统治者一晒，这种表演被称为杂戏。后者与前者的不同之处，在于它的诙谐之中往往包含了许多中华民族的智慧，这一点，一直延续到今天的相声艺术中来。有的时候，那些有政治头脑的俳优们还会利用诙谐的机会向统治者进上谏言。有的统治者接受了谏言，有的统治者拒绝纳谏，于是俳优就会招来杀身之祸。

到了唐宋时期，一种新的表演艺术，即说唱艺术（如评话等）逐渐兴起，开始成为市井居民日常娱乐活动中的一项重要内容。于是，三国故事、水浒故事、西游故事，等等，盛行一时。当这种以叙述为主的表演艺术与以诙谐和歌舞为主的杂戏结合在一起时，就产生了中国历史上的戏剧——元杂剧。在说唱艺术和元杂剧之间的过渡表演形式，则是在宋朝和金朝等南北各处流传的诸宫调。元代的著名作家王实甫创作的杂剧作品《西厢记》，就是在金代诸宫调《西厢记》的基础上衍生出来的。

唐宋以来的说唱艺术的盛行，不仅为元代的杂剧创作提供了极为丰富的故事题材，使那些杂剧创作者们的构思更加精巧，语言更加精辟，章节更加分明，而且也为此后元末明初的章回小说的创作，打下了一个坚实的基础。但是，说唱艺术毕竟是一种表演形式较为单一的艺术，与杂剧艺术相比，其对人们的感染力，特别是对那些文化修养水平较低的人们而言，其感染力要减弱很多。这也就是元代杂剧艺术的影响为什么会迅速超过了说唱艺术，而成为当时最时髦的表演艺术。

从社会方面来看，元代的大都城为杂剧艺术的发展和兴盛，提供了极为理想的条件。首先，是大都城为杂剧的演出提供了极为理想的场所。在元大都城兴建之前，自汉唐以来，这里的城市建筑一直采用的是封闭式格局，城市中的居民们被高大的坊墙分隔开来，街道两旁只有坊墙与坊门，而没有其他的设施，如茶楼酒馆、市肆店铺等，从汉唐时期的幽州城，到辽南京城、金中都城，城市经济的发展越来越繁盛，城市的政治地位越来越提高，而城市建筑的格局却没有发生根本的变化，仍然是封闭式的坊里格局。

这种封闭式的格局虽然有利于封建统治者对城市的严密控制，却对城市经济和城市文化的发展起了一种阻滞作用。在北方经济落后于南方经济的时候，或者说，当北方的城市经济还没有发展到较为繁盛的时候，这种阻滞作用的影响也就不太明显。而当其经济发展到一定的繁盛程度之后，就会产生与封闭式建筑之间的矛盾，引起越来越尖锐的冲突，其结果，或者是城市经济的力量冲破封闭式的格局，或者是封闭式的格局继续阻滞着经济的发展。到了金代，中都城的经济发展已经相当繁盛，却仍然没有能够冲破城市建筑的封闭式格局。

元代新建的大都城，如上文所述，已经采用了开放式的建筑格局，没有再修筑高大的坊墙，以阻隔居民的出入。因此，在街道两旁开始出现了许多茶楼酒馆、市肆店铺，而表演杂剧的主要场所——戏园子（当时称之为"勾栏"），也跻身于其间，从而为杂剧的演出提供了便利的场所。

在街面上设置的戏园子，比起被围困在高大的坊墙内的戏园子，其上座率显然要高得多。这种开放式建筑格局取代封闭式建筑格局的变化，为普遍推广杂剧艺术产生了巨大的推动作用。

其次，是大都城为杂剧的演出提供了大量的演艺人才。元朝统治者在定鼎大都城之后，从全国各地调集了大量的演艺人员来到这里，为其提供四时不断的演艺服务。如在平定江南之前，元世祖忽必烈曾下令把在山东东平的乐工征调到大都城来。在平定江南地区之后，元世祖又下令："徙江南乐工八百家于京师。"① 这些从全国各地调集来的演艺人员，其中的许多人在为元朝统治者提供演艺服务之暇余时间，也参加了杂剧的创作与演出。

由于元朝政府制定的户籍制度严格限制了民众的人身自由，演艺人员和其他民众一样，一旦被定为乐户，就必须子承父业，世代相传，从事演艺活动。这种做法虽然限制了人身自由，却又为民众的职业化带来了好处。不论何种技艺，在中国古代社会中往往都是子承父业的世袭传统，而正是有了父子相互不绝的授受关系，也才使得许多秘不外传的技艺一代又一代地流传下来，并且变得越来越精深。元代大都城的演艺人员，因为受到政府的严密控制，只能从事演艺活动，所以，他们中的许多人在为政府服务之余，自然会去从事杂剧的演出。

三　社会需求对杂剧发展的重要影响

从政策方针方面来看，元朝统治者崛起于朔漠，对于各种不同的文化没有更多的了解，也自然没有受到影响后的"成见"，故而其所采取的文化方面的政策方针，也就没有了局限性。从中原地区传统的儒家文化的观点出发，对于类似于杂剧的各种演艺活动是采取贬抑的方针政策的。首先，人们普遍认为统治者如果醉心于这种"靡靡之音"，就会丧失其治理国家的兴趣，而接近小人，最终导致国家的灭亡。其次，作为统治阶级中的一个重要阶层，官僚士大夫们的欣赏兴趣主要是在"雅"的文化方面，对于杂戏等"俗"的文化形式，他们采取的往往是不屑一顾的态度。这种不屑一顾的态度，自然会产生压抑"俗"的文化发展的作用。

在元代之前，中原王朝的有些统治者从个人兴趣出发，对于演艺这种

---

① 《元史》卷十《世祖纪》。

"靡靡之音"十分喜爱，却由于受到士大夫们的舆论压力，而不敢过多欣赏这种演艺活动。但是，作为来自大草原上的北方少数民族统治者，却很少受到正统儒家学说的舆论压力，因而也就没有更多的顾虑，可以尽情欣赏杂剧的精彩演出。当然，蒙古统治者对于任何一种形式的娱乐活动都是没有禁忌的，就连藏传佛教中的"秘密双修"之法，被当时的人们视为"淫乐"活动，也敢公开实践。蒙古统治者的这种宽松的政策方针，对杂剧的进一步发展和不断活跃，也提供了便利的条件。

正是由于有了以上几个主要方面的原因，才使得杂剧艺术活动在大都城迅速兴盛起来，并且很快就使得这里变成了全国杂剧艺术的活动中心，涌现出了一大批像关汉卿、马致远、王实甫这样的著名杂剧作家，又涌现出了一大批像珠帘秀朱氏、解语花刘氏、顺时秀郭氏等著名的杂剧艺术表演家。而这些杂剧作家和表演艺术家的密切合作，乃是把杂剧艺术推向巅峰的最为必要的前提条件。大都城如果不具备这些条件，就算它是全国的政治和文化中心，也不可能成为杂剧艺术的活动中心。

当然，还有一个十分重要的社会因素需要提及，那就是在大都城里，必须有足够多的喜爱杂剧艺术的观众群体。如果没有这个群体存在，杂剧艺术也不可能得到兴盛的发展。在大都城里，生活着一大批政府官员和他们的家属。这些政府官员的文化修养相对而言，比普通民众要高一些，就连他们的家属，大多数也受过良好的教育。特别是，这一大批人在温饱不成问题的情况下，对于业余文化娱乐活动的追求就更加强烈。而杂剧表演，正是满足他们娱乐需求的一种最好的方式。

在大都城里，还有着一大批文化修养并不高，但是又有钱又有闲的居民，包括众多的少数民族官员和侍卫军士。这些人的业余娱乐活动，显然不会去参加"雅"文化的项目，而是去欣赏"俗"的文化活动。杂剧表演正是一种大雅大俗的艺术形式，既适合于文化修养高的官僚士大夫们的欣赏口味，又适合于没有更多文化修养的少数民族官员和众多军士的欣赏口味。因此，自从杂剧艺术产生之后，在大都城里就获得了众多的观众群体，从而有了广阔的发展前景。

由此可见，元大都杂剧艺术的兴盛发展，既有其不同文化之间大冲突及大融合的历史时代背景，也有其特殊的优越发展条件；既有其文化上的密切传承关系，也有其特定的社会背景；等等。正是在这些十分复杂的因素所产生的综合影响之下，才有了这个必然的结果。我们如果仅仅从知识分子在政治上没有前途这一个方面来寻找原因，显然是不够全面的，也同时失去了评价的客观性。

第二节　书法及绘画、雕塑创作中的文化特色

一　书画艺术的发展

在元大都城，除了活跃着一大批杂剧艺术的著名创作者和演艺家之外，也活跃着一大批著名的画家、书法家和雕塑家，他们所从事的艺术创作，在中国艺术发展史上占有十分重要的地位；而他们所创作的各种艺术品，也为我们留下了一大批无比珍贵的文化遗产。在这些著名的艺术家中，既有许多中原地区的、谙熟中华民族传统文化的汉族人士，也有一些初入中原的、原来对中华民族传统文化不甚熟悉的少数民族人士。经过他们的共同创作，使得大都城的艺苑呈现出了五彩缤纷、百花争艳的繁盛景象。

在大都城里的众多书画家中，赵孟𫖯无疑是最具有影响力的一位。他是宋朝皇室后裔，在元朝攻灭南宋之后，受到元世祖忽必烈的近侍大臣程钜夫的举荐，来到大都城任职。由于他的这种特殊身份，使其在表面上受到尊崇，而实际上又不可能受到重用，因此，他的才华只能通过诗文创作和书画创作来加以体现。而这方面的才华展示，给赵孟𫖯的人生确立了一代文化巨匠的地位。

在元代初期的大都城里，从南方北上的学者们是没有社会地位的。因为这时占据大都文坛的主要是北方地区的文人学士，他们与蒙古统治者之间的磨合已经长达半个多世纪，而大多数的南方学者，对蒙古统治者还抱有十分强烈的抵触情绪。如在抗元斗争中被捕的文天祥，在被押送到大都城之后，仍然在很长时间内拒绝与蒙古统治者合作，最后成为了政治斗争的牺牲品。又如在平定江南之后，被推荐却拒绝为蒙古统治者服务的江南名士谢枋得，也在大都旧城的悯忠寺绝食而死。这两位名士的行为，代表了当时大多数江南文士的态度。

而在赵孟𫖯等南方文士北上之前，大都的文坛，其文风是以北方文士们的格调占据主导地位的。而北方当时被称为大儒的著名学者竭力提倡"纯朴"的文风，对于南方文士华丽的文风是采取排斥态度的。如当时在

北方学者中具有重要影响的名士姚燧，其文章在北方学者中堪称佼佼者，"然颇恃才，轻视赵孟頫、元明善辈，故君子以是少之"①。这种门户偏见，虽然只是在少数人中有所表现，但是，对于南北文化的大融合显然是不利的。

赵孟頫的书法绘画创作，代表了当时江南地区的艺术创作的巅峰，其表现之一，是在绘画题材的选择方面，堪称多面手。当时的画家，由于自身天赋所限，往往只能专精一门，或是山水，或是花鸟，或是人物，等等。而赵孟頫却是各门皆精，"其画山水、木石、花竹、人马，尤精致"②。从今天流传下来的赵孟頫绘画作品可以看出，绝非虚誉。

他的代表作《浴马图》、《秋郊饮马图》等，以唐代画家的笔法绘制出了一幅幅生动的生活场景，同时也反映出了马匹在当时的社会生活中占有极为突出的地位，不仅蒙古等少数民族人士对马匹十分钟爱，就是中原汉族民众也是如此。赵孟頫在一幅自己画马的作品中题道："吾好画马，盖得之于天。……自谓不愧唐人，世有识者，许渠具眼。"③ 他的创作，直接继承了辽金以来北方画家们以马为题材的绘画创作传统，而又在技法上采取了上追唐代的艺术风格。

赵孟頫的另一幅代表作《双松平远图》，却又表现出了一种超凡脱俗的高远意境。这幅作品笔墨简练，透过画面大片的空白处，使观者产生无尽的遐思。既有身在仕途，迫不得已的无奈，力图脱身世外的感慨；也有身在都城，怀念故里，以求一叶扁舟随意江湖的愿望。图中双松挺拔的躯干，又寓意着作者不肯随波逐流、与世浮沉的高尚情操。这幅作品，乃是元代文人画中的精品。赵孟頫的其他作品，如《秀石疏林图》、《枯枝竹石图》等，也都饱含着元代文人画的高雅情趣。

赵孟頫的书法作品流传后世的也很多。他的书法风格，草书师承二王，潇洒飘逸，带有魏晋玄学的神采。楷书自成一体，间架结构匀称，清秀而不俗，气韵平和，刚柔相济，对当时和后世都产生了巨大影响。当时的人们对他评价极高，所谓"子昂书，上下五百年，纵横一万里，举无此书"④。元朝统治者对他的书画技艺也十分推崇，元世祖时，曾命其抄

---

① 《元史》卷一百七十四《姚燧传》。
② 《元史》卷一百七十二《赵孟頫传》。
③ 见故宫博物院藏赵孟頫绘《人骑图》。
④ 陆友：《研北杂志》卷下。

录金字佛经。元武宗时，民间进献嘉禾，元朝统治者下令：“命集贤学士赵孟頫绘图，藏诸秘书。”① 由此可见，当时人们对他创作的书画作品已经十分珍惜。

元仁宗是元代中期大力提倡儒学的蒙古帝王，他对赵孟頫的评价就非常高：“帝尝与侍臣论文学之士，以孟頫比唐李白、宋苏子瞻。又尝称孟頫操履纯正，博学多闻，书画绝伦，旁通佛、老之旨，皆人所不及。”② 赵孟頫的好友杨载曾经对他也十分中肯地评价曰：“孟頫之才颇为书画所掩，知其书画者，不知其文章；知其文章者，不知其经济之学。”（引文同上）这里所说的“经济之学”，就是指治理国家的才干。言外之意，则是说元朝统治者只是使用了赵孟頫的“小才”，而没有发挥他的“大才”。

二　少数民族人物的书画艺术成就

在当时大都城里的艺术界中，一个突出的特色，是少数民族艺术家的创作活动十分活跃。从蒙古国时期开始，即有许多少数民族人士随同蒙古统治者一起进入中原地区，他们中的很大一部分人，就定居在了大都城。而这些少数民族人士对于中华民族几千年来创造的辉煌文明十分崇敬，于是，也就开始自觉或不自觉地加以学习，逐渐吸收其精华，并且将其运用于艺术创作的实践活动中，从而创作出了一批杰出的书画作品。在少数民族艺术家中堪称代表人物的，在绘画方面，有高克恭、张彦辅等人；在书法方面，则有鲜于枢、康里巎巎、余阙、廉希贡等人。

高克恭祖上是西域地区的少数民族人士，来到中原地区之后定居在大都城西面的房山，故自号“房山”。他的绘画作品以山水为主，而兼绘竹石。今观其存世的《春山晴雨图》、《春山晓霭图》等画作，笔墨圆润浑厚，布局虚实相映，深得宋代山水画家米芾等人的情趣。当时人们对他的作品十分推崇，形容为“怪石喷浪，滩头水口，烘锁泼染，作者鲜及”③。对后人的山水画创作产生了一定影响。

他画的竹石也极有风致，这从传世的画作《墨竹坡石图》中即可看出。就连当时书画巨匠赵孟頫也在他的画作上题诗赞道：“高侯落笔有生

---

① 《元史》卷三十四《仁宗纪》。
② 《元史》卷一百七十二《赵孟頫传》。
③ 夏文彦：《图绘宝鉴》卷五。

意，玉立两竿烟雨中。天下几人能解此，萧萧寒碧起秋风。"① 中原地区的汉族文士十分喜爱竹石的清高品格，故而往往以之入画，借以表达高雅的情操，这种情趣也感染了少数民族艺术家。

张彦辅是蒙古族的画家，因其长期生活在大都城，故而受到汉族传统文化的较大影响。元顺帝时，因其绘画技艺高超而得到蒙古统治者的青睐，被召入皇宫，成为宫廷画家。他的绘画风格古朴苍劲，题材多为山水。因其性格孤傲，很少泼墨作画，故而其画作罕为人所见。今可见其作品，有美国奈尔逊·艾特金斯美术馆藏的《棘竹幽禽图》一幅，所绘竹石生意盎然，竹枝上栖有双禽，深得元代文人画的情趣。画中又有杜本等名士题跋，盛赞其画技高超。

值得一提的是，到了元代中后期，蒙古统治者受到汉族传统文化的影响，也纷纷舞文弄墨，一展风采。元文宗幼年久居中原地区，深谙绘画之法："文宗居金陵潜邸时，命臣房大年画《京都万岁山》，大年辞以未尝至其地。上索纸，为运笔布画位置，令按稾图上。大年得稾，敬藏之。意匠经营，格法遒整，虽积学专工，所莫能及。"② 由此可见其造诣之深。

鲜于枢字伯机，大都人，从其姓氏即可看出，其祖上为少数民族人士，至鲜于枢时已经完全"汉化"了。他在早年曾经看到过一些前代著名的书法作品，如王羲之的《快雪时晴帖》、《承告帖》、《东方朔画赞帖》，王珣的《伯远帖》，陆柬之的《兰亭诗》，李邕的《缙云帖》，等等，获益匪浅。他又曾在田野中见二人从泥塘中往外拉车的情景，顿悟书法之要领，于是，书法技艺有了明显提高。他的代表作品，今日可见者有《行书苏轼海棠诗卷》、《草书王安石杂诗卷》等。当时人评价他的书法风格曰："作字奇态横生，善行草，赵文敏极推重之。"③ 文中所曰"赵文敏"，指的即是书画名家赵孟頫，他死后谥号"文敏"。

康里巎巎乃是西域少数民族康里部人士，字子山。其父不忽木曾在朝中任要职。康里巎巎在随同其父进入中原地区以后，幼年入大都国子学受教育，成年后长期在大都城任职，官至翰林学士承旨。他的书法风格也是模仿晋代文人的潇洒神采，不拘一格。其书法作品今日可得见者，有

---

① 见故宫博物院藏高克恭所画《墨竹坡石图》。
② 《南村辍耕录》卷二十六《文宗能画》。
③ 陶宗仪：《书史会要》卷七。

《草书述笔法卷》及《草书李白诗卷》等。史称"巙巙善真、行、草书，识者谓得晋人笔意，单牍片纸人争宝之，不翅金玉"①。时人又称其书法，"笔画遒媚，转折圆劲，名重一时。评者谓国朝以书名世者，自赵魏公后，便及公也"②。此处所曰"赵魏公"，也是指赵孟頫。

在陶宗仪的《书史会要》中，还记载了一些少数民族书法家的情况。如廉希贡，"字芴林，畏吾人，官至昭文馆大学士，封蓟国公，善扁牓大字"。余阙，"字廷心，武威人。……风采峭整，负大节，以王佐自任，工篆隶，字体淳古"。泰不华，"蒙古人，状元及第……常以汉刻题额字法题今代碑额，极高古可尚，非他人所能及。正书宗欧阳率更，亦有体裕"。这些少数民族人士，并不是职业书法家，却能在书法艺术方面有很高的造诣，可见中华民族的传统文化的艺术魅力感人至深。

三　宫廷画家的创作

在元朝统治者周围，也有一些技艺高超的艺术家受到宠信，而以其技艺为统治者服务。如当时以擅长界画而受到重用的画家何澄和王振鹏，就有一些绘画作品流传到今天。何澄在元世祖忽必烈时被征召到大都，曾负责皇城内新建的兴圣宫的绘画工作。王振鹏是在元代中期享誉大都画坛的，他绘制的《大明宫图》极受时人推崇，称其："运气和墨，毫分缕析；左右高下，俯仰曲折，方圆平直，曲尽其体。而神气飞动，不为法拘。"③

元代流传下来的绘画作品中，有两幅是值得一提的。一幅是著名画家刘贯道绘制的《元世祖出猎图》，另一幅是曾巽申绘制的《大驾卤簿图》。这两幅图画的主题都涉及了元代的宫廷生活。刘贯道的这幅作品绘制于至元十七年（1280年），据图画所反映，其出猎的地点是在群山之中，随行有9人，或弯弓射箭，或举旄而立，人物神态都很生动。可惜的是，刘氏的画面没有能够表现出元代军队狩猎时的风驰电掣的壮观场面。刘贯道曾任御衣局使，对于大都的宫廷生活应该是很熟悉的。

曾巽申也是长期生活在大都的官员，曾官至翰林国史院编修官。他绘

---

①　《元史》卷一百四十三《巙巙传》。

②　陶宗仪：《书史会要》卷七。

③　虞集：《道园学古录》卷十九《王振鹏墓志铭》。

制的《大驾卤簿图》，其场面就较为壮观，而且在图画中还写有注释文字，显得更加逼真。元代的大驾卤簿仪仗队，既不同于中原王朝的代表——宋朝的典制，也不同于北方少数民族王朝的代表——辽金时期的典制，而是自成一系，其仪仗人数之多，衣饰、旗帜之绚丽多彩，远远超过宋辽金三朝，甚至比以后的明朝还要宏大得多。可惜的是，曾氏的画中人物和旗帜都较小，无法将其当时的细部艺术特色反映出来。

四　大都的雕塑艺术

在大都的雕塑艺术活动中，有两个人是必须提及的，一位是阿尼哥，另一位是刘元。阿尼哥是泥波罗国（今尼泊尔）人，他之所以能够跋涉万里，来到大都城，是与藏传佛教的传入中原地区密切联系在一起的。在元代，吐蕃（西藏地区）与泥波罗国之间的文化交往，特别是在佛教方面的交往是十分频繁的。阿尼哥正是在双方的友好交往中来到吐蕃的。在到了吐蕃之后，阿尼哥受到藏传佛教高僧八思巴的赏识，遂成为八思巴的得意弟子。当元世祖征召八思巴到大都城来时，阿尼哥也一同前来，并且开始在大都城展现其卓越的艺术才能。

阿尼哥素以心灵手巧而著称，他曾经把因为年久而锈坏的宋代铜人加以修复；又曾经协助元朝著名科学家郭守敬测算天体运行速度，而制造了许多精密的测量仪器，深受时人赞誉。他在建筑艺术方面的造诣也很深，曾于元世祖至元年间在大都城里最大的寺庙——大圣寿万安寺（今妙应寺，又俗称白塔寺）里建造了一座大白塔。其造型带有鲜明的藏传佛教的艺术特色，与中原地区的其他常见佛塔完全不同。建造完成后的大白佛塔，遂成为大都城里的标志性建筑。

而阿尼哥最擅长的技艺，还有雕塑。在当时的大都城内外，由于蒙古统治者崇奉佛教，因此建有一些新的寺庙。而在这些新建的寺庙中，需要塑造各种各样的佛教神像。特别是藏传佛教传入中原地区之后，许多新建的寺庙还要塑造一些中原民众平常很难见到的"欢喜佛"。因此，阿尼哥就承担了大量神灵佛像的雕塑工作，这是雕塑艺术创作的重要实践活动。据当时的历史文献记载，阿尼哥参加修建并且塑有佛像的寺庙有位于京西高梁河畔的大护国仁王寺、位于平则门（今阜成门）内的大圣寿万安寺、位于鼓楼东边的大天寿万宁寺等。

刘元比阿尼哥生活的时代稍晚，他最初是拜杞道录为师，学习雕塑技艺，在来到大都城之后，又向阿尼哥学习，再加上他能够刻苦钻研，从而极大提高了自身的技艺。据说有一次他为旧南城的东岳庙塑造神像，对于庙中侍臣的形象考虑很久，却一直没有合适的结果。一次偶然看到了前人绘制的唐代谏臣魏徵的画像，才深有领悟，于是，塑造的神像"侃侃若不胜忧深思远之至者"，极为传神。[①] 正因为刘元的雕塑技艺十分高超，于是元朝统治者下令，没有圣旨就不许他为别人塑像。

如上所述，在元代的大都艺术界中，既出现了南方文化逐渐北上，并且不断扩大其影响，越来越多地与北方文化相融合的状况；也出现了以汉族为主体的农耕文化与少数民族的游牧文化相融合的状况。在这两种文化相互融合之后，产生了新的京师文化。而这种新的京师文化，又在更加广阔的范围内对全国各地的地域文化产生了较大影响。

第三节　市民娱乐中的文化表现

一　娱乐场所的增多

在元世祖兴建新大都城的过程中，甚至在大都城兴建之前，蒙古统治者就曾经从全国各地征调各种人士来到这里，从事各项活动。随着汇集到大都城来的民众越来越多，他们开始长期生活在这里，并且与原来的居民相互融合，逐渐形成了一个新的市民阶层。在这个新产生的全国政治和文化中心，新形成的市民阶层与其他城市的居民相比，具有更高的自身素质、更深厚的文化修养、更开阔的社会视野，以及更活跃的思维方式。

在新建的大都城里，因为废止了高大坊墙的建造，使得城市的建筑空间更加宽阔，给了那些在这里定居的市民们一个更加自由的生活环境，从而使得他们的日常生活更加丰富多彩。市民们之间的社会交往越来越频繁，他们的娱乐活动场所也在不断增加，他们的娱乐活动也越来越便利。于是，就在大都城里形成了一种以前所没有的，或者说是以前还处在朦胧状态中的文化，即所谓的"市民文化"。

市民文化从其一开始产生，就分为了上层与下层两个部分。而这两个不同的部分，其文化内涵是不同的，其活动的范围也是不同的。在有些地方，文化载体是一样的，而其表现出来的内容是不同的。在另一些地方，

---

① 虞集：《道园学古录》卷七《刘正奉塑记》。

文化载体是不同的，而其表现出来的内容却是一致的。因此，在有些情况下，两个部分的划分是十分清楚的，截然不同的；而在另外的情况下，两个部分又是混杂在一起的，融为一个不可分割的整体。

就市民娱乐活动中的上层部分而言，其主体人士主要是政府官员，特别是那些文职官员。这些人的文化修养比较深，对传统的娱乐方式也就较为适应，从而表现出了"文雅"的一方面。在元代以前，官僚士大夫们在从政闲暇之时，往往聚集在一起，饮酒品茶，赋诗作画，互相切磋技艺，如有名篇佳作创作出来，就会很快遍及京城，一时传为佳话。这种以文会友，以酒、茶为媒介的聚会，在元代的大都城仍然很盛行。

官僚士大夫们的聚会场所，大致可以分为三类：第一类是公共活动空间，如茶楼酒馆等地方；第二类是私人活动空间，如私人宅第和私家园林；第三类是半公共的活动空间，如著名的寺庙和道观。在第一类的公共活动空间聚会，只要有钱，有人做东，或者是合资付费，就可以实现，酒和茶，甚至其他各种食品都由店家提供，只要是聚会的人们相互之间合得来，其文化层次上的差异往往被忽略。也就是说，这种聚会，在社会应酬方面的因素要更多一些。赋诗作画只不过是在走形式，"逢场作戏"而已。

在第二类私人活动空间的聚会，其文化品味就要"高雅"得多。其一，私人宅第和园林的主人要举办聚会，往往会请一些在社会上和文化界都很有名望的人士参加，这些人士的文化修养和艺术创作能力，显然不是一般的文人士大夫所能与之相比的。他们在聚会中的赋诗作画，也往往会产生出一些极有影响的文艺佳作。而这些人又自视甚高，不屑与那些文化修养较差的官员们相互应酬，因此，这种聚会的文化品味在大多数情况下比前者要高得多。

在第三类半公共的活动空间聚会，其文化品味正好介于前二者之间。京城的著名寺庙和道观之中，往往有一些个人文化修行很深的僧侣和道士住在里面，这些宗教界人士在社会上的影响十分广泛，与著名的文人雅士不相上下，其中有些僧侣和道士平常无事闲暇，也喜欢舞文弄墨，邀请文人雅士前来聚会，相互唱和，附庸风雅。当然，有的僧侣和道士也确实很有文艺天赋，赋诗作画时，也会产生出一些名篇佳作，并且被人们传为佳话。而大多数寺庙和道观中的聚会，则往往成为社会应酬的一种方式。

二　大都士大夫的娱乐活动

元末人陶宗仪在其所著《南村辍耕录》一书中，记载了两则文人聚会的事情，一则是在私人宅第，另一则是在私家园林，观其所述，可见当时士大夫娱乐活动之一斑。该书卷四《广寒秋》条曰："虞邵庵先生集在翰苑时，宴散散学士家。歌儿郭氏顺时秀者，唱今乐府，其《折桂令》起句云：'博山铜细袅香风'，一句而两韵，名曰《短柱》，极不易作。先生爱其新奇，席上偶谈蜀汉事，因命纸笔，亦赋一曲曰：'鸾舆三顾茅庐，汉祚难扶。日暮桑榆，深度南泸。长驱西蜀，力拒东吴。美乎周瑜妙术，悲夫关羽云殂。天数盈虚，造物乘除。问汝何如，早赋归与。'盖两字一韵，比之一句两韵者为尤难。先生之学问该博，虽一时娱戏，亦过人远矣。……"

此文所述，为元代名士虞集在翰林学士散散家参加聚会时即席所赋《折桂令》一首，其难能可贵之处，不是这首作品的思想性如何清高，而是在其使用韵律的高超技巧，近乎于文字游戏，却又显示了作者的文学修养之深厚，以及才思之敏捷。这种即席赋诗的本领，就连今天的著名文人雅士也很难具备了。文中"该博"一词，今多写作"赅博"。作为虞集同僚的翰林学士散散，显然是少数民族人士，通过举办这种文人聚会，可以受到更多中华文化的熏陶。

该书卷九《万柳堂》条曰："京师城外万柳堂，亦一宴游处也。野云廉公，一日于中置酒，招疏斋卢公、松雪赵公同饮。时歌儿刘氏名解语花者，左手折荷花，右手执盃，歌《小圣乐》云：'绿叶阴浓，遍池亭水阁，偏趁凉多。……命友邀宾宴赏，饮芳醑，浅斟低歌。且酩酊，从教二轮，往来如梭。'既而行酒，赵公喜，即席赋诗曰：'万柳堂前数亩池，平铺云锦盖涟漪。主人自有沧洲趣，游女仍歌白雪词。手把荷花来劝酒，步随芳草去寻诗。谁知只尺京城外，便有无穷万里思。'此诗，集中无。……"

文中所云"野云廉公"，即元代初年的少数民族大臣廉希宪的兄弟廉希恕，他家的私家园林被当时人称为"廉园"，而万柳堂则是另一处廉氏的园林，位于今玉渊潭公园一带。疏斋卢公，是著名文士卢挚。松雪赵公，是著名文士赵孟頫。这三位人物在当时确实名噪一时，各有代表性。廉希宪与廉希恕代表的是第一流的少数民族文士，卢挚代表的是第一流的中原地区文士，而赵孟𫖯代表的，则是第一流的江南地区的文士。这次聚会的文化品味之高，可以想见。赵孟𫖯在这次聚会上的即席之作，既是即景写实的妙笔，又有遣兴的神思，还是其"诗文集"中未曾收录的佳作。此外，赵孟𫖯还专门为万柳堂创作了一幅绘画，今藏于台北故宫博物院。

在这两则记载中，值得一提的有两点，其一，在这种文人雅士的聚会中，往往可以见到少数民族人士（如翰林学士散散及号称"野云"的廉希恕等人）的身影，由此可见少数民族人士对这种中华民族的传统聚会的娱乐方式是十分喜爱的，而且在很多场合下，这些少数民族人士还是这种聚会的召集者或是主持人。其二，在这种文人雅士的聚会中，又往往有一些文化修养较为深厚的歌女活跃在其中，如上文所述的顺时秀郭氏、解语花刘氏等人。这些歌女以能歌善舞、才思敏捷、善解人意而受到文人雅士们的青睐，并且给他们的聚会增色不少。

这些参加聚会的歌女们，也是大都城里新市民的一个组成部分，她们是从全国各地被元朝政府征调到大都城来的，编入乐籍，隶属于教坊司，岁时为元朝统治者的宴乐和各种庆典活动服务的专业人才。他们为元朝统治者的演唱服务，就是封建社会中统治阶级剥削劳动人民的一种劳役服务。这种劳役服务并不是每天都有的。而在她们闲暇之时，或者是如上所述的，与文人雅士们一起饮酒品茶，吟曲赋诗；或者是和杂剧作家们（如关汉卿之流）一起配合，进行元杂剧的创作与演出活动。

三　杂剧演出的雅俗共赏

观看元杂剧的演出，乃是大都城居民的一项重要娱乐活动。由此，也就促进了杂剧艺术创作的繁荣，涌现出了一大批著名的杂剧创作者，如关汉卿、马致远、王实甫等人；也涌现出了一大批著名的杂剧艺术表演家，如珠帘秀朱氏、连枝秀孙氏，以及上文提到的顺时秀郭氏、解语花刘氏等人。正是这些人的创作活动，活跃了大都城的杂剧艺术界，也满足了众多大都市民的精神生活需要。

这时的杂剧艺术创作，最突出的一个特点就是与广大市民的社会生活密切联系在一起，其作品充分表现了广大市民的喜怒哀乐，也就是人们通常所说的现实主义的创作风格，如关汉卿的不朽杰作《窦娥冤》，乃是通过一个典型的"老故事"（源自汉代刘向的《说苑》），来表现元代社会中的种种不合理的黑暗面，通过窦娥被冤杀的事件，来控诉封建统治者的罪恶。这种艺术创作活动，与唐宋时期的文人雅士的创作中所反映的无病呻吟、个人穷达际遇的不满牢骚等个人生活主题比较起来，显然具有更加强大的艺术生命力。

与关汉卿的代表作《窦娥冤》以揭示社会黑暗面为主题的悲剧创作相比，其创作风格完全不同的，则是由王实甫所创作的《西厢记》，也就是人们常说的才子佳人戏。这部作品反映的是人们对纯真爱情的大胆追求，进而升华到对真善美的理想的不懈追求，最终达到了皆大欢喜的结局。中华民族是一个善良的民族，在不同的地方，人们都在传诵着许多不同版本的、类似的故事，有些是喜剧的结局，也有些则是悲剧的结局。在封建统治阶级竭力禁锢人们思想的时代，有一些像《西厢记》这样的作品传世，也给了人们生活中或多或少的慰藉。

如果我们从杂剧题材来看，关汉卿的《窦娥冤》乃是雅俗共赏的"下里巴人"，而王实甫的《西厢记》则是雅而不俗的"阳春白雪"。《窦娥冤》反映的是人民大众的冤屈悲哀，而《西厢记》反映的则是文人雅士的喜怒哀乐。窦娥一个人的冤屈代表了千百万人的冤屈，故而可以产生"一人唱、万人和"的巨大社会影响。而张生的悲喜却只代表了一小部分士大夫的悲喜，与广大民众的生活显然有着较大的差距。因此，虽然其表现出来的艺术性极高，却只是在一小部分知识分子中产生思想感情上的共鸣，也就只能是"和者盖寡"了。

不论是在古代还是在当代，"大雅"的艺术只能是供少数人享受的艺术，从楚辞、汉赋，到唐诗、宋词，皆是如此。到了元代，辞赋、诗词等高雅艺术仍然是只供少数人享受的艺术，而元杂剧却是把"大雅"与"大俗"非常完美地结合在一起的一种表演艺术。其所反映的题材之广泛，是集前代之大成，其使用的说与唱相结合的表演形式，也是集前代之大成，并且给了后世的艺术创作以巨大的影响。

这里所说的"大雅"，是通过杂剧表演艺术，把那些原来只是在楚辞汉赋和唐诗宋词创作中才使用的词汇，普及到了喜爱观赏杂剧的广大市民中间来，从而把"大雅"变成了"大俗"。而这里所说的"大俗"，是通过杂剧的高超表演技艺，把市民们的日常生活搬到了舞台上来，使"白话"成为了当时主流文化的一种载体。这种表演艺术的"白话"现象，比起新文化运动中的白话文创作，还要早七百年左右。就连元代的许多碑刻，特别是那些很重要的"圣旨碑"，也受到了"白话"的巨大影响。

除了杂剧之外，在大都城内外还活跃着一些规模大小不等的演出团体。这些演艺人员走街串巷，不停招徕观众，摆开地摊即可演出，其演出内容十分驳杂，只是以娱人耳目，赚取零碎钱财作为其生活来源，因此，在艺术性方面是完全无法与元杂剧相比的。对于这种"杂牌"演艺团体的活动，元朝政府采取了严厉压抑的手段，因为在元朝统治者看来，这种演艺团体的流动演出乃是一种不安定因素，极易惹是生非，稍有不慎，即可引发较大的动乱。

四　元大都的收藏活动

在元代的大都城，还有一项新兴的文化娱乐活动，就是市民们的收藏和观赏文物的活动。在辽代以前的燕京城，文物古董是很少的，这里只是中原地区的汉族王朝与北方草原地区的少数民族政权之间争夺的一个重要军事枢纽。及契丹统治者占有燕京之后，这里虽然已经成为辽朝的文化中心，其文物古董的数量仍然是很少的。直到女真统治者崛起于东北，南下攻灭辽朝和北宋之后，特别是将北宋都城东京（今河南开封）的大量文物古董掠夺之后，运送到燕京，这里的居民才有了收藏文物古董的较好条件。

元朝定鼎大都城之后，又攻灭了南宋王朝，并将南宋统治者收藏的大量文物古董掠获到大都城来，在这种情况下，大都城里的收藏和观赏活动，达到了空前活跃的程度。不论是官方的收藏机构，还是一些蒙古贵族等权要之家，乃至于大都城里的普通市民乡绅之家，都收藏有数量不等的文物古董。而在收藏文物成为一种时尚之后，观赏和品评这些文物，也就成为了大都市民娱乐活动的一项高雅内容。

据长期生活在大都的名士鲜于枢所述，在元代初年的大都城，仅他所知道的收藏有商周时期古青铜器的人士就有十家之多。而他在这里观赏过的私人收藏的著名法帖即有晋代王羲之的《快雪时晴帖》、王珣的《伯远帖》，唐代欧阳询的《道夫帖》、颜真卿的《鹿脯帖》、柳公权的《李氏墓记》、张旭的《承告帖》、李邕的《缙云帖》等，多达一百三十余种。

而作为文物古董最大的收藏家的元朝政府，更是在统一战争中掠获了大量的文物古董，既有从北宋流传到金代的珍品，也有从南宋新得到的珍品。对于这一大批文物古董，元朝政府专门安排了相关的文化官员负责保管，还定期对其采取保护措施。如在元朝的秘书监中，收藏有大量前代的珍贵书画作品，这些作品必须要经常加以修复，才能够得到妥善保护。对于这项工作，元朝统治者是十分重视的。

在大德四年（1300 年）九月，元成宗曾下圣旨，命秘书监的官员征用杭州的能工巧匠，对官方所收藏的书画作品加以精选，重新装裱保护，"据关知书画支分裱褙人王芝呈：自大德四年十二月为始，节次秘书库内关到画轴手卷六百四十六卷，修褙已完"①。为了装裱这批字画（显然还不是秘书监收藏的全部书画作品），元朝政府耗费了大量的纸张、绫子、玉轴、木材、白芨、明矾、乳香、芸香、樟脑、藤黄、松油等物料。这种付出，对于文物保护是必要的，也是值得的。

元朝政府还定期把收藏在秘书监里的字画拿出来，以供喜爱字画的官员们观赏和品评。有些蒙古贵族，也将自己收藏的字画拿出来，约请著名学者观赏和品评。有些著名学者因为具有很高的鉴赏能力，还常常被收藏家们请到家中，鉴定各种文物古董，以辨别其真伪。许多文物古董在经过著名学者的鉴定之后，立刻会身价倍增。文人雅士们在观赏文物古董时，既进一步开阔了眼界，又是一次很好的艺术享受。

第四节　市民生活中的文化特色

一　日常生活中的语言称谓特色

在元代的大都城，市民们的日常生活变得越来越丰富，并且在各个方面都有所反映。首先，是在人们日常交往过程中所必须使用的语言和文字方面，变得比以往任何一个朝代都要丰富，在这里生活的汉族民众和其他少数民族的民众混居在一起，使用着各种各样的语言文字。而在饮食文化方面，当大都城成为全国的政治文化中心之前，这里的饮食文化主要是由北方汉族和草原游牧民族的因素所构成的。而当大都城成为全国的政治和文化中心之后，这里则逐渐成为全国各种饮食文化的荟萃之地。在人们的服装服饰方面，也体现出了多元文化的浓厚特色。

在大都城里，市民们所使用的语言文字主要是汉语和汉字，这不仅是因为农耕文化在当时的历史条件下是最为辉煌的文明载体之一，已经有了几千年悠久的发展历史，而且使用这种语言的人数也是最多的。虽然在此

---

① 佚名撰：《元代画塑记》。

之前的几百年间，这里的统治政权是由契丹族和女真族的少数民族首领所建立的。但是，辽朝和金朝的少数民族文化却始终也没有能够取代汉族文化，而成为占据主导地位的主体文化。因此，契丹族和女真族的语言文字也就始终没有能够在社会上普遍流行。随着辽朝和金朝的相继灭亡，由这两个朝代的统治者创行的契丹文和女真文也就逐渐变成了"死"文字，未能再产生其所应有的社会影响。

元朝统治者在进入中原地区之后，与前两个朝代的少数民族统治者一样，也在为提倡其本民族的文化而做出不懈的努力。但是，这种努力所得到的回应却是与其巨大的付出完全不相称的。正如本书第六章的相关内容所述，新制作的蒙古文字的推行工作遇到了社会上的巨大阻力。这种阻力的出现，除了民族融合方面所存在的隔阂尚未消除这个重要原因之外，就以新蒙古文与汉文之间的自身对比而言，其差距之大，也是不言自明的。

在这时，与蒙古语言文字一起进入中原地区的，主要还有在西域各地十分盛行的波斯文，在当时被称为亦思替非文字。元朝统治者规定，蒙古文字、亦思替非文字与汉字一起成为官方日常行用的主要文字。所有重要的官方文件，都要用这三种文字同时书写。当时的许多朝中大臣，不论是少数民族大臣还是汉族大臣，往往需要掌握两种以上的语言文字。许多少数民族大臣除了熟练掌握本民族的语言（如蒙古语、波斯语等）之外，已经能够十分熟练地掌握汉语和汉字。这从流传下来的许多少数民族大臣们用汉语创作的文艺作品中，即可看出。并且，有些少数民族大臣还是当时著名的书法家，通过他们留下来的法帖真迹不难看出，其对汉字的艺术领悟已经达到了很深的程度。

虽然元朝统治者对于蒙古和其他少数民族语言文字的推广工作最终归于失败，但是，由于这些经常使用本民族语言文字的少数民族人士长期与汉族民众生活在一起，也就使得许多少数民族语言中的词汇逐渐融入到汉族语言文字中来。人们的姓名，是经常使用的词汇。在汉族民众当中，姓名包含了太多的含义。在男子的名字中，往往带有浓厚的道德色彩，如张仁、李义、王礼、赵智、韩信、陈刚、何强，等等；而在女子的名字中，又往往带有更多美的元素，如李梅、赵兰、黄菊、张桂、王霞、宋艳，等等。

而少数民族民众的姓名，也与汉族民众的姓名一样，包含着十分丰富的含义，只是这些姓名所使用的词汇，是通过少数民族的语言表达出来的。如帖木儿这个名字，被许多蒙古族的男子所使用，又写为忒木儿，在蒙古语言中实际上指的是"铁"。又如许多蒙古人名中常见的孛罗儿、失列门等词汇，前者是指水晶，后者是指生铜。通过这些名字的使用，可以看出蒙古民族的纯朴。

再如伯颜这个名字，又写为伯延，也被许多蒙古族的男子使用，其蒙古语的意思是指"富有"。如在元代前期，负责指挥元朝大军攻灭南宋的统帅就名叫伯颜，而在元代后期有一位权倾朝野的大臣也名叫伯颜，他们两位人物当然是少数民族人士中十分富有的了，可谓名副其实。但是，在汉族民众中，那些名叫李富贵、张富贵的人往往是家境十分贫寒的人，他的父母希望他能够富有起来，才起了这个名字。而真正的富家子弟，却很少有人名叫张富贵、李富贵的。

还有一些组合词的姓名，如元代后期有一位蒙古大将，名叫察罕帖木儿，用汉语来解释其含意，察罕是白色的意思，帖木儿是铁的意思，两者组合在一起，就是白铁的意思。在汉族民众的姓名当中，几乎看不到有人名叫白铁。如果谁要是名叫张白铁、李白铁，一定会受到别人的嘲笑。因为在汉族民众观念中的白铁，是与蒙古族民众的观念不一样的。在蒙古族民众的观念中，白色是最尊贵的一种颜色，而铁又有坚强的含意，二者的组合是十分合理的。

而蒙古一词，在蒙古语言中，是指"银"的意思，当蒙古崛起前后，这个词使用的范围非常广泛，既是指一个大的部落的名称，也代表了一个国家的名称，还有许多人的名字也使用这个词汇。当然，银子在社会上的流通极为广泛，具有很高的商品价值，但是，在汉族民众的姓名当中，就很少有人会使用这个词汇。至于生铜、水晶、铁等词汇，也很少在汉族民众的姓名中出现。这种姓名中所包含的文化内容的多寡不同，也就间接反映出了一个民族、一种文化体系的发达程度的不同。

但是，在元代却有一个十分有趣的现象，就是许多汉族民众的名字，使用的都是少数民族的词汇。如张伯颜、王帖木儿、李孛罗，等等。由此可以想见，少数民族人士的姓名在当时似乎成为了一种时髦的"玩意儿"。与这种情况相类似的，是在辽代和金代，少数民族统治者对于那些立有显赫功勋的汉族大臣赐以"国姓"。在辽代，是赐以耶律之姓，如汉族大臣韩德让被赐姓名为耶律隆运，其兄弟子侄辈也皆赐姓耶律。在金代，则是赐以完颜之姓，如宋朝大将郭药师在归降金朝后，赐姓完颜，以示恩宠。

而在元代，却绝少有赐以"国姓"的事情。许多汉族民众使用少数民族名字，完全是人们自己的民间行为，也就是所谓的"风俗"使然，而不是官方的政府行为。元代与辽、金两代相比，蒙古统治者的姓氏，也就是所谓的"国姓"，在人们的观念中显然没有"耶律"、"完颜"那么清楚。遍查《元史》，仅有的几次所谓的赐"国姓"，也就是赐姓"蒙古"，而蒙古一词显然并不是"国姓"，而是部族之名称。

二　都市饮食的文化特色

在饮食文化方面，元代的大都城已经具有了国际大都会的气象。在元朝统治者定鼎大都城之后，这里的饮食文化有了极大地丰富，从原来的北方农耕文化的饮食系统逐渐扩大，加入了北方游牧文化的饮食系统，从而在以粮食、蔬菜为主要食品的系统又加入了以肉类和乳类为主要食品的系统，成为粮食、蔬菜、肉类、乳类并重的饮食格局。此外，在饮料方面，除了以往中华民族传统的酒类饮品之外，又加入了烧酒（今天白酒中的一类）和果子酒（以葡萄酒为主）等新的饮料。

而当元朝统一江南之后，南方的饮食系统也逐渐向北发展，很快就在大都城时兴起来，成为许多从南方到大都任职的政府官员们的首选食品。而当许多伊斯兰教民众（当时被俗称为"回回"）来到大都城定居之后，清真食品也随之而在大都城占有了一席之地。在当时人们留下来的文献中，有许多对大都城饮食文化极为丰富的形象描写。所谓"京城食物之丰，北腊西酿，东腥南鲜，凡绝域异味，求无不获"[1]。由此可见，全国各地的食品都汇聚到了京城，也就是说，各地的饮食文化都来到了大都城，相互融合。

由于大都城的城市经济迅速繁荣，也就带来了餐饮业的繁荣，所谓"华区锦市，聚四海之珍异；歌棚舞榭，造九州之秾芬。……酤户何烨烨哉，扁斗大之金字；富民何振振哉，服龙盘之绣文。……屠千首以终朝，酿万石而一旬。……至其货殖之家，如王如孔，张筵列宴，招亲会朋，夸耀都人，而几千万贯者，其视钟鼎，岂不若土芥也哉"[2]！据此可知，在

---

① 见元人许有壬所作《如舟亭燕饮诗后序》，载于《至正集》卷三十二。

② 黄文仲：《大都赋》，载于周南瑞《天下同文集》卷十六。

当时的大都城里，朝廷权贵和富商大贾乃是餐饮业中最为活跃的人物。

富有的人们往往喜欢炫耀自己的富有，也喜欢互相攀比，以争高低，而在餐饮活动中的消费量的多少，也就自然成为攀比的一种重要手段，在古代是这样，在近现代是这样，在当代的都市生活中也仍然是这样。这种社会风气的延续，一方面，加大了城市消费经济的循环力度；另一方面，却又使得社会财富的积累没有投入再生产之中去，而是白白地浪费了。从精神方面来看，奢侈的生活只会削弱人们的进取意识，在不知不觉的过程中使人堕落。在元大都成为全国的政治和文化中心之前，这里的饮食文化与南方相比，还比较纯朴，比较节俭。但是，当全国各地的饮食文化都汇聚于此之后，奢靡之风日甚一日，朝廷权贵在无意之间迅速腐化堕落。

三　都市服饰的文化特色

在中国古代，穿着服饰不仅是人们日常生活的必需用品，而且也是表现其政治地位高低、家庭财产多少的一个重要标志。因此，在这方面也包含着十分丰富的文化内涵。如本书第八章中所述及的"质孙服"，就是从最高统治者到各级官僚们参加大宴会的特权标志。而大宴会本身，也不是简单的吃肉喝酒的过程，而同时又是商议军国大事、瓜分钱财的过程。

再如，作为大都城里权势最大的居民——封建帝王，他的日常生活和大都城里的其他普通市民相比，在有些方面的差距是很大的，但是在另一些方面又是很小的。例如，在穿着方面，北方少数民族人士因为长期生活在较为寒冷的大草原上，故而多习惯于在冬天穿着皮服，以抵御寒冷。在这方面，蒙古帝王的穿着，就其质地而言，与大多数其他少数民族贵族差距并不大。其有本质差距的，则是服装上的纹饰和颜色，只有帝王和后妃才能够使用龙凤纹饰和代表至高无上地位的黄色。

而在普通市民当中，不论是穿着服装的质地，还是颜色和纹饰，北方汉族民众和其他少数民族民众之间，几乎没有明显的差距。只有那些来自江南地区的民众，其服装的质地和款式，才与北方民众有着较为明显的差异。这种南北两大地区之间的差异，是由于在此之前的政治局势长期处于分裂状态造成的。从唐末五代时期开始，燕京等地区就被石晋王朝割让给了契丹政权。从这时开始，许多契丹少数民族人士定居在燕京，也就把他们带有少数民族风格的服饰文化也一起传播到了这里。

当此后的金朝定鼎中都城以后，大批入居这里的女真贵族们又把他们熟悉的服饰文化也带到这里。在经过辽金两代几百年的熏陶之后，这里的居民们对于"胡服"已经有了较长的适应期，并且还有许多人主动模仿"胡服"的样式，来制作自己日常穿着的服装。而长期生活在江南地区的民众，却由于政治上的阻隔，而没有经历过这样较为漫长的过程。因此，当南北统一，他们中的一些人来到大都城之后，对于这种服饰方面的文化差异，也就自然会有很深的感触，当然，同时也还需要有一个较长的适应过程。

第十章　明代
——农耕文化的再度一统

在元朝末年，蒙古统治者的腐败越来越严重，他们对广大民众的剥削也就变得越来越残酷，再加上大规模的连年自然灾害的恶性影响，终于搞得民不聊生，起义纷纭，最后，由朱元璋所领导的农民起义军发动北伐，推翻了元朝的腐败统治。这个过程，经历的时间并不长。一方面，是因为元朝政府的统治机能已经陷于瘫痪，不堪一击。另一方面，是因为农民起义军得到广大人民的支持，所谓的"得道多助，失道寡助"，其力量自然是越来越壮大。第三个方面，则是以元顺帝为首的蒙古统治集团并没有负隅顽抗，做拼死的挣扎，而是迅速逃回到大草原上去了。

在元朝末年改朝换代的大变革时期，作为农民起义军领袖的韩林儿、朱元璋等人，皆能够充分利用汉族民众与蒙古族等少数民族，特别是少数民族中的贵族们的矛盾，来调动各种社会力量，打击元朝统治者。而这种政治上的敌对活动，自然也会影响到对文化方面的排斥与认同。因此，在元末明初的一段时间里，文化方面遂形成了一股较为明显的潮流，就是对蒙古统治者在中原地区大力推行的游牧文化，加以反击和排斥。

这种排斥的结果，则是加强了对中原地区固有的农耕文化的进一步弘扬。其中，对于在社会上最有影响的三教，即儒、释、道这三教加以重新定位，乃是有着深远影响的举措。在蒙古等少数民族统治者眼中，佛教和道教的重要性大大超过了儒教，这从元朝统治者对待三教的领袖人物的态度即可看出。元朝统治者赐给佛教领袖人物八思巴的尊号为帝师，赐给道教领袖人物张宗演的尊号为天师，而赐给儒家鼻祖孔子的尊号为大成至圣文宣王，只是在宋代的封号至圣文宣王的前面加了"大成"两字。

到了明代，自古以来的三教排位又得到了恢复，儒家学说重新占据了首位，而释、道二教的地位有所降低，排到了第二位和第三位。与之相对应的，许多元代的观念又有了很大改变，例如，政府对待商业的态度、整个社会的开放程度、人们之间的交流频率，等等，皆发生了巨大变化。换言之，这时的社会总体文化状况，开始由单一的农耕文化占据绝对的主导地位，来取代了由农耕文化、游牧文化、外来文化等多元文化所构成的文化融合体。

第一节 排夷政治倾向对文化的影响

一 "华夷之别"观念的深远影响

元朝末年，政治腐败的加速导致了蒙古统治者的败亡，而由于政治腐败引起的民不聊生的政治矛盾，又引发了积压已久的民族矛盾，并且与政治矛盾一起爆发出来。作为农民起义军的领袖，韩林儿、朱元璋等人都清醒地看到了这一点，也同时充分地利用了这一点。当然，蒙古统治者进占中原地区的时候，依恃的是强大的军事力量，而不是高度发达的文明，因此，一旦蒙古政权的军事力量有了大幅度的削弱之后，其统治必然要走向败亡。

在元代之前，甚至早在先秦时期，中华民族就已经产生了"华夷之别"的观念。这种观念的产生，最初并没有民族歧视的因素在里面，而是文化发展的类型差异的客观反映。中华民族的祖先们在很早以前就创造出了发达的农耕文化，这种文化与周边地区的其他游牧部落的文化相比，具有明显的优势。而这种文化优势的一个重要的代表方式，就是中华民族所创造的礼仪制度，这种礼仪的养成，经历了一个漫长的过程，而一旦形成之后，又会产生巨大的惯性，直接影响到人们的行为规范。

这种文化上的优势，从先秦时期一直延续到唐宋时期，也就使得长期居住在中原地区的汉族民众在自觉与不自觉的情况下产生了优越感，以及对周边少数民族部落中较为落后的文明产生了轻视的意识，这种意识的进一步扩大，遂发展为汉族民众对少数民族民众的歧视心理。在这时的"华夷之别"，不仅使汉族民众有了夸大的优越意识，而且使周边的少数民族民众也产生了自卑意识。因此，在汉族常用的语言和词汇中，"胡"、"夷"、"狄"、"蛮"等表示少数民族民众的词语，都带有明显的贬义。

虽然在汉唐两代盛世之间出现了一次规模较大、时间较长的民族融合的历史发展阶段，少数民族统治者也先后在中原地区建立了多个割据政权，但是，汉族民众的文化优越的意识，并没有因为受到少数民族政治势力的冲击而有所削弱。到了元代之前的两宋与辽、金对抗的分裂时期，汉族民众在许多方面的优势，特别是在军事上的优势已经不复存在了，但是，其文化上的优势仍然十分显著，并且使之转化到民族意识中来。于是，在民间广泛流传开来"杨家将"、"岳家军"的故事。一目了然的军事上的劣势，竟然通过阿Q式的精神胜利法得到补偿。

在元朝攻灭南宋之前，虽然中原王朝已经长期处于被动挨打、苟延残喘的境地，但是，毕竟在广大汉族民众中还树立着一面不倒的旗帜，还都抱有"王师北定中原日"的一线希望。而在元朝攻灭南宋之后，这面风雨飘摇中的旗帜终于倒下了，汉族民众对少数民族民众的文化上的优势受到了沉重的打击，"华"、"夷"之间的差别已经历史性地扭转了，汉族民众的心理优势意识已经失去了政治上的依托。少数民族政权第一次统一了全国。

在这种情况下，许多失败者终于不得不冷静地面对客观现实，不得不加入到民族融合的大潮流中来，这种自觉地，或者是被迫地融入民族融合的大潮流，也就使他们暂时放弃了"华夷之别"的偏见，逐渐恢复了较为客观的认识。但是，也有一些人还抱有坚定的信念（或者说是偏见），不去正视现实，仍然采取了激烈的对抗态度，如文天祥、谢枋得等人就是他们的典型代表人物。他们在元朝统一天下之后，没有融入民族融合的大潮流，而是继续对抗，即使明明知道是失败的对抗，也要把失败进行到底。

他们追求失败、追求对抗的行为，所产生的巨大影响，是那些融入民族融合大潮流中的人们无法与之相比的。杨老令公是败军之将，岳大元帅是屈死之魂，文大丞相是阶下之囚，这种历史在无意中形成的轨迹，却雕成了一座又一座丰碑，与之相比，那些胜利者却变得黯然失色。不论是番邦的女中豪杰萧太后，还是一直把宋高宗追到海里去的金朝四太子兀术，抑或是率领千军万马踏平江南的元朝统帅伯颜，他们在人们的心中又留下了什么值得回味的东西呢！

历史学家有时是冷酷的，而历史事实有时比历史学家还要冷酷。当元朝一统天下之后，民族融合在前所未有的广阔范围内展开了，农耕民族与游牧民族的长期军事对抗暂时告一段落，而两种文化的融合又逐渐缩小了华、夷之间的差异，所有这一切，都是历史发展的大潮流，是不以某个人的意志为转移的。在这种情况下，也就很少有人再来谈论"华夷之别"了。与之恰恰相反的，是蒙古统治者所采取的四等人制度，明显把那些少数民族民众的政治权力抬高到了汉族民众之上，这种做法，当然是对"华夷之别"的反击。

显然，蒙古统治者的这种做法对于民族融合是十分有害的，使得广大汉族民众在内心的潜在观念里对于少数民族民众自然会产生一种逆反意识，或者说是人为地加强了这种逆反意识。在风调雨顺的太平时代，这种潜在的逆反意识是很难显现出来的。一旦出现大的自然灾害或是政治事件，引起社会的动荡不安，这种潜在的力量就会爆发出来。刘福通和朱元璋等人，就是利用了这种潜在的力量，从而很快就达到了推翻元朝腐败统治的目的。

华夷之间的差异，虽然是通过文化的方方面面显示出来的，但是，农耕民族与游牧民族在漫长的历史时期内一直处于激烈的军事对抗之中，这种对抗加剧了双方之间的矛盾，连年征战的结果，只能是两败俱伤。这还不是矛盾的关键所在，最为关键的乃是每一方对于另一方在文化上的不能容忍，特别是文化更为发达的农耕民族，对于周边地区的少数民族文化，更是带有极大的偏见。这种偏见显然不利于民族融合的顺利进行。

二　文化差异带来的冲突与融合

农耕文化与游牧文化相比，在许多重要的问题上都存在着极大的差异。例如，在上述章节中所提及的财产继承问题上，中原地区的汉族民众早在先秦时期就已经确立了嫡长子继承制，家庭中的财产主要由嫡长子继承，而其他的兄弟分出另立门户。在这种制度的影响下，皇位继承制度也因此而定。这种继承关系，保证了社会的稳定和财产传承的有条不紊，在古代社会中具有更多的合理性。而蒙古少数民族的财产继承观念恰恰与汉族民众相反，他们采用的是幼子继承父母主要财产的制度，让其他兄长出外分立门户。

当蒙古统治者进入中原地区之后，一方面，接受了皇位由嫡长子继承的制度；另一方面，又受到传统的由幼子继承主要家庭财产的影响。在这两种制度之间，存在着明显的差异，从而造成了重大混乱，导致蒙古黄金家族内部的一系列激烈纷争。在蒙古国时期，是由成吉思汗选定的接班人第三子窝阔台汗这一支系的亲属与其第四子拖雷（即幼子）这一支系的亲属之间的权力争夺，出现了骨肉相残的悲剧。到了元朝时期，在拖雷子孙的各支系中，又多次出现了骨肉相残的悲剧，元英宗被弑，元明宗暴死，等等。一直到元朝灭亡，这个问题都没有解决好。

又如在对待宗教的态度和各项政策方面，大多数汉族王朝的统治者采用的是控制和利用的办法，皇权是至高无上的，佛教和道教都处于隶属的地位，一旦出现统治者与某一宗教发生冲突时，往往会采取大规模的"灭教"活动。而蒙古统治者对于各种宗教都采用了宽容的办法，不仅笃信各种宗教的"法力"，而且为供养众多宗教界人士而不惜耗费大量的钱财。元朝统治者在大都城内外修造的寺庙、道观等建筑，其规模之大，数量之多，超过了以往任何一个时期。

农耕文化与游牧文化之间的另一个重要的差异，表现在对待商业的态度和所采取的政策方面。在汉族统治者所建立的王朝中，大多数采取的都是"重农抑商"的政策，对于那些在社会上从事商业贸易活动的商人们往往采取经济压制、政治歧视的办法。这种做法，在古代的封建社会中，肯定是产生了较多的积极影响。而蒙古统治者对于那些从事商业活动的人们采用了放任的宽松政策，许多富商大贾借机攫取了元朝政府的大量财宝。

对于这种文化上的巨大差异，要想加以融合，其前提之一，就是在不同文化之间的认同。在经过认同之后的融合，才能够很快消除以往所存在的巨大差异。蒙古统治者经历了两次认同的过程，一次是窝阔台汗对耶律楚材的认同，另一次则是元世祖对刘秉忠的认同。两次认同的结果，都大大促进了民族融合。而明朝统治者在获得最高统治权之后，却没有采取认同的态度，而是采取了敌对的行为。

明太祖朱元璋在赶走了元朝统治者之后，即曾下令，对元代的文化，特别是蒙古少数民族的文化加以严禁。"高皇帝驱逐故元，首禁元服、元语。今帝京，元时辇毂所都，斯风未殄，军中所带火帽既袭元旧，而小儿悉缩发如姑姑帽，嬉戏如吴儿，近服妖矣。"[①] 由此可见，明朝统治者对少数民族文化的严禁，并没有一个合理的解释，而是一种政治倾向的表现。但是，在大都城内，少数民族文化的影响已经历时几百年（包括元

---

① 见明人史玄一所撰《旧京遗事》，文中"所带火帽"的带字应为"戴"，"姑姑帽"是蒙古族已婚妇女所戴的帽饰，又作"固姑帽"或"顾姑帽"。

朝之前的辽代和金代），深入民众的风俗之中，因此，一直到明代中期，这种影响的遗迹仍然能够在都城的风俗中有所反映。

明朝确立在全国的统治地位之前，少数民族的统治者虽然对汉族民众采取了歧视的政策，但是，却没有影响农耕文化与游牧文化之间的融合，元朝文人曾经写诗赞道，"长城不复再为关"，这是民族融合顺利进行的真实写照。而当明王朝建立之后，长城以北的广大地区又被人为地割裂开来，游牧文化的影响随着元朝统治者的北遁而逐渐消失了。不仅长城南北的交流变得十分困难，就连从西北边关通往中亚、西亚和欧洲的交通也被迫中断了。

大都城在被明朝军队攻占以后遭到了一次巨大的文化上的劫难。那些代表中国最高建筑艺术水准的宫殿、苑囿被夷为平地，自辽金以来历代王朝及元朝收藏在皇宫内的各种珍宝及文物典籍等都被搜刮一空，运到了新的都城——南京。大都城的政治地位一落千丈，从全国的政治和文化中心再次下降为边防重镇。一个曾经繁盛一时的国际大都会消失了，一个曾经让前来观光的外国人士赞叹不已的建筑奇迹消失了。大都城的命运，正如当年元朝军队攻占的临安（今浙江杭州）城一样，黯然失色了。

大都城的境况甚至比临安城更加悲惨。临安及其周围地区的经济发展与大都及其周围地区比起来，要繁荣得多。大都的城市经济的繁荣，完全依靠的是京杭大运河的漕运和江南海运这两条经济大动脉的输送功能，一旦这两条经济大动脉被切断，大都的城市经济立刻就会萧条下去，并且很快走向崩溃。而随着政治中心的南移，随着城市经济的萧条，随着大批文化人士的离散——其中的一部分人陪同元顺帝出逃了，另一部分人被明朝军队转送到了南京城，大都城的全国文化中心的地位也失去了。

三 从南京到北京的变迁

在明代初期的几十年时间里，大都城被改称为北平城，其含义自然是平定北方的意思，而在元顺帝北逃荒漠之后，最初也确实存在着反攻中原的希望，并且也派出一些蒙古军队前来骚扰，却都被明朝军队击败了，这种希望变得越来越渺茫。但是，在明朝统治者看来，这种威胁还是十分严重的，元朝曾经一统天下，蒙古铁骑曾经横行四海的往事给人们留下的印象实在是太深刻了。虽然这时的蒙古军队的战斗力已经根本无法与元代初年相比，更无法与蒙古国时期相比，但是，明朝统治者也不敢有丝毫的大意。于是，明朝政府遂在沿长城一线的各大城市驻扎大量军队。北平城，这座具有显著战略地位的城市，自然也就成了明朝军事防线的枢纽所在。

明初的太祖朱元璋定鼎南京，从当时的政治、经济及文化等各个方面来考虑，都是一个必然的、明智的抉择。从政治方面来看，在中国古代的历史上，许多朝代的更替都有变更都城的惯例。更何况南京作为六朝古都，素来即有"虎踞龙盘"的所谓王气，能够成为朱元璋的京城首选之地，绝非偶然。从经济方面来看，南京及其周围地区，乃是当时中国经济最为发达的地区，以这里作为京城，可以就近获取各种物资的供应，免除长途转运的艰辛与损耗。从文化方面来看，南京等江南地区受到少数民族文化的影响时间较短（只有几十年）、程度较浅，对于贯彻其"排夷"的文化政策，阻力自然也要小得多。

不论从以上哪个方面来衡量，作为一座新的都城而言，南京城都要比大都城占有明显的优势。更为重要的是，朱元璋的崛起之地是在南方，他在这里经过多年的奋战，已经打下了一个坚实的基础。而北方的大都城，对他而言确实是太陌生了，既没有政治上的安全感，也没有军事上的安全感，更缺乏文化上的认同感。在这种情况下，南京城取代大都城就成为历史发展的必然趋势。

但是，朱元璋在定鼎南京时，对两个应该引起重视的因素却没有引起足够的重视，而正是这两个被忽略的因素，导致了明王朝的政治巨变。一个因素是朱元璋所采用的分封制，这个因素是有形的，易于见到的。另一个因素是政治重心和军事重心的分离，而这个因素是无形的，不易见到的。如果这两个因素中的任何一个独立存在，也不会很快就引起政治巨变。但是，这两个因素却又恰恰很快就结合在了一起，最终导致了对皇权的激烈争夺，以及政治中心的迁移。

为了抵御元朝残余势力的卷土重来，明太祖朱元璋在北方驻扎了大批精锐部队，并且分封诸皇子前往镇守，由此造成了政治重心与军事重心的分离。明建文帝在即位后为了加强中央集权，削弱分封诸王（诸皇叔）的势力，于是采用了手下大臣提出的"削藩"之策。当这两个因素结合在一起，手中握有军权的分封宗王们自身受到严重威胁，遂引发了"靖难之役"。在旧元朝的大都城与新明朝的南京城之间，展开了长期的、激烈的军事对抗，最后，燕王朱棣获胜，夺得皇权。在经过一段过渡时期之后，全国的政治中心又迁回到北京（即元代的大都）来，经过这次变革，再度出现了政治重心和军事重心的重合。此后，虽然分封制没有被废除，却也没有再引发大规模的政治动乱。

当北京城再次成为全国的政治中心之后，很快这里也就再次成为了全国的文化中心。虽然在许多方面，北京城与南京城相比，作为都城而言存在着明显的不足之处，但是，在最为关键的问题上，南京城则是无法与北京城相比的。一个国家的存亡安危，比其他任何因素都重要得多。而自从唐代以来，北京就开始成为全国的军事重心，谁占有这个重心，谁就获得了控制全国局势的主动权。在辽代是如此，在金代是如此，在元代也是如此。而明代的"靖难之役"又一次证明了这一点。

当明成祖（即燕王朱棣）决定把全国的政治中心从南京迁移到北京之后，北京城的发展也就开始进入了一个新的阶段。在经过一段时期的游离之后，全国的政治中心再次回归到了北京。当然，在这游离的几十年中，北京文化的发展经历了一次较大的波折，用上文的说法，是经历了一次巨大的文化劫难。在经过波折之后，北京文化的发展出现了明显的变化，从一个多元文化汇聚的都市文化，转变为以农耕文化为主体的都市文化。

第二节　汉族正统观念的复兴

一　儒、释、道三教的再一次重新定位

明王朝是中国封建社会后期唯一由汉族统治者建立的一统天下的政权。在它之前，是由蒙古少数民族统治者建立的元王朝，在它之后，则是由满族少数民族统治者建立的清王朝。这三个王朝在文化渊源上各不相同，元朝蒙古族的渊源是草原上的游牧文化，明朝汉族的渊源是中原地区的农耕文化，而清朝满族的渊源则是东北山林的农耕文化与渔猎文化的融合。元朝统治者和清朝统治者虽然都是少数民族首领，但是，清朝统治者比起元朝统治者来，其所接受的农耕文化，范围之广，程度之深，显然是有过之而无不及的。

就广大汉族民众而言，其认同的正统文化当然是农耕文化，这种文化的主体就是人们常说的儒、释、道三教。就其他少数民族民众而言，他们对三教的认同程度是不一样的。因此，在元代，就出现了三教的重新定位。首先，蒙古等少数民族民众对于儒家学说的认识，是与佛教和道教一

样的，也是一种宗教，其所尊崇的神灵，就是圣人孔子。对于这一点，许多汉族的政治家是不承认的，他们认为儒家学说不是宗教，而是明显高于佛教和道教的人生观、世界观。其次，蒙古等少数民族民众把佛教和道教看得比儒教更重要。因为在他们看来，鬼神的"本领"比起秀才来要大得多。

汉族民众的正统观念的形成，经历了一个漫长的过程。最早的先秦时期，是中华民族传统文化创立、形成和初步发展的时期。其中，又以春秋战国时期表现得最为活跃，出现了"百家争鸣"的局面，当时的儒家与道家一样，都只是百家中的一家，其在社会上产生的影响还不是很大，而这时的佛教和道教在中国社会中还没有出现。到了汉代，经过汉武帝"罢黜百家，独尊儒术"，儒家学说开始在社会上产生越来越大的影响，占据了主导地位。而在此前后，道教产生，佛教传入，也开始在社会上产生一定的影响。

在这个时期，人们还没有产生"三教"的观念。这是因为佛教是一种外来宗教，在广大民众中的影响甚微，而道教的影响虽然比佛教要广泛一些，但是与儒家学说相比，还是有较大差距的。直到魏晋南北朝时期，佛教和道教的势力不断增长，人们开始有了"二教"（指儒学与佛教，或是指儒学与道教，甚或是指佛教与道教）的提法，再往后，一直到唐代，在社会上才形成了"三教"的固定观念。而在三教之中，儒家学说仍然排在第一位，佛教和道教则互争优劣，排在第二位和第三位。

这种格局自从形成之后，就大体上反映了中华民族传统文化的基本格局，一直到近现代，皆是如此。但是，如上文所述，在元代的蒙古统治者所采取的宗教政策中，这种排位发生了变化，变成了佛、道、儒的序列，儒家第一次被排在了老三的位置上。甚至在有的元代文献中，儒士被排到了"老九"的位置上，这虽然是一种夸张的说法，却也反映出了一些当时的历史现状。

到了明代，汉族统治者重新得到了皇权，而农耕文化也随之而重新占据了统治地位。一方面，儒学家们开始在政治上发挥了重要的作用，许多在元朝被破坏了的社会秩序与观念逐步得到恢复。另一方面，佛教和道教的政治地位有了极大地削弱，特别是藏传佛教的僧人们，已经没有了声名显赫的政治地位，明朝统治者取消了他们的"帝师"尊号，而尊称其为国师。与此同时，明朝统治者也取消了道教首领的"天师"尊号，只是敕封其为"真人"。

二　从多元文化向单一文化的转变

由于这种明显的三大文化势力的重新调整，使得农耕文化在排斥了游牧文化之后重新占据了主导地位。而大批少数民族人士随同元顺帝北逃之后，那些信仰基督宗教（包括其分支的"景教"）的众多少数民族人士已经不可能在大都城（明初的北平）里再开展各种传教活动，从而使得这种外来文化的社会影响迅速消失了。于是，在恢复了全国政治和文化中心地位的北京城里，出现了单一文化（即农耕文化）为主的局面，而不再有多元文化的局面存在。

在语言文字方面，元朝时的多种语言文字混用的局面也没有了，在元世祖时任用帝师八思巴制作的新蒙古文很快就变成了"死的"文字，而在居庸关过街塔石基上（今称"云台"）刊刻的多种文字的佛经，也很快就变成了文物。汉字也再次成为官方常用的唯一的文字，而不是像元朝时的蒙古文、汉文、波斯文（在元代称为"亦思替非文"）三种文字共用。除此之外，还有一些重要的变化，如政府对商业政策的改变，等等，也开始在社会上产生重要影响。

在明代，当农耕文化重新占据主导地位之后，作为其主要观念之一的"重农抑商"思想，又在政府的各项政策中体现出来。作为农耕文化核心部分的儒家学说认为，农业生产是整个社会赖以发展和强盛的"本"，而商业贸易与农业生产相比则是"末"，只要采用扶持"本"、抑制"末"的办法，就会使社会繁荣昌盛。而如果"末"的势力超过了"本"，就会使社会走向动乱和衰亡。这种观念，是蒙古少数民族统治者头脑中所没有的，也是他们在来到中原地区之后所不愿意接受的。

对于长期生活在农耕环境中的明朝统治者而言，他们自幼受到的就是儒家学说的教育，同时对于农业生产的重要性也是深有体会的，因此，他们为了巩固自己的统治、为了保证社会的稳定和经济的繁荣发展，自然而然地就会采取"重农抑商"的政策。在这种情况下，全国各地的商人们往往会受到来自非经济因素方面的打击，甚至是致命的打击，从而导致其经济的破产。这一方面是来自政府的公开压制，另一方面则是来自大小贵族、权要和各级政府官员的敲诈勒索。

特别是在明代的北京城，这里在成为全国的政治和文化中心之后，很快也就变成了一个全国的经济中心。其城市经济的迅速繁荣，吸引了全国各地的商人到这里来牟取巨额的商业利润，可以说，在北京城里，商人们获得经济利润的机遇比其他城市都要多。但是，这里的贵族和权要，以及从中央到地方的各级政府官员也特别多，他们中的许多人都是贪官污吏，都在觊觎着商人们钱袋里面的财富，都千方百计要从中捞取甚至抢夺更多的财富。

在这种情况下，都城的商人很快就出现了两极分化。一方面，是大量的商人由于受到明朝政府的公开压制和征敛，以及大小贪官污吏的敲诈勒索而迅速破产；另一方面，则是少量的商人，特别是那些富商大贾们，与朝中的权贵们相互勾结，逃避政府的正常税收，又利用权贵们手中的特权来攫取暴利。不论是破产的商人，还是暴富的商人，都构成了封建社会的不安定因素。这就又使得封建统治者和许多政府官员认为，"重农抑商"政策的贯彻是十分必要的。正是在这种观念的影响下，出现了恶性循环，导致了中国封建社会商业的畸形发展。

不仅是在中国历史上，就是在世界历史上，商人除了加强不同地区之间的经济联系、促进各方面的交往之外，一直扮演着文化交流和传播的使者的重要角色。元代大都城的多元文化并存以及不断发展，在许多情况下，都有国内和国外商人的频繁活动在产生着重要的作用。而在明代的北京城，由于商人们的正常贸易活动受到了明朝政府的压制，以及西北地区的交通受到人为地阻隔，从西域来到北京经营贸易活动的商人们大量减少，也就使得这种多元文化进行交流的活动失去了一条重要的途径。

三　宗教文化的新变化

在世界各地，宗教界人士的活动乃是传播不同文化，加强各地文化联系、促进文化交流的又一个重要途径。在明代的北京城，佛教和道教人士的活动成为这里宗教活动的主流。虽然佛教和道教的领袖人物的政治地位有所降低，但是并没有影响到宗教活动的频率和广泛性。佛教的寺庙和道教的道观，其数量仍然在不断增加，僧侣和道士的人数也在不断增长，与元代相比，其宗教活动的繁盛有过之而无不及。

特别是有些元朝统治者所行用的宗教习惯，到了明代仍然被沿袭下来。例如，元朝统治者在即位之前，都要找一位僧人做自己的替身，到寺庙中出家并任住持。这种习惯，也被明朝统治者承袭。时人称："本朝主上及东宫与诸王降生，俱剃度童幼替身出家，不知何所缘起，意者沿故元遗俗也。今京师城南有海会寺者，传闻为先帝穆宗初生受釐之所。"①

在明代，中央政府对西藏地区的统治，也主要是通过宗教手段来实施的。虽然明朝统治者没有敕封藏传佛教领袖人物为帝师，但是，被敕封为法王、大国师、国师等名号的高僧比比皆是。而这些受封的高僧或者其信徒们，经常往来于北京城与西藏地区之间，从而加强了两地之间的政治联系，活跃了两地之间的宗教交流，同时，也使两地之间的文化交流和经济贸易活动更加频繁。

在明代的北京城，伊斯兰教的活动与此前的元代相比，要逊色得多。这一点，是与民族关系的变化密切相关的。在元代，由于蒙古统治者采用了比较偏激的民族政策，把诸多少数民族（当时称为"色目人"）人士的政治地位抬高到了广大汉族民众之上，因此，许多尊奉伊斯兰教的少数民族人士在政府的各级职能部门中担任了显要的职务，这就使得伊斯兰教的宗教活动有了强大的政治背景作为依托。此外，在元大都城内外，生活着大批信奉伊斯兰教的少数民族人士，其数量之多，超过了以往任何一个历史时期。

而随着元朝腐败统治的垮台，大批信奉伊斯兰教的少数民族人士都随着蒙古统治者逃遁了，在新组建的明朝政府中，少数民族人士的数量锐减，特别是在朝廷中执掌大权的显要官员中，其少数民族人士的数量就更少了。这种政治势力的变化，显然给伊斯兰教的活动和发展带来了不利的因素。而广大汉族民众在元代被少数民族官员和商贾欺压的经历所隐藏的怨恨，在元末农民战争中都爆发出来了。这种情况，给明代伊斯兰教的发展也带来了不利的影响。

在明代，宗教活动受到影响最大的当属基督宗教。在此前的元代，统治阶层中的许多人都是信奉基督宗教（和它的一个分支派别"景教"）的，元世祖忽必烈的母亲就是一位虔诚的景教徒。由于元朝与欧洲交通的顺畅，罗马教皇和元朝帝王之间开始多次派遣使节往来，并且，罗马教皇还派出了一批又一批宗教团体到中国开展传教活动，有些传教士在元大都城开展的宗教活动颇见成效。建立了多处教堂，洗礼了大批民众。

但是，在明代的政府中，几乎找不到信奉基督宗教的重要官员。特别

---

① 《万历野获编》卷二十七《京师敕建寺》。

是绝大多数的明朝官员因为信奉儒家学说，故而对于这种西洋的宗教采取了极为激烈的排斥态度，而没有了元朝统治者对各种宗教都采取的宽容态度。因此，在明代初期的北京城里，很难见到基督教徒的宗教活动。直到明代中后期，才陆续有了一些天主教的传教士来到北京，从事宗教活动，但是，其规模及影响，仍然远远不能同此前的元代相比。

自从元末农民起义军推翻了蒙古统治者的腐败统治之后，新建立的明王朝就长期与长城以北的游牧民族处于对抗状态。明成祖的几次大规模北征，没有根本解决问题，游牧民族的几次南下，也没有给明朝造成毁灭性的打击，这种对抗就一直延续到了明代末年。而这种农耕民众与游牧民众之间的长期对抗，在文化方面明显阻滞了农耕文化与游牧文化之间的交流与融合。双方在军事对抗的过程中，损失都是巨大的。

但是，军事方面的激烈对抗却又无法取代经济方面的交易和文化方面的交流。这种对抗只是暂时的，时而激烈，时而缓和。而双方的交流则是持久的，甚至可以说是一种永恒的主题。中华民族的优秀传统文化正是在这种不同文化之间的长期对抗与交流的过程中产生和发展起来的。农耕文化与游牧文化的冲撞与融合，到了明代，已经有了几千年的历程，但是，不仅没有日渐衰弱，而且还在向后延续，还在创造着新的、辉煌的文明。

第三节　从融合到排斥

一　明朝统治者的民族观念与政治举措

元末农民战争推翻了元王朝的腐败统治，中原地区的汉族民众建立了新的明王朝，这种政治局势的巨大变化，必然在文化上也引起很大的变化。其变化的一个显著标志，就是从大规模的文化融合转变为文化对抗，换言之，也就是农耕文化对游牧文化的排斥。与此同时，以儒家学说为代表的农耕文化对于其他的各种外来文化，也采取了拒不接受或排斥的态度，从而使整体上的中国文化从元代的对外大开放转变到对外大封闭。

在蒙古国崛起之初，由于蒙古统治者自身的文化修养所限，对于草原地区之外的大多数主流文化，包括中华民族的农耕文化、以西亚为中心的伊斯兰文化，以及以欧洲为中心的基督宗教文化等，都缺乏足够的认识，因此，在他们统一中国、走向世界的过程中，陆续接触到了这些主流文化的时候，采取的是兼容并蓄的态度。况且这些主流文化的文明发展程度，显然都要比当时草原地区的游牧文化高一些，故而其所采取的兼容态度是必然的。

特别是游牧民族自身的生产和生活特点，带来了其文化上的高度开放性。牧民们在生产中形成的大范围的流动性，是这种高度开放性的经济基础。流动性使人们的日常生活与农耕民族的固定生产和生活相比，具有更为宽泛的视野，而马背上的游牧民族与徒步而行的农耕民族相比，又有着更为广阔的空间感。因此，在对待外来文化的态度上，也就具有了更大程度上的开放性。

而在蒙古统治者进占中原地区之后，他们的生活空间已经成倍扩展了，而且其生活的环境也发生了巨大的变化，不再只是辽阔的草原，而是来到了中原的农耕地区，更多接触到了以前十分陌生的农耕文化，因此，就他们而言，在自觉与不自觉之间，开始受到农耕文化越来越多的影响，也就是说，他们是在自觉与不自觉之间开始了文化融合的进程。他们在来到中原地区、接触到农耕文化的同时，也把他们十分熟悉的游牧文化带到了中原地区，并且大力加以推广，这也是在自觉与不自觉之间进行着不同民族之间的文化融合。

而与蒙古统治者截然不同的，是明朝的汉族统治者，连同他们身边的众多杰出政治家，自幼即生活在农耕文化的浓厚氛围的熏陶中，所见所闻、所思所想，都是一个固定的模式，而这种文化模式在中国古代社会中又是一种极为辉煌的模式，其文明程度绝不逊色于当时存在于世界上的其他任何一种文化，而与蒙古统治者所熟悉的游牧文化相比，甚至更为辉煌。这种文明程度上的优势，经过长时间的熏陶，也就使得广大汉族民众在自觉与不自觉之间产生了一种优越感。而优越感的不断扩张，或者说是滋生蔓延，就转变为对周边不同文化的贬视和歧视。

这种优越感和贬视意识，早在先秦时期就开始产生，随着历史发展进程而进一步扩大，变得越来越强烈。虽然生活在汉族周边的少数民族也在不断发展，并且在中国历史的发展进程中发挥了越来越重要的作用，从先秦时期的秦国西戎、楚国南蛮，到魏晋南北朝时期的鲜卑等"五胡"，再到宋元时期的契丹、女真和蒙古等少数民族，从自立为诸侯到建立割据政权，再到建立一统天下的封建王朝，少数民族创造了越来越辉煌的历史，但是，汉族民众的这种文化上的优越感和对少数民族文化的贬视，却始终没有改变。

于是，当明朝统治者重建汉族王朝之后，这种文化上的优越感和贬视意识就在强大的政治势力的支持下再次抬头，并且有了进一步的扩张。这种扩张带有十分强烈的政治色彩，用当时人们的观念则是被称为"正统"观念。如明成祖在给明太祖所制作的册文中称："钦惟皇考皇帝，统天肇运，奋自布衣，戡定祸乱，用夏变夷……"① 明朝统治者在祭祀明太祖庙所奏乐章中，亦有"乃武乃文，攘夷正华，为天下大君"的词章。② 这里所说的"用夏变夷"，"攘夷正华"，就包含有用中华文化取代少数民族文化的意思。

所谓的"正统"观念，一方面，是"正华"、"用夏"，就是以农耕文化来作为主导文化，也就是以儒家学说来占据统治地位。另一方面，是"变夷"、"攘夷"，就是要迫使少数民族文化加以改变，也就是要排斥少数民族文化的影响。这种观念，不仅在明朝统治者的眼里是合情合理的，就是在许多信奉儒家学说的百姓当中，也产生了广泛的影响。自宋代以来，在民间传说中广泛流传的"杨家将"和"岳家军"的故事，就代表了广大民众对少数民族势力不断向南扩张的历史进程的不满在文化上的表现。

就是在元代，由少数民族统治者建立的王朝中，史官们为修撰《宋史》、《辽史》和《金史》，应该把哪个政权摆在"正统"的位置上竟然争论不休。显然，如果站在汉族民众的立场上来看，只有宋朝才配占据"正统"王朝的位置，而辽朝和金朝的少数民族统治者，都是篡立的伪政权。如果站在少数民族民众的立场上来看，辽朝、金朝和宋朝应该是占有同等的位置，于是，也就有了三史并修的结果，既没有把宋史作为历史发展的主线（即正统王朝），也没有把辽史和金史作为宋史的附属。如果宋、辽、金三史是由汉族王朝的史官来加以修撰的，辽、金两代是否能够独立成篇，确实很难预测。

二　民族地位的政治变化

在明王朝建立之前，蒙古统治者曾经采取了错误的民族政策（即四等人制度），把广大汉族民众（即所谓的汉人和大部分南人）压在了社会

---

① 《明史》卷五十一《礼志》。
② 《明史》卷六十二《乐志》。

的最底层，失去了以往的自尊。而蒙古人和色目人（对当时一些少数民族的统称）则被排在了前两位，具有很大的政治特权。在明王朝建立之后，这种状况有了根本的转变，汉族民众不再被排列在其他少数民族人士之下，恢复了以往的自尊，许多专门适用于少数民族的优惠政策也随之被取消了。

这种以往的自尊开始扩大蔓延，从自尊转变为独尊，这个变化是随处可见的。例如，在宫廷乐舞中就有着明显的反映。"永乐十八年，北京郊庙成。……更定宴飨乐舞：初奏《上万寿之曲》，《平定天下之舞》。二奏《仰天恩之曲》、《抚四夷之舞》。三奏《感地德之曲》、《车书会同之舞》。……奏曲肤浅，舞曲益下俚。"[1] 这里所谓的"平定天下"、"抚四夷"、"车书会同"等，皆为历代汉族统治者夸耀其丰功伟绩的惯用词汇。其中的"抚四夷"，隐含着对周边少数民族的蔑视；而"车书会同"，则表现出了农耕文化一统天下的"霸气"。这种统一文字的做法，与元代的多种文字（官方限定的是三种）并用的做法相比，显然更不利于汉族与少数民族之间的文化融合。

明朝统治者虽然推翻了蒙古帝王的腐朽统治，但是，有一个百余年历史形成的客观事实却是任何一个人都无力改变的，那就是在元代有大量的、各个不同少数民族的民众陆续进入中原和江南地区，并且开始在这里长期定居。这些少数民族人士，有的在蒙古贵族的统治垮台之后，也随之逃往漠北草原等地，也有的仍然定居在中原地区，这部分人是大多数。而在定居的少数民族人士中，也可以分为两个部分，一部分在元代就已经"汉化"得十分彻底，与汉族民众完全融为一体，契丹族、女真族等少数民族民众即是如此。另一部分则仍然保留了大量的少数民族自身的文化特色，而较少受到"汉化"的影响，回族及有些蒙古族等少数民族人士即是如此。

此外，当明太祖几次派遣大军扫荡漠北草原上的元朝残余势力，以及明成祖几次率领大军亲征漠北草原之后，草原上的元朝残余势力已经基本上被消灭了，没有了反攻复国的威胁，但是，在这里仍然生活着大量游牧民族的民众，对于这些人采取怎样的政策，也是一个极为重要的问题。也就是说，由少数民族建立的封建王朝虽然消失了，然而少数民族在社会上

---

① 《明史》卷六十一《乐志》。

所产生的重要影响却并没有消失，而且还存在着巨大的潜力。

例如，从元代开始传入大都城的藏传佛教，集中体现了西藏少数民族文化的精髓，并且受到了元朝统治者的尊崇和大力推广。到了明代，汉族统治者同样出于对西部边陲的稳固治理的需要，而对那些藏传佛教的领袖人物采取了尊崇的态度，封以尊号，召入京城，大行法事，等等。而有明一代从西藏地区前来京城的藏传佛教僧人络绎不绝。京城里面的藏传佛教寺庙数量又有所增加，僧侣人数也不见减少，明朝统治者还在皇城的东面专门设置了番经厂，刊刻和印制藏传佛教的经书，以弘传该教派的佛法。

在中国古代，政治权力和宗教权力是分开的，皇权至高无上，神权乃处于附属的地位，因此，为巩固封建统治服务的儒家学说就在政治上占据了主导地位。虽然有些封建统治者十分崇拜佛教或者道教，但是，这两种宗教的势力却始终无法取代儒教的政治地位。而在西藏及其周围地区，乃是采用政教合一的制度，藏传佛教的领袖人物在处理日常世俗事务的时候，也有着举足轻重的影响。有鉴于此，不论是元朝的少数民族统治者，还是明朝的汉族统治者，都采取了利用藏传佛教领袖来巩固中央王朝统治的办法，这种办法在实践中也确实起了有效的作用。

三　少数民族文化的潜在影响

在明代，民族关系处于一种十分微妙的状态中。汉族统治者既不会像元朝的蒙古统治者那样，采取明确的扶持各个少数民族而压制汉族民众的政策，也不会对各个少数民族的民众采取完全的严厉压制政策，而是要对他们采取两面手段。一方面是尽量限制他们的进一步发展；另一方面则是要安抚他们，以避免不必要的社会动乱。这种又压又抚的办法，是历代封建统治者所一贯采用的手段。

正是在这种两面手段的控制下，不同民族、不同文化之间的相互融合只能处于缓慢的进程之中。与此前的元代相比，不论从范围上，还是从深度上，民族融合与文化融合都有着明显的萎缩，多元文化并行的繁荣局面没有了，却换来了又一次的农耕文化的独盛。正如以往的有些学者所指出的，农耕文化是一种内敛性很强的文化，换言之，也就是一种较为封闭的文化。而游牧文化与之相比，则是一种外扩性很强的文化，也就是一种较为开放的文化。

当这两种文化在不断融合时，游牧文化的开放性对于农耕文化的封闭性是一种十分有益的补充，二者融合的结果使中华民族的整体文化具有了更加充沛的活力。也正因为如此，在中国历史上才出现了几次文化发展的辉煌阶段。当先秦时期的西戎秦国和南蛮楚国等少数民族的文化融入中原地区的华夏民族之后，随之而来的是两汉时期的文化辉煌。当魏晋南北朝时期的鲜卑、羯、氐、羌等少数民族及其文化进入中原地区，并且与汉族的农耕文化加以融合之后，随之而来的则是唐代的文化辉煌。

而在经过了宋元时期的汉族与契丹族、女真族、蒙古族等少数民族的大融合之后，把中华民族的文化又推向了一个新的辉煌阶段。到了明代，这种已经不断扩大的民族融合与文化融合却被改朝换代的政治大变动阻滞了，明王朝与北方游牧部落之间的军事上的对抗，带来了两种文化之间的对抗，于是，中原王朝的统治者对少数民族的文化必然采取排斥的态度。这种态度对广大民众的影响力是不可低估的。

农耕文化的独盛，是明朝推翻元朝统治之后的一种必然的文化发展结果，而这个结果带来了更多的封闭性，减少了许多的开放性，这种结果，又给北京的文化发展带来了决定性的影响。可以说，明代的北京文化，既保留了大量元代大都文化的残余，有着明显的传承关系，又带有了新的特质，即以农耕文化的独盛取代了多元文化的繁荣。当然，由于受到元大都文化的影响，在发展独盛的农耕文化中，也包含有一些势力十分微弱的其他文化（如伊斯兰文化）的因素。

第十一章　正统京师文化的形成

　　明太祖朱元璋死后，新即位的建文帝听从部下的建议，采取"削藩"的政策，逼迫燕王朱棣起兵"造反"，其结果是建文帝不知所终和燕王朱棣夺得皇权，史称明成祖或是明太宗。在经过这场巨大的政治风波之后，明朝有了两个政治中心，一个是原来明太祖所立的南京，另一个则是后来明成祖所立的北京。在明成祖夺得皇权之初，仍然是以南京为首都，而北京只是陪都，故而又称"行在"。但是，没过多久，这两者之间的地位就发生了变化，北京逐渐成为首都，而南京逐渐变为陪都。

　　及明成祖死后，明朝统治集团中的许多人都想重新把南京变为首都，把北京再次变为陪都，这个犹疑地过程在持续了一段时间之后，最终的结果，仍然是确立了北京的首都地位。于是，取消了"行在"的称呼，又把北京称为京师，作为全国政治和文化中心的地位由此得到巩固，一直到明朝灭亡，再也没有出现政治中心游移变更的现象。

　　当北京的政治中心地位确定之后，这里很快就变成了全国的文化中心，其城市文化得到迅速发展，日益繁荣。于是，逐渐形成的京师文化就成为足以影响全国各地文化的主流文化，可以说，在此之前的元代，就已经形成了影响巨大的京师文化，只是由于受到改朝换代的政治冲击而一度中断了。到了明代，这种京师文化再次形成，并且对以后北京文化的发展产生着深远的影响。

　　在明代的北京，宫廷文化无疑仍是京师文化中的核心内容。一方面，只有京师才会有宫廷文化；另一方面，宫廷文化又最为典型、最为集中地显示出中华文化的精髓。换言之，没有宫廷文化，就没有京师文化，而宫廷文化所具有的强大影响力，又是其他文化无法与之相比的。不论是北京的士大夫文化还是市民文化，都多多少少要受到宫廷文化的影响。而所谓的"正统"，又是借用当时人们所惯用的概念，也就是以农耕文化作为正统文化的代表，而其他少数民族文化和外来文化，则被当作了非正统文化，受到贬抑。

第一节　北京的重新营建及其影响

一　政治中心的重新确立

北京作为全国的政治和文化中心，既有其历史发展的必然内在因素的影响，也有其诸多外在的偶然因素在产生着作用，建文帝采取的"削藩"政策和燕王朱棣的"靖难"起兵就是偶然的外在因素。在朱棣起兵之前，这里的政治和文化中心地位已经被取消了。明太祖朱元璋在攻占元大都城之后不久，即将其改为北平府，据《明太祖实录》记载，洪武元年（1368 年）八月，朱元璋下令："诏改大都路为北平府。命征元故官送至京师。"① 同年九月，朱元璋又下令："置大都督分府于北平，以都督副使孙兴祖领府事，升指挥华云龙为分府都督佥事。"② 这时的北平府，无疑是整个北方地区最重要的军事重镇。

同年十月，明太祖朱元璋又以扫平元朝诏告天下，在诏书中专门提到："秘书监、国子监、太史院典籍，太常法服、祭器、仪卫及天文仪象、地理户口版籍、应用典故文字，已令总兵官收集。其或迷失散在军民之间者，许赴官送纳。"③ 由于所有政府官员（也包括主管文化工作的官员）和各种文化典籍及器物都被送到南京城去了，北平府在失去政治中心地位的同时，也失去了文化中心的地位。此后不久，朱元璋又下令："置北平、广西二行省。"④ 北平遂成为建制健全的地方行政机构。

"靖难之役"以后，明成祖朱棣就有了迁都北平的打算，大臣们遂于永乐元年（1403 年）正月上言曰："自昔帝王或起布衣平定天下，或由外藩入承大统，而于肇迹之地皆有升崇。切见北平布政司实皇上承运兴王之地，宜遵太祖高皇帝中都之制，立为京都。制曰：可，其以北平为北京。"同年二月，明朝政府对这里的行政机构加以调整："设北京留守行后军都督府、北京行部、北京国子监。改北平府为顺天府，北平行太仆寺

① 《明太祖实录》卷三十。
② 《明太祖实录》卷三十一。
③ 同上。
④ 《明太祖实录》卷三十九。

为北京行太仆寺。……北平布政司、按察司及北平都司等衙门，刑部、户部之北平清吏司俱改北京清吏司。都察院北平道改北京道。"① 这时的北京只是陪都，还不具有政治和文化中心的地位。

到了永乐十四年（1416 年）十一月，明成祖决心把北京作为全国的首都，但是，又考虑到建造皇城宫殿的工程极为浩大，为了先营造有利的舆论，于是，"复诏群臣议营建北京"。诸武官皆表赞同，上疏曰："臣等窃惟北京河山巩固，水甘土厚，民俗淳朴，物产丰富，诚天府之雄，地王之都也！皇上营建北京，为子孙帝王万世之业。……伏乞上顺天心，下从民望，早勅所司，兴工营建。"诸文臣也上疏表示赞同："伏惟北京圣王龙兴之地，北枕居庸，西峙太行，东连山海，南俯中原，沃壤千里。山川形胜足以控四夷、制天下，诚帝王万世之都也。"② 众口一词，促成其事。于是，大规模的营造工程正式动工。

早在洪武年间，朱棣被封为燕王，镇守北平，就在原来元朝皇宫的旧基址上修建了王府，当他夺得皇权，把北平改称北京之后，即在王府的东侧兴建了新的皇宫。到永乐十八年（1420 年）九月，北京的皇宫营建完毕，明成祖遂下令："以明年正月初一日始，北京为京师，不称行在。各衙门印有'行在'字者悉送印绶监。令预遣人取南京各衙门印给京师各衙门用。南京衙门皆加'南京'二字，别铸印，遣人赍给。"③ 印绶的更换，不仅仅是名称的变化，而且是政治地位的变更，南京从首都变为陪都，而北京则从陪都上升为全国的政治中心。

对于明成祖把北京作为全国政治中心的决定，并不是所有的人都赞成的。及明成祖死后，明仁宗即位，就曾决定把首都重新迁回南京，于是，在洪熙元年（1425 年）三月下令："命诸司在北京者悉加'行在'二字，复建北京行部及行后军都督府。"④ 但是，没过多久，明仁宗死去，将首都迁回南京的设想也就未能落实。

即位后的明宣宗并没有继续执行迁回南京的决定，而是仍以北京作为首都，乃在宣德三年（1428 年）八月下令："革北京行后军都督府及行

① 《明太宗实录》卷十六。
② 《明太宗实录》卷一〇三。
③ 《明太宗实录》卷一一七。
④ 《明仁宗实录》卷八下。

部。"① 再到正统六年（1441 年）十一月，明英宗又下令，把北京各衙门的印绶中所带"行在"二字删去，又在南京各衙门的印绶上增加"南京"二字，这种做法，正是恢复了明成祖永乐十八年（1420 年）的旧制，经过二十年的游移，北京作为全国政治和文化中心的地位得到了确立，此后，一直到明朝灭亡也没有再发生变化。

二　文化中心的再度形成

在中国古代社会中，政治中心的确定，对于文化的发展影响极大。先秦时期的中央王朝的都城和各个诸侯国的都城，都是当时文化最为发达的地方。到了汉唐时期，仍是如此。宋辽金时期，由于政治局势的分裂，造成多个政治中心的并立，也带来了文化发展上的区域之间的不平衡。相对而言，仍然是位居中原和江南地区的两宋政权的都城，其文化的发展更为发达，而处于边陲地区或是北方地区的少数民族政权的都城，其文化的发展相对要迟滞一些。

及元朝统一天下，扫平各个割据政权，于是，全国只有一个政治中心，也就只有一个文化中心了，这就是元大都城。这时的南宋旧都城临安（今浙江杭州）虽然文化的发展仍旧十分繁盛，却已经无法与大都城相提并论了。及明代初年定鼎南京，成为新的全国政治中心，只是其历时太短，还没有形成文化中心，就被"靖难之役"的政治巨变打断。此后不久，北京城即确立了全国政治中心的地位，也就逐渐成为了全国的文化中心。

这种文化中心的出现，是与政府的各项职能密切相关的。在文化教育方面，全国的最高学府国子监设置在这里，政府征召全国最著名的学者在这里任教。政府科举考试的最高一级也在这里举行，这就使得全国念书人中的精英也总是要汇聚到这里，以求取功名。许多外地的学子为了科举考试便利，还长期居住在京城，以免除往来于都城与全国各地之间的奔波劳苦。有些人在科举考试成功之后，还被任命在京城做官，遂成为都城的长住居民。

又因为最高统治者长期生活在这里，也就有一大批专门为其服务的文化精英汇聚到这里，各自施展才华。文章写得好的任御用文人，书画技艺

---

① 《明宣宗实录》卷四十六。

高的任御用画工，精通礼仪的入太常寺，擅长演艺的进教坊司，等等。这种巨大的人才凝聚力，为都城的文化发展增添了难得的活力，促进了封建都城的文化繁盛，而这种文化上的凝聚力，又是只有都城才会有的。

作为一个名副其实的文化中心，仅仅有人才凝聚力是不够的，还要有一段相对较长时间的积累，不断除旧布新。在明代定都北京之前，这里曾经是辽代的陪都，也是辽代的文化中心；又曾经是金代的首都和北半个中国的文化中心；还曾是元代的政治和文化中心，几百年来的文化积淀，给了这座城市极为丰厚的文化内涵。这期间，虽然由于改朝换代的战乱曾经造成了巨大的破坏，但是，城市的文脉并没有中断，一代又一代地延续了下来。

到了明代定都北京之后，这种文化积淀又延续下来，很快就达到了其发展的繁盛时期。作为全国的著名文化人，如果不能够在北京城崭露头角，就很难在全国产生巨大影响。北京城为每一个前来这里的人提供了广阔的表演舞台，只要你能够充分展示自己的才华，并且得到相关文化圈的认可，就可以一举成名。当然，对于大多数人而言，这种一举成名的机会是很少的。因为在这里寻找发展的机会，不仅要有才华，而且还要有机遇。

三　宗教中心的重要作用

在北京，又是各种各样宗教界人士开展各项宗教活动的重要场所。在中国古代，任何一个宗教派别要想生存并进一步有所发展，都必须得到最高统治者的认可及扶持，因此，在最高统治者生活的都城，不同的宗教派别就都要派出自己的领袖人物，为最高统治者提供宗教服务，以此获得其大力扶持。在明代，这种状况没有改变，于是，佛教与道教这两大宗教派别也就都在北京城里派驻有自己的领袖人物，围绕着封建统治者开展各项宗教活动。而那些生活在全国各地的著名僧人和道士，也经常来到京城，从事传经布道活动，以扩大自己的影响。

有一点是特别值得注意的，就是宗教势力与政治势力之间的相互勾结与相互利用。在西方社会，宗教势力与政治势力的相互结合是以政教合一的形式来完成的。但是，在中国的皇权至上的社会环境中，宗教势力要想求得发展，一方面，是要得到最高统治者的扶持；另一方面，则是需要和其他政治势力相互勾结，相互利用，才能够扩大自己的势力，打击异己势力。

在北京城里，不论是佛教派别还是道教派别，都是把对方看成异己势力，而不是可以勾结与利用的政治势力。他们在竭力获得皇权扶持的同时，又都把目标对准了宦官的势力。在都城之中，除了高高在上的皇权之外，官僚士大夫集团和宦官集团无疑是两股庞大的政治势力。官僚士大夫中的许多人是对佛教或者道教十分友善的，甚至有些士大夫还和著名的僧人或道士交谊深厚，但是，作为一个势力集团，官僚士大夫对于佛教和道教都是采取排斥和贬抑的态度的。不论是佛教或者道教，要想与官僚士大夫集团相互勾结与利用，都是很困难的。

因为官僚士大夫作为一个整体而言，是有其固定不变的基本原则的，包括生活原则、处世原则，等等。而这些基本原则与佛教和道教的基本原则中的许多方面是格格不入的，有些甚至是水火不相容的。所以，不论是佛教还是道教，在许多政治场合中都会受到官僚士大夫们的抨击，有些抨击是较为平缓的，有些抨击就显得十分激烈，甚至过于偏颇。有的官僚士大夫对那些喜欢与僧人、道士结交的同僚们也进行抨击。

与官僚士大夫集团不同的是，宦官集团虽然政治势力也很强大，但是，他们却没有形成固定不变的基本原则，或者说是，他们的基本原则就是随波逐流，一切行为都是以皇权为准则的。正是因为如此，佛教势力和道教势力很容易就把勾结的目标确定在宦官集团身上。而这种勾结的效果是十分明显的，不论是佛教还是道教派别，只要是得到宦官集团的支持，就很快转变为皇权对它的支持。

同样，一个宗教派别在受到官僚士大夫集团的抨击时，其发展虽然会受到一定的阻力，但是危险还不大。而一旦受到官僚士大夫集团和宦官集团的双重抨击，其势力的发展不仅要受到严重的阻滞，而且往往会带来"灭教"的灾祸。如果一个教派受到官僚士大夫集团的抨击，却又受到宦官集团的保护，那么，对它的危害性也就会减到最小，甚至不会受到危害，而更有所发展。

对于任何一个宗教派别而言，京城都是最为理想的活动场所。在这里，宗教建筑数量最多，建筑规模最大，政治级别最高。所谓建筑数量最多，是指寺庙、道观等遍布京城及郊畿各处，既有前代保存下来的建筑，也有修复前代的建筑，还有当时新营造的建筑。由于京城是全国的政治和文化中心，因此，不同的宗教派别都会在这里修造自己的具有代表性的宗教活动场所，这也是京城宗教建筑数量特别多的一个重要原因。

这里所说的建筑规模最大，和政治级别最高有着密不可分的联系。早在辽金元时期，契丹、女真、蒙古等少数民族统治者就先后在这里兴建了诸多的寺庙和道观。仅以寺庙为例，如辽朝统治者在燕京城里修建的大昊天寺、大竹林寺和大开泰寺等，金朝统治者在中都城里修建的大圣安寺、在中都城郊西山修建的栖隐寺及永安寺等，元朝统治者在大都城里修建的大圣寿万安寺、大天寿万宁寺、大承华普庆寺，等等。

这些由皇家兴建的寺庙，其规模之大，冠绝都城，有些甚至可以和皇宫相媲美。又因为这些寺庙的建造者的身份是至高无上的，因此，建造完的寺庙往往被加上"敕建"的头衔，故而其政治级别也是最高的。历代统治者在建造完寺庙之后，又会召请著名的僧侣到寺庙里主持寺中事务，许多重要的皇家宗教活动，也会被安排在这里举行。与此同时，历代统治者对于这些皇家兴建的寺庙在经济上也会给予充裕的供应。

到了明代，北京城内外兴建的寺庙和道观等建筑越来越多，正如后人所云："都城自辽金以后，至于元，靡岁不建佛寺，明则大珰无人不建佛寺。梵宫之盛，倍于建章万户千门。"① 正是在这种情况下，都城宗教势力的发展，比起其他地区来要迅速得多。当然，如果这些宗教势力在发展的过程中触犯了政治集团的利益，也会因此而受到严厉打击，使其势力一蹶不振。

综上所述，北京作为全国的政治中心，经历了一个特定的过程。除了历史发展的内在必然规律在产生影响之外，偶然的外在因素（如靖难之役）也产生了很大的作用，因此，这个过程经历了几十年的时间。而随着北京成为全国的固定政治中心之后，这里又逐渐成为了全国的文化中心。并且开始在文化教育、科举考试、诗文绘画创作、演艺等众多方面产生越来越重要的影响。特别是在宗教方面的影响，更是在社会上产生了巨大的作用。对于上述在明代北京城里发生的种种文化活动，我们统称之为京师文化，又因为这种文化的内涵是以儒家学说为其主导的，故而称之为正统京师文化。

---

① 见《日下旧闻考》引清人朱彝尊原按语。

第二节 儒、释、道三教势力的重新调整

一 儒、释、道三教的关系

在中国古代，人们对儒、释、道三教的认识与认同，有一个历史的变化过程。早在汉代，儒家学说已经确立了其在中国思想界的统治地位，而佛教和道教则开始在社会上产生初步影响。到了魏晋南北朝时期，佛教和道教的影响变得越来越大，人们才把二者与儒家学说相提并论。南齐时名士顾欢曾撰写有《夷夏论》，以评定佛教和道教的优劣，其观点相当精辟，颇能代表当时儒士们对二教的态度。

该论文的要点之一，是对二教的文化渊源之不同加以强调，因为道教产生于中国本土，比较容易获得官僚士大夫们的认同，而佛教传自西土，这时还没有完成"中国化"的过程，故而颇受抨击，《夷夏论》中的"夷"，指的即是佛教，而"夏"则是指的道教。顾欢认为："国师道士，无过老、庄，儒林之宗，孰出周、孔。"显然，不论是周公、孔子，还是老聃、庄周，都是儒士们十分熟悉的人物。而佛教却是戎夷之法："今以中夏之性，效西戎之法，既不全同，又不全异。下弃妻孥，上废宗祀。……悖礼犯顺，曾莫之觉。弱丧忘归，孰识其旧？……舍华效夷，义将安取？"① 具有明显的贬抑佛教的态度。

其要点之二，是承认二教的社会教化影响力的存在，并指出二者在形式上的差异。所谓："器既殊用，教亦异施。佛是破恶之方，道是兴善之术。兴善则自然为高，破恶则勇猛为贵。佛迹光大，宜以化物。道迹密微，利用为己。优劣之分，大略在兹。"（引文同上）显然，佛教和道教的社会影响，已经受到人们越来越多的关注，开始有更多的儒士对二教的优劣加以品评，这种品评不是茶余饭后的闲聊，而是关系到社会风气的大是大非的问题。

对于顾欢的看法，当时的名士袁灿与明僧绍等人都表示了反对的态度，即贬抑道教而抬高佛教。如明僧绍专门撰写了《正二教论》，提出："佛明其宗，老全其生，守生者蔽，明宗者通。今道家称长生不死，名补天曹，大乖老、庄立言本理。"（引文同上）由此可见，在当时的儒士中

---

① 《南齐书》卷五十四《顾欢传》。

有许多人已经崇信佛教，这是和江南地区的社会风尚有着浓厚的佞佛趋势密切相关的。

而在北方地区，也是在这个时期，佛教和道教的势力同样发展很快，在社会上已经产生了广泛的影响。特别是北周武帝宇文邕在位时期，朝中君臣对于"三教"的问题曾经展开较为深入的讨论。如当时的著名儒士沈重，就特别受到周武帝的赏识："天和中，复于紫极殿讲三教义。朝士、儒生、桑门、道士至者二千余人。……凡所解释，咸为诸儒所推。"①文中所云"桑门"，就是指僧侣。这种对儒、释、道三教的阐释，完全是从儒家的角度出发的，换言之，在当时，也只有儒生能够站在居高临下的位置对释、道二教加以品评，而佛教和道教却不敢对儒家学说有丝毫的不恭。

作为一位少数民族统治者，周武帝宇文邕对于"三教"也表现出了极大的兴趣，并且公然对"三教"加以排列，以定其先后。建德二年（573年）十二月，周武帝"集群臣及沙门、道士等，帝升高座，辨释三教先后，以儒教为先，道教次之，佛教为后"②。这种位置的排列，从一个特别的角度反映出当时"三教"在社会上的政治地位及其所产生的影响。

翌年五月，北周武帝又做出了一个震惊天下的举动："初断佛、道二教，经象悉毁，罢沙门、道士，并令还民。并禁诸淫祀，礼典所不载者，尽除之。"（引文同上）这个举动，在佛、道二教来看，无疑是一场巨大的灾难。而在许多号称正直的儒士们看来，这却是一个大快人心的举动，对于民风民俗会产生一种正本清源的作用。当然，北周武帝之所以会做出这个举动，显然也是受到了儒士们的很大影响。

从唐代以后，佛教的"中国化"进程逐步完成，给它增添了强大的生命力，特别是禅宗一派学说的创立，给社会上各个阶层都带来了"神侃"的载体，于是，佛教的势力开始迅速扩张，"谈禅"也成为了一种文化上的时髦风尚。在这种情况下，儒教的地位仍然十分稳固，排在首位，而道教的势力却落到了佛教的后面，排在了第三位。虽然唐朝统治者对于道教大力提倡，给予了显赫的政治地位，但是，它在社会上所产生的影

---

① 《周书》卷四十五《沈重传》。
② 《周书》卷五《武帝纪上》。

响，已经比佛教要逊色得多。

到了辽宋金元时期，位于中原和江南地区的两宋政权仍然维持着儒、释、道三教的鼎立局面，并且仍然是儒教排在首位，这是汉族统治者所建立的王朝一贯的文化格局，没有发生大的变更。而辽、金两个少数民族政权，虽然在文化上显示出了很强烈的少数民族特色，对于儒、释、道三教的基本格局也没有给予大的变更。一直到元代，蒙古统治者入主中原地区之后，才改变了这种文化格局。这种改变的原因，乃是因为在中央政府到地方政府的各级部门中，大多是由蒙古贵族和其他少数民族（即所谓的色目人）贵族们执掌着大权。在他们这些人中，很少有人能够精通"深奥"的儒家学说，也很少有人信奉这种学说，故而使得儒家学说的政治地位大大降低了。

于是，在元朝的少数民族君臣们的眼睛里，佛、道二教是珍宝和金银，而儒教只不过是五谷。五谷虽然很实用，人们的生活一刻也离不了，但是，若与珍宝和金银相比，也确实是不值钱的东西。于是，三教的排列顺序变更了，释道二教排到了前面，儒生甚至被排到了"老九"的位置上。这种情况，是从汉武帝罢黜百家、独尊儒术以来还从来没有出现过的。

到了明代，封建王朝再次由汉族统治者所建立，于是，儒、释、道三教的势力又得到了新的调整，重新回到了汉唐以来的基本文化格局上来，儒教排在首位，而佛、道二教次之。这种文化格局的重新调整，或者说是对文化渊源的一种回归，显然是与政治势力的变更密切联系在一起的。因为在明代，蒙古和其他少数民族上层人物的势力基本上被肃清了，从中央到地方的各级政府部门中，执掌大权的大多是熟读《四书》、《五经》的儒生们。站在他们的立场上，对于佛教和道教仍然是采取排斥和抨击的态度的。

二 儒学的进一步发展及与释、道二教的关系

作为明王朝的最高统治者，从其个人的角度来看，对于佛教和道教的崇奉程度绝不逊色于前朝的蒙古和其他少数民族贵族们。明太祖朱元璋就曾出家做过和尚，明朝的各个帝王在登基之前也都沿用元朝的典制，请一位人士剃度出家作为替身，有的明朝帝王甚至自号"大庆法王"，笃信佛教。这种封建统治者的个人宗教信仰的爱好虽然对于佛教或者道教的自身发展产生巨大影响，但是，在对于三教势力之间的排列顺序方面，却没有

能够产生决定性的影响。

这是由于作为整个官僚集团主体的文人士大夫阶层对于儒家学说的尊崇与奉行不辍，以及儒家学说内在的对于佛、道二教的抵触因素在发挥着巨大的作用。虽然从表面上来看，儒家学说与佛教和道教学说在宋元时期就开始合流，并且产生了宋儒的"理学"，又被称为"道学"。但是，从本质上来看，儒家学说与佛教和道教之间的差异实在是太大了，甚至可以用水火不相容这个词来加以比喻。

佛教宣扬出世，认为人的终极解脱是到达西天极乐世界，而在人间的投胎轮回是俗缘未了。道教则宣扬入世，认为修道成仙才是终极解脱，是否生活在凡世并无太大关系。儒家学说既反对出世之论，认为佛教对人死后的描述是荒诞不经的；同时，也反对入世之论，认为修道成仙也是不可能的。可以说，在三教之中，儒教是唯一能够正视人生历程的学说。佛教的出世之论与道教的入世之论，虽然是一出一入，其本质却是相同的，都是要逃避现实生活中人们所遭受的苦难。

与儒家所宣扬的"先天下之忧而忧，后天下之乐而乐"的思想境界相比，佛、道二教所宣扬的人生哲学确实俗不可耐。二教虽然也规劝世人积德行善，但是却带有强烈的功利色彩，这种功利色彩，正是它们得以在社会上产生广泛影响的关键所在。世上的芸芸众生所具有的最为普遍的心理状态就是趋利避害，这种心理状态是人们有生以来即天然形成的本能，因此，在人们的潜意识中会不断产生巨大的能动作用。而佛教和道教所宣扬的轮回报应之说，又使这种潜意识不断扩大影响，甚至成为人们日常行为的推动力。

在明代的北京城里，官僚士大夫们的观念与宋元时期文人们的观念相比，对佛教和道教的排斥更加激烈，也就是说，从宋元时期的三教合流的文化发展大趋势，转而趋向于对抗，这一点，又是与明朝的封建帝王、后妃等贵族大多数对二教的笃信，以及二教的领袖人物受到诸多控制皇权的宦官集团的扶持密切相关的。当官僚士大夫集团与宦官集团之间发生激烈的政治冲突的时候，佛教或者道教就成为了这种政治冲突的牺牲品。在北京城里就曾出现过相当规模的灭佛运动。

三　佛教和道教的继续发展

在明代的北京，另一个十分显著的现象是佛教和道教的发展比起此前的元代来，更加繁盛。这一点，从北京城内外寺庙和道观数量的增多，僧侣和道士人数的增多，以及崇奉佛教与道教的民众数量的不断增多就可以看出来，这是从表面现象即一目了然的事情。另一方面，宗教领袖人物的活动能量也是有所增强的，他们在社会上所产生的影响也是巨大的。此外，明朝的封建统治者们对佛道二教的扶持力度毫不逊色于前代的帝王们。

然而，佛、道二教的发展，其繁盛程度虽然达到了前所未有的高度，但是在政治地位方面，却仍然无法与儒教相抗衡，而不得不屈居第二和第三的位置。这种现象的出现，也是和人们的"正统"观念密切相关的。在传统的农耕文化中，只有儒家学说才是大多数人们所尊奉认同的，而佛教和道教，虽然受到广大民众的广泛信奉，但是，在他们的心目中，二教或多或少地带有"神"、"魔"的浓厚色彩，因此是不能摆在"正统"学说的位置上的。这乃是当时社会上的人们所普遍认同的。

第三节　明代的京师文化

一　京师文化的发展变迁

在明成祖定鼎北京之前，这里的文化发展，如前所述，经历了一个从支流文化向主流文化转变的过程。这个转变的里程碑，是竖立在蒙古统治者建立的元王朝的基础上的。元代以前，在这里产生和发展的文化，乃是中华文化洪流中的一支分流。先秦时期形成的燕文化，是这一区域文化的支流典型。除此之外，作为中原文化代表类型之一的燕文化，在其产生和发展的过程中，已经受到了周围地区的其他中原文化和北方地区少数民族文化或多或少的影响。

自秦汉至隋唐时期，中国的历史经历了从中央统一王朝到割据分裂王朝，再到中央统一王朝的演变过程。在这个过程中，中华民族的传统文化，也发生了巨大的变化。代表当时世界上最为辉煌的农耕文化，也就是人们常说的"汉文化"，在这时候发展到一个繁盛的阶段，然后受到北方少数民族游牧文化的巨大冲击，遭到严重破坏，在破坏之后的恢复过程中，又融入了许多游牧文化的新因素，从而发展到了一个更为辉煌的阶段，重新显示了农耕文化的辉煌。

在这个历史时期，燕地的文化显然仍是整体中华文化中的一个支流，我们如果要用一句话来加以概括，那就是较为典型的边塞文化。而汉唐时期的主流文化，则活跃在西京长安和东都洛阳这两个政治和文化中心。因为全国的文化精英大多数都汇聚在两京地区。只有少数文人学者，在偶然的时候来到燕地，对这里的边塞风貌留下了深刻的印象，创作了相关的文艺作品，描绘了苍凉的边塞景致。

到了宋辽金时期，统一王朝被推翻了，再次出现了中原汉族王朝与周边少数民族政权之间的分裂割据状态。燕地在这个时期从中原王朝的版图中分离出来，划入由契丹少数民族统治者建立的辽朝的版图中。汉唐时期的统一王朝边塞重镇，一举变为了少数民族政权的陪都，并且成为了少数民族政权的文化中心。在这里进一步发展的辽代文化，如果与位于中原地区的北宋王朝的都城文化相比较，仍然处于支流文化的位置上。

及金朝统治者攻灭北宋王朝，定鼎中都（即辽代的燕京）之后，这里遂成为整个北方地区的政治和文化中心，在汉族文化与少数民族文化相互融合之后，这里的文化发展达到了一个前所未有的繁盛程度。但是，如果与江南地区的南宋都城流行的文化相比，金中都的文化也还处于支流文化的位置上。只是这时的北方支流文化与南方的主流文化相比，二者之间的差距，正在逐渐缩小。这也就为此后元朝统一全国之后的南北文化融合，提供了较为理想的环境。

到了元代，元世祖忽必烈定鼎大都，并且攻灭了南宋王朝，于是，全国统一在一个王朝的版图之内，只能留下一个政治和文化中心，那就是大都城。也正是在这个时候，全国众多的文化精英逐渐汇聚到这里，由于他们在这里从事各种各样的文化活动，遂使大都的文化开始从支流文化转变为主流文化。我们在这里所说的主流文化，包括以下几个主要方面的因素：

第一，在这里开展的各项文化活动，包括文化教育、文学艺术、思想学术，等等，皆代表了当时那个时代的最高水平。第二，从事这些文化活动的各界文化人士，绝大多数都是该行业的领袖人物，或者说是该领域中的权威人士。第三，活跃在这里的各种文化类型，不仅带有本地域的文化特色，而且能够包容或者兼收并蓄全国甚至其他国家和地区的同类文化的精华。

纵观元代活跃在大都地区的文化，显然具备了以上三个方面的主要因素。也就是说，元代大都的文化，已经完成了从支流文化向主流文化的转变。但是，这种从支流文化向主流文化的转变又存在着一些不足之处。

其一，这种主流文化产生和发展的时间较短，仅有短短的、不足百年的时间。当大都形成的主流文化还没有在全国产生较大的、较为深远的影响之时，元王朝就灭亡了。

其二，这里的地域文化与中原地区的农耕文化（也就是主流文化）之间人为的隔阂时间太长了，从后晋的石敬瑭割让燕云十六州以来，经历辽金数百年的政治分裂、军事对抗和文化阻隔，使其支流文化的发展，与主流文化之间的距离一直是较大的，或者说是逐渐形成了风格完全不同的另一支文化流派。这种分离状态一直延续到了蒙古国时期。直到元世祖派大军攻灭南宋之后，这种分离状态才宣告结束。此后，才有了南北文化在大都城的融合。

其三，这里的汉族农耕文化与北方少数民族的游牧文化之间的相互融合更加深入，更加彻底。从汉唐时期到元代，这里曾经出现过四次大规模的民族之间的文化融合。第一次是在魏晋南北朝时期，这时的所谓"五胡"大量迁入中原地区，并且定居在这里，先后建立了多个少数民族政权，从而把他们自身的少数民族文化也带入中原，并与这里的汉族文化有了大范围的相互融合。第二次是在辽、宋对峙时期，这时草原上的契丹少数民族势力迅速崛起，进入中原，于是，燕京地区就成为农耕文化与游牧文化相互融合的一个重要场所。第三次是在金、宋对峙时期，这时东北地区的女真少数民族日益强大，并且很快就替换了契丹少数民族统治者的势力，而成为整个北方地区的霸主。这一次在汉族与少数民族文化之间的相互融合，其深度和广度更是远远超过了此前的辽代。第四次是在元朝时期，蒙古统治者的统一战争取得胜利，使民族之间的文化融合又达到了一个前所未有的高度。

经过这四次大规模的文化融合，使得这里的文化带有比其他中原地区更加浓厚的少数民族文化特色。对于这种特色，如果作为一个支流文化，是十分突出的，即便是作为一个主流文化，也是很出色的。但是，却又存在着一个同样突出的问题，这就是其他不同地区的支流文化（或者说是区域文化）对这种独具特色的主流文化的认同问题。在其他诸多地区的支流文化中，农耕文化占有了极为可观的份额，因此，它们对这种带有浓厚少数民族文化特色的主流文化的认同，就产生了很大的困难。

由于蒙古统治者采取的错误的民族政策，人为地造成了广大汉族民众与少数民族民众之间的矛盾激化，遂使民族融合变得更加困难，文化认同也变得更加不易。特别是在江南地区，民众被压在了社会的最底层（四等人制度中的最低一等人——南人），政治上必然会产生强烈的对抗情绪，以及民族敌视心理。而在文化传承方面，由于江南地区与北方草原距离十分遥远，在江南地区盛行的农耕文化与草原地区盛行的游牧文化之间的交流十分困难，因此，也就使得二者之间的相互认同变得十分困难。这显然也就使得在元朝都城流行的具有农耕文化与游牧文化融合特色的主流文化，很难得到江南文化圈（这里所说的文化圈，是指特定区域内的文化）的认同。

二　明代京师文化的形成

到了明代，明成祖定鼎北京之后，这里的文化发展十分迅速，很快就形成了都城所应该具有的主流文化，也就是具有了上面提及的三个主要因素。而这时的区域文化背景，也发生了巨大的变化，从辽、金、元以来的几百年少数民族政权的统治转变为汉族统治者所建立政权的统治。如上所述，明朝统治者对于前代所形成的少数民族采取了力度很大的排斥举措，从而使得明代文化中的少数民族因素大量减少，使其文化影响也变得微乎其微。

在这种情况下所形成的京师文化，自然也就提高了它在中原和江南地区的其他地域文化的认同程度。例如，在对待丧葬的处理问题上，农耕文化是十分重视的，虽然墨家有薄葬的论述，但是，儒家的厚葬礼仪则为大多数人们所认同并且施行。上至封建统治者，下至普通百姓，皆是如此。当然，作为封建统治者，其厚葬的规模十分宏大，以秦始皇开其先河，到明代诸位皇帝在北京陆续修建的诸座陵墓，均为其施行的范例。

而在游牧文化的丧葬习俗中，体现的乃是薄葬的原则。首先，在草原地区缺乏建造陵墓的各种建筑材料。其次，缺少建造陵墓的大批工匠和其他壮工。最后，游牧民族的非定居生活方式，使其无法在一个固定的场所长年生活下去。因此，牧民们不得不采用薄葬的方法。到了元代，蒙古统治者已经进入了中原地区，占有了大量的社会财富，征服了大批劳动力，已经具备了建造大型陵墓的物质条件，却仍然没有按照中原帝王的惯例，兴建豪华的陵墓，陪葬大批的珍宝。

据相关文献记载，元朝帝王死后，并不在京城附近选择墓地，而是用车把尸体运回漠北草原安葬。其安葬仪式十分简单，系把一棵大树干剖为两半，中间挖成人形空间，把帝王尸体安放其中，再把树干合起来，用金条为箍，加以固定。然后，埋于土中，用数百马匹把土踏平。在安葬地四周驻守军队，直到安葬地上长出茂草，与周围的草地混为一体，不留任何痕迹之后，驻守的军队才撤走。这种既简单又安全的丧葬办法，确实避免了日后遭人盗掘坟墓的厄运。因此，在明代兴建帝王陵墓之前，北京西郊曾修建有金代帝王的陵墓。而在其之后，清代帝王也在京畿地区兴建了陵墓（即清东陵与西陵）。只有元代帝王，死后没有留下丝毫痕迹。

　　显然，不论是金朝的女真族统治者、明朝的汉族统治者，还是清朝的满族统治者，都遵行了儒家的厚葬礼仪，只有元朝的蒙古族统治者没有遵行这种礼仪，而是采用了游牧文化的习俗。因此，二者之间的文化传承关系是完全不同的。在这种不同的礼俗之间，要形成文化上的认同肯定是十分困难的。早在元代前期，一些汉族大臣就对都城地区民众的薄葬（当时火葬较为流行）习俗加以严厉抨击，却没有产生显著效果。

　　及明成祖定鼎北京之后不久，即开始在北京周围寻找安葬之地，并且选中了京城北面的天寿山地区。于是，自明成祖之后的诸位明朝帝王就都被安葬在这里，从而形成了规模极为庞大的帝王陵墓群。这种厚葬的礼俗，与此前的元朝帝王的薄葬礼俗相比，自然更易获得文化上的认同。而这种不同区域之间的文化认同，乃是其文化之间相互交流和融合最基本的前提。作为京城的主流文化，要想进一步扩大影响，也就必须首先得到其他地域对自己的文化认同。

三　京师文化的特色

　　作为京师文化主流特色的一个重要标志，就是它的权威性。而在中国古代，从秦王朝建立中央集权的封建国家之后，官僚集团就成为权威的象征，所有官方的东西，就是合法的东西。如果抽象一些说，官就是法，法是以官的意志为转移的。因此，不论是什么东西，只要打上了官方的烙印，也就具有了不容否定的权威性，文化也是如此。活跃在京师的主流文化，正是因其带有浓厚的官方化色彩，也才具有了权威性。

　　而在中央集权的官僚体系中，居于最高位置的自然是皇权。换言之，皇帝是最大的官，因此，围绕着皇帝工作和生活而产生的宫廷文化，也就是最具有权威性的京师文化。在中国古代，从上到下，虽然疆域辽阔，民族众多，文化多元，习俗各异，但是，作为中华文化主体的农耕文化，却有其较为固定的模式。如果用古代人们常用的理念来表述，整个社会可以划分为人自身、家庭（也包括家族）、国家（分封诸侯国）和天下（中央王朝）这四个层面，在现实生活中，每个人都可以在这四个层面中找到自己的位置。

按照儒家学说的政治理念，是以修身、齐家、治国、平天下来作为一个官僚士大夫的规范模式。因为在官僚士大夫们看来，家庭、国家、天下具有一样的特质，如果一个人能够很好地管理自己的家庭或家族的事务，那么，他就也有能力管理好国家和天下的事务。换言之，一个国家就是一个大家庭，一个家庭就是一个小国家，其管理的内容是一样的，其使用的方法也是一样的。

在一座普通的城镇中，只有三个层面的内容，而在京城之中，却包含了所有四个层面的内容。二者之间的根本差别，就在于后者又多出了宫廷文化的内容。只有在京城，才有中央王朝，也才有代表中央王朝核心的皇家宫廷文化。虽然多了一个层面的内容，其特质却是没有差异的。从家庭到家族，再到国家和天下，只有规模大小的差异，而没有本质的不同。

从元朝统治者兴建大都城开始，就形成了城市四合院的基本居住格局，每一个四合院中，大致居住着一个家庭或者家族（即若干个家庭的组合）。而封建统治者居住的皇宫，实际上就是一个超大规模的四合院。封建王公居住的王府，则是一个次大规模的四合院。而那些受到政府严密人身控制的、没有成家的穷苦工匠们，却连最小的四合院也住不上，只能住在简陋的排子房中。

以上是从居住环境方面来看的，若从血缘关系来看，一个普通百姓的家庭与一个帝王的家庭相比较，百姓有三妻四妾，帝王有三宫六院，只有规模大小的不同，其家庭结构是完全一样的。每个百姓的家庭都有一个家长，一个大家族也会有一个族长，而在皇宫中，帝王就是里面的一家之长。不仅如此，如果我们把整个国家作为一个大家庭（也确实是一个家庭），那么，封建帝王就是这个大家庭中最大的家长。

同样，凡是在古代家庭或是家族中具备的东西，在宫廷中也是必备的。农耕文化的主要内涵之一是尊祖敬宗，故而一般的家庭或家族都有岁时祭祀祖先的宗族祠堂，封建统治者也不例外，在京城修建有太庙，以供祭祀历代先帝，太庙实际上就是最大的宗族祠堂。由于封建统治者代表的是整个国家，因此，太庙也就变成了整个国家的宗祠，于是，明朝帝王又在皇宫里面专门修建有奉先殿，作为帝王私人供奉和祭祀祖先的地方。

当然，为了显示封建帝王的政治特权，也有一些文化设施是只有帝王才能够享有的东西。例如，用于祭祀天地神灵的祭坛，就是只有帝王才有权设置的文化设施。在儒家学说中，帝王是上天的儿子，受天命而取得统治国家的权力，为了表示对上天的尊敬，于是就有了祭坛的设置，以供岁时对天地神灵加以祭祀。在元朝统治者营建大都新城之后，就在都城的南面设置了祭坛（又称郊坛），用以祭祀神灵。这时的祭坛是对天地神祇采用合祭的办法。到了明代，明朝统治者先是采用合祭，然后又分别设置了天坛、地坛、日坛和月坛，采用了分祭的办法，冬至祭天神，夏至祭地神，春分祭日神，秋分祭月神。这种对天地神灵的祭祀活动，就是帝王的政治特权，普通百姓是不能参与的。

这种政治特权具有强烈的排他性，不仅百姓无权参与，就是宗王权贵也不得僭越。因此，宫廷文化在有些方面又显示出了其独有的文化特色，同时也就成为了京师文化所独有的特色。此外，几乎在所有的方面，凡是与宫廷联系在一起的东西，就都具有了最高的等级规格。京城寺庙林立，但是，皇家的寺庙规模最宏大。京城的园林遍布于城内外，但是，皇家的园林气势最壮观。这种规格上的差异，正是中国古代封建等级制度在人们观念上的具体反映。

明代立国时间较长（是元代的三倍左右），文化传承方面又具有十分突出的正统色彩，使农耕文化再次成为占据支配地位的主体文化，因此，在这种社会背景下面产生和发展起来的北京文化，很快就取得了主流文化的地位，并且很快得到其他区域文化的认同。故而笔者认为，京师文化的初步形成是在元代，而最终形成，也就是正式形成，则是在明代。

第十二章　明代北京的宫廷文化

当元世祖忽必烈在 13 世纪中叶营建大都城之后，蒙古统治者即长期生活在这里，并在这里产生了多元色彩的宫廷文化。由于元代两都制度的独特性，也就使得这时的宫廷文化不得不由两部分组成，即冬天的大都文化和夏天的上都文化。就两都而言，也略有不同，大都文化具有更多的农耕文化色彩，而上都文化则具有更加浓郁的游牧文化色彩。这种多元的宫廷文化一直延续到元朝末年。

当朱元璋的大明军推翻元朝腐败统治、攻占大都城之后，随着这里的政治和文化中心地位的消失，多元的宫廷文化亦随之遭到浩劫，荡然无存了。直到燕王朱棣发动"靖难之役"，迁都北京之后，才又大兴土木，重建皇宫和各项附属设施，明朝帝王在这里定居的时间也越来越长，而宫廷文化遂再次产生并发展起来。这时的宫廷文化，与此前的元代宫廷文化相比，已经失去了多元文化（包括农耕文化、游牧文化、伊斯兰文化、基督宗教文化，等等）的色彩，只有农耕文化的一家独尊。

由于明代处于中国封建社会发展的后期，因此，许多宫廷文化的传承早就已经有了固定的模式，很少再有所创新。特别是农耕文化的独尊取代了多元文化的并存，就更使得这种宫廷文化的封闭性越来越强，开放性越来越弱，其活力逐渐减弱。这种文化上逐渐停滞状态的出现，又恰恰是整个中国封建社会开始由盛转衰的社会发展状态的一个生动的侧面写照。

显然，明代北京的宫廷文化仍然处于一种十分辉煌的发展阶段，也就是说，仍是中国古代农耕文化发展的最辉煌的阶段。但是，这种辉煌，只不过是一种垂死之人的回光返照，是文化现象滞后于社会现象的一种自然的反映。在辉煌的外表下面，缺乏的正是进一步向前发展的蓬勃生命力。此外，宫廷文化的发展状态，又从另一个方面显示出整个封建王朝的发展状态。也就是说，宫廷生活的逐渐腐败，正是整个封建王朝的统治越来越削弱的集中表现。

第一节　宫廷饮食文化

一　宫廷饮食的特色

饮食活动是人类赖以生存的最基本行为之一，当人类处于原始社会时期，饮食的目的就是为了生存，并没有加入文化的因素。当人类进入阶级社会之后，随着生产力的不断发展，人类生产的食品有了越来越多的剩余，于是，就开始产生了饮食文化。人们的饮食目的，已经不仅仅是为了保证生存而采取的物质享受，而是包含了更多的精神享受。当然，在阶级社会中，由于人们所掌握的财富是不平均的，因此，在饮食方面表现出来的感受也是完全不同的。当处于社会最底层的穷苦百姓还在为生存而谋取低劣的食品时，那些位居社会顶端的权贵们却在肆意挥霍着各种精美的食品，这不禁使人想起了"朱门酒肉臭，路有冻死骨"的名句。

在明代的北京城里，宫廷的饮食是最为精美的饮食，其食品之精美，冠绝天下。由于这时城市商业经济的繁荣发展，全国各地的精美食品都汇聚到了这里，此前的元朝统治者的饮食物品已经非常奢侈了，而明朝统治者的饮食物品更是有过之而无不及。中国的饮食文化已经发展了几千年，创造出了完全不同的地域风味。但是，北京城却是一个荟萃了全国各种地域风味饮食文化的地方，可以说，不论是哪一个地方的著名美味食品，都是可以在都城里找到的，那么，作为饮食文化最精粹的代表的宫廷饮食文化，自然也就包含了各地的各种美味食品。

当然，在同样的生产和生活环境的背景下，人们的饮食习惯和饮食爱好是大致相同的。例如，有些区域内的人们有着共同的饮食特点，四川人喜欢吃辣味食品，山西人喜欢吃酸味食品，南方人喜欢吃甜味食品，北方人喜欢吃咸味食品，等等。这种饮食喜好一旦形成，是很难改变的。而在北京城里生活的人们，由于各种食品的荟萃，酸甜苦辣咸，五味俱全，故而没有特殊的喜好。

作为封建帝王以及与他生活在一起的其他封建贵族们，在饮食方面是十分讲究的。明代宦官刘若愚在其所撰写的《酌中志》一书中曾经对明代帝王的饮食爱好有较为详细的描述："先帝最喜用炙蛤蜊、炒鲜虾、田鸡腿及笋鸡脯，又海参、鳆鱼、鲨鱼筋、肥鸡、猪蹄筋共烩一处，名曰'三事'，恒喜用焉。"① 由此可见，其一，明代帝王喜爱的食品，有许多都是来自南方的水产品，如蛤蜊、鳆鱼、鲜虾、鲨鱼筋等皆是。与前代的蒙古帝王喜爱肉类及乳类食品相比，具有更为广泛的地域性。其二，明代帝王喜爱的食品，根据现代营养学的观点来看，大多数都是高蛋白、低脂肪的营养食品，对人体健康十分有益。其三，许多食品，如鳆鱼（即鲍鱼）、海参、鲨鱼筋等，在当时都是十分难得的食品。

在宫廷饮食物品中，随着四时季节的变化，其所食用的物品也在不断变化。据刘若愚的描述可知，在正月里，人们吃饺子（当时称为"扁食"或是"水点心"）、元宵（南方称"汤圆"），其习俗都延续到了今天。另有一些被称为"珍味"的食物则有：冬笋、银鱼、鸽蛋、麻辣活兔，以及塞外之黄鼠，半翅鹖鸡，江南之蜜柑、凤尾橘、漳州橘、橄榄、小金橘、风菱、脆藕，等等，"不可胜计"。而在北京城里盛行的各种食品，也是数不胜数，如烧鹅鸡鸭、烧猪肉、冷片羊尾、爆炒羊肚、猪灌肠、大小套肠、带油腰子、羊双肠、猪臂肉、黄颡管耳、脆团子、烧笋鹅鸡、煠鱼、煠铁脚雀、卤煮鹌鹑、鸡醢汤、烩羊头、糟醃猪蹄尾耳舌、鹅肫掌，等等。

其他的著名菜肴及食品，则有二月的黍面枣糕、煎饼及"桃花鲊"等；三月的凉糕、糯米糍粑及烧笋鹅等；四月的白煮猪肉、"不落夹"及"包儿饭"、"稔转"等；五月的粽子、菖蒲酒、"长命菜"及过水温淘面等；八月的月饼、肥蟹、西瓜及莲藕等；九月的"花糕"、菊花酒及麻辣兔等；十月的爆炒羊肚、奶皮、奶窝、酥糕及鲍螺等；十一月的鹅肫掌、炙羊肉、羊肉包及饺子、馄饨等；十二月的烩羊头、爆熰羊肚、酒糟蚶、糟蟹、醋溜鲜鲫鱼及腊八粥等。在这些食物中，有许多仍然是今天的人们经常食用的。

二　宫廷饮食的供给与管理

在十分讲究的宫廷饮食文化的背后，由于有着极为雄厚的物资供应基础，才能够使其饮食精益求精，尽善尽美。据文献记载："天顺八年，光

---

① 《明宫史》火集《饮食好尚》。

禄果品物料凡百二十六万八千余斤，增旧额四之一。"① 天顺八年（1464年）是明英宗在位的最后一年，也是明宪宗即位的第一年。不论是哪一个皇帝在位，仅一年之中，其花费在果品物料上的数量就多达一百余万斤，这显然不是某个帝王或者某个帝王家族的成员所能够消费得了的。

明英宗死后，明宪宗在即位之初，曾经下令要减省用于饮食的费用："成化初，诏光禄寺牲口不得过十万。"这个诏令所提出的费用，是以此前的英宗朝的费用为参照系数的。据当时主管光禄寺工作的礼部尚书姚夔曰："正统间，鸡鹅羊豕岁费三四万。天顺以来增四倍，暴殄过多。"② 也即是说，明英宗在"土本之变"以前，每年用于食用鸡鹅羊豕等食品的花费为三四万两银钱，而在"复辟"重新登上皇位之后，其花费猛增到每年十余万两银钱。因此，明宪宗的诏书对食用禽畜肉类的花费是略有削减的。

在北京的宫廷中，不仅各种食物的供应十分充足，甚至用当时大臣的话来说是"暴殄过多"，而且，封建统治者在食用这些精美食品的时候，还使用了大量精美的餐具。我们仍以明英宗正统年间的餐具为例，"凡上用膳食器皿三十万七千有奇，南工部造；金龙凤白瓷诸器，饶州造；朱红膳盒诸器，营膳所造，以进宫中食物"③。这些精美的餐具，都是由特定的地方指定制作的。这些餐具与精美的食品一起构成了宫廷饮食文化的一个重要组成部分。

由于宫廷饮食直接关系到封建统治者的人身健康，故而明朝政府设置了许多衙门来管理宫廷饮食事务，除了上面提及的光禄寺衙门之外，又有一些专门为帝王、后妃等服务的内廷机构，在明代的宫廷中，有众多的宦官围绕在封建统治者周围，分别隶属于十二个衙门，称为宦官十二监。在十二监中，有尚食监，"掌御膳及宫内食用并筵宴诸事"。在十二监之外，宦官又有八局，其中的酒醋面局，"掌宫内食用酒醋、糖酱、面豆诸物，与御酒房不相统辖"。司苑局，"掌蔬菜、瓜果"④。在尚食监中，以擅长烹饪的宦官最受宠信。

明太祖在位时，在皇宫中又设置有女官六局，其中的尚食局，"掌膳

---

① 《明史》卷八十二《食货志》。
② 同上。
③ 同上。
④ 《明史》卷七十四《职官志》。

羞品齐之数。凡以饮食进御，尚食先尝之"。也就是说，为了保证帝王的饮食安全，那些进献给帝王的食物，必须先由尚食局中的女官先来品尝，没有毒药等危害，才会给帝王食用。在尚食局下面，又设置有司膳司及司酝司等机构，司膳司"掌割烹煎和之事"，司酝司"掌酒醴醷饮之事"。到了明成祖永乐年间，女官六局被取消，其职责转归尚食监的宦官们，为帝王先尝食品的职责也就被宦官承揽了下来。

三　宫廷饮食活动

在明代的宫廷之中，饮食不仅仅是一种生活上的需要，而且也是许多重大典礼中所不可缺少的一项重要内容。例如，每年的正旦（即今天的春节）、万寿节（即帝王的生日）等重大节日，朝廷都要举办大宴会。"凡大飨，尚宝司设御座于奉先殿，……群臣四品以上位于殿内，五品以下位于东西庑，司壶、尚酒、尚食各供事。"[1] 帝王和群臣所享用的饮食，都是在宫廷中制作的佳肴美酿。

在明代的贵族妇女中，也有许多人有机会享用宫廷中的饮食。"凡宴命妇，坤宁宫设仪仗、女乐。皇后常服升座，皇妃、皇太子妃、王妃、公主亦常服随出阁，入就位。大小命妇各立于座位后。丞相夫人率诸命妇举御食案……"（引文同上）名义上是宴请命妇，但是实际上仍然是皇后、皇妃等宫廷中的妇女在唱主角，包括丞相夫人在内的诸命妇们只是扮演了配角。她们享用的宫廷饮食，与帝王和大臣们所享用的食品并没有本质上的差别。

在中国古代，婚丧嫁娶是人们一生中的大事，在宫廷当中更是如此。如明代的帝王结婚（时称"纳后"）之后，要带着皇后去拜见皇太后，"皇后礼服诣太后前，四拜。尚食以膳授皇后，皇后捧膳进于案，复位，四拜，退立于西南。俟膳毕，引出"[2]。据此可知，皇后在拜见皇太后以后，要亲自向皇太后捧上膳食，待皇太后食毕，再告退，以表示新媳妇（即皇后）对婆婆（即皇太后）的孝敬。

而皇太子的婚礼（又称"纳妃"）也很隆重。在明代初年的礼仪为："皇帝服通天冠、绛纱袍，御奉天殿，百官侍立。引进导皇太子至丹陛，

---

① 《明史》卷五十三《礼志》。
② 《明史》卷五十五《礼志》。

四拜。入殿东门就席位，……司馔以馔进，跪受亦如之……"① 据此可见，皇太子纳妃之后，去拜见帝王时，百官都要奉陪，而其所食用的食品，皆由宫廷中的专人制作，与皇帝赐给群臣、皇后赐给诸命妇的食品，也应差别不大。

到了成化二十二年（1486 年），明宪宗又对皇太子的婚礼加以改革："皇太子亲迎，由东长安门出。亲迎日，妃服燕居服，随父母家庙行礼。执事者具酒馔，妃饮食讫……""庙见后，百官朝贺，……帝赐宴如正旦仪。命妇诣太后皇后前贺，亦赐宴。"② 由此可见，有皇太子结婚时，皇妃在家里先享用一次宫廷酒馔。行结婚礼之后，皇帝与百官要举办大宴会一次，皇太后、皇后及众多命妇也要举办大宴会一次，享用的都是宫廷饮食中的佳肴美酿。

在明代的北京，又有许多重要的交际活动也离不开宫廷宴饮。例如，有些少数民族部落的首领来到京城朝贡，帝王按照惯例要对这些蕃王进行宴请。"凡锡宴，陈御座于谨身殿。设皇太子座于御座东，诸王座于皇太子下，西向。设蕃王座于殿西第一行，东向，……酒九行，上食五次，大乐、细乐间作，呈舞队。蕃国从官坐于西庑下，酒数食品同，不作乐。"③ 这些赏赐给蕃王及其随从的食物，也是由宫廷中的厨师们制作的。

有的蕃王，其政治地位不甚重要，不用明朝帝王亲自出面宴请，于是就由皇太子出面加以款待。"东宫宴蕃王，殿上正中设皇太子座，设诸王座于旁，东西向。蕃王座于西偏，诸王之下，……和声郎陈乐，光禄寺设酒馔，俱如谨身殿仪。"④ 由此可见，由皇太子出面来款待蕃王，政治级别虽然有所降低，但是，宴请的食品，也是由光禄寺的官员来准备的专门供宫廷贵族和外蕃贵族共同饮食享用的。

在宫廷中举办各种各样的大小宴会之时，明朝政府又专门设置了众多的乐舞演艺人员，演奏乐曲，翩翩起舞，来为封建贵族们服务，以提高其吃喝的兴致。"其大宴飨，教坊司设中和韶乐于殿内，设大乐于殿外，立三舞杂队于殿下。"⑤ 在帝王们举办大宴会时，所使用的乐舞共有三个部

① 《明史》卷五十五《礼志》。
② 同上。
③ 《明史》卷五十六《礼志》。
④ 同上。
⑤ 《明史》卷六十一《乐志》。

分。其一，是中和韶乐，也就是通常人们所说的"雅乐"。其二，是大乐，比起雅乐来，更加热闹，更加世俗化。其三，称为三舞杂队，是以表演舞蹈为主。由于有了宫廷乐舞的演奏，使得宫廷饮食的文化氛围更加浓重。

也正因为如此，明朝统治者对于宫廷乐舞的演奏也就变得越来越重视，增加的乐舞艺人的数量也就越来越多，以致形成了一股势力。"正德三年，武宗谕内钟鼓司康能等曰：'庆成大宴，华夷臣工所观瞻，宜举大乐。迩者音乐废缺，无以重朝廷。'礼部乃精选三院乐工年壮者，严督肄之，仍移各省司取艺精者赴京供应。……于是乘传续食者又数百人，俳优之势大张。"①

明武宗的见解是有道理的。这时的宫廷宴会中的乐舞表演，不仅仅是起到一种娱乐的作用，更重要的，乃是这种乐舞表演代表了中华民族绚丽而辉煌的文明。国内外的各界人士，也就是所谓的"华夷臣工"，通过观赏乐舞表演，再加上品尝佳肴美酒，对中华民族的农耕文化会产生十分深刻的印象，从而导致对中央王朝的敬畏，也就是所谓的"重朝廷"。

当然，对于封建帝王个人而言，其道德理念和生活习惯也会对宫廷饮食产生一定的影响。例如，明代中期的穆宗生性节俭，史称："穆宗在位六载，端拱寡营，躬行俭约，尚食岁省巨万。"② 由于他的节俭，每年可以节省大量的饮食费用。明神宗即位之初，上承穆宗节俭之习惯，也颇为注意生活修养："书谨天戒、任贤能、亲贤臣、远嬖佞、明赏罚、谨出入、慎起居、节饮食、收放心、存敬畏、纳忠言、节财用十二事于座右，以自警。"③ 明神宗把节饮食与任贤能、明赏罚等治国大事相提并论，可见他也十分重视在饮食方面的节俭。

第二节　宫廷服饰文化

一　服饰文化的政治作用

宫廷服饰与宫廷饮食一样，都是宫廷文化的一个重要组成部分。与饮

---

① 《明史》卷六十一《乐志》。
② 《明史》卷十九《穆宗纪》。
③ 《明史》卷二十《神宗纪》。

食文化不同的是，服饰文化具有更加鲜明的等级特色。鸡鸭鱼肉，菜蔬瓜果，美酒佳酿，不论是什么人，只要有钱财，就可以享用。但是，服饰却不一样，虽然绫罗绸缎，棉服皮服，只要有钱财，就可以穿着，但是，衣着上的纹饰、服装上的颜色等，却不是随便可以使用的。这一点，在明代以前就是如此，到了明代也没有发生本质的变化。

在明代初年，刚刚夺得帝王宝座的明太祖朱元璋对于服饰文化所起到的政治作用并没有给予足够的重视。"时制度未备，诸王服乘拟天子。（卓）敬乘间言：'京师，天下视效。陛下于诸王不早辨等威，而使服饰与太子埒，嫡庶相乱，尊卑无序，何以令天下？'帝曰：'尔言是，朕虑未及此。'益器重之。"① 正是这位有敏锐政治眼光的名士，指出了服饰文化的重要作用，所谓："嫡庶相乱，尊卑无序，何以令天下？"也正是这个卓敬，在建文帝执政时期，曾经上言燕王朱棣的政治威胁性，建议及时加以处理，却没有得到采纳。明成祖朱棣在夺得皇权，并且杀掉卓敬之后，仍然对这位名士十分敬佩："成祖尝叹曰：'国家养士三十年，惟得一卓敬。'"②

卓敬关于服饰的议论，很快就引起了明太祖朱元璋的重视，洪武二十四年（1391年）六月，朱元璋下令："诏廷臣参考历代礼制，更定冠服、居室、器用制度。"③ 在这里，朱元璋把冠服放在礼制的首位，位于居室和器用之前，可见其政治作用的重要性也是在其他两项内容之上的。显然，居室是固定的，很难移动，而器用往往是陈列在居室之内的，只有冠服是与人接触最为密切的，人们只要不是独处，只要与其他人进行社会交往，就必须使用冠服。而在等级制度森严的中国古代社会中，冠服正是区分等级的一种最为便捷的工具。

在明代的宫廷文化中，帝王及其亲属的服饰乃是等级最高的服饰。据《明史·舆服志》记载，这部分服饰分为皇帝冕服（也包括其他式样的冠服）、皇后冠服（及常服）、皇妃及内命妇等冠服、皇太子冠服、皇太子妃冠服、亲王冠服、亲王妃冠服，以及亲王世子冠服等十五个级别。其中，尤以帝王的冠服形制最为复杂，包括皇帝冕服、皇帝通天冠服、皇帝

---

① 《明史》卷一百四十一《卓敬传》。
② 同上。
③ 《明史》卷三《太祖纪》。

皮弁服、皇帝武弁服、皇帝燕弁服及皇帝常服六大类。

　　这种冠服形制的多样性，是与其所使用的功能的多样性密切联系在一起的。也就是说，在不同的场合，从事不同内容的活动，其穿着的冠服也要有所不同。这种穿着行为并不是明朝帝王个人行为的喜好或是厌恶的表现，而是自古以来历代帝王相互延续、一致认同的政治理念的具体表现。例如，在帝王服饰中最具有权威象征的冠冕，早在先秦时期就已经产生了，据古代学者的阐释，冠冕系中华文明的始祖之一的黄帝创制的，"作轩冕之服，故谓之轩辕"①。而最初的冠冕十分质朴，系用麻布制作的，其权威性则是不容轻视的，象征着至高无上的皇权。

二　宫廷服饰的礼仪功能

　　到了明代，封建帝王在许多重大活动中都需要穿着冕服，以示庄重。仅据《明史·礼志》的相关记载，就叙述得颇为详细。例如，在被视为最重要的祭祀活动之一的社稷坛的祭祀活动中，明代帝王都要"具冕服以祭"。在上帝王尊号的仪式中，"皇帝冕服御奉天门"。在帝王娶纳后妃的仪式中，"皇帝冕服升座"。在颁布重要的诏书时，"百官入丹墀侍立，帝冕服升座，如朝仪"。在册立皇太子的仪式中，"皇帝衮冕御谨身殿，皇太子冕服俟于奉天门……"等等。在这些活动中，明朝帝王都要穿着由中书省工部制作的冕服。

　　作为明代帝王"接班人"的皇太子，也有为自己特制的冕服，并且在许多重要活动中加以穿着。仍据《明史·礼志》的相关记载，如在百官朝贺东宫的仪式中，"皇太子具冕服出，乐作"；在明朝帝王举行册立皇太子的仪式中，"皇太子冕服俟于奉天门"；在帝王册立亲王及王妃的仪式中，"皇太子冕服于奉天殿朝贺皇帝"；在皇太子娶纳嫔妃的仪式中，"皇太子冕服乘舆出"，以迎娶嫔妃；等等。

　　在《明史·舆服志》中，对帝王的冕服也有较为详细的记载。明太祖洪武年间的衮冕之制为："冕，前圆后方，玄衣纁里。前后各十二旒，旒五采玉十二珠，五采缫十有二就，就相去一寸。……衮，玄衣黄裳，十二章，日、月、星辰、山、龙、华虫六章织于衣，宗彝、藻、火、粉米、黼、黻六章绣于裳……"这种华丽的衮冕制度，比起黄帝时代用麻布制

---

　　① 见《史记》卷一《五帝本纪》中所引张晏注释。

作的冕服来，要奢侈得多，而其政治含义则是一样的。到了此后的永乐年间和嘉靖年间，明朝政府又对衮冕制度的若干局部细节进行了一些修改。

作为帝王"接班人"的皇太子，其冕服制度的规格自然要比帝王低一些，同据《明史·舆服志》的记载，皇太子的冠服为："衮冕九章，冕九旒，旒九玉，金簪导，红组缨，两玉填。……玄衣纁裳，衣五章，织山、龙、华虫、宗彝、火；裳四章，织藻、粉米、黼、黻。"与帝王的冕服相比，冠冕之上少了三旒，衮服之上的图案少了三种，即日、月、星辰。而这三种自然物，又被古人合称为"三光"，具有十分神圣的含义。

除了冕服之外，明代帝王最常用的乃是通天冠服。当要举行重要的郊祀活动时，"皇帝服通天冠、绛纱袍，省牲器"。当帝王举行亲祭社稷坛的仪式时，"帝服皮弁服，省牲。通天冠、绛纱袍，行三献礼"。在举行亲祭岳镇、海渎、山川之神的仪式时，"至日，服通天冠、绛纱袍，诣岳镇、海渎前，行三献礼"。在为皇太子和其他皇子举行冠礼的仪式时，"皇帝服通天冠、绛纱袍"。在为皇太子举行婚礼时，"皇帝服通天冠、绛纱袍，御奉天殿"。当皇帝举行亲征的军事行动之前，举行仪式时，"皇帝服通天冠、绛纱袍，省牲视涤"。在军事行动获胜后，要举行奏凯献俘的仪式，"皇帝服通天冠、绛纱袍，升午门楼，以露布诏天下，百官具朝服以听"[①]。

在《明史·舆服志》中，对皇帝所穿着的通天冠服有简要的记载："冠加金博山，附蝉十二，首施珠翠，黑介帻，组缨，玉簪导。"同时，还记载了这套服饰的使用范围，"郊庙、省牲，皇太子诸王冠婚、醮戒，则服通天冠、绛纱袍"。由此可见，在祭祀活动（所谓的郊、庙）、喜庆活动（所谓的冠、婚）、宗教活动（所谓的醮戒）及军事活动（上文所述的亲征、献俘等）等重要仪式中，帝王都要身着通天冠服。

比衮冕及通天冠服规格略低一些的，是皮弁服。据《明史·舆服志》记载，皮弁服的形制为："皮弁用乌纱冒之，前后各十二缝，每缝缀五采玉十二以为饰，玉簪导，红组缨。"其使用的范围为："朔望视朝、降诏、降香、进表、四夷朝贡、外官朝觐、策士传胪皆服之。"例如，每当明代帝王不是亲自举行祭祀孔子及历代帝王的活动，而是派遣政府官员代表自

---

① 以上引文皆见《明史·礼志》。

己举行仪式时，"前一日清晨，皇帝皮弁服，升奉天殿，捧香者以香授献官"①。又如，在每个月的朔（即初一日）望（即十五日）之时，明代帝王上朝，"帝皮弁服御奉天殿，百官朝服于丹墀东西，再拜"②。

另外有些重要的活动，帝王也要穿着皮弁服。例如，皇帝在举行册封皇后的活动时，"皇帝皮弁服御华盖殿，翰林院官以诏书用宝讫，然后御奉天殿，传制皇后受册"③；明代帝王在视察国子监学之时，"皇帝入御幄，具皮弁服，诣先师神位，再拜"④；帝王在出巡全国各地之时，"更皮弁服，诣国社稷及山川坛行礼"⑤；等等。

除了帝王之外，皇太子和其他亲王也特制有皮弁服。皇太子的皮弁服是在永乐年间确定的样式："皮弁，冒以乌纱，前后各九缝，每缝缀五采玉九，缝及冠武并贯簪系缨处，皆饰以金。金簪朱缨。"⑥ 亲王的皮弁服与皇太子的略有差异。皇太子是在举行成年仪式（即行冠礼）之时开始正式穿着这些冠服的，"内侍张帷幄，陈袍服、皮弁服、衮服、圭带、舄、翼善冠、皮弁、九旒冕"⑦。

皇太子和亲王们的皮弁服使用范围也较为广泛。例如，亲王在举行婚礼之前，要带着王妃去拜见皇太子，"王皮弁服，妃翟衣，诣东宫前，行四拜礼。东宫坐受，东宫妃立受二拜，答二拜"。在举行婚礼的当天，"王皮弁服，导妃谒奉先殿"，以拜见先帝之灵。皇太子在接见前来京城的分封蕃王之时，"皇太子皮弁服升座，蕃王再拜，皇太子立受"⑧。由此可见，皮弁服在当时就是明代帝王、皇太子和亲王们的一种常朝服。

三　宫廷休闲服饰

当然，明代帝王和皇太子们也有特制的常服，也就是我们今天所谓的"休闲服"。在洪武年间其样式为："乌纱折角向上巾，盘领窄袖袍，束带间用金、琥珀、透犀。"其后，到永乐初年将其帽子的样式略加变更，称

---

① 《明史》卷四十七《礼志》。
② 《明史》卷五十三《礼志》。
③ 《明史》卷五十四《礼志》。
④ 《明史》卷五十五《礼志》。
⑤ 《明史》卷五十六《礼志》。
⑥ 《明史》卷六十六《舆服志》。
⑦ 《明史》卷五十四《礼志》。
⑧ 《明史》卷五十五《礼志》。

为翼善冠。到嘉靖年间，又将其样式加以变更："冠匡如皮弁之制，冒以乌纱，分十有二瓣，各以金线压之，前饰五采玉云各一，后列四山，朱條为组缨，双玉簪。服如古玄端之制，……两肩绣日月，前盘圆龙一，后盘方龙二，边加龙文八十一，领与两祛共龙文五九。"① 这种常服又被称为燕弁服。

在此值得一提的是翼善冠。这种帽子是在唐代初年由唐太宗李世民亲手创制的，为唐代帝王的十三种重要服饰之一。到了唐代中期，玄宗在位时加以废止。此后，辽代的契丹帝王曾一度加以使用，而宋朝、金朝和元朝的统治者皆未加以使用。而据《明史·舆服志》所记载的情况来看，明代帝王所使用的翼善冠，其样式已经与唐太宗创制的翼善冠完全不同，只是使用了这种帽子的名称。

在明代，帝王穿戴的翼善冠其用途主要有祭服、丧服，等等。例如，明代帝王在举行祭祀先农之神时，"至期，帝翼善冠黄袍，诣坛所具服殿，服衮冕，祭先农。毕，还，更翼善冠黄袍"②。这是使用翼善冠在祭祀前后的穿着。又如，明仁宗死后，明宣宗即位，"礼臣请帝服浅淡色衣，乌纱翼善冠、黑角带，于奉天门视事"③。及明宪宗死后，"孝宗既除服，仍素翼善冠、麻衣、腰绖视朝，不鸣钟鼓，百官素服朝参，百日后如常"。（引文同上）此后，明孝宗死，明武宗即位，亦采用这种方法。

及明武宗死后，无子，明世宗从外地入京继承皇位。于是，朝廷中的大臣们"先期造行殿于宣武门外，南向。设帷幄御座，备翼善冠服及卤簿大驾以候"④。也就是说，明世宗来到京城之后，在举行即位仪式之前，先要穿着作为丧服的翼善冠服，以示对明武宗的哀悼。在有些丧礼活动中，明代帝王不一定就要穿戴翼善冠服。如嘉靖七年（1528年）十月，皇后陈氏死，"丧礼从杀。帝素服御西角门十日，即玄冠玄裳御奉天门，谥曰'悼灵'，葬袄儿峪"⑤。显然，皇后的丧礼与先帝的丧礼相比，其等级差别是很大的。

明代帝王除了像世宗穿着素服作为丧服之外，遇有较大灾害发生之

① 《明史》卷六十六《舆服志》。
② 《明史》卷四十九《礼志》。
③ 《明史》卷五十八《礼志》。
④ 《明史》卷五十三《礼志》。
⑤ 《明史》卷一百一十四《孝洁陈皇后传》。

时，也会穿着素服。如在洪武三年（1370 年）发生旱灾，明太祖朱元璋"素服草屦，步祷山川坛，露宿凡三日，还斋于西庑"①。又如在隆庆元年（1567 年）四月发生水灾，明穆宗"以霪雨修省，素服避殿，御皇极门视事"②。这种素服的行为，表示了明代帝王的一种自责。与明世宗穿着素服的意义是完全不同的。

有的时候，出现特殊情况，帝王也会不穿"皇帝冕服"。如正德十二年（1517 年）八月，明武宗偷偷从皇宫中跑出来，"微服如昌平"。想到关外去玩一玩，被大臣梁储等人劝阻后回宫。十几天后，明武宗再次偷偷出宫，"夜微服出德胜门，如居庸关"③。终于跑到关外去玩了一趟。这里所说的"微服"，就是明武宗没有穿着代表其政治身份的冕服，而是穿着百姓们的服装混出关外去了。

由于帝王的冠冕所具有的重要的政治象征意义，所以，有时又可以用冠冕来作为帝王的化身。明太祖朱元璋在洪武十九年（1386 年），"命皇太子修泗州盱眙祖陵，葬德祖以下帝后冕服"④。在这里，帝后的冕服也就代表了朱元璋的祖先们。为其修建的陵墓，也就被人们称为衣冠冢。虽然朱元璋的祖先们在生前从来也没有穿着帝王冕服的"妄想"，但在死后享受到了这种殊荣。

四　宫廷服饰的其他用途

正是由于帝王冕服所具有的特殊意义，因此，明朝在与周边各国进行交往的时候，又把冕服的赐予作为一种政治上的荣宠表示。例如，在永乐初年，东邻日本国王为了表示对中国的友好，"捕海盗，絷其魁二十人，以三年十一月献于朝，且修贡。帝益嘉之，遣鸿胪寺少卿潘赐偕中官王进赐其王九章冕服及钱钞、绵绮加等"。翌年六月，"使来谢，赐冕服"⑤。据此可知，明成祖赐给日本国王的冕服，其等级相当于皇太子所使用的冕服规格。

也是在明成祖在位时，东邻朝鲜国王也派遣使臣前来朝贡："因请冕

---

① 《明史》卷二《太祖纪》。
② 《明史》卷十九《穆宗纪》。
③ 《明史》卷十六《武宗纪》。
④ 《明史》卷三《太祖纪》。
⑤ 《明史》卷三百二十二《日本传》。

服书籍。帝嘉其能慕中国礼，赐金印、诰命、冕服九章、圭玉、佩玉，妃珠翠七翟冠、霞帔、金坠，及经籍彩币表里。"① 在这里，明成祖赐给朝鲜国王的也是相当于皇太子级别的冕服，是与赐给日本国王的冕服一样的。由于朝鲜边境与中国接壤，交通较为便利，故而往来更加密切，明成祖遂又赐其王妃珠翠七翟冠等物品。

与东邻朝鲜及日本不同的是，中国的南邻安南国（今越南）却没有能够享受与朝鲜及日本的相同待遇。明宪宗在位时，安南国遣使前来朝贡，"因请冕服，不从，但赐皮弁冠服及纱帽犀带"。到了此后的明孝宗弘治三年（1490 年），安南国再次派遣使臣前来，请求赐其冕服，也再次遭到拒绝。"礼官言：'安南名为王，实中国臣也。嗣王新立，必赐皮弁服，使不失主宰一国之尊；又赐一品常服，俾不忘臣事中国之义。今所请，紊乱祖制，不可许'……"②

由此可见，在明代，中国政府赐给安南国王的服装有两套。一套是皮弁冠服，虽然也代表着中国政府对安南国王的王权的认同，但是，其政治规格却要低于赐给朝鲜及日本的冕服。另一套是一品常服，也就是中国政府中的高级官员穿着的"工作服"。其用途显然也是不一样的。当安南国王在其国内时，穿着皮弁冠服，以表示其为一国之王。而当安南国王亲自前来朝见明朝帝王之时，却必须穿着一品常服，以表示其为中国的臣属。显然，不同样式的服装代表了不同的政治地位，是丝毫都不能混淆的。

五　其他宫廷服饰

与明代帝王冕服相互陪衬的，是皇后的服饰，主要分为礼服与常服两大类。据《明史·舆服志》记载，明太祖洪武三年（1370 年）初定皇后礼服的样式，到了明成祖永乐三年（1405 年）略加改变："其冠饰翠龙九，金凤四，中一龙衔大珠一，上有翠盖，下垂珠结，余皆口衔珠滴，……翟衣，深青，织翟文十有二等，间以小轮花。"皇后常服的样式为："冠用皂縠，附以翠博山，上饰金龙一，翊以珠。翠凤二，皆口衔珠滴。前后珠牡丹二，花八蕊，翠叶三十六。……大衫霞帔，衫黄，霞帔深青，织金云霞龙文……"皇后礼服主要是在重要活动的正式场合穿着，

---

① 《明史》卷三百二十《朝鲜传》。
② 《明史》卷三百二十一《安南传》。

在平时则是穿着常服。

在明代，其他皇子的服饰与皇太子的大致相同。"明制，皇子封亲王，授金册金宝，岁禄万石，府置官属。……冕服车旗邸第，下天子一等。"① 与之相对应的，皇太子之妃与诸王之妃也各自缝制有特制的礼服，以供其参加宫廷里面的重要活动时穿着。而其规格，则与皇妃相等，略低于皇后的级别。至于亲王之子等皇族子弟，也各有其特制的服装，以显示其特别的政治身份。

第三节　宫廷娱乐文化

一　元、明之间在宫廷娱乐中的文化差异

在明代的北京城里，宫廷的娱乐文化成为了整个城市娱乐文化的一个重要组成部分，并且在其中起到了一种主导作用，古谚所云："上之所好，下必从之。"与前朝的蒙古帝王相比，明朝的汉族帝王的娱乐活动，其总体表现形式是有所不同的，这显然与他们自身的文化背景的不同有着密切的关系。就帝王个人及其后妃等人的娱乐活动而言，又会受到其个人性格不同的影响，以及其个人所特有的爱好不同的影响，而形成不同的娱乐文化趋向。

从总体上来看，明代帝王与此前的元代帝王相比较而言，其娱乐活动带有更多的农耕文化的特色。在元代，蒙古帝王的娱乐活动中，狩猎与宴饮是必不可少的两项重要内容。而在明代，帝王们虽然也举行射猎活动，就大多数的帝王而言，已经失去了狩猎的内涵，仅仅具有一种表象的仪式功能。从辽代开始，封建统治者就在每年的春天举行射柳和击球的活动。击球是骑马竞技的形式，从唐代就十分盛行。而射柳则是契丹少数民族人士十分喜爱的一项活动，其在射柳时，或是站立，或是骑射。每当举行这项活动时，统治者都允许京城百姓围观。

明朝统治者举行的击球射柳活动是承袭了此前的辽、金、元三代统治者的遗俗，也寓意着国家要想长治久安，就要不断加强武备，时时操练武功。明代举行击球射柳活动的地点是在皇城东华门内的东苑。早在元代，蒙古统治者即曾在东华门附近设置有"射圃"，以便从事击球射柳活动。

_____

① 《明史》卷一百一十六《诸王传》。

但是，蒙古贵族们还在京畿地区专门设置有狩猎的场所，如京城东南潞州的柳林行宫，以及城南的下马飞放泊（即此后明清两代的南苑）等地皆是。

明代的击球射柳活动与前朝一样，规模十分壮观："永乐十一年五月癸未，端午节，车驾幸东苑，观击毬射柳，听文武群臣、四夷朝使及在京耆老聚观。分击毬官为两朋，驸马都尉广平侯袁容领左朋，宁阳侯陈懋领右朋，自皇太孙而下，诸王大臣以次击射。皇太孙击射连发皆中，上喜，命儒臣赋诗，赐群臣宴及钞帛有差。"① 这种击球射柳的形式与前朝大致相同。但是，自明成祖永乐年间之后，这项活动就没有再延续下去。

显然，此后的明代帝王及皇太子等贵族及大官僚们，对于击球射柳的活动是没有兴趣的，但是，武备又是国家大事，不可废弛，于是，也就演变成为帝王们检阅武将和军卒们的操练战阵，其地点，也从东苑改为西苑。明英宗在被瓦剌部落俘虏放还之后，对于武备的重要作用更是心有深悟。于是，在天顺四年（1460年）十月，"阅京营将领骑射于西苑"。同年十一月，又"阅随操武臣骑射于西苑"②。此后，明宪宗也曾在成化九年（1473年）四月，"阅武臣骑射于西苑"。同年十一月，"复阅骑射于西苑"③。这种阅兵活动，也没有了群臣和百姓围观的热闹场面。

二　明代宫廷娱乐中的"演武"色彩

在中国古代，军备强弱的一个重要标识就是马政的盛衰，马政兴盛，自然使得军队的战斗力大为增强；而马政衰败，也会给军队的战斗力带来不利影响。而明代帝王操练战马的地点，也是在"东苑"。从明英宗被瓦剌部落放回来以后，就"闲居"在这里，因此，这一带地方又被称为"南内"，也就是皇城南面的大内之意。嘉靖十年（1531年）："上游幸南城演马，召诸辅臣环碧殿赐宴，亲洒宸翰，特命赓歌。"④ 可见明世宗在观看演马之后的情绪很好，专门撰写了词章。

两年以后，"帝御南城环碧殿阅马，马有玉麟飞、白玉骢、照夜璧、

---

① 见《日下旧闻考》卷四十所引《大政记》，《明史》卷五十七《礼志》也记载了这件事，文字内容基本一致。
② 《明史》卷十二《英宗后纪》。
③ 《明史》卷十三《宪宗纪》。
④ 见《日下旧闻考》卷四十所引《眉公见闻录》。

银河练、瑶池骏、飞白，凡七。召辅臣张孚敬、李时、方献夫、翟銮俟重华殿。已而召入环碧，赐茗饮，共阅马。……帝制古乐府、七言律各二章示孚敬等，命各和以献"①。由此可见，其一，明代帝王举行阅马活动的地点是在南内的环碧殿；其二，在阅马之时又往往召见朝中辅政大臣一起参加检阅，事后又撰写诗文，以述其盛况；其三，这类阅马的活动经常举行，有一定的周期性。

当然，也有个别的明代帝王，喜欢炫耀武功、四外巡游，如明武宗即是如此。据史书记载，明武宗"性聪颖，好骑射"。"武宗好武勇，每令提督坐营官操练，又自执金鼓演四镇卒。然大要以恣驰骋、供嬉戏，非有实也。"② 由于他喜欢炫耀武功，而使得一批战将权力倍增，敢于胡作非为。"武宗好武，边将江彬等得幸，辽东、宣府、大同、延绥四镇军多内调，又以京军六千与宣府军六千，春秋番换。"③

明武宗虽然号称"好武"，却是并没有秦皇汉武、唐宗宋祖开国靖边的丰功伟绩，反而把"好武"变成了儿戏。先是在京城中把京营的军队操练得锣鼓喧天、彩旗招展，热热闹闹。然后又微服私访，从独闯居庸关，到遍游宣府要塞，在外过年。最后，又演出了一场兴师动众，却没有任何实际意义的南巡讨平叛乱的闹剧。这些做法，显然都是与农耕文化中的诸多礼仪、典制格格不入的，因此而遭到了朝中大臣们的屡次苦谏与批评。对此，明武宗是不屑一顾的。大臣们的谏言既没有阻挡住他微服出关，北游一番，也没有劝阻住他大张旗鼓地南巡。

三　宫廷画坛的兴盛

明代的大多数帝王是喜静而不喜动的，因此，在他们的宫廷生活中，观赏和品评书画，乃至于亲自挥毫泼墨、写诗作画，遂成为一项重要的娱乐活动。上文述及的明世宗在两次观赏操练马匹的活动之后，亲自挥笔写诗，并命辅政大臣加以唱和的娱乐即是如此。在中国古代，喜爱观赏书画作品和亲自动笔书画的帝王是很多的，其中，尤以宋朝帝王为甚，专门设置有皇家画苑，供养一批著名的书画家进行艺术创作，从而使当时的艺苑

---

① 见《日下旧闻考》卷四十所引《嘉靖闻见纪》。
② 《明史》卷九十二《兵志》。
③ 《明史》卷九十一《兵志》。

日益繁盛，名家辈出，佳作广为流传。

辽、金、元三代，少数民族统治者虽然没有设置专门的皇家画苑，却有不少著名的书画家活跃在宫廷之中，为最高统治者和达官显贵们提供书画服务。明朝帝王们乃是承其体制，虽然没有专门设置皇家画苑，却供养了一批当时著名的书画家。"宣庙喜绘事，一时待诏有谢廷循、倪端、石锐、李在，皆有名。"① "仁智殿以处画士，一时在院中者，人物则蒋子成，翎毛则边景昭，山水则商喜、石锐、马轼、李在、倪端、陈遣、钟钦礼、王谔、朱端，然皆画家第二流人。"②

这些受到明代帝王供养的著名书画家在宫廷中进行了大量的书画创作："孝宗尝至仁智殿观钟钦礼作画，见其皴劈飞动，从背后久立，钟不知也。既而忽挦其髯大呼曰：'天下老神仙。'钟遂以'敕赐天下老神仙'七字刻石作私印。"③ 一方面，明代帝王可以在宫廷之内随时观赏到这些画家的艺术创作；另一方面，这些画家也可以借助宫廷的重视而迅速抬高其身价。当然，其中的许多宫廷画家，也确实留下了一批珍贵的艺术作品。如今日得见的，即有倪端的《聘庞图》、边景昭的《三友百禽图》、林良的《双鹰图》、李在的《琴高乘鲤图》、王谔的《雪岭风高图》、朱端的《烟江远眺图》、戴进的《关山行旅图》，以及吴伟的《灞桥风雪图》，等等。

有些宫廷画家为了争恩固宠，也会采用相互倾轧的卑鄙手段。明人杨慎在《画品》中就记载了这样一件事："戴文进入京，众工妒之。一日在仁智殿呈画，文进以得意之笔上进。第一幅是《秋江独钓图》，画一红袍人垂钓于水次。画家惟红色是难著，文进独得古法入妙。宣庙阅之，廷循从旁奏曰：'此画甚好，但大红是朝廷品官服色，却穿此去钓鱼，甚失大体。'宣庙颔之，遂挥去，其余幅不复视。"文中贬抑戴文进的廷循，即是时任待诏的画家谢环，明宣宗虽然号称喜爱绘画艺术，其实对于艺术的崇高境界并没有真正地领悟，才会受到谢廷循的蒙蔽，听信谗言。

明宣宗朱瞻基不仅供养着一批宫廷画家，而且自己也经常从事绘画实践，并且留下了传世作品。如今日得见的、收藏在故宫博物院的一幅

---

① 见《日下旧闻考》卷三十五引明人杨慎《画品》。
② 《日下旧闻考》卷三十五引何良俊《四友斋丛说》。
③ 《日下旧闻考》卷三十五引杨仪《明良记》。

《鼠石图》，就是明宣宗在宣德二年（1427年）绘制的，上题"宣德丁未御笔戏写"，虽称戏写，其构图及用笔、着色亦颇显功力，堪称写意小品中的佳作。画上还钤印着"乾隆御览之宝"、"嘉庆御览之宝"、"宣统御览之宝"，以及"石渠宝笈"、"石渠定鉴"等后世收藏印章。

四 宫廷演艺的发展

明代帝王经常观赏文艺演出，也是宫廷娱乐活动的一项重要内容。负责为帝王提供文艺演出的主要机构是教坊司，在这里汇集了全国各地的著名演艺人员，其人数之多，远远超过了此前的元代。教坊司演艺人员的总数有几千人，据正史记载仅明宣宗死后，明英宗即位之初，就在宣德十年（1435年）三月下令，"放教坊司乐工三千八百余人"①。由此可见，在此之前的明代教坊司，其乐工的人数要多于三千八百人。

到了此后的明武宗在位时期，明朝统治者不仅喜好四出巡幸游玩，而且对于观赏文艺演出也十分喜爱，于是，在正德三年（1508年）七月下令，"命天下选乐工送京师"②。当时的许多奸臣就是抓住了明武宗的这个爱好，而极力怂恿其纵欲享乐。如当时的武将江彬，"因数言宣府乐工多美妇人，且可观边衅，瞬息驰千里，何郁郁居大内，为廷臣所制。帝然之。……因度居庸，幸宣府，彬为建镇国府第，悉辇豹房珍玩、女御实其中。彬从帝，数夜入人家，索妇女。帝大乐之，忘归，称曰家里"③。明武宗北游宣府的一个重要原因，就是因为"宣府乐工多美妇人"。

是时，又有锦衣卫官员钱宁，也是采用这种办法，以获得明武宗的宠信。钱宁"引乐工臧贤、回回人于永及诸番僧，以秘戏进。请于禁内建豹房、新寺，恣声伎为乐，……帝在豹房，常醉枕宁卧"④。明武宗正是在这种醉生梦死的生活中，享受着乐工与美女的歌舞，而远离朝廷中的正直大臣，宠信江彬、钱宁等一批奸臣，才使得明朝政府的统治变得越来越腐败。明武宗在临死的时候，才认识到自己所作所为的荒唐，遂留下遗诏："放豹房番僧及教坊司乐人。……还四方所献妇女，停不急工役，收

---

① 《明史》卷十《英宗前纪》。
② 《明史》卷十六《武宗纪》。
③ 《明史》卷三百七《江彬传》。
④ 《明史》卷三百七《钱宁传》。

宣府行宫金宝还内库。"①

　　这里所说的豹房，就是明武宗在皇宫中修建的淫乐之处。而所谓的宣府行宫，就是江彬为明武宗专门建造的镇国府第，因为明武宗曾自封为镇国大将军，故有此称，这里则是明武宗在宣府的淫乐之处。显然，在皇宫中的豹房日夜淫乐，会不断遭到朝廷中大臣们的非议和苦谏，虽然并不能起到应有的作用，毕竟使明武宗有所收敛。而到了塞外的宣府，远离了朝廷中的大臣们，明武宗就可以任意胡为，而江彬等奸臣只会加以怂恿，而不会给予劝阻。

　　在平时的一些宫廷活动中，明代帝王也不忘借机观赏文艺演出。例如，明代帝王为了表示对农业生产的重视，每年都要举行耕耤田的仪式。有的帝王借着举行这种仪式，观赏文艺演出，如弘治元年（1488 年）："帝耕耤田，教坊以杂戏进。文升正色曰：'新天子当使知稼穑艰难，此何为者？'即斥去。"② 马文升时任左都御史，斥责教坊杂戏又名正言顺，才被明孝宗采纳。还有的明代帝王利用宫里的宦官们在举行耕耤田的仪式时演戏以为娱乐，也受到朝廷官员的斥责。

　　到了万历年间，明神宗又专门在皇宫里面为宦官们学戏、演戏安排了场所："玉熙宫：在西安门里街北，金鳌玉蛛桥之西。……神宗时，选近侍三百余名，于玉熙宫学习官戏，岁时升座，则承应之。各有院本，如《盛世新声》、《雍熙学府》、《词林摘艳》等词，又有'玉蛾儿'词，京师人尚能歌之，名御制《四景玉蛾郎》。"③ 由此可见，这时的宦官剧团已经颇具规模，有了三百余人学习和演出各种戏剧，并且一直延续到明朝末年。

　　在中国古代的宫廷生活中，企求长生不老是一个永恒的主题，从远古神话中的嫦娥奔月，到秦始皇的海外求仙药；从汉武帝东狩海上以巡仙人，到元太祖向丘处机问长生之术，等等，皆是如此。而明代帝王也不例外，在皇宫中供佛奉道，以修炼长生之术。在举行宗教活动的时候，也要使用宫女唱歌跳舞，以烘托气氛。天启四年（1624 年）："上命道经场内官教宫女数十人，演习玄教，建坛禳灾。氅服云璈，与羽流无异。仍选躯

---

① 《明史》卷十六《武宗纪》。
② 《明史》卷一百八十二《马文升传》。
③ 高士奇：《金鳌退食笔记》卷下。

体丰硕者一人，饰为天神像，仗剑登坛行法，不能胜甲胄之重，用锦绣为之。"① 这种用锦衣绣制为甲胄的办法，不像是举行宗教活动，反而像是化装演戏。

在明代的宫廷娱乐活动中，帝王们在奸臣及宦官们的诱导之下，大多数都是沉沦于声色犬马的腐败生活，把享乐放在了第一位，而且一代比一代腐败。只有极少数的帝王，能够遏止声色犬马的诱惑，注意节俭，接受劝谏。由于帝王生活的日益腐败，政府为了供应其腐败生活的消费，支出的钱财越来越多，对广大百姓的搜刮也就越来越严重，致使百姓们的承受能力超过极限，最终导致了民不聊生，反抗四起，再加上外敌侵扰也越来越频繁，遂使整个社会趋于崩溃，明朝的腐败统治也就无法维持下去了。

---

① 见秦徽兰《天启宫词》注文。

第十三章　宦官专权现象的深层
文化内涵

　　宦官文化，就其特质而言，乃是宫廷文化的一个组成部分。在宫廷里面，与封建帝王接触最多的是宦官，帝王们的衣食住行，没有一件事情可以离开宦官的照顾，甚至连其日常的娱乐活动，也往往需要宦官们的参与。因此，对于帝王们的喜怒哀乐，最了解的莫过于宦官。同样，与后妃们接触最多的异性也是宦官，宦官乃是后妃们与帝王相互联系的极为重要的中介，有时，宦官们的好恶会直接影响到后妃们的宠辱命运。

　　宦官们又是一股十分强大的势力，这股势力对皇权的依附程度最为密切，因此，宦官们又具有许多政府官员所不具备的政治优势，其中，最重要的一点，就是对帝王施加影响。帝王什么时候高兴，什么时候烦恼，大臣们不一定知道，而宦官们却十分清楚，当帝王高兴的时候，如果要奏报事情，很容易得到支持；而当其烦恼的时候，如果再奏报一些烦恼的事情，其结果是可想而知的。

　　人与人之间的信任程度在政治生活中具有不可估量的巨大作用。而在许多方面，宦官们在获取帝王信任的程度上要远远超过朝廷中的大臣们。因此，帝王们往往把宦官作为自己的"耳目"。与之相比，在政府机构中，也有天子的耳目，即所谓的监察机构——御史台。二者有着明显的不同，御史台只是负责纠察百官的政绩优劣，而宦官们刺探的，不仅有百官的政绩优劣，而且有宫中后妃们的品行、诸多宗王的活动，以及民间百姓的状况，等等，其范围无疑更加广泛。

　　宦官们在社会上的地位是十分低下的，被官僚士大夫们视为"残缺"之人，只不过是侍候帝王生活的会活动的工具，或者说是"奴才"，显然不具备正常人的人格。但是，就是这些被有身份的官僚士大夫们瞧不起的"残缺"之人，却在政治上产生了巨大影响。宦官们虽然没有文化，不似官僚们饱读诗书，却有着另一种智慧，一种追求自身生存的智慧，也就是获取帝王宠信的智慧。他们为了获取帝王的宠信，可以不择手段，而一旦获得了帝王们的宠信，也就什么都有了，荣华富贵，任其享受。

宦官们虽然社会地位低下，却又是实实在在的"官"。这些官们，也有着明显的等级差异，大宦官与小宦官相比，不论是掌握的权力，还是日常的生活享受，相差都是十分巨大的。这些官们，与朝廷中的官僚们，往往具有分庭抗礼的实力，可以分为"外朝"与"内廷"。在有些情况下，宦官们的权力甚至还要超越朝廷中的政府官员。对于他们的这种巨大的政治影响，朝廷中的政府官员们往往加以贬斥，认为帝王的腐败行为，都是因为受到宦官们的恶劣影响，其实，这只是事务发展的一个方面，要是把全部罪责都推到宦官们的头上，显然是不公正的。对于帝王们的荒唐行为，大臣们是不敢直接加以指斥的，只得转嫁到宦官头上。这种错误观点造成的舆论影响一直延续到现在，有必要客观地、公正地加以重新评价。

第一节　宫廷文化的直接表现

一　宦官文化的渊源

在中国古代历史上，宦官的产生，是与帝王们的宫廷生活密切联系在一起的。早在先秦时期，各诸侯国的宦官们就已经在宫廷生活中发挥着重要的作用。据《史记·齐世家》记载，在齐桓公时期，有宦官竖刁，与大臣易牙相勾结，杀死群臣，立公子无诡为国君。此后，齐庄公时，又有宦官贾举，与大臣崔杼相勾结，共同弑杀齐庄公。又据《史记·晋世家》记载，晋献公时，曾几次派遣宦官勃鞮（又作"履鞮"）追杀公子重耳（即后来的晋文公）。而赵国的大宦官缪贤，还曾举荐手下舍人蔺相如给国君，并且受到重用。[①] 而秦国的大宦官嫪毐、赵高等人，在当时的朝廷中更是举足轻重的人物。[②] 赵高曾经指鹿为马的典故，已是尽人皆知。

从汉代开始，宦官在政府中的权势日益增长，西汉初期孝文帝时的宦官赵谈、北宫伯子，西汉中期孝武帝时的宦官李延年，西汉后期孝元帝时的宦官弘恭、石显等，其权势皆凌驾于朝廷大臣之上。到了东汉时期，宦

---

① 《史记·廉颇蔺相如传》。
② 见《史记·吕不韦传》及《蒙恬传》《李斯传》。

官的权势达到了空前的程度，与外戚势力不断斗争，以操纵朝廷中的小皇帝。到了唐代，宦官势力再次达到了鼎盛阶段，成为左右唐朝政治局势发展变化的一股重要力量。汉唐时期的文化，代表了中华民族传统文化发展的两个最辉煌的时期，而恰恰是在这两个时期，宦官势力的发展，也达到了最鼎盛的状态。

到了此后的宋元时期，宦官势力的影响仍然很大，但是，与汉代和唐代的宦官势力相比，显然要逊色得多。到了元朝末年，宦官的势力依附于皇后及皇太子的势力而有了进一步的发展，但是，其影响仍然是有限的。即使如此，明代初年的太祖朱元璋，有鉴于此，遂在皇宫中竖起了"内臣不得干预政事，预者斩"的铁牌，以预防汉唐时期宦官操纵朝廷政局变化的恶劣影响。但是，这个措施，在他死后并没有得到贯彻实施，特别是明成祖朱棣在夺得皇权之后，为了巩固自己的"非法"统治（此指武力篡位），而不择手段，大肆任用宦官，对大臣们和众多百姓采取"特务"统治，遂使汉唐时期的政治悲剧再度重演。

有一个现象是很令人回味的，汉代、唐代和明代的统治者，奉行的都是传统农耕文化政策，而在这三个历史时期，又是中华文化发展的三个鼎盛时期。如果说，中国古代封建社会的发展可以划分为前期、中期和后期这三个阶段，那么，汉代文化正好是封建社会前期的典型代表，唐代文化正好是封建社会中期的典型代表，而明代文化又正好是封建社会后期的典型代表。在这三个时期，又都出现了宦官政治势力恶性发展的历史现象，因此，这种现象显然不是一种历史发展的偶然现象，而有其内在的必然联系。

从文化学的角度来看，中华民族的农耕文化对人与人之间的血缘关系是十分重视的，于是，就有了西周时期的宗法制与分封制。古代帝王为了子孙广为繁衍，就必然要广纳妻妾。而在广纳妻妾之后，又要有专人对众多的嫔妃加以管理。而为了保证皇族血统的纯洁性，这些管理人员又必须消除其性功能，于是，也就有了宦官制度。当然，与农耕民族相比，游牧民族对于血缘关系也是极为重视的。但是，与农耕民族相比，游牧民族的生产能力要落后得多。也就是说，作为农耕民族的统治者，可以使用其征收来的社会财富供养一大批后妃和管理后妃的宦官们；而游牧民族的统治者却无法获得大量的社会财富，特别是要长期地、稳定地获得大量社会财富，来供养更多的宫廷人员。

与游牧民族的统治者相比，农耕民族的统治者，其生活的内容要复杂得多。这种复杂的宫廷生活，处处都包含着丰富的文化内涵。在上文述及的宫廷生活中的内容，皆是如此。围绕着封建帝王的衣食住行，必须要有大批宦官来为其服务，才能够使帝王的日常生活得到有效的保障。随着帝王生活的日趋复杂化，于是，为其提供服务的宦官们的数量也就不断增加。与元朝时期的宦官相比，明朝的宦官数量有了极大得增加。这显然是因为明朝的农耕民族的统治者，其日常生活，与元朝的游牧民族的统治者相比，变得更加复杂，也就是包含了更多"礼制"的成分。

例如，在对神灵的祭祀方面，元朝统治者只是在大都城的南郊设置了一处祭坛，用以祭祀包括天神地祇在内的各种自然神灵。而明朝统治者则是在北京城的四郊各设置了一处祭坛（即天坛、地坛、日坛和月坛），分别祭祀不同的神灵。就日常的娱乐活动而言，元朝的游牧民族统治者喜欢的是骑马狩猎，四处巡幸，带有强烈的游牧文化的特色，很少有宦官的参与。而明朝的农耕民族统治者的日常娱乐活动就具有更多的"文化"色彩。据明代宦官刘若愚所述，在当时的宦官衙门中，有钟鼓司，"凡遇九月登高，圣驾幸万寿山；端午斗龙舟，插柳；岁暮宫中驱傩；及日食、月蚀救护打鼓，皆本司职掌"①。

二　宦官参与的宫廷娱乐活动

在明代宫廷中，有所谓"过锦之戏"的娱乐表演："过锦之戏，约有百回，每回十余人不拘，浓淡相间，雅俗并陈，全在结局有趣，如说笑话之类。又如，杂剧故事之类，各有引旗一对，锣鼓送上，所扮者备极世间骗局丑态，并闺阃拙妇骏男，及市井商匠刁赖词讼，杂耍把戏等项，皆可承应。"（引文同上）这些娱乐表演，观其所述，颇类似于今天的喜剧小品，而其表演者，皆是宫廷中受过训练的宦官们。同据刘若愚所述，在明神宗时，仅在玉熙宫一处学习演戏的宦官即多达三百余人。

显然，与元朝的游牧民族统治者相比，在明朝的农耕民族统治者的宫廷生活中，有着更多的宦官参与其间，他们在与封建帝王的娱乐活动中，逐渐融为一体。从其自身的社会地位而言，宫廷中的宦官们只是帝王生活中的奴仆，他们得以生存的前提，就是要保证伺候好帝王的衣食住行和日

---

① 见《明宫史》木集"钟鼓司"条。

常娱乐活动。然而，就是在这些微不足道的日常宫廷生活中，众多宦官们逐步建立了与帝王之间的密切感情，而这个建立感情的过程，是朝廷中的政府官员们所无法涉足的。

一旦这种感情建立之后，宦官们也就确立了自己的生存地位，其牢固的纽带，就是帝王与宦官之间的信任。而为了获得帝王的信任，宦官们出于本能，会利用各种手段来讨好帝王，而最为常见的手段，也无非就是人的本性中所体现出来的"声色犬马"的欲望。宦官们只要了解到帝王的个人爱好，就会不择手段地投其所好。如果帝王喜好女色，宦官们就会为他四处搜寻美女。如果帝王喜好养生，宦官们又会为他举荐著名道士。如果帝王喜好武功，宦官们还会为他搜求名马、良犬，以供他骑射之用。如果帝王喜爱书画，宦官们则会为他征招书画艺人，待诏画苑，等等。

如明武宗时的大宦官刘瑾，"武宗即位，掌钟鼓司，……日进鹰犬、歌舞、角抵之戏，导帝微行。帝大欢乐之，渐信用瑾"[1]。由于刘瑾了解了明武宗的爱好，并且提供了各种"优质"的服务，遂得到了武宗的信任，权倾朝野。又如明熹宗时的大宦官魏忠贤，其做法与刘瑾如出一辙："忠贤不知书，颇强记，猜忍阴毒，好谀。……又日引帝为倡优声伎，狗马射猎。刑部主事刘宗周首劾之，帝大怒，赖大学士叶向高救免。"[2] 由于魏忠贤得到了明熹宗的信任，所以，即使受到政府官员们的弹劾，仍安然无恙。弹劾他的官员却几乎受到了严厉惩罚。

宦官们获得帝王宠信的另一项重要途径，是讨好那些受到帝王宠爱的后妃们。如明宪宗时的大宦官梁芳，就是采取这种策略，"梁芳者，宪宗朝内侍也。贪黩谀佞，……而谄万贵妃，日进美珠珍宝悦妃意"，由此而获得明宪宗的容让。虽然宪宗得知他的不法行为，"帝以妃故，不问也"[3]。显然，通过这种迂回的策略来获取帝王的宠信，有时，是要冒一些风险。因为一旦后妃们失去帝王的宠爱，宦官们的"投资"也就会血本无归。由于并不是每个宦官都能够接近帝王，故而有的宦官就不得不"另辟蹊径"，去讨好后妃们了。

作为封建统治者而言，虽然他们的日常生活很少能够离开宦官们的照

---

① 《明史》卷三百四《刘瑾传》。

② 《明史》卷三百五《魏忠贤传》。

③ 《明史》卷三百四《梁芳传》。

顾，有些帝王还与宦官们建立了较为深厚的感情，但是，正如社会上所普遍存在的偏见一样，帝王们是不把宦官当人看待的，至少，不是作为一个完整意义上的"人"来看待的。因此，在绝大多数的封建统治者看来，宦官们只要能够从事简单的服务工作就可以了，完全没有必要获得更多的文化知识。在某种情况下，宦官们掌握更多的知识反而不是一件好事情。故而明初帝王是禁止宦官们学习文化知识的，在他们看来，宦官们不识字、不读书、不参与政治乃是一件好事。

三　畸形生活对宦官的影响

从宦官们的出身来看，这些人绝大多数都是出身于贫苦百姓的家庭，处在社会的最底层，从小就没有机会受到良好的教育。当他们进入皇宫之后，也同样不可能有机会去受到良好的教育，因此，在他们道德修养方面，乃是处于最差的那个层面，许多宦官甚至没有起码的是非观念。而在人生观方面，也是处于最为黑暗的状态中，他们没有人生的理想，也没有自己的前途，更没有家庭的关爱和亲人的理解。他们的唯一使命就是伺候皇帝和后妃们。

这种人生观的黑暗，以及道德修养方面的不足，再加上生理上的人为残害所带来的精神上的恶劣影响，就是大多数宦官们所处的实实在在的生活状态。在这种状态下，如果长期生活下去，人们的心理变化会朝着哪个方向发展，是显而易见的。但是，封建帝王却是长期生活在这样一群人中间的，耳濡目染，又怎么能够获得良好的影响呢？除此之外，封建帝王接触较多的，还有后妃及宫女们，这些人的文化修养或者要比宦官们好一些，却也很有限。因此，整个宫廷文化的主旋律显然是处在一种极为病态的状况下，而这种病态又会产生互动的影响，变得越来越消极、越来越颓废。

这种病态的宫廷生活由此使得封建统治者日益腐败，而宫廷生活的腐败，又是无法与朝廷中的政治活动截然分开的，而且二者之间又有着千丝万缕的密切联系，宫廷生活越来越腐败，必然导致朝廷政治活动越来越腐败。显然，在这个日益腐败的恶性循环过程中，宫廷中的诸多大小宦官们起了重要的作用，而且是不良的重要作用。但是，在这个恶性循环的过程中，帝王及后妃们也在起着重要的作用，如果帝王不喜爱声色犬马，后妃们不喜爱珍珠财宝，宦官们又如何能够发挥其不良作用呢？

　　显然，宫廷生活的腐败直接危害到了朝廷的政治活动，而朝廷政治活动的腐败又直接危害到了整个国家的统治。当国家的统治由于受到腐败的恶劣影响而垮台的时候，受到既得利益损害最大的，就是封建统治者，其次才是官僚阶层和豪强地主们。当然，同样受害的还有广大百姓，以及促成腐败的众多宦官们。换言之，这些宦官们既是害人者，同时也是受害者。而那些反对腐败、捍卫国家利益的官僚士大夫们，同时也是在捍卫着自己的既得利益。至于那些与宦官相勾结、促成帝王腐败的官僚士大夫们，其勾结的初衷，也是为了获得更多的个人利益，而实际上，却是在直接损害着自身的既得利益。

　　在宫廷中无处不在的宦官们，其个人的文化修养，与那些在朝廷中主持政务的官僚士大夫们相比，其差异实在是太大了。他们没有受到过忠君爱国的系统教育，没有家事、国事、天下事的政治抱负，在他们的头脑中只明白一件事，只要把帝王及后妃们伺候好了，得到了他们的宠信，就什么都有了。如果伺候不好这些宫廷贵族们，轻则受到处罚，重则丢掉性命，那就什么都没有了。

　　显然，他们在与封建统治者接触的过程中，是处于被动的状态中的，帝王和后妃们的喜好是第一位的，宦官们只能是被动地投其所好。如果这种获取宠信的"工作"得不到帝王和后妃们的回应，他们的"工作"也就是失败的。正是因为帝王们喜爱声色犬马、后妃们喜爱珍珠财宝，宦官们的诱导"工作"才能够产生作用。显然，明太祖朱元璋和明成祖朱棣在位时期，皇宫中的宦官们已经存在了。明太祖禁止宦官干预政事，而明成祖利用宦官参与政事，其政治手段截然不同，却都没有宦官敢于使用声色犬马的诱惑来获得宠信。由此不难看出，帝王和后妃们的爱好乃是宫廷生活是否腐败的关键因素，而宦官们的诱导"工作"，其作用却是十分有限的。

　　因此，我们也就不难得出一个较为公允的判断，在宫廷生活中，宦官们的诱导"工作"，只是腐败过程的外在辅助因素，而帝王及后妃们的爱好乃是腐败产生并且有所恶化的内在决定因素。况且，享受腐败生活的乃是帝王及后妃们，而宦官们的操劳在大多数情况下皆是"为他人作嫁衣裳"，只有极少数大宦官，才能够享受到类似于宫廷贵族们的腐败生活。由此，应该得出的结论是，宫廷生活的腐败过程，其罪责是由宫廷贵族们和宦官们共同承担的。而其主要罪责，不是在宦官们的身上，而是在宫廷贵族们的身上。以往的历史学家们往往把腐败的罪责全都放到宦官们的头上，显然是不公平的。

第二节　皇权的扩展与封建专制的加强

一　宦官们的特殊政治地位

如上所述，在明代的北京，封建统治者的宫廷生活完全离不开宦官们的服侍，但是，皇权的势力，却在不断向外扩张，越来越多地凌驾于朝廷众多大臣之上。而皇权的具体实施过程，则是通过两个系统来实现的。一个系统，是自秦始皇创立中央集权国家之后即建立起来的官僚系统，通过从中央到地方的一层又一层官衙机构中的政府官员们来维持皇权的统治。另一个系统，则是在汉代和唐代都曾产生过巨大影响的宦官系统，通过这个系统，与政府的官僚系统相互呼应，互为表里，进一步加强了皇权对整个社会的控制能力。

在明代，这双重系统的确立，是在明成祖永乐年间，也就是明成祖决定迁都北京的时期。"盖明世宦官出使、专征、监军、分镇、刺臣民隐事诸大权，皆自永乐间始。"① 在此之前的洪武年间，明太祖朱元璋的皇权专制状况已经十分严重，但是，他所依赖的治国系统，仅仅是政府的官僚体系。而明成祖在发动"靖难之役"，推翻建文帝的统治，取而代之以后，就不仅仅是依赖于政府官僚体系，而是给了宫廷里面的宦官们越来越大的权力。

在建文帝执政时期，并没有荒唐的生活丑闻，也没有暴虐的政治过失，其唯一的失误就是没有吸取西汉初年的历史教训，"削藩"政策操之过急，从而迫使燕王朱棣起兵反攻，导致了皇权易位。在这种情况下，朝廷中的许多大臣是同情建文帝的不幸遭遇的，对燕王朱棣也就形成了一股无形的异己势力。对于这股异己势力，新即位的明成祖是不择手段加以镇压的。也是在这个时期，当燕王朱棣起兵与建文帝的政府军展开激战的同时，朱棣利用南京宫廷中的宦官们来刺探建文帝的举动，以便抓住难得的机会，将对手一举击败。显然，南京宫廷中的宦官们，在"靖难之役"中发挥了重要作用。

---

① 《明史》卷三百四《宦官传》。

也正是在经历了"靖难之役"的风风雨雨之后，明成祖深刻体会到宦官们在政治斗争，特别是在宫廷斗争中所具有的重要作用，这种作用是其他任何一股政治势力都无法替代的。而南京宫廷中的宦官们之所以会支持燕王朱棣，为其通风报信，乃是因为建文帝严格贯彻了明太祖朱元璋"禁止宦官干预政事"的政策，"建文帝嗣位，御内臣益严，诏出外稍不法，许有司械闻。及燕师逼江北，内臣多逃入其军，漏朝廷虚实"①。严厉管制宦官，本来是一件好事，但是，在有的时候，干好事并不一定就会有好的结果。建文帝的"削藩"和严治宦官，都不能不说是好事，却为他引来了杀身之祸。

在明代之前的汉代与唐代，宦官的政治势力十分强大，宦官的数量也在不断增加。例如，在唐代宫廷内的宦官即多达四千余人，而当时管理宦官的职能部门主要有五个（即掖廷局、宫闱局、奚官局、内仆局、内府局），这五个衙门皆隶属于内侍省②。而到了明代，宦官的数量不仅有所增多，而且主管宦官的职能部门更是大大地增多了。正如明代大宦官刘若愚所列举的"二十四衙门"，即司礼监、御用监、内官监、御马监等十二监，惜薪习、宝钞司、钟鼓司等四司，以及兵仗局、巾帽局、内织染局、司苑局等八局。③

我们若以唐代的五个宦官衙门与明代的二十四个衙门相比较，不难看出，明代的宦官管理机构，其分工更加明确，体系更加完备，宦官确实已经具备了被称为"官"的所有功能。换句话说，我们已经不能不把宦官作为"正式"的官员来看待了。这些"残疾人"在皇帝面前仍然是地地道道的奴仆，但是，在其他人面前，包括在许多政府官员面前，他们却是不折不扣的"官"，甚至是比皇帝还要厉害的官。

二　宦官权势是皇权的延伸

作为最高统治者的封建帝王，不论走到哪里，都会有众多的人前呼后拥，因此，在他的眼睛里所看到的，在他的耳朵里所听到的，都不是真实的事物，而是被改变了色彩的、经过特殊加工处理的"世界"。更何况帝

---

① 《明史》卷三百四《宦官传》。
② 《旧唐书》卷一百八十四《宦官传》。
③ 刘若愚：《明宫史》木集《内府职掌》。

王本身的行动自由受到了来自各个方面的极大的限制，在绝大多数的时间里只能生活在紫禁城之中，没有更多的机会去见识"外面的"世界。见到的都是后妃、宦官和朝中大臣们的熟面孔。

对于这一点，许多帝王都是明白的。为了了解一个真实的世界，帝王们必须要有更多的、可以离开自己身体的"耳目"。在政府的职能系统中，被称为"天子耳目"的乃是监察机构中的诸多官员们。历代帝王们都对这些"天子耳目"十分重视，汉代的刺史、唐代的监察御史，其官职品位虽然很低，但是权力却很大，又因为受到帝王们的信任，故而可以直接弹劾比自己官职大得多的各级政府要员。到了明代，负责监察工作的政府官员们仍然在尽其职守，弹劾那些贪赃枉法、胡作非为的大小官员们。

但是，明代的帝王对这些负责监察的官员们显然已经不够信任了，于是又利用宦官们来充当"天子耳目"。永乐十八年（1420年），也就是明成祖下令正式迁都北京的那一年，他在北京专门设立了一处由宦官执掌的衙门，称之为"东厂"，职责是刺探各种事情。"凡中府等处会审大狱，北镇抚司拷讯重犯，本厂皆有人听记……于本日晚或次早奏进。每日访看兵部，有无进部，有无塘报。京城各门，皇城各门，关防出入，俱有事件奏闻。"① 事无巨细，均能及时上报帝王。也难怪在其衙署内公然悬挂匾额，上书"朝廷心腹"四个大字。如果更准确一些来说，这些宦官们不是"朝廷"的心腹，而是"天子"的心腹。

明代帝王对宦官们的信任，是源自于他们长期生活在一起、娱乐在一起。帝王在大臣面前必须要正襟危坐，摆出官样面孔，千万不能随意嬉戏，因为他所代表的，乃是"尊贵"的化身。在这种官样面孔之下，帝王的真实情感是很少能够流露出来的。而在和宦官们一起娱乐的时候，他们往往会表露真情，嬉笑怒骂，毫无拘束。当然，帝王们有时也会摆出官样面孔，那只不过是为了唬唬小宦官们，以免他们嬉戏过分，失去尊卑之别。帝王与宦官们的这种感情交流，在帝王与大臣们的交流中是很少出现的。

朝廷中的大臣们与宫廷内的宦官们，二者都要经常向帝王汇报自己获得的各种信息。但是，二者所汇报的内容却有着极大的差异。朝廷中负责

---

① 刘若愚：《明宫史》木集《内府职掌》。

监察的大臣们，其所汇报的事情绝大多数都是"国家大事"，而且往往是百官们的奸恶之事。听到对这种事情的汇报，很容易让人火冒三丈，恼怒不已。而宦官们所汇报的事情，却往往是生动而具体的，有些东西确实很机密，但有些东西则是无稽之谈，令人莞尔。还有些汇报的东西，为了投帝王之所好，甚至十分下流（如声色犬马之事），是大臣们所无法启齿的。

帝王们在得到这两部分的"耳目"之人所汇报的情况之后，在他的头脑中就会形成一种模式，对现实世界的抽象模式。显然，朝廷中的大臣和宫廷里的宦官们所汇报的信息在许多方面是完全不一样的，也有一些是相同的，还有一些是相互矛盾的。对于那些完全不一样的东西，是无从比较的。对于那些相同的东西，是无须比较的。只有对那些相互矛盾的东西，才有加以比较以判定真伪的必要。而判定真伪的一个重要因素，是事实与证据，另一个重要因素，就是帝王对二者的信任程度。如果在汇报的信息发生矛盾冲突时，双方都拿出来一些证据，那么判定是非的关键只能是信任程度。帝王更信任哪一方面，就会判定哪一方面的信息是真实的。

三　宦官专权的弊病

在许多情况下，负责监察的大臣们所汇报的信息是真实的，而宦官们却编造出了一些谎言，由于帝王对宦官们的信任，而做出错误的判断，把谎言当成了事实，而把真实的信息（政府官员的丑行）当成了无端指责。在错误判断的引导下，帝王就会做出包庇奸臣、严惩正直大臣的错误决定。于是造成了奸臣当道、政治日益腐败的局面，冤假错案越来越多，民间的积怨越来越多，最终损害到了整个封建统治的社会基础，有时甚至连帝王自己也会身受其害。

明英宗在位时期，由于信任大宦官王振，故而对其言听计从："帝方倾心向振，尝以先生呼之。赐振敕，极褒美。振权日益积重，公侯勋戚呼曰翁父。"① 到了正统十四年（1449 年），北方少数民族也先部兴兵入侵："振挟帝亲征。廷臣交谏，弗听。至宣府，大风雨，复有谏者，振益虩怒。"（引文同上）明英宗对于朝廷大臣提出来的危险状况根本不相信，只相信王振的一面之词。直到在土木堡被也先军队俘获之后，才悔之晚

---

① 《明史》卷三百四《王振传》。

矣。但是，当他被送回北京，仍然对王振旧情不断，可见其执迷不悟的程度有多深。

无独有偶，明武宗即位后，对大宦官刘瑾也是极为信任，听从其诱导，沉溺于声色犬马，不关心政事："大学士刘健、谢迁、李东阳骤谏，不听。尚书张升，给事中陶谐、胡煜、杨一瑛、张而，御史王涣、赵祐，南京给事、御史李光翰、陆昆等，交章论谏，亦不听。"而刘瑾反而声称这些尽忠于明代帝王的大臣们为奸臣："瑾召群臣跪金水桥南，宣示奸党，大臣则大学士刘健、谢迁，尚书则韩文、杨守随、张敷华、杜翰，部曹则郎中李梦阳，主事王守仁、王纶、孙磐、黄昭，词臣则检讨刘瑞，言路则给事中汤礼敬、陈霆、徐昂、陶谐、刘玉等，皆海内号忠直者也。"①明武宗偏信大宦官刘瑾，不仅忠臣与奸臣不分，甚至忠、奸倒置，以奸为忠。

这些被刘瑾称为"奸党"的朝廷大臣们，大多数都是政府各职能部门的骨干官员，一旦这些人的势力受到打击，日益削弱，无疑会使更多的、真正的奸臣进入政府，逐渐将忠臣们取而代之。其必然的结果，乃是使政府的政治状况迅速腐败，统治职能迅速退化。在这种情况下，帝王身边敢于犯颜直谏的大臣就会越来越少，没有了舆论约束的帝王们生活得自然越来越"有趣"，越来越随心所欲。这当然是帝王们，也是宦官们所希望出现的局面。

值得注意的是，在明代的宫廷中，宦官们已经聚集成为一股势力。也就是说，明英宗时期的大宦官王振、明武宗时期的大宦官刘瑾，以及此后明熹宗时期的大宦官魏忠贤，等等，所代表的绝不是其个人，而是一整套的宦官群体。这些宦官们把明代帝王围困在中间，千方百计地阻隔帝王与大臣之间的各种联系。在这种情况下，帝王的"耳目"（或者称之为心腹）就已经不仅仅是几个人、十几个人，甚至几十个人、几百个人，而是几千个人，其实行专制所发挥的能量，显然要比帝王本身的能量强大得多。

特别重要的是，明朝帝王为宦官们设置了专门的官僚机构，最初是在明成祖时设置有东厂，然后，在明孝宗时又增加了西厂，再后来，在明武宗时又增加了内厂，这些由宦官执掌的机构，专门负责刺探百官及民众的

---

① 《明史》卷三百四《刘瑾传》。

隐私之事，权力之大，甚至超过了相应的政府职能部门。那些执掌东厂等机构的宦官们，有时为了掠夺百官、富商和民众的钱财，竟然不择手段，以谋反等大逆不道的重罪置人于死地。由于明代统治者对宦官们的绝对信任，就使得被诬陷者往往含冤而死，其冤狱也很难得到平反。

四　宦官专权的危害

在明代帝王的眼里看来，被他当成"耳目"的众多宦官们只不过是一群奴才。既然奴才们都可以变成很好使的统治工具，那么，作为直接统治工具的政府官员们也可以变成奴才。于是，在明代的政府机构中，大臣们的地位比起前代有了明显的下降。如在汉代，宰相入朝，帝王要起立迎接；帝王出行路遇宰相，要下车舆相见，以示尊重。帝王与大臣的关系，类似于主宾之间的关系。但是，随着封建专制的不断强化，明代帝王与大臣之间的关系开始转变为主仆之间的关系。在帝王眼里，大臣不再是被尊重的宾客，而是任意指使的奴仆。

于是，在明代就有了"廷杖"制度。这一制度的创立，始于明太祖，但是很少施行。等到宦官们获得帝王宠信之后，这种刑罚遂使用得越来越频繁，其涉及的人数也越来越多。"至正统中，王振擅权，尚书刘中敷、侍郎吴玺、陈瑺，祭酒李时勉率受此辱，而殿陛行杖习为故事矣。"① 其中，规模较大的廷杖有两次，一次是在正德十四年（1519 年），朝廷中的众多大臣上谏言，劝阻明武宗南巡，因此触怒武宗，遭到廷杖的大臣多达146 人，而被廷杖打死的即有 11 人。另一次是在嘉靖三年（1524 年），朝廷中众多大臣争谏大礼，又触怒了明世宗，遭到廷杖的大臣多达 134人，而被杖死者即有 16 人。

此外，朝廷中大臣们凡遇到政事而上言直谏者，往往遭到廷杖的责罚，轻者免官，重者在廷杖之后，还要被充军远方，家产被抄没，甚至于年老或者多病而承受不住杖打而丢掉性命。这种情况，史不绝书。见于《明史》中的"传记"部分明确记载受到廷杖的，即有杨慎、王守仁、郑晓、万燦、邹元标、杨涟等近百人。在这些人中，只有极少数人确有罪责，其他绝大部分人士，都是敢于反抗帝王及宦官的腐败行为的正直官员，却受到了极不公正的对待。

---

① 《明史》卷九十五《刑法志》。

　　对于遭受廷杖的大臣们而言，乃是受到了双重的惩罚。一方面，是肉体上的惩罚，廷杖主要是由锦衣卫的打手们来实施，这些人十分凶残，对被杖责者往往毒打不止，使其痛不欲生。另一方面，则是精神上的折磨。首先，是对人格的一种污辱。早在先秦时期就有所谓"刑不上大夫"的规矩。许多人都认为，这是指官员们在犯法后可以免遭刑法的责罚。其实是一种误解。在那时的官员如果犯有重罪，往往不愿意遭受刑法的污辱，而以自杀结束一生。如果所犯的罪责较轻，又可以用家庭财产交纳给官府，作为赎金，以免除应该受到的刑罚之辱。其次，是对正义的一种污辱。明代北京朝廷中的许多官员直言上谏，代表的是一种正义的信念。其得到的结果却是遭受廷杖，这无疑是对正义的一种最无情的蔑视。

　　对于操纵廷杖大权的宦官们而言，则是受到双重的奖励。一方面，是封建帝王把他们的权力放到了政府官员之上，几乎所有的政府官员的命运都被掌握在他们手中，形成了所谓"顺我者昌，逆我者亡"的局面。凡是顺从宦官们胡作非为的政府官员们，就可以免遭廷杖的污辱；而那些敢于对抗宦官腐败行为的政府官员们，却往往被杖责，有些是被宦官们罗织了各种罪名，有些则是毫无理由地被迫害。另一方面，他们又使用这种方法获得了巨额的物质利益，并且收罗了一批供其驱使的奸臣，从而形成了一张铺设面积越来越大的腐败网络。

　　与廷杖制度大同小异的，又有大宦官刘瑾所创立的重枷制度。在明代初年，太祖朱元璋曾用枷锁惩罚过贪官污吏，但是，普通的枷板只重15～25斤左右。而刘瑾为了打击那些敢于反对自己的政府官员，特别制造了重达150斤的枷板，将那些受到迫害的政府官员枷锁起来，有些被枷者还要示众羞辱，另有一些人在发配边疆的途中带枷行走，往往不堪重负，死于道途之上。这种做法也是为了炫耀宦官们的特权，加强封建专制，并且得到了明朝帝王的默许。

　　例如，著名学者李时勉在明英宗时，因为得罪了大宦官王振，"与司业赵琬、掌馔金鉴并枷国子监前。……方盛暑，枷三日不解"[①]。又如明武宗时，有官员吴廷举因为揭发宦官潘忠20项罪恶，遂受到迫害。"刘瑾矫诏枷之十余日，几死。"[②] 他被枷的地点，乃是在吏部门前。同时，

　　① 《明史》卷一百六十三《李时勉传》。
　　② 《明史》卷二百一《吴廷举传》。

又有御史王时中，因为惩处贪官污吏，得罪了宦官们，"刘瑾捕时中下诏狱，荷重枷于都察院门"①。

到了万历年间，明神宗对于重枷的刑法也很喜爱，而且变本加厉，把枷板的重量又增加了一倍，朝中大臣孙玮曾加以谏止，并未收效："帝好用立枷，重三百余斤，犯者立死。玮皆极陈其害。诏立枷如故，余从玮言。"② 无独有偶，明熹宗时的大宦官魏忠贤，其狠毒之心比起刘瑾来有过之而无不及，上承明神宗余孽，继续使用重枷之法。天启年间，"忠贤领东厂，好用立枷，有重三百斤者，不数日即死，先后死者六七十人"③。明代帝王和宦官皆喜好以重枷来折磨朝廷官员，以显示其专制特权，乃是有其相同的文化心理状态。

第三节　政府权力的对立与异化

一　宦官专权的原因

明代的宦官专权现象，产生自明代初年，并且一直延续到明代末年，不断有大宦官作为其专权的代表人物，如明英宗时的大宦官王振，明武宗时的大宦官刘瑾、汪直等所谓的"八虎"，明熹宗时的大宦官魏忠贤，等等。这些大宦官们往往有一些共同的特点，第一，其与当朝的帝王有着非同一般的关系。例如，明英宗在位时的大宦官王振，早在英宗即位之前就侍奉英宗，"少选入内书堂，侍英宗东宫，为局郎"。及英宗即位之后，对他特别尊敬，呼其为"先生"④。而明武宗在位时的大宦官刘瑾也是如此，"得侍武宗东宫。武宗即位，掌钟鼓司"，受到宠信。⑤

还有一些受到宠信的大宦官，虽然与帝王没有直接的亲密关系，却通过间接的关系来获取帝王的宠信。如明孝宗在位时的大宦官汪直，"大藤峡瑶种也。初给事万贵妃于昭德宫，迁御马监太监"。通过万贵妃的关系，得到明孝宗宠信，及设置西厂，"以直领之，列官校刺事"⑥。其势力

---

① 《明史》卷二百二《王时中传》。
② 《明史》卷二百四十一《孙玮传》。
③ 《明史》卷二百四十五《李应升传》。
④ 《明史》卷三百四《王振传》。
⑤ 《明史》卷三百四《刘瑾传》。
⑥ 《明史》卷三百四《汪直传》。

又超乎东厂之上。又如，明熹宗在位时的大宦官魏忠贤，则是通过和熹宗的乳母客氏来建立起非比寻常的密切关系，从而得到明熹宗的宠信。这种非比寻常的关系，显然不是普通的宦官们所具有的。

第二，大宦官们在蒙蔽帝王、获取大权时所使用的方法大同小异。大宦官刘瑾对明武宗的性格是十分熟悉的，因此，他懂得利用适当的机会来获取大权。"瑾每奏事，必侦帝为戏弄时。帝厌之，亟麾去曰：'吾用若何事，乃溷我。'自此遂专决，不复白。"① 无独有偶，大宦官魏忠贤也是如此："帝性机巧，好亲斧锯髹漆之事，积岁不倦。每引绳削墨时，忠贤辈辄奏事。帝厌之，谬曰：'朕已悉矣，汝辈好为之。'忠贤以是恣威福惟己意。"② 两人所用手法，如出一辙。

明代大宦官们的所作所为，在前代的汉朝与唐朝时期都曾经有宦官们做过。这种一脉相承的做法，完全是出于他们自身的直觉，而不是通过学习和实践来完成的。也即是说，这种情况的出现，并不只是宦官一个方面就能够实现的，而是与事物的另一个方面，即帝王这一方面也有密切的关系。其一，帝王们对宦官们的宠信程度显然要超过朝廷中的大臣，所以帝王们才会把国家大事交给宦官们来处理。其二，帝王们在宠信宦官的过程中，已经完全被宦官们蒙蔽，不再关心国家大事，而只关心自己有兴趣的小事。其三，帝王们对于大臣们的许多合理的治国建议，没有从大局的角度去加以考虑，而是只从自己的喜怒哀乐和个人利益的角度来加以判断，自然会偏信于宦官们的主张，而往往将一些大臣们建议的正确东西加以否定。

在中国古代，特别是自秦汉以来，封建政府乃是中央王朝进行专制统治的最主要的工具。如果政府权力得到顺利实施，国家的发展就会趋于强盛，而一旦政府权力受到干扰，就会使社会的正常运转受到阻碍，出现动乱，乃至于中央王朝的垮台。与此同时，在各级政府机构之上，又有着一个至高无上的皇权，在对政府加以控制。在政府与皇权之间，既有着十分密切的联系，也有着相对的矛盾。这种关系，主要是通过皇帝与政府首脑之间的相处是否融洽来加以体现的。

在有些时候，封建帝王的政治素质较高，也就是古代人们常说的

---

① 《明史》卷三百四《刘瑾传》。
② 《明史》卷三百五《魏忠贤传》。

"明君"，有着精明的治国方略，在这种情况下，政府中的首脑只得居于帝王助手的位置上。如果这个时候帝王与政府首脑的关系不融洽，遭殃的必然是政府首脑。而在有些时候，封建帝王的政治素质很低，也就是所谓的"昏君"或者"暴君"，完全无视于国家的治理，只顾个人享乐，而政府首脑的政治素质却很高，就往往会出现取而代之的情况。而当封建帝王和政府首脑都昏庸无能的时候，中央王朝就会很快垮台。

有时也会出现封建帝王与政府首脑争夺权力的情况，二者都具有较强的政治素质，封建帝王很难驾驭政府首脑，于是，封建帝王就会利用其他的政治势力，来加强对政府的控制。明代宦官专权现象的出现，就是基于一种特殊的情况，即明成祖被迫起兵夺得皇权，造成了他对政府官员们的疑忌心理十分严重，而不得不利用其他的势力来对政府官员加以控制。在帝王身边最亲近的人之一，就是数以千计的宦官们。如果没有建文帝的"削藩"政策，燕王朱棣可能一辈子也就是燕王，宦官专权的现象也可能根本不会出现。但是，历史没有假设，只有事实。而事实上明代宦官在政治上所产生的巨大影响，比以前的各个朝代都绝不逊色。

二　宦官权力的极盛

明朝帝王利用宦官的势力来加强对政府官员们的控制，其目的原本是为了政府职能更加稳定地、高效率地运转。但是，出现宦官专权现象之后，政府的职能效率不是加强了，反而是削弱了。于是，出现了一股游离于政府权力之外的强大势力，这股势力在皇权的支持下形成之后，逐渐开始凌驾于政府权力之上。甚至在其发展的鼎盛阶段，竟然凌驾于皇权之上。如明熹宗时的大宦官魏忠贤，竟被时人诡称为"九千岁"。其在各个方面，都有所体现。

如宦官们的服饰，在明代是有严格的等级限制的，如果谁超越了限制，就会被认为"僭越"，从而惹来杀身之祸。宦官们平时在宫廷中穿着有朝服："与外廷同。冠七梁或五梁。祖宗旧制，只有司礼监掌印，于祭中霤之神之夜，服此祭服。自逆贤擅政，加至九梁。"[①] 朝服冠帽，七梁者已经是臣下的最高等级，只有帝王才有权力戴九梁之冠。逆贤就是魏忠贤，竟然敢于公开僭越，而无人能够加以制止。又如："宫中从来禁伞。

---

① 见《明宫史》水集《朝服》。

自逆贤擅政，凡掌印、秉笔、管事牌子如王体乾等、王朝用等，皆雨雪打伞，直至乾清宫大殿檐下，无复奴仆尊上之体。"（引文同上，"雨衣"条）这种"无法无天"的做法，是拥有极大特权的人物才敢做的，而这些人却又正是帝王的奴仆。

在明代，正是有了封建帝王的扶持，宦官们才拥有了许多特权，有些特权，甚至是封建帝王明令禁止的，却变成了禁而不止，蔚然成风的局面。在封建帝王看来，宦官们既然已经失去了性功能，也就没有必要再寻找配偶，因此，对于宦官寻找配偶的做法严厉禁止，在明代，"太祖驭内官极严，凡椓人娶妻者，有剥皮之刑"①。但是，宦官们却不顾禁令严责，仍然各找各的配偶："今中贵授室者甚众，亦有与娼妇交好，因而娶归者。至于配耦宫人，则无人不然。"（引文同上）

到了万历年间，宦官找配偶的情况越来越普遍，帝王的严惩竟然也毫无作用。"今上最憎此事，每闻成配，多行遣死，或亦株连说合媒妁，多毙梃下。然亦终不能禁也。"② 显然，宦官们虽然失去了性功能，却仍然有着组成家庭的愿望，而且在许多宦官与宫女之间，由于交往不断，又有诸多同病相怜之处，故而很容易产生"性"以外的感情，结成配偶之后，也就有了感情交流与寄托的固定对象。而有些生理上失去的东西，在心理上则会变得更加珍贵。官僚士大夫们根本就没有把宦官当人看待，也就不会理解宦官们复杂的感情需求，反而对这种既是正常又是畸形的感情需求加以斥责。

三　锦衣卫与阉党的产生

明朝帝王扶持宦官势力的结果，与其原本的目的完全相反了，政府官员们确实是被宦官们的势力控制住了，但是，结果却是极大削弱了政府的行政职能，而没有能够提高其效率。政府官员中的一部分人，在宦官特权的威胁利诱之下，为了保护自身的既得利益，而不得不与宦官们同流合污，从而在政府官员中形成了一个小圈子，当时人们称之为"阉党"。这些阉党们为了个人利益而不顾国家和广大民众的利益，纵容宦官们胡作非为，而不敢加以反抗。其结果，也就决定了他们把自己的命运与宦官们的

①　沈德符：《万历野获编》卷六《对食》。

②　沈德符：《万历野获编》卷六《内廷结好》。

命运联系在一起，宦官们得到宠信、飞扬跋扈的时候，他们也会官运亨通，飞黄腾达。而一旦宦官们受到严厉制裁时，他们也会被免职查办，有的甚至丢掉性命，倾家荡产。

这一小部分阉党，在政府职能部门中，也形成了一股与大多数正直官员相对立的异己势力。当然，在明代还有一部分政府的职能部门，与宦官们的关系十分密切，同样受到当时正直的政治势力的抨击，这就是锦衣卫，与宦官组织的"东厂"、"西厂"等齐名，被合称为"厂卫"。就其主要职能而言，锦衣卫也是明代帝王加强其封建专制、控制政府官员的重要工具。他们虽然也是政府官员，但却是凌驾于其他绝大多数政府官员之上的特权阶层。

锦衣卫官员与宦官们一起，构成了一个特权集体，这个集体本来应该是政府中的一个组成部分，是融合在其中的一个部分。但是，由于受到皇权的大力扶持，逐渐从政府中游离出来，并凌驾于其上。"厂卫"组织所具有的特权，实际上就是"皇权"的专制体现。政府的各级行政部门有正常的职能，国家的法律体系有"公正"的标准，但是，厂卫的官员们却背道而驰，完全不执行正常的职能，不遵守公正的法规，而是以所谓皇帝的旨意来操纵一切。由于在中国的封建社会中，皇权是至高无上的，因此，这些厂卫官员们的所有非法行为，就都有了"合法"的身份。也就是说，不管锦衣卫和东、西厂的官员们干了什么事情，只要是帝王的旨意，就是不容置疑的，就是合法的。帝王就是正义，帝王就是法。

帝王的特权只是国家权力的一个组成部分，政府职能部门的权力则是国家权力的一个更重要的组成部分，而皇权与政府权力是会时有冲突发生的，如何解决这个冲突是一件非常重要的事情。解决得好，社会就会继续繁荣昌盛地发展，解决不好，就会导致社会矛盾激化，甚至出现激烈的政治对抗，最终导致整个社会统治系统崩溃。在二者的冲突中，解决问题的标准有两个，一个是其"合理"性，另一个是其"合法"性。如果合理与合法是统一的，矛盾的最终解决的结果往往是比较理想的。而在合理与合法之间产生矛盾、无法统一时，那么，遵从合理的原则显然要比合法的原则更好一些。

明代的政治生活中经常出现这种皇权与政府权力的冲突，有时还是很激烈的冲突。如果没有宦官专权的干预，大多数事情是会依照合理的原则来加以解决的。但是，当宦官们参与到冲突中来以后，合理的原则就基本上被合法的原则取代。因为皇权代表最高的法律，服从皇权就是合法，违背皇权就是违法。所以，厂卫的特权官员们就是在这种"合法"的情况下，公然干着非法的勾当。政府官员们反抗与弹劾的权力，如果与高高在上的皇权相比，其"合法"性乃是微不足道的。

因此，从本质上来看，宦官专权就是皇帝专权，宦官们在与政府官员的冲突中往往是战无不胜的，这种胜利，实质上是皇权对政府权力的胜利。如果没有皇权撑腰，宦官们也就只能是一群肢体残缺的奴仆，不论从自身的社会地位，还是所受到的教育及个人文化修养等各方面而言，宦官们都是无法与政府官员相比的。

最后，还要指出的一点是，在历代政府官员们眼中，罪大恶极的宦官们其实是被扭曲了的形象。那些罪恶昭彰的大宦官，如王振、刘瑾、汪直、魏忠贤等人，只是成千上万的宦官中的极其微小的一部分。在明代的大宦官当中，也有一些人的政治表现是可以嘉许的，仅在《明史·宦官列传》中，即有若干事例可证。更不要说那些数量众多的中小宦官们，其无权无势，辛劳终日，仍然免不了奴仆的低下地位，以及各种劳役的折磨。这些人，显然是不能与王振、刘瑾、魏忠贤之流相提并论的。

第十四章　市民文化的进一步兴盛

在辽代之前，幽州城作为北方地区最重要的军事大本营，其居民的构成，主要是军士及其家属，边关的险恶使得这里很少有闲杂人员，故而其他居民（如古人习惯上所说的士、农、工、商）的人数是有限的。在这种情况下，市民文化很难在城市中形成，更不要说有进一步的发展了。从辽代开始，作为陪都的辽南京城（今北京），其居民中的大多数人仍然是军士及其家属，这是辽朝与宋朝长期处于军事对抗状态的必然结果，但是，在手工业、商业和文化教育等方面，则有了进一步的发展，增加了更多的工匠、商人和文人等居民，市民文化日趋形成。而到了金代，在海陵王迁都到这里之后，城市的发展进入了一个新的阶段，经过扩建的中都城已经成为整个北方地区的政治和文化中心，市民的数量日益增多，在最鼎盛之时号称百万。在这种情况下，市民文化亦随之而逐渐形成。

在金元之际，由于受到蒙金战争的巨大摧残，中都城遭到了严重破坏，其中，最主要的一个方面就是城市人口的大量死伤与流失。在这种情况下，市民文化赖以依托的载体几乎不存在了，市民文化也同样遭到了严重的破坏。在经过近半个世纪的社会安定、经济恢复的历程之后，在新的大都城营建完成之后，这里的居民人口逐渐增多，并且达到了金中都鼎盛时期的水平，于是，元大都城的市民文化再次逐渐形成。可惜的是，在元朝末年的农民起义军的冲击之下，大都城里的居民人口再次锐减，一部分居民（主要是下层百姓和战士等）因为疫病、饥荒和战乱而死亡，一部分居民（主要是贵族、政府权要和军队等）随着蒙古统治者逃亡到漠北草原，还有一部分居民（主要是文职官员等）则被明朝统治者迁往南京。在这种情况下，大都城的市民文化又遭到了严重破坏。

明代初年的北平府，突然回到了辽代之前的状态，变为一个军事大本营，驻扎了大量的军队，以防止蒙古残余势力卷土重来，而其他居民的数量已经很少。直到明成祖夺得皇位、定都北京之后，这里再次成为全国的政治和文化中心，明成祖从全国各地征调大量人口前来充实北京，于是，居民的数量逐渐增加，并且达到和超过了元大都城时的水平。正是在这种情况下，北京的市民文化也随之而再次逐渐形成、发展，达到了一个新的鼎盛阶段。这个时期的北京市民文化，在有些方面，延续了前代的东西，而在有些方面，则放弃了前代的东西，从而形成了新的都市文化。这种京师文化的扬弃过程，正是文化得以正常发展的过程，也是历史发展的必然趋势。

第一节　饮食文化的延续与发展

一　饮食时尚的变化

在明代的北京城，饮食文化直接承袭的主要是元代大都城的风格，却又有了一些新的变化。在元代，大都城已经成为全国的政治和文化中心，也是著名的商业大都会。在这里，一方面，是以北方地区的农耕文化为主体的饮食系统占据主导地位；另一方面，则是以南下的蒙古等少数民族人士所习惯的以游牧文化为主体的饮食系统融合进来。同时，原来在江南地区流行的饮食系统，也随着全国的统一而流传到大都地区来。甚至那些原来流行在西域各地的、代表伊斯兰文化的饮食系统，也逐渐传入大都地区。在这种情况下，大都城的饮食文化已经成为全国饮食文化的典型代表。在大都城里，人们可以很方便地品尝到全国各地，甚至是域外风格的饮食物品。

而到了明代，当北京城再次成为全国的政治和文化中心之后，都市饮食文化也随之兴盛起来，在许多方面，有着与元大都城饮食文化的雷同之处。首先，京城食品的价格常常比其他城市昂贵一些。这种情况，早在唐代就出现了，到了元代和明代仍是如此。明代人对此的感触是很深的："元时，以京师米贵，岁发米数十万石，减价粜之，自世祖以后，岁一举行，甚良法也。今都城米价不时腾涌，太仓所积，颇多红腐，若岁出四五十万以济饥民，与改折之额亦自相当，宜若可为也。"[①] 对于平民百姓而言，昂贵的米价令人生畏；而对于达官贵人而言，却是不值一提的。

---

① 于慎行：《谷山笔麈》卷十二。

　　于是，在达官贵人们的日常生活之中，花天酒地的宴会就成为一时的风尚："京师诸曹，职业烦猥，然官方不以曹务为事，处安居尊，优游宴乐。神宗时，士大夫文酒从容，雅歌宴会。崇祯中，党人大起，……鸣鸡之辰，骑马出街，营求塞路。天将明，则有客到门，送迎尽日。及夜，又有呼卢斗彩之会，飞觞引满，耗竭神情……"① 这种官僚士大夫的宴乐，有些是情投意合的文人雅士们的聚会，借此作诗赋词，切磋文艺，一时传为佳话；还有一些，则是怀有某种政治目的的官僚，以此作为结党营私的手段。时至今日，仍有一些腐败的官员借着宴饮的机会，来营求升官发财之路。显然，不论是前者还是后者，宴饮本身已经不是参与者们的目的，而文化活动或者政治活动就显得更加重要了。

　　在明代的北京，北方的饮食系统一直处于主导地位，这一点，我们通过当时在市民们中间流行的食品即可看出来。在当时的北方地区，最主要的农产品是小麦，因此，北方人对面食是情有独钟的，而南方人喜食大米，也与南方地区的主要农产品为稻米有着密切的关系。据明代长期生活在北京的人们所述，北方食物与南方食物之间是有些差异的："北方食物，有南方所未有者，如腊八粥、水饺子之属。又以面裹榆荚，蒸之为糕，拌糖而食之；以豌豆研泥，间以枣肉，谓之豌豆黄；以黄米面合小豆枣肉，蒸而切之，名切糕；以糯米饭夹芝麻糖为凉糕，丸而馅之为窝窝，即古之不落夹是也。"② 由此叙述可见，从明代开始，北京的饮食文化已经基本定型，有些食品，如腊八粥、豌豆黄、切糕、凉糕等，至今仍是北京著名的特色小吃。

　　在明代，北京的许多主食都是用面粉制成的，其中，被当时人们称为饼类的食物就可以分成汤饼、炊饼及胡饼三大类："水瀹而食者皆为汤饼。今蝴蝶面、水滑面、托掌面、切面、挂面、馎饦、馄饨、合络、拨鱼、冷淘、温淘、秃秃麻失之类是也。水滑面、切面、挂面亦名索饼。笼蒸而食者皆为笼饼，亦曰炊饼。今毕罗、蒸饼、蒸卷、馒头、包子、兜子之类是也。炉熟而食者皆为胡饼。今烧饼、麻饼、薄脆、酥饼、髓饼、火烧之类是也。"③ 作者在这里罗列出的面食制品就多达二十余种。其中的

---

① 史玄：《旧京遗事》。
② 见《北京市志稿·礼俗志》卷四"饮馔"门所引《酌中志》。
③ 蒋一葵：《长安客话》卷二《皇都杂记》。

有些面制食品，如切面、挂面、馄饨、拨鱼、蒸卷、馒头、包子、烧饼、薄脆、火烧之类，也是今天北京市民们的主要食品。

二　岁时节令饮食

在明代的北京，市民们的饮食活动最为活跃的时间是在所谓的节令时期。不论是达官贵人，还是普通的市民，都会根据不同的节令来制作各种各样的食品，或是聚集亲朋好友，一起品尝，或是相互馈赠，聊表情谊。在正月里，大年初一吃饺子，当时又称"扁食"，都是各家自包自煮的，"或暗包银钱一二于内，得之者以卜一岁之吉"。这种风俗，现在越来越少了，在都市里人们更多享用的是速冻食品。为了庆贺新年（即今天的春节），人们还制作一些盒装食品，"所食之物，如曰'百事大吉盒儿'者，柿饼、荔枝、圆眼、栗子、熟枣共装盛之"①。既是食品，又寓意深长，表达了人们希望处处遇到吉祥的事情。可惜的是，这种传统的饮食文化已经绝迹了。

正月里的另一个重要的节日是元宵节，在这一天，几乎所有的民众都要吃相同的食品，即元宵。"吃元宵，其制法用糯米细面，内用核桃仁、白糖、玫瑰为馅，洒水滚成，如核桃大，即江南所称'汤圆'也。"② 在北方地区，与麦、豆、糙米等相比，糯米是很难得到的粮食，因此，元宵也就成了比较珍贵的食品，人们只有在元宵节才能够品尝到。今天人们的生活水平在不断提高，生产能力在不断提高，因此，元宵的制作能力也在不断提高，普通民众很容易就可以制作和品尝元宵了，但是，由于受到习俗的影响，人们往往还是在元宵节的时候，才与家人一起品尝元宵。而平时在北京生活的一些南方人，则出于饮食习惯，经常煮一些"汤圆"来吃。

在中国古代，受到农耕文化的长期影响，人们对所谓的节气是十分重视的。"立春"是农业生产中的一个重要节气，是二十四节气之首，标志着一年农业生产的开始。在饮食文化方面的表现是，立春这一天，众多民众"无贵贱皆嚼萝蔔，名曰'咬春'。互相请宴，吃春饼和菜"。嚼萝卜的习俗今天已经不见了，但是，吃春饼的习俗还是能够见到的。立春的节

---

① 《明宫史》火集《饮食好尚》。
② 同上。

气绝大多数是在正月，也偶尔有在元旦（今春节）之前的时候。而在正月里还有一天是人们大吃大喝的时候，"二十五日曰'填仓'，亦醉饱酒肉之期也"①。明代的北京人为什么要在正月二十五日大吃大喝，其原因已经不得而知，但是，"填仓"这个词却十分形象，把人们的肚子比喻为一个大仓库，需要及时填满。

在中国古代使用的农历中，四月开始进入夏季，北京的民众大多在初八日（一说为佛诞日）向佛像进贡一种食物，称为"不落夹"，"用苇叶方包糯米，长可三四寸，阔一寸，味与粽同也"。除此之外，"又以各样精肥肉，姜、葱、蒜锉如豆大，拌饭，以莴苣大叶裹食之，名曰'包儿饭'"②。不论是"不落夹"还是"包儿饭"，其形制都与源自南方的粽子相似，而其味道也是大同小异的，由于北京的苇叶较南方为少，故而改用常见的莴苣叶作为包裹食物的工具，当然，其食物的味道也会因此而有所改变。可以说，"不落夹"与"包儿饭"都是南方饮食文化与北方饮食文化相互融合的产物。例如，"包儿饭"的主料是米饭，主要来自江南的稻米，而其佐料则是精肥肉及姜、葱、蒜等北方民众在食物中必不可少添加的。当然，到了五月的端午节，北京的民众也同样会品尝鲜美的粽子。

到了秋天，北京地区最重要的节日当属八月的中秋节。"至十五日，家家供月饼瓜果，候月上焚香后，即大肆饮啖，多竟夜始散席者。如有剩月饼，仍整收于干燥风凉之处，至岁暮合家分用之，曰'团圆饼'也。"③直到现在，人们仍然沿袭着八月十五吃月饼的习俗，但是，值得注意的是，当时的人们对月饼十分珍惜，将吃剩下的月饼妥善保存，一直到年底再加以食用，而这时的月饼，才被称为"团圆饼"。在这一点上，当代的人们在观念上是有差异的，他们认为八月十五吃的月饼就是"团圆饼"，而吃剩下的月饼又往往被人们随手扔掉，得不到妥善保存。到了年底，也已经没有人再会去阖家同吃月饼了。秋天的另一个重要的节日是九月九日的重阳节，在这时人们的主要食品是花糕，主要的饮料是菊花酒。花糕做得很漂亮："面饼种枣、栗其面，星星然，曰花糕。糕肆摽彩旗，曰花糕旗。"④到了今天，重阳节吃花糕的习俗已经没有了。

---

① 《明宫史》火集《饮食好尚》。
② 同上。
③ 同上。
④ 《帝京景物略》卷二《春场》。

到了冬天，北京地区气候越来越寒冷，节令渐少，人们的饮食活动也逐渐稀少，其中，值得一提的，乃是十二月初八的"腊八粥"。腊月初八本来是个佛教节日，由于佛教在社会上十分盛行，特别是在京城的盛行，也就导致了人们对"腊八粥"的重视。"先期数日，将红枣捶破泡汤，至初八早，加粳米、白果、核桃仁、栗子、菱米煮粥，供佛圣前；户牖、园树、井灶之上，各分布之。举家皆吃；或亦互相馈送，夸精美也。"① 直到今天，人们也还有腊月熬煮腊八粥食用的习俗，甚至有的厂家，还把腊八粥做成快速食品，以供人们日常食用。在今天许多人的眼里，腊八粥已经与佛教失去了必然联系。与四月八日供佛的"不落夹"相比，"腊八粥"的生命力是长久的，并且还将会继续延续下去。

在每年的节令之时，明朝统治者为了表示对百官的恩宠，也往往采用"赐食"的手段，"京朝官端午赐食粽，重阳赐食糕，一费可七百金。食时助以酒脯，取沾赉而毕。诸臣享会之后，长班以馂余纳置筐篮，与其官长矜宠御路，自皇极门至长安街，马归洋洋，寻续不断"② 。这是明朝后期的状况，由于明朝政府的财政支出越来越紧张，"赐食"的次数也就变得越来越少。当明朝兴盛时期，帝王的赐食活动是很频繁的，除了元旦（今天的春节）及冬至两大节令赐大宴会之外，"其他如立春则吃春饼；正月元夕吃元宵圆子；四月八日吃不落夹；五月端午吃粽子；九月重阳吃糕；腊月八日吃腊面，俱光禄先期上闻。凡朝参官，例得餍饫天恩，亦太平宴衍景象也"③ 。由此可见，即使是贵为天子的帝王，其节令食物也与普通百姓是一样的，而且这些食品中的大多数种类都流传到了现在。

三 干鲜果品的丰富多彩

与食品不同的，是水果及菜蔬等物品，大多数是本地的产物。例如，水果，"京师果茹诸物，其品多于南方，而枣、梨、杏、桃、苹婆诸果，尤以甘香脆美取胜于他品；所少于江南者，惟杨梅、柑橘。而北方又自有榛、栗、松榅之属，韵味清远，不相下而相敌也"④ 。上述诸果品中，许多都是北京地区自古以来的物产，其中的有些果品，还被历代统治者列为

---

① 《明宫史》火集《饮食好尚》。
② 史玄：《旧京遗事》。
③ 《万历野获编》卷一《赐百官食》。
④ 史玄：《旧京遗事》。

贡品，由此可以想见其"甘香脆美"必非凡品。当然，明人所述亦有偏颇之处，南方物产丰富，仅水果一项，又岂是杨梅、柑橘所能概括得了的！北方人对北方水果情有独钟，也不足为怪。大概明代的水果储藏技术还不够先进，而运送南方水果到北京来用的时间又较长，故而北京的普通居民是很难吃到鲜美的南方水果的。与南方水果相比，大多数北方水果有着更易于保存的优点。甚至有些北方水果，如红枣、梨子、杏子、柿子等，皆可以晾晒成干果，保存很长时间，而其甜美的味道却不会受到损害。

在上述的许多北方食品中，也往往被人们添加进了一些干鲜果品。如上述的切糕、花糕等食品中，就添加有红枣和栗子等干果，而在腊八粥中，也添加有红枣、白果、栗子、核桃仁等干果，使得这些食品大为增色。又如上述的食品盒"百事大吉盒儿"里面，皆为水果制品，其中，既有盛产于北京地区的柿饼、红枣及栗子，也有盛产于南方的荔枝、圆眼（似为桂圆）等果品。显然，这些果盒中的南方水果，如荔枝等，也已经被制成了干果，才能够和柿饼等北方的干果共同组成"百事大吉"的果品盒。

四　茶酒饮料及其文化特色

在明代的北京，与全国其他地区一样，主要的饮料有两种，其一是酒，其二是茶。中国的农耕经济起源极早，故而用粮食造酒的方法在远古时期就已经产生。到了元代，又从西域传入造烧酒的方法，使得酒的种类更加丰富。在元代的大都城里，就有着几十家规模较大的造酒作坊，生产各种酒类制品以供都市人们饮用。到了明代，北京城里的造酒作坊仍然在生产着各种酒，"京师人造酒，类用灰，触鼻蛰舌，千方一味，南人嗤之。张汝弼谓之'燕京琥珀'，惟内法酒脱去此味，风致自别。人得其方者，亦不能似也"①。由此可知，其一，北京人造酒有不同的方法，其造出来的酒味道却差别不大，也就是所谓的"千方一味"。其二，北京人造的酒南方人却喝不习惯，也就是所谓的"南人嗤之"。其三，宫廷内的造酒方法十分独特，所造出来的酒质量更佳，也就是所谓的"风致自别"。

显然，造酒的方法直接影响到酒品的味道、质量，而宫廷中的造酒方

---

① 见《北京市志稿》卷四《礼俗志》中"饮馔"门所引《麓堂诗话》。

法又是保密的。"宋内库酒法，自柴世宗破河中，李守贞得匠人，至汴苑，循用其法。今京师内库酒法不传于外，惟南和刁酒，四远有名，而以酪浆为之者贵。……刑部街以江南造白酒法酝釀酒浆，卖青蚨尤数倍。如玉兰、腊白之类，则京师之常品耳。"① 由此可知，其一，"南和刁酒"在明代的北京名气很大。其二，"南和刁酒"的制作方法带有明显的北方风格，即所谓的"以酪浆为之者贵"。其三，用江南的方法制作的白酒价格也很贵，即所谓的"卖青蚨尤数倍"。其四，不论是用北方的方法，还是用南方的方法制作出来的酒，都有着较大的社会影响，也就是有着较为理想的市场收益。

在当时的官僚士大夫中，以聚会宴饮成为风尚，而对那些特别能饮酒的官员，往往被人们盛赞誉之。浙江嘉兴人沈德符自幼生长在北京，在他交往的官僚圈子中，有两位大同乡的酒量很令他佩服，一位是浙江山阴人朱燮元，另一位是浙江临海人王士昌："朱饮啖能兼十人，其重四百斤。王稍逊之，然浮白数斗不乱。曾与余饮于马仲良所，坐人皆酒客，终席不能敌，王醒然而别。次日复会饮，王出其蟠桃杯以酌客，……受酒升余，与余藏驱，以十度为率，余初负其一，勉强尽之，已觉半醉。王连负其九，引满而起，始犹颓然，及张烛后，复劝酬如初也。"②

饮茶之风始盛于唐代，到了金代的中都地区，民众饮茶已经蔚然成风。到了明代，京城的饮茶风气变得更加讲究："饮茶精洁无过于近年。讲究既备，烹瀹有时，且采焙俱用芽柯，无碾造之劳，而真味毕现，盖始于本朝。"③ 然而，有些士大夫对于精于茶道的同行是有成见的，视之为"水厄"、"草大虫"，沈德符曾曰："本朝熟茶经者甚少，至近年芥茶盛行，其价夐绝，几与蔡君谟小龙团相埒。余所见冯开之祭酒、周本音处士，皆精此艺。"④ 喜欢饮茶固然雅致，如果沉迷于此道，却于人于己都无益处。

京城的饮食十分丰盛，饮食服务业也很发达，于是养成了市民们的惰性，就连闲居家中的妇人都没有做饭的习惯。"燕地苦寒，寝者不以床，以炕，室无东西南北，炕必近前荣。贫家一廛，衾枕之外即街巷。妇人安

---

① 史玄：《旧京遗事》。
② 《万历野获编》卷十二《士大夫伟状》。
③ 《万历野获编补遗》卷二《户部茶式》。
④ 《万历野获编》卷二十四《技艺宋时评语》。

坐炕上，市贩者至，汤饼肴薤传食于窗牖中，或竟日不作爨廪之炊也。"①
就连家居的妇女都没有做饭的习惯，那些"大丈夫"们就更是整天聚会
宴饮，行乐一时。"少年日夜歌吹，东西乐部，倡家楼阁，通天乳，煎镂
蛤，冬果春蔬，弃之如遗，赏赐动以千计。"② 这种在饮食文化中所表现
出来的奢侈性，正是明代的北京饮食文化对元代的大都饮食文化的延续与
进一步发展。

第二节　服饰文化的传承与回归

一　燕地服饰的区域特色

在明代的北京，服饰文化的特色是十分突出的。一方面，是对前朝文
化的传承，这种传承，分为官方的与民间的两个部分。就其文化内涵而
言，包含有多元文化的特质，既有占主流地位的农耕文化因素，也有独具
特色的游牧文化因素。另一方面，则是对农耕文化的回归。就其文化内涵
而言，是从多元文化向单一文化的回归，也就是游牧文化特色的衰退，以
及农耕文化的强化。这也是从两个方面来实现的，一方面，是明朝统治者
自觉地抵制和排斥元代的游牧文化因素的社会影响；另一方面，则是京城
的广大民众不自觉地吸取农耕文化的因素在服饰上的各种表现。而在这个
方面，南方服饰的影响之大是不容忽视的。

早在先秦时期，中原地区的统治者们就十分重视衣冠服饰的教化作
用，而且开始对周围少数民族的服装有所注意，如战国时期，作为七雄之
一的赵国国君，率先采用了北方少数民族服装的形式，也就是所谓的赵武
灵王"胡服骑射"。与此同时，中原王朝的统治者对于少数民族服饰的蔑
视，则已经显现出来。就连公开采用少数民族服饰的赵武灵王，也十分畏
惧社会舆论的不利影响。在赵武灵王之后，只有极少数封建统治者对少数
民族的服饰公开表示喜爱，如东汉灵帝即是这样："灵帝好胡服、胡帐、
胡床、胡坐、胡饭、胡空侯、胡笛、胡舞，京都贵戚皆竞为之。"③ 后世
史评家对汉灵帝的斥责是十分明显的："此妖服也。"

---

① 见《日下旧闻考》卷一百四十六《风俗》门引《蓟丘杂抄》。
② 见《日下旧闻考》卷一百四十六《风俗》门引《石瓮记》。
③ 《后汉书》卷一〇三《五行志》。

到了唐代，幽州（今北京）地区驻扎有大批唐朝军队，而在军队中有许多少数民族将领及军士，这些人平时穿着的服装，也是"胡服"。而在此后的五代至辽金时期，这里一直都是由少数民族政权占据着，因此，在这里生活的少数民族官员、军士等数量很大，"胡服"也就成为当时都城的主要服装潮流。对于这一点，长期生活在这里的人们已经形成习惯，是感觉不到的。而对于生活在中原王朝统治区内的人们，却有很深的感触。如北宋时期出使辽朝和南宋时期出使金朝的使臣们，都对于"胡服"有独特的感觉。到了元代，蒙古统治者虽然统一了江南地区，"胡服"随着蒙古和其他少数民族人士到各地做官而遍及全国，却仍然有许多南宋的遗老遗少们坚持农耕文化的服饰，而不肯穿着"胡服"。

二　明代服饰的发展变化

到了明代，夺得皇权的明太祖朱元璋对于具有少数民族文化特色的所谓"胡服"是严加禁止的："高皇帝驱逐故元，首禁元服、元语，今帝京，元时辇毂所都，斯风未殄，军中所带火帽，既袭元旧。而小儿悉绾发如姑姑帽，嬉戏如吴儿，近服妖矣。"① 由此可知，其一，在明代初年，因为受到习俗惯性的强大影响，在元代具有少数民族特色的服装、语言是十分盛行的，所以朱元璋要将其加以禁止。其二，明代的北京城因为在元代也是全国的政治和文化中心，所以，元服和元语的影响特别大，虽然朱元璋加以严禁，却仍然保留了许多遗风。其三，不仅蒙古等少数民族的语言、服装在当时仍然流行，就连儿童的发式，也保留有这种文化因素的巨大影响。

又有许多少数民族的语言和服装已经融入人们的日常生活之中，使人们不再有"胡服"、"胡语"的隔阂。明人曾记一事曰："在朝见下工部旨，造'只逊'八百副。皆不知'只逊'何物，后乃知为上直校鹅帽锦衣也。"② "只逊"（又作质孙）为蒙古语，意为同一种颜色的服装，在元代是参加朝廷中的大宴会时必须穿着的服装，代表着重要的政治特权。到了明代，"只逊"已经失去了政治特权的意义（即参加大宴会的特权），也失去了语言上的本意（即同一种颜色的服装），而变成了色彩鲜艳的锦

---

① 史玄：《旧京遗事》。
② 《长安客话》卷一《只逊》。

衣，再进一步变化，成为皇宫侍卫们的特定服装，也就是时人所说的锦衣卫。

在明代，锦衣卫官员的服装十分漂亮："锦衣卫官登大堂者，拜命日，即赐绣春刀、鸾带、大红蟒衣、飞鱼服，以便扈大驾、行大祀诸礼。其常朝亦衣吉服，侍立于御座之西，以备宣唤，其亲近非他武臣得比。以故右列艳之，名为'武翰林'。"[①] 这些锦衣卫官员们身穿的御赐服装，应即是上文提及的、由工部制造的"上直校鹅帽锦衣"，也就是明代所谓的"只逊"服。在元代，帝王身边的侍从武官称为"怯薛"官，而到了明代，则由锦衣卫所取代。不论是"怯薛"官还是锦衣卫，都是由达官显贵们的子弟组成的，代表了当时的一个特权阶层。而"只逊"服，则是这个阶层在服装方面的代表性标志。

当然，锦衣卫官员的服饰十分华丽，是与朝中帝王、贵戚、大臣们的服饰相一致的。每当有重要的礼仪活动，这些统治者们更是穿着得极为讲究。对于喜庆的礼仪活动，穿着华丽服装是与整体环境相互协调的，而对于丧葬礼仪而言，穿着华丽的服装就显得不协调了。为此，明英宗曾在正统元年（1436 年）发表了自己的见解："上谕行在礼部臣曰：'山陵祭祀，哀戚存焉。服饰华丽，岂礼所宜，朕自今后每遇孝陵、长陵、景陵行礼之日，与百官俱具浅色衣服，如洪武、永乐例。'"[②] 由此可知，在明太祖和明成祖两朝，举行祭祀礼仪时的祭服是比较朴素的，而到了洪熙、宣德年间，才变得越来越华丽，明英宗在即位后乃加以纠正。又，长陵与景陵是在北京，而孝陵是在南京，明英宗所谓的"行礼"，并不是他亲自到陵前祭拜，而是派遣官员前往。

明朝统治者在刚刚得到皇位之时，对服装在政治方面的重要作用没有予以足够的重视，但是，在此后的几十年间，明朝统治者开始对全国各个阶层人们的服装加以规范化，从帝王及后妃的服装，到普通百姓的衣着，都做出了明确的规定，而且，这些规定还在逐步完善。对于明代统治者们的服装，在《明史·舆服志》中有着较为详细的描述，这些规定，是在洪武年间制定的。到了正德元年（1506 年）五月，明武宗又下令："禁官员人等勿得僭用玄、黄、紫三色，民庶之卑贱者毋得衣纱罗、纻丝。在京

---

① 《万历野获编》卷二《列朝扈从颁赐》。
② 《明英宗实录》卷十九。

三品以上官，暑许用大扇，四品以下官止许用撒扇遮日。"① 由此可见，在明代中期，不仅黄色是帝王的专用颜色，就连玄、紫二色，也同样禁止百姓使用。

在明代，儒生的服饰特别受到了统治者的重视："皇祖以学校为国储材，而士子巾服无异吏胥，宜有以甄别之，命工部制式以进。凡三易，其制始定。巾用漆布为之，后高六寸，削其前，巾后垂带二，襕衫用玉色绢布，宽袖皁缘，系皁绦。赐监生襕衫、绦各一，为定制。"② 其儒生服饰的变化，亦可参阅《明史·舆服志》。又有一说，认为儒生服饰乃是明太祖马皇后亲手所制。"孝慈见秀才巾服与胥吏同，乃更制儒巾蓝衫，令上著之。上曰：'此真儒服也。'遂颁天下。"③ 经过定制，天下儒士的服装得以统一其样式。

然而，由于儒士在当时具有较高的社会地位，故而其他各界人士，也往往喜欢穿着儒士的服装。"晋、汉、唐巾乃儒者之冠。明兴，科甲监儒兼而用之，不在此例者皆安分不敢僭用。后来风俗僭侈，平人以小帽为耻，或一个侥幸科甲，宗族姻亲尽换儒巾，曰'荫袭巾'。故谚有'满城文运转，遍地是方巾'之语。"④ 原来为特定阶层（即儒士）制作的服装，却变成了社会各界崇尚的服装。由此亦可见，在元代被蔑称为"九儒十丐"的读书人，到了明代，其社会地位有了极大的提高，再次受到了普遍的尊重。

在明代，和在其他朝代一样，最绚丽多彩的服装当属妇女的穿着，而在妇女之中，又以贵族妇女的穿着最为华丽。在明代初期，皇后历经艰险，懂得节俭，而在明代中期，特别是到了明代后期，后妃们的服装变得越来越华丽，争奇斗艳，各出新意。如天启年间的张皇后，以"性淡静"著称，而其所自制服饰，颇具特色。"后常用白绫间新桑色绫，制衣如鹤氅式，服之礼大士像，宫中称为'霓裳羽衣'。""后尝用素绫作地，手剪五色绫，叠成诸佛菩萨妙相。宫人奉释教者互相仿效，谓之'堆纱佛'。"⑤ 由此可见，张皇后对服饰的制作十分精妙，比之今日的时装毫不

---

① 《明武宗实录》卷十三。
② 《长安客话》卷二《皇都杂记》。
③ 见清人史梦兰《全史宫词》所转引《椒宫旧事》。
④ 《人海记》。
⑤ 见明人秦徵兰《天启宫词一百首》注文。

逊色，而且艺术水平相当高。此外，可见张皇后对佛教颇为崇拜，并将这种崇拜体现在了服装的纹饰方面。

三　京城的妇女服饰

作为都城中的妇女们，也十分注重自己的服饰，有些人甚至不顾自家财力有限，而硬撑门面。"都中妇人尚弦服之饰，如元旦、端午，各有纱纻新衣，以夸其令节。丽者如绣文，然不为经岁之计，罗裙绣带，任其碧草朱藤狼藉而已。每遇元夕之日、中秋之辰，男女各抱其绮衣，质之子钱之室，例岁满没其衣，则明年之元旦、端午，又服新也。"这种消费观念，显然是与这一地区的其他城市完全不同的。所谓："兵民之家，内无甔石之储，而出有绫绮之服；安稳骑驴，候问亲戚，自衫襦、中单、靴袴，皆有店家可赁。"①

京城妇女们的这种注重服饰的风气，显然是从官场上沿袭而来的。在官场上的官员中，又以万历初年的宰臣张居正为典型："故相江陵公，性喜华楚，衣必鲜美耀目，膏泽脂香，早暮递进。虽李固、何晏无以过之，一时化其习，多以侈饰相尚。如徐渔浦（泰时）囧卿，时为工部郎，家故素封。每客至，必先侦其服何抒何色，然后披衣出对，两人宛然合璧，无少参错，班行艳之。"② 而徐泰时的做法，比张居正有过之而无不及，除了炫耀自己的富有之外，没有一点点文化品味。像张居正、徐泰时这样的官员，在明代的北京城并非个例，而是普遍存在的奢侈风气的代表。

明人沈德符认为，这种服饰豪奢的行为是对皇权的僭越，而主要有三种人，一种是勋戚贵族，一种是内廷宦官，还有一种就是妇女，"若京师则异极矣。至贱如长班，至秽如教坊，其妇女外出，莫不首戴珠箍，身被文绣，一切白泽麒麟、飞鱼、坐蟒，靡不有之。日乘坐肩舆，揭帘露面，与阁部公卿交错于康逵。前驱既不呵止，大老亦不诘责，真天地间大灾孽。"③ 在他看来，勋戚和宦官握有极大的特权，僭越一些不足为怪，而那些下贱人家的妇女，竟然也敢如此僭越，"真天地间大灾孽"，实在是不能容忍的。

---

① 史玄：《旧京遗事》。
② 《万历野获编》卷十二《士大夫华整》。
③ 《万历野获编》卷五《服色之僭》。

明代北京的妇女不仅在服装方面下了很大的功夫，在化妆方面也是颇用心思的。如皇宫内的后妃与宫女们，就十分讲究化妆的办法，"宫眷饰面，收紫茉莉实，捣取其仁，蒸熟用之，谓之'珍珠粉'。秋日，玉簪花发蕊，剪去其蒂，如小瓶然，实以民间所用胡粉，蒸熟用之，谓之'玉簪粉'。至立春，仍用珍珠粉。盖珍珠遇西风易燥，而玉簪过冬无香也。此方乃张后从民间传入者。"① 这些在民间流传的、用天然植物的功效来护肤美容的药方，在今天多已失传，大多数妇女们往往代之以化学美容用品。

明代中期，在官僚士大夫们中又盛行一种被称为"马尾裙"的服装。"马尾裙者，不知所起，独盛行于成化年间，云来自朝鲜国。其始，阁臣万安服之，既而六卿张悦辈俱效之。"② 又据明人所云："马尾裙始于朝鲜国，流入京师，京师人买服之，未有能织者。初服者惟富商、贵公子、歌妓而已。以后武臣多服之，京师始有织卖者。于是无贵无贱，服者日盛，至成化末年，朝官多服之者矣。大抵服者下体虚奓，取观美耳。"③ 由此可知，这种服装来自邻邦，最初流行于市井闲民，其后，武臣、文官亦穿着，遂为当时最时髦的服饰。但是，这种服装只流行了一段时间，到了万历年间的北京，基本上已无迹可寻了。

在明代的北京城，服饰文化的一个重要发展趋势就是受到江南风俗越来越大的影响。不仅在皇宫之中有所体现，如天启年间，"客氏教宫人效江南，作广袖低髻"④，以取宠于明熹宗，而受到张皇后的厌弃。就是在市井间，江南服饰也很盛行："宫禁、朝廷之容，自当以壮丽示威，不必慕雅素之名，……吾观近日都城，亦有此弊，衣服器用不尚綦添，多仿吴下之风，以雅素相高。"⑤ 这种风尚的出现，是与明代定都北京之后，南方人士大量来京做官有着密切的关系。南方人的大量北上，自然带来了与之生活相关的衣食住行等各种习俗，对北京文化的影响是巨大的。

---

① 见《天启宫词一百首》注文。
② 《万历野获编补遗》卷四《大臣异服》。
③ 见《北京市志稿》卷四《礼俗志》中"服饰"门转引明人《菽园杂记》。
④ 见《天启宫词一百首》诗注。
⑤ 于慎行：《谷山笔麈》卷三《国体》。

第三节　娱乐活动的丰富与娱乐
形式的多样化

一　岁时节令的娱乐活动

在明代的北京，市民们的娱乐活动是随着城市经济的不断繁盛而日益丰富起来的。随着北京城市居民数量的增加，市民们的娱乐需求也在不断增加，在这种情况下，娱乐活动的场所也在不断增加。而居民们的消费能力的大小也直接影响到娱乐活动的档次高低、娱乐活动的频率快慢，以及娱乐活动的规模大小。当然，各种娱乐活动的参与者自身文化修养的深浅，也会对娱乐活动的文化内容及表现形式产生巨大的影响。在当时的北京城里，市民的构成成分与前代相比，发生了很大的变化，市民的文化层次也发生了较大的变化，这些变化，都会在市民们的娱乐活动中体现出来。

明代的北京，和其他朝代的其他都市一样，市民们从事娱乐活动最热闹的时候是在重大的节日。按照中国农耕民众的传统习惯，最重大的节日是在元旦（也就是今天的春节），百官入皇宫朝贺，并相互拜访，在这个节日的娱乐活动却不是最热闹的。在明代的北京，最热闹的娱乐活动是在正月十五的元宵节。首先，人们要想从事娱乐活动，就要有从事娱乐活动的闲暇时间，而在北京城里，统治者为此提供了充裕的闲暇时间。"永乐间，文皇帝赐灯节假十日。盖以上元游乐，为太平盛事，故假期反优于元旦，至今循以为例。"[1] 在永乐七年（1409 年），为了元宵节放假 10 天，明成祖还专门下了圣旨：称"如今风调雨顺，军民乐业，今年上元节正月十一日至二十日，这几日官人每都与节假，著他闲暇休息，不奏事。……民间放灯，从他饮酒作乐快活，兵马司都不禁，夜巡著不要搅扰生事，永为定例"[2]。在明宣宗时，甚至把元旦与元宵节连起来，放假长达 20 天。

其次，人们要想从事娱乐活动，就要有从事娱乐活动的主题和固定载体。元宵节之所以热闹非凡，是因为人们有"放灯"的活动。这项活动，

---

① 《万历野获编》卷一《节假》。
② 《万历野获编补遗》卷三《元夕放灯》。

在明代的北京城里可以称得上是一项"全民"活动，从皇宫里面，到市井之间，从家财万贯的富豪，到身无分文的穷人，都参与到这项活动中来。有钱有势的人制作各种花灯，争奇斗艳；没钱没势的人免费观赏，暂忘荣辱，不论贫富，各得其乐。就连那些平时很少上街的妇孺之辈，在这几天也可以不受约束，凑凑热闹。而负责都城治安的兵马司等衙门，这时也放宽了管制，允许民众自由活动。

明代北京的"放灯"活动有着固定的场所，在皇宫之中，遍布于各宫殿之间，灯笼的制作，也是极尽能工巧匠之才华。如正德九年（1514年）："上自即位后，每岁宫中张灯为乐，所费以数万计。至九年，宁王宸濠献新样四时灯数百，其制不一，多着柱附壁，以取新异。上复于庭轩间设毡幕，而贮火药于其中。偶弗戒，遂延烧宫殿，乾清以内皆灰烬矣。当火盛时，上犹往豹房，回顾光焰烘烘然，笑曰：'是一棚大烟火也'。"[1] 由宁王朱宸濠进献的"新样四时灯"，乃是由江南的能工巧匠们制作的，在火灾中也全都毁坏了。早在元代的大都城里，蒙古统治者就曾在皇宫之中燃放花灯、爆竹来娱乐，而受到臣下的劝诫。明代的帝王不以前史为戒，遂导致了皇城一次严重火灾，造成巨大损失，正是所谓的乐极生悲。

普通市民们观赏花灯的场所，称为"灯市"，位于皇城的东面，其热闹程度，显然超过了皇宫里面。"市楼南北相向，朱扉，绣栋，素壁，绿绮疏，其设氍毹帘幕者，勋家、戚家、宦家、豪右家眷属也。向夕而灯张（灯则烧珠，料丝则夹画、堆墨等，纱则五色，明角及纸及麦楷，通草则百花、鸟兽、虫鱼及走马等），乐作（乐则鼓吹、杂耍、弦索，鼓吹则橘律阳、撼东山、海青、十番，杂耍则队舞、细舞、筒子、筋斗、蹬坛、蹬梯，弦索则套数、小曲、数落、打碟子，其器则胡拨四、土儿密失、义儿机等），烟火施放（烟火则以架以盒，架高且丈，盒层至五，其所藏械：寿带、葡萄架、珍珠帘、长明塔等）。于斯时也，丝竹肉声，不辨拍煞；光影五色，照人无妍媸；烟胃尘笼，月不得明，露不得下。"[2] 这种盛况，把节日的娱乐活动推向了一个最高潮。

由此可知，其一，在元宵灯会之时，皇城里的权贵富豪们占据了灯市中的楼上最佳位置，以便观赏放灯的盛况。其二，在放灯的同时，还会有

---

[1] 见《全史宫词》所转引《明武宗外纪》。
[2] 《帝京景物略》卷二《灯市》。

大量的演艺活动加入其中，使娱乐氛围更加热烈。其三，人们在观赏悬挂的各种花灯的同时，还有些人燃放爆竹以助兴，使人们在观赏花灯的同时，能够观赏灿烂的烟火。其四，不论是花灯还是烟火，其种类之多，制作技巧之精，已经达到了极为高超的水平。例如放烟火："用生铁粉杂硝、磺、灰等为玩具，其名不一，有声者，曰'响炮'。高起者，曰'起火'。起火中带炮连响者，曰'三级浪'。不响不起，旋绕地上者，曰'地老鼠'。筑打有虚实，分两有多寡，因而有花草人物等形者，曰'花儿'。名几百科，其别以泥函者，曰'砂锅儿'。以纸函者，曰'花筒'。以筐函者，曰'花盆'。总之曰'烟火'云。勋戚家有集百巧为一架，分四门次第传爇，通宵不尽，一赏而数百金者。"①

二　演艺队伍不断扩大对娱乐活动的影响

如上所述，在节假日期间，北京城里的演艺活动十分活跃。这些活动，有些是从前代延续下来的，有些又有了进一步的发展。北京的演艺队伍十分庞大，是与皇都的地位密切相关的。在这里，明朝统治者沿袭了前代的做法，仍然设置有教坊司，从全国各地调集大批演艺人才到都城来，随时为统治者的各种活动服务。甚至可以说，教坊司的伶人乐工们已经成为各级统治者日常生活中不可缺少的一部分，"教坊司专备大内承应，其在外庭，维宴外夷朝贡使臣，命文武大臣陪宴乃用之。盖沿唐鸿胪寺、宋班荆馆故事，所以柔服远人，本殊典也。又赐进士恩荣宴亦用之，则圣朝加重制科，非他途可望。其他臣僚，虽至贵倨，如首辅考满，特恩赐宴始用之。惟翰林官到任，命教坊官俳供役，亦玉堂一佳话也"②。由此可见，教坊司的乐工们是在许多重要的活动中必须出场的人物，在有些外交场合，甚至代表了中华文明的形象。

在当时，有些政府官员对教坊司的乐工们存有偏见，曾经上奏请求革罢这些乐工们，对此，另外一些官员指出了教坊司乐工的诸多重要作用，"无论两京教坊为祖宗所设，即藩邸分封，亦必设一乐院，以供侑食享庙之用，安得尽废之？至于中宫王妃合卺，及内庭庆贺，俱用乐妇供事，一革，则此诸庆典将奈何？又如外夷朝贡赐宴，大廷元会，及诸大礼，俱伶

① 沈榜：《宛署杂记》卷十七《民风》。
② 《万历野获编》卷十《翰苑设教坊》。

官排长承应，岂可尽废？此俱不必言，即四方优人集都下者，亦为勋贵缙绅自公之暇，借以宴衍，即遇大比之岁，宴大小座师，贺新进郎君，亦情礼之不可缺者"①。因此，虽然当时的统治者同意了革罢乐工的奏疏，却无法在社会上得到真正落实。

正是因为有着众多的社会需求，所以汇集到北京城来的各地艺人数量极多，而隶属于教坊司的乐工人数也远远超过了此前各朝代的数量。仅在宣德十年（1435 年）三月，明英宗在即位之初，即下令："放教坊司乐工三千八百余人。"② 这三千八百余人只是被解除了教坊司的隶属关系，而那些仍然隶属于教坊司的乐工还是大有人在。不论是隶属于教坊司的乐工，还是没有隶属于教坊司的艺人，都是明代北京城里娱乐圈中的最活跃分子。他们的活动主要可分为两大类，一类是各种演出，另一类则是各种杂要。

在明代的北京，各种演出活动受到前朝（即元代）的影响非常大。首先，是杂剧的演出，到了明代初年，已经过了其发展的鼎盛时期，逐渐有所退化。但是，北方杂剧仍然有向南方扩张的趋势。在另一方面，演唱艺术又开始受到南方表演艺术的影响，出现了新的发展趋势。"院本杂剧肇于金、元全盛之时，然今京师所尚戏曲，一以昆腔为贵。常州无锡邹氏梨园，二十年旧有名吴下，主人亡后，子弟星散。今田皇亲家伶生、净，犹是锡山老国工也。"③ 由此亦可看出，江南的戏剧人才，在不断向北京汇聚，就连在江南颇有影响的名伶，也会到北京来谋求发展。

三　演艺娱乐的丰富多彩

在明代，以地域的不同而流行着不同的演唱艺术，著称于时的有四种："今唱家称'弋阳腔'，则出于江西，两京、湖南、闽、广用之；称'余姚腔'者，出于会稽，常、润、池、太、扬、徐用之；称'海盐腔'者，嘉、湖、温、台用之。惟'昆山腔'止行于吴中，流丽悠远，出乎三腔之上，听之最足荡人，妓女尤妙此，如宋之嘌唱，即旧声而加以泛艳者也。"④ 由此可知，在这四种演唱艺术中，"弋阳腔"流行的范围最广，

①　《万历野获编》卷一《节假》。

②　《明史》卷十《英宗前纪》。

③　史玄：《旧京遗事》。

④　徐渭：《南词叙录》。

也是最早传入北京的。而"昆山腔"流行的范围最小，却也因其富于艺术感染力而流传到北京，并且大有后来者居上之势。

其次，在明代流行的乐曲及演奏乐曲的乐器方面，也保留着大量的"胡乐"风格。如演唱的乐曲，"元人小令，行于燕赵，后浸淫日盛，自宣、正至成、弘后，中原又行'锁南枝'、'傍妆台'、'山坡羊'之属。……比年以来，又有'打枣竿'、'挂枝儿'二曲，其腔调约略相似，则不问南北，不问男女，不问老幼良贱，人人习之，亦人人喜听之，以至刊布成帙，举世传诵，沁入心腑。其谱不知从何来，真可骇叹。又'山坡羊'者，……今京师技女，惯以此充弦索北调，其语秽亵鄙浅，并桑濮之音，亦离去已远。而羁人游婿，嗜之独深，丙夜开樽，争先招致"①。由元人小令转而成为流行歌曲，其影响范围之广，又远远超过了杂剧与昆腔等艺术。

又如演奏乐曲的乐器，也"胡化"得很普遍，南方文人对此感触尤深。"中原自金、元二虏猾乱之后，胡曲盛行，今惟琴谱仅存古曲。余若琵琶、筝、笛、阮咸、响骹之属，其曲但有'迎仙客'、'朝天子'之类，无一器能存其旧者。至于喇叭、唢呐之流，并其器皆金、元遗物矣。"②其中有一种乐器，在元代十分流行，称为"浑不似"，"浑不似制如琵琶，直径无品，有小槽，圆腹如半瓶榼，以皮为面，四弦皮绊同一孤柱。相传王昭君琵琶坏，使胡人重造，造而其形小。昭君笑曰：'浑不似'，遂以名。《元史》以为'火不思'，今以为'胡拨思'，皆相传之伪。"③这是明代人记载这种乐器最为详细的一条文字。该乐器还有一些其他名称，"今乐器中，有四弦长项圆鼙者，北人最善弹之，俗名'琥珀槌'。而京师及边塞人又呼'胡博词'。予心疑其非，后偶与教坊老妓谈及，曰此名'浑不是'。盖以状似箜篌、似三弦、似琵琶、似阮、似胡琴，而实皆非，故以为名。"④

在明代的北京，还有一种风气十分盛行，显示出了社会腐败的严重性。"唐、宋有官妓侑觞，本朝惟许歌儿答应，名为'小唱'。而京师又有'小唱不唱曲'之谚，每一行酒止，传唱上盏及诸菜，小唱伎俩尽此

---

① 《万历野获编》卷二十五《时尚小令》。

② 徐渭：《南词叙录》。

③ 《长安客话》卷二《皇都杂记》。

④ 《万历野获编》卷二十五《俚语》。

焉。小唱在莲子胡同，门与倡无异，其殊好者，或乃过于倡，有耽之者，往往与托合欢之梦矣。"① 明朝统治者下令禁止政府官员找妓女、吃花酒，本意是为了反腐败，但是，那些敢于腐败的政府官员虽然不去找妓女了，却去找"小唱"（也就是男妓）了，社会风气反而更加败坏。这种两性关系混乱的现象，不仅在北京十分普遍，凡是政府官员较为集中的地方，如南京等地，也很普遍。这也是当时许多政府官员反对革罢官妓的一个原因。

四　其他娱乐活动

在明代的北京，各种游戏也很盛行，如下棋、踢球等，皆有著称一时的高手。"阎子明善围棋，下子十余，便知胜负所在。终日对局，令次第再布，不差一子。隆、万间为京师第一。次者为方生某。象棋则有张京，局将半，即悬定几十著后当用某著取胜。他如王国用之吹箫，刘善初之击鼓，苏宣之投壶，皆号一时绝技。"② 文中所云"令次第再布"，也就是今天棋手们所说的"复盘"，是一种切磋棋艺的方法。在传统的儒家文化中，琴棋书画是士大夫们用以修身养性的方法之一，当然也是他们娱乐的主要活动之一。

在传统的体育项目中，踢球（时称"蹴鞠"）活动则是一项历史悠久的球类运动，到了明代仍然十分盛行。"近在都下见王驸马昺、张缇帅懋忠诸君，蹴鞠俱精绝。此盖蹴掷通于击刺，正彻侯本色，不足异也。"③除此之外，在北京还有一种踢石球的游戏，每年冬天，"小儿及贱闲人，以二石毬置前，先一人踢一令远，一人随踢其一，再踢而及之，而中之，为胜。一踢即着焉，即过焉，与再踢不及者，同为负也。再踢而过焉，则让先一人随踢之。其法初为趾踵苦寒设，今遂用赌，如博然，有司申禁之，不止也"④。由此可见，其一，蹴鞠是一种贵族游戏，而踢石球则是贫民游戏。其二，踢石球的本意是北京的贫民在冬季取暖的一种运动，而其运动规则还比较复杂。其三，这种争胜负的游戏逐渐变成了一种赌博的工具，虽然遭到官府的禁止，却仍然在民间十分流行。

---

① 史玄：《旧京遗事》。
② 见《日下旧闻考》卷一百六十《杂缀》转引《燕山丛录》。
③ 《万历野获编》卷二十四《缙绅余技》。
④ 《帝京景物略》卷二《春场》。

与之相类似的游戏，又有斗鸡和斗蟋蟀。其中，尤以斗蟋蟀最为普遍，上至帝王、百官，下至平民百姓，无不兴趣盎然。在明代帝王中，尤以明宣宗最喜爱斗蟋蟀："宣宗酷好促织之戏，遣取之江南，价贵至十数金。吴梅村有《宣宗戗金蟋蟀盆歌》。"① 文中所云"促织"，即蟋蟀的别称。由于帝王爱好，一只蟋蟀竟然价值"十数金"。在北京城内外，市民们斗蟋蟀的活动也很普遍："京师人至七八月，家家皆养促织。余至郊野，见健夫、小儿群聚草间，侧耳往来，面貌兀兀，若有所失者。至于溷厕汗垣之中，一闻其声，涌身疾趋，如馋猫见鼠。瓦盆泥罐，遍市井皆是，不论老幼男女，皆引斗以为乐。"② 据时人称，永定门外胡家村"所产促织，矜鸣善斗，殊胜他产"。而这时人们捕蟋蟀、斗蟋蟀的各种工具已经十分完备了，捕蟋蟀时有竹筒、过笼及铜丝罩，斗蟋蟀时有场，有盆，有罐。而蟋蟀本身，也已经被分为不同的等级，"凡促织，青为上，黄次之，赤次之，黑又次之，白为下"③。

斗鸡的情景比斗蟋蟀更加激烈，也更加刺激，其饲养成本也更高一些。天启年间，皇宫里面的宫女们斗鸡成风："当时宫人好为斗鸡之戏，不惜重资购健斗者，调习既娴，届期登场，施五彩幔于笼上，到场开笼。有能临阵饮啄自如，多至三四百啄，且鸣跃不怯者，其胜可必也。胜者以彩毬分缠颈旁，入笼迎归。所获珠翠绮罗，不啻百金。"④ 斗鸡和斗蟋蟀的游戏一样，人们在观赏它们争斗以决定胜负的同时，往往将比赛当成赌博的工具。而且皇宫里面的宫女们压的赌注都不小，于是斗鸡得胜者获得的珍宝也就很多。

在明代的北京，市民们的娱乐活动十分丰富，而且是对农耕文化的一种回归。像元代那样的统治者岁时两京巡幸的制度取消了，蒙古统治者所特有的喜爱行猎的活动也很少看到了，人们在许多流行的游戏中，都包含着重视农业生产的主题。这是与当时通行的农历及岁时节令密切相关的。此外，这时的许多带有宗教性的娱乐活动，如燕九节、中元节、浴佛节，等等，大多数都是从前代延续下来的。而有些节令的娱乐活动，一直延续到了现在，如春节的放烟花爆竹，端午节的吃粽子和赛龙舟，中秋节的阖

---

① 见《全史宫词》转引《吕毖小史》。
② 见《长安客话》卷二《皇都杂记》"斗促织"条。
③ 《帝京景物略》卷三《胡家村》。
④ 见《天启宫词一百首》诗注。

家团圆吃月饼，等等，皆是如此。但是，在社会风俗的许多方面，仍然保留了大量少数民族游牧文化的因素在里面，这也正体现出了习惯的传承性所造成的巨大影响。

第四节　风俗的变化趋势

一　市民结构变化对风俗变化的影响

显然，民间风俗的变化，有其文化上的传承关系，同时也受到了朝代变更的巨大影响。从元代到明代，不仅朝代变更了，而且文化传承也变更了。作为全国政治和文化中心的北京而言，还有一个较大的变更，那就是作为文化承载主体的民众，在从元大都城向明北京城的变更过程中，城里民众的变更是最大的。在蒙古统治者建成元大都新城之时，曾经下令把旧燕京城的民众迁入新城。而大多数迁入新城的居民都是达官显贵，许多贫穷的居民则被留在了旧城之中。而那些住入大都新城的达官显贵们，在元朝末年大明军攻打大都城之时，又有许多人随同元顺帝逃往漠北，剩下的一些官员，则被明太祖迁往南京，大都城内的居民人数锐减。

在明成祖定都北京前后，政府曾经几次迁徙全国各地民众到北平府（即北京）来，如在洪武四年（1371年）三月，镇守在北平的大将徐达曾将塞北地区的民众迁到北平各州县，"计户一万七千二百七十四，口九万三千八百七十八"①。同年六月，"（徐）达又以沙漠遗民三万二千八百六十户，屯田北平府管内之地。凡置屯二百五十四，开田一千三百四十三顷"②。这是在明成祖定都北京之前。在定都北京之后，明成祖于永乐元年（1403年）八月下令："简直隶苏［蓟］州等十郡、浙江等九布政司富民实北京。"③翌年九月，明成祖又下令："徙山西太原、平阳、泽、潞、辽、沁、汾民一万户实北京。"④永乐三年，明成祖再下令迁山西各地百姓万户到北京。

这些被明朝政府强行由各地迁移到北京来的百姓，只是北京新居民中

---

① 《明太祖实录》卷六十二。
② 《明太祖实录》卷六十六。
③ 见《明太宗实录》卷二十一。《实录》原文为蓟州，《明史·成祖纪》为苏州，当以苏州为是。
④ 《明太宗实录》卷三十一。

的一部分，据明代中期的人士分析："都城之中，京兆之民十得一二，营卫之兵十得四五，四方之民十得六七。就四方之中，会稽之民十得四五，非越民好游，其地无所容也。"① 此处所云"京兆之民"，也就是北京城原来的老住户，而所谓的"四方之民"，其中的一部分，是上文所说的由明朝政府强行迁到这里的百姓；而另一部分，则是自己主动来到北京定居的，在这部分人中，又以会稽之民占有很大比重。这种人口的大量变迁，直接导致的一个结果，就是民俗风习的改变。显然，仅占总人口十分之一二的北京原有居民，与占总人口十分之八九的外来人口相比，风俗的改变往往会朝向人口数量较多的一方，事实也正是如此。

二 商业繁荣对风俗变化的影响

与前代的元大都相比，明代北京城的商业更加繁盛，而商业的繁盛也会对民众风俗的变化产生巨大影响。在元代，大都城虽然也是一个商业十分繁荣的大都会，但是，却受到统治者两都巡幸制度的影响，而产生季节性的商业盛衰变化。当蒙古统治者从上都回到大都的时候，大都城的商业盛极一时；当蒙古统治者从大都前往上都之后，大都城的商业亦随之而变得萧条起来。到了元代末年，元上都城被农民起义军焚毁，蒙古统治者不再每年前往上都，但是，元朝的统治也已经由盛转衰，商业贸易活动也比以前逊色许多。在明代永乐迁都以后，封建统治者长期定居在北京，商业的发展也就不会再受到统治者不断巡幸的影响，保持了连年不断的持续繁荣状态。

北京商业的繁荣，是与都城的特殊地位密切相关的。"京师负重山，面平陆，地饶黍谷、驴马、果蓏之利，然而四方财货骈集于五都之市。彼其车载肩负、列肆贸易者，匪仅田亩之获、布帛之需。其器具充栋与珍玩盈箱，贵极昆玉、琼珠、滇金、越翠。凡山海宝藏，非中国所有，而远方异域之人，不避间关险阻，而鳞次辐辏，以故畜聚为天下饶。"② 这些经商的"远方异域之人"，显然贩运的都不是日常生活用品，而是价值连城的奢侈品，这些奢侈品只有都城的达官贵人们才能够消费得起。但是，这种商业消费又是与民俗风习无甚关联的。与百姓的习俗密切相关的乃是所

---

① 于慎行：《谷山笔麈》卷十二《形势》。
② 张瀚：《松窗梦语》卷四《商贾纪》。

谓的"庙会"。

据《帝京景物略》所云，明代北京的庙会分为朝前市、日日市、灯市、十日市、内市、日昃市等，而尤以城隍庙市为最盛："月朔望，念五日，东弼教坊，西逮庙墀庑，列肆三里。图籍之曰古今，彝鼎之曰商周，匜镜之曰秦汉，书画之曰唐宋。珠宝、象、玉、珍错、绫锦之曰滇、粤、闽、楚、吴、越者集。"① 其他如漆器、文具、杂项等，制作皆极为精美。其他庙会中的商品也大致如此。

商业繁盛带来风俗的变化，当时人已经有颇为深刻的感触，所谓"自古帝王都会，易于侈靡。燕自胜国及我朝皆建都焉，沿习既深，渐染成俗，故今侈靡特甚。……且京师者，四方之所观赴，天子者，又京师之所视效也。九重贵壮丽，则下趋营建；尚方侈服御，则下趋组绘；法宫珍奇异，则下趋雕刻。上有好者，下必甚焉。……今也，散敦朴之风，成侈靡之俗，是以百姓就本寡而趋末众，皆百工之为也"②。这种"侈靡"风俗的变迁，确是始于元代，而到明代趋于极盛。

在人们的头脑中，原来儒家的价值观念开始受到巨大冲击，为了维护封建统治的稳固，儒家的政治学说明确鼓吹等级制度的优越性，也就是以官为本位的价值体系。但是，在富商们的日益攫取暴利的刺激之下，在达官贵人们的侈靡生活的影响之下，财富几乎变为衡量一切事物的标准。不仅如此，在当时财富与权力的变化已经不再成正比。"说者谓京师在弘治时，世臣富；正德时，内竖富；嘉靖时，商富；隆庆时，侠富。"③ 文中所云"世臣富"在封建社会中是正常现象，而"内竖富"也很正常，这是与宦官专权的状况相一致的。至于"商富"，在统治中心出现这种情况已经不正常了，而"侠富"更是不可思议的事情。

财富对权力的挑战也表现出来，这在当时的观念中称之为"僭越"。最为常见的，是服饰的僭越。明人指出，当时京城中服饰僭越最多的有三种人：一种是达官后人，一种是宦官，还有一种是妇人，并且一一举例为证。以达官后人为例者："曾见一人，以白身纳外卫指挥使空衔。其衣亦如勋卫，而袤以四爪象龙，尤可骇怪。"以宦官为例者："在京内臣稍家

---

① 《帝京景物略》卷四《城隍庙市》。
② 《松窗梦语》卷四《百工纪》。
③ 《长安客话》卷四《郊垌杂记》。

温者，辄服似蟒、似斗牛之衣，名为草兽，金碧晃目，扬鞭长安道上，无人敢问。"如果说，达官后人与宦官还有一些权势作为背景，那么，京城中的妇人们的"僭越"就是莫此为甚了。"至贱如长班，至秽如教坊，其妇外出，莫不首戴珠箍，身被文绣，一切白泽麒麟、飞鱼、坐蟒，靡不有之。且乘坐肩舆，揭帘露面，与阁部公卿，交错于康逵，前驱既不呵止，大老亦不诘责，真天地间大灾孽。"① 这种对权势的公开挑战，自然被固守儒家观念的士大夫视为"真天地间大灾孽"。

与以上的服饰"僭越"形成鲜明对照的，又有另外一种服饰的极端，时人称之为"雅素"。"宫禁朝廷之容，自当以壮丽示威，不必慕雅素之名，削去文采，以亵临下之体。……吾观近日都城，亦有此弊，衣服器用不尚絜添，多仿吴下之风，以雅素相高。此在山林之士，正自不俗，至于贵官达人，衣冠舆服，上备国容，下明官守，……而下从田野之风，曲附林皋之致，非盛时景象矣。"② 这种"雅素"的时尚，只是在一小部分文人雅士中流行，而对于大多数的"僭越"风俗，不会产生任何影响，只能够成为主流时尚之外的一个支流。就是这个支流，也受到了一些文人士大夫的批评。

还有一些朝廷中的官员，则以服饰怪异为标新立异之乐。"马尾裙者，不知所起，独盛行于成化年间，云来自朝鲜国。其始，阁臣万安服之，既而六卿张悦辈俱效之。独礼部尚书周洪谟至重服二腰，尤为怪事。……似此服妖，与雉头裘、集翠裘何异。今中国已绝无之，向在都见高丽陪臣出馆，袍带之下摺四张，蓬然可笑，意其尚服此裙耶。"③ 这种怪异的服饰，表现出朝中大臣自我表现欲的强烈，以及对儒家礼教的藐视，必然会受到大多数士大夫的抨击，也自然不会流行很长时间，仅在成化年间短暂一现。

三　城市功能变化对风俗变化的影响

在明成祖迁都北京之前，这里主要是军事重镇，人们的生活相对较为简朴。在迁都之后的一段时间内，土木工程较多，统治者又在回迁南京的

---

① 《万历野获编》卷五《勋戚》门"服色之僭"。
② 《谷山笔麈》卷三《国体》。
③ 《万历野获编补遗》卷四《大臣异服》。

问题上举棋不定，因此北京的城市经济还没有达到繁盛时期。到了成化年间，城市经济已经达到繁盛，则导致了奢侈风俗日甚一日。内阁大臣万安等人的怪异服饰只是其中的表现之一。当时有大臣为了压制奢侈之风俗继续扩张，提出了一些办法："时京师淫风颇盛，居丧之家，张饮筵宴，歌唱戏剧，殊乖礼法。给事中丘弘言：欲将奸妇枷号示众，禁约居丧者，不许非礼宴乐。下法司，以为居丧之禁，宜如弘言，惟枷号淫妇非律意。盖示众必于市，然使监守者与之昼夜处，欲其知耻而愈不知耻矣。宜行五城兵马及巡城御史官校缉捕为宜。"① 丘弘上言的时间是在成化二年（1466年），在此之前已经经历了明仁宗、明宣宗、明英宗及明代宗四朝几十年的升平盛世，奢侈之风不仅没有压制住，反而愈演愈烈，这是与一小撮统治者们的奢侈本性密切相关的。

自古以来，京城多有"恶少"，皆系达官贵人子弟，恃权横行霸道，成为社会公害，明代的北京亦不例外。成化十六年（1480年）十一月，朝中大臣上言："近者京城内外外盗滋多，盖因闾巷恶少与各处逋逃罪囚结聚党类，众号为'剌虎'，横行市肆，强取货物，莫敢谁何。往往聚徒开场赌博，博穷为盗，乃以所获衣物质于印子铺，抵取钱锱，苟图自给。官捕之急，则又掠取衣甲马匹，纵横近郊，白昼则剽掠，禁之诚不可缓。"② 可见"恶少"们的不法活动已经成为较为严重的社会问题。到了此后的万历年间，这种社会问题仍然没有得到解决，有些甚至更加猖獗。如赌博活动，就已经成为一种普遍的风气。"今天下赌博盛行，其始失货财，甚则鬻田宅，又甚则为穿窬，浸成大伙劫贼。盖因本朝法轻，愚民易犯。"③

由奢靡生活带来的一系列不良影响，在都城中的妇女身上也有所反映。如上文所引述的《蓟邱杂抄》之文："贫家一廛，衾枕之外即街巷，妇人安坐炕上，市贩者至，汤饼肴蔌传食于窗牖中，或竟日不作爨廖之炊也。"这种整天不做饭、购食汤饼等生活习惯，就连贫家妇女皆是如此，懒惰之风，可见极为普遍。还有些妇女，专门从事欺诈活动："京师妇女嫁外方人为妻妾者，初看时以美者出拜，及临娶以丑者易之，名曰'戳

---

① 《明宪宗实录》卷三十三。
② 《明宪宗实录》卷二〇九。
③ 《万历野获编补遗》卷三《赌博厉禁》。

包儿'。过门信宿，盗其所有逃去者，名曰'拏殃儿'。"① 这些妇女就连起码的"廉耻"之心都没有了。

当然，也有一些妇女并没有受到腐败风俗的影响，仍然保留着北京地区自古以来传承的侠义、刚烈的风俗。在明人王锜的《寓圃杂记》中记载了这样两件事。其一，"京师娼女高三，自幼美姿容，昌平侯杨俊见之属意，因与狎，犹处子也。……天顺元年，侯为石亨所忌，奏以驾陷土木时，侯坐视不救为不忠，朝廷命斩于市。亲戚故旧吏无一人往者，独高素服往哭甚哀，候刑毕，亲以舌吮其血，仍用丝连其首领，买棺敛之，遂缢而死"②。其二，"衮府李天祥随兄天祺序班居京师，与草场院妓女张氏狎，情好甚笃。女誓不见客，父母数强之，坚拒不纳。既久，天祥染瘵疾不能复往，危殆中，思得张一接。其母与妻欲顺适其意，因呼张来，遂留侍汤药。及两月，天祥屡死复苏，意恋张也。一日，张抱其首，死去逾时，又瞠目回顾，张谓曰：'君行，妾随矣。'……起即整束衣裾，潜至床后自系。妻怪其久不出，往觅之，气已绝"③。这两位妇女皆生活在风月场中，却能够用情专一，不惜以死殉情，令人痛悼。

四　当时人对北京风俗的概括

在当时的北京城里，已经有大量南方人长期生活在这里，显然，南方人与北方人的生活习惯是不一样的。而这些定居到北京的南方人对于原来生活在这里的北方居民的生活习俗是看不惯的，于是，就有刻薄文人对北方民众的生活写诗加以讽刺："金陵陈大声嘲北地巷曲中人，半亦近诬，不尽然也。曰：'门前一阵骡车过，灰扬。那里有蹋花归去马蹄香？绵袄绵裙绵袴子，膀胀。那里有佳人夜试薄罗裳？生葱生蒜生韭菜，腌脏。那里有夜深私语口脂香？开口便唱冤家的，歪腔。那里有春风一曲杜韦娘？开筵空吃烧刀子，难当。那里有兰陵美酒郁金香？头上鬏髻高尺二，蛮娘。那里有高髻云鬟宫样妆？行云行雨在何方，土炕。那里有鸳鸯夜宿销金帐？五钱一两等头昂，便忘。那里有嫁得刘郎胜阮郎？'"④

这首讽刺诗虽然当时人已经指出"半亦近诬"，但是，却从另一个角

① 见《日下旧闻考》卷一百四十六"风俗"门转引《菽园杂记》。
② 《寓圃杂记》卷六《娼女高三》。
③ 《寓圃杂记》卷七《妓女张氏》。
④ 《长安客话》卷二《皇都杂记》。

度反映出了南方与北方民众之间生活习惯的巨大差异。开篇第一句，就明确道出了北方气候的干燥，风沙大，与南方的青山绿水相比是有差距的。北方人长期生活在这个环境中，早已经习惯了，而南方人到此却是很不习惯的。第二句，道出了对服装的审美观念的差异。北方气候寒冷，人们当然要穿得厚实一些，而棉袄棉裤也确实没有罗衫绸裳美观。第三句，则反映出了南方民众对北方特色饮食的不适应，葱、蒜、韭菜都是有着强烈异味的蔬菜，北方民众喜食肉类，必须佐餐这些蔬菜，才能够去除腥膻气味。第四句，讽刺的乃是北方语言的质朴与北方人性情的直率。显然，大多数北方人在谈情说爱的时候确实缺少南方人缠绵悱恻的情调。以此观之，这首讽刺诗在"刻薄"之外，也形象地勾画出了南方文化与北方文化的巨大差异。显然，北方的质朴文士们是不会去做一首诗与南方人对嘲的。

在明代的万历年间，北京官场上又流传着一则谚语："京师向有谚语云：'翰林院文章，武库司刀枪，光禄寺茶汤，太医院药方。'盖讥名实之不称也。然正不止此，儒生之曳白，无如国子监；官马之驽下，无如太仆寺；历学之固陋，无如钦天监；音乐之谬误，无如太常寺；帑藏之空乏，无如太仓库；士卒之老弱，无如三大营；书法之劣俗，与画学之芜秽，无如制诰两房，文华、武英两殿。真可浩叹。"① 另有一个版本曰："京师相传有'十可笑'：光禄寺茶汤，太医院药方，神乐观祈禳，武库司刀枪，营缮司作场，养济院衣粮，教坊司婆娘，都察院宪纲，国子监学堂，翰林院文章。犹汉世谚称'举秀才，不知书；察孝廉，父别居'之谓也。"② 二者讥讽的对象互有异同，但是，官场上的腐败所带来的社会风气的腐败，却是不容忽视的。

在《日下旧闻考》转引的《顺天府旧志》中，对明代北京的风俗变化进行了一番概括："燕俗薄骨肉而重交游，厌老成而尚轻锐，以燕游为佳致，以饮博为本业。家无担石而饮食服御拟于巨室，囊若垂罄而典妻鬻子以佞佛进香。甚则遗骸未收，树幡叠鼓，饭僧动费百千，贫家亦强为之。风会之趋，人情之化，始未尝不朴茂，而后渐以漓，其变犹江河，其

---

① 《万历野获编》卷二十四《京师名实相违》。
② 见《日下旧闻考》卷一百四十六《风俗》门转引《戴斗夜谈》。

流殆益甚焉。"① 在这番概括中，不难看出，当时人对北京风俗的变迁是不满意的，认为是从"朴茂"变得浮华了。这种变化，就连穷人也在所难免。当然，随着社会生产力的不断提高，人们的整体生活水平也会不断提高，这是正常的历史进程，人们吃得好一点，穿得好一点，也是无可厚非的。然而，对那些不顾自身经济状况而盲目追求奢侈生活的人们而言，对那些好吃懒做的人而言，其习俗却是不值得提倡的。至于每个人、每个家庭都有其独特的生活理念，我们也不必以己是而攻彼非，强求一致。生活在发展，风俗在变迁，其根源都在人们的价值观念。正是由于有了人们不同的价值观念，才构成了世界五彩缤纷的生活特色。

---

① 《日下旧闻考》卷一百四十六《风俗》。

第十五章　城市建筑的文化内涵

　　城市建筑，是一个城市赖以存在的物质基础。没有城市建筑，再繁盛的村镇也只不过是村镇。而城市建筑，在许多方面是与村镇不同的。这种不同，在许多方面是通过城市的各种社会功能来加以体现的，而这些社会功能，又是无论如何都会在城市建筑方面有所体现的。也就是说，城市建筑可以体现出两个方面的内容：一方面，是这个城市的骨架，也就是城市建筑的物质形态，包括城门和城墙、街道和桥梁、坊巷和胡同、官衙和民宅、商店与仓储，等等。另一方面，是这个城市的灵魂，也就是城市建筑的精神形态，或者说是文化形态，包括各种建筑的造型形制、社会功能、宗教内涵、文化传承，等等。

　　作为北京的城市建筑，其物质形态，并非本书论述的重点，而重点是其文化形态。但是，一个城市的文化形态与其物质形态是密切联系在一起的，在很多情况下是无法截然分开的。因此，在述及北京城市文化形态的同时，有时也就不得不述及它的物质形态。例如，明代的北京宫殿建筑，与元代的大都宫殿建筑相比，变得更加严谨。元代的帝王正宫与皇后及皇太子的宫殿是分别建在太液池的东、西两岸的，而在明代则改变为前后的格局，都集中到了太液池的东岸。这种建筑格局的变化，一方面，体现了农耕文化与游牧文化之间的差异，即是说，农耕文化具有更多的封闭性，而游牧文化具有更多的开放性。另一方面，则体现了中央集权的封建专制有了进一步的加强，皇后及皇太子的宫殿已经变为皇帝正宫的附属物，而不是游离于其外的另一组独立建筑。

　　明代北京的城市建筑，又有着明显的传承与改造的特征。从城市的整体建筑而言，明代的北京对元代的大都是一个传承的过程，同时又是一个改造的过程。在明代初年，由于政治中心南移，明朝统治者对大都城进行了大规模的改造。其一，毁掉了作为都城重要标志的皇宫，从文化的角度而言，也就是毁掉了前朝的"王气"。其二，突出了北平（即大都城）作为北方军事重镇的防御功能，而将城市北面向南压缩了五里，使其城市结构更加紧凑。而在永乐年间，明成祖决定北迁都城到北京之后，这里的皇宫建筑并没有恢复元代的宫殿建筑格局，而是传承了明代南京的宫殿建筑格局。而明代中叶对南城的扩建，实际上乃是元大都新旧两城的城市发展轨迹的延续。

第一节 城市布局的调整

一 明初城市功能的变迁

从元代末年到明代初年，这里的城市功能发生了巨大变化，开始从全国的政治和文化中心的大都城转变为边陲军事重镇的北平府。这个转变，是顺应当时历史发展的必然趋势的。朱元璋率领的农民起义军，其活动中心是在长江下游地区，定都于南京，有着政治上的坚实基础和经济上的充足供给，而且这一地区的文化也很发达，自古以来就有着"虎踞龙盘"的王气之说，是比较理想的定都场所。而大都城是前代的政治和文化中心，又距北方大草原比较近，元朝的残余势力在明代初年还在蠢蠢欲动，妄图卷土重来。在经济上，由于距离江南地区较远，运输供应较为困难。因此，从各方面来考虑，这种转变都是十分合理的。

就其城市功能的转变而言，带来的首先是文化上的巨大灾难。由于都城地位的消失，所有与前朝宫廷相关的城市建筑都受到毁坏：从高大宏伟的宫殿，到庄严肃穆的礼制建筑；从星罗棋布的政府衙署，到贮藏丰富的府库仓廪；等等。有的被直接拆毁了，有的被废弃荒颓了，还有的则被改为他用了。如元朝的宫殿被拆毁了，此后又在其基址上兴建了燕王府。其他如中书省、枢密院、御史台等中央机构的衙署，郊坛、社稷坛、太庙等礼制建筑，也都被废弃不用了。

其次是军事功能上的转变。早在先秦时期，燕京就是北方地区最重要的军事重镇，西周初年的统治者分封召公到这里建立诸侯国，即是为了加强对东北地区的军事控制。自秦汉以来以迄隋唐，这里仍然是北方地区最重要的军镇，安禄山等将领就是利用驻守在这里的雄厚军事力量发动叛乱，使唐王朝的统治开始由盛转衰的。在此后的辽金元时期，这里从陪都转变为首都，军事功能虽然也很重要，但是，却被更加重要的政治功能取代。到了明朝初年，这里作为政治中心的地位一旦消失，其在军事上的重要功能很快就显现出来了。

明太祖朱元璋为了加强对全国各地的统治，仿照周代和汉代的做法，分封其诸子到各个重要的城市，特别是那些边陲的重要城市，去控制当地的局势。在他执政时期，这种做法是取得了较好的成效的，但是，在他死后，当即位的建文帝想要改变这种做法，却导致了统治阶层内部矛盾的激化，引发了公开的军事冲突，即所谓的"靖难之役"。燕王朱棣正是利用了北平府的强大军事力量，来为他夺取皇权服务的。经过军事冲突之后，北平府的政治地位开始上升，先是维持着南京的首都地位，而把北平改为北京，从军事重镇上升为陪都。然后是各种衙署的设置，开始具有了首都的功能，只是在衙署的前面多加了"行在"两个字，表明了帝王的政治意向。最后是正式宣布迁都北京，而南京变成了陪都。

二　定都北京对城市建设的影响

对于迁都而言，这在当时是一件十分重要的事情。为此，明成祖朱棣曾经分别征询过众多文臣和武将们的意见，得到了一致赞同，于是才做了最后决定。经过十几年的大规模营建，北京城逐步具备了全国政治和文化中心的各项功能。但是，在一部分政府官员中，却是反对迁都的，只是因为明成祖表示了明显的迁都意向，才不得不随声附和。一旦出现偶然事件，就会将反对意见表达出来。永乐十九年（1421 年）四月，北京"奉天、华盖、谨身三殿灾，诏群臣直陈得失"[①]。由于皇宫的主体建筑三大殿被毁，由此而引发回迁南京的舆论反映。

时任翰林侍读的大臣李时勉就是直言者之一："十九年，三殿灾，诏求直言。条上时务十五事。成祖决计都北京，时方招徕远人。而时勉言营建之非，及远国入贡人不宜使群居辇下，忤帝意。……寻被逮下狱。"[②]与李时勉一起主张迁都回南京的又有翰林侍讲邹缉，他在上疏中更是直言道："陛下肇建北京，焦劳圣虑几二十年。工大费繁，调度甚广，冗官蚕食，耗费国储。工作之夫，动以百万，终岁供役，不得躬亲田亩以事力作。……夫奉天殿者，所以朝群臣，发号令，古所谓明堂也，而灾首及

---

① 《明史》卷七《成祖纪》。

② 《明史》卷一百六十三《李时勉传》。

焉，非常之变也。……当还都南京，奉谒陵庙，告以灾变之故，保养圣躬，休息于无为。"①

由于北京宫殿主体建筑被毁而主张回迁南京的大臣有一大批人，这些敢于直言的大臣们遂受到明成祖的责罚，"帝于是发怒，谓言事者谤讪，下诏严禁之，犯者不赦。侍读李时勉、侍讲罗汝敬俱下狱，御史郑维桓、何忠、罗通、徐瑢，给事中柯暹俱左官交阯"②。由此可见，永乐年间，虽然明成祖用高压政策强行迁都，但是，在大多数政府官员的观念中，还是把南京作为首都的最佳场所，这种观念，直到此后的二十年间，才有所转变。北京在人们的心目中才成为全国的政治和文化中心。

这种转变，我们通过当时的朝中大臣的言论即可看出。早在建文帝在位时就在朝中任职的大臣胡濙，其言行就是一个很好的例证。"仁宗即位，召为行在礼部侍郎。濙陈十事，力言建都北京非便，请还南都，省南北转运供亿之烦。帝皆嘉纳。"③这是永乐末年之事。到明英宗正统末年，发生土木堡之变，"英宗北狩，群臣聚哭于朝，有议南迁者。濙曰：'文皇定陵寝于此，示子孙以不拔之计也。'与侍郎于谦合，中外始有固志"④。从永乐末年到正统末年，历时25年，人们对北京的城市定位有了更加明确的认识。文中所云"文皇"，即指明成祖。

当然，在这二十几年中，北京的城市建筑也在不断调整变化，具有了越来越多的政治和文化中心的城市特征，而南京城再次恢复首都地位的希望却变得越来越渺茫了。此后的北京宫殿虽然又曾遭到几次较为严重的毁坏，而且也曾遭到北方少数民族部落（包括蒙古族和满族）的大规模侵扰，却很少有人再提出迁往南京的建议。这也就表明，北京作为全国政治和文化中心的城市功能的定位，已经得到了绝大多数人的认同。

明代初年，当北京从全国的京城变成北方军事重镇的时候，城市的面积有所缩小。其一，出于军事方面的考虑，城市面积的缩小便于人们在里面进行防御。其二，出于政治方面的考虑，普通城市的面积要小于都城的面积。元大都城原来是京城，故而其面积应该是全国最大的，以显示其至高无上的政治地位。而当这里不再是京城，其城市面积也就应该相应有所

---

① 《明史》卷一百六十四《邹缉传》。
② 同上。
③ 《明史》卷一百六十九《胡濙传》。
④ 《明史》卷一百六十四《邹缉传》。

缩小，以便突出新的京城的首要地位。这种封建主义的等级差别概念，早在先秦时期就已经形成了。

　　而当北京城再次（继元代之后）成为全国的首都之后，明成祖在兴建这里的皇宫时，一方面，是完全仿照南京城的模式，来营造宫殿和其他礼制建筑；另一方面，则是把这些建筑的规模都有所加大。同样的皇宫，北京的比南京的大，这就意味着，北京将要取代南京，变为全国的首都。这种文化模式上的传承，与建筑规模的加大，都是当时特定历史条件下的产物。明成祖在文化上的传承，也包含有政治上的重要意义，乃是向世人表明，自己是明太祖的直接继承人，自己得到的皇权和迁都的举措都是合乎典制的。

三　定都北京后的城市变化

　　这时的北京宫殿营建工程规模十分浩大，明成祖已经是倾注全国的力量来完成这项工程，因此，暂时也就没有能力再去顾及扩展整个北京城的事情。直到明代中期的明世宗嘉靖年间，才有了扩建北京城的举措。最初的设计是在当时北京城的四周再扩大一圈，修建又一层城墙，以加强北京城的防御力量。但是，在开始兴建之后，却因为财政支出的能力有限，只是把南面的城墙扩展之后，就无力再把东、西、北三面的城墙向外继续扩展了。于是，北京城就出现了一个十分奇怪的形状。已经不是一个方方正正的传统都城的形状，而是由两个矩形组合而成的几何体。

　　当然，有些重要的礼制建筑，也是在这个时期才得到完善的。例如，在中华民族的传统文化中，对祖先的祭祀乃是一项重要的内容，明太祖朱元璋在洪武年间别出心裁，创立了一座历代帝王庙，以便岁时祭祀自三皇五帝以来的历代帝王。及明成祖定都北京之后，并没有在北京新建一座历代帝王庙，而是岁时派遣大臣到南京的历代帝王庙去举行祭祀典礼。到了嘉靖年间，由于大臣们的建议，明世宗遂下令在北京也兴建了一座历代帝王庙，以便岁时祭祀历代帝王。

　　明成祖在确立北京的都城地位时，遇到了同样棘手的问题，即皇宫的修筑空间的调整问题。元世祖在确立燕京城的都城地位时，旧中都城里的金代宫殿已经荡然无存了，为了营建新的皇宫，蒙古统治者遂毅然下令，在燕京旧城的东北方重新测量地亩，拔地而起，修建了新的大都城。显然，如果要在燕京旧城里面重新修建皇宫也不是不可能的，但是其所要花费的人力物力却要大得多，这不仅需要营建新的皇宫，还要拆除原有的民居。因为这时金代宫殿荒废之后已经逐渐改变为百姓们的住所，以及寺庙道观的基址。

值得庆幸的是，元世祖在营建大都新城的时候，恰恰围绕着金代离宫大宁宫（今北海公园）有一片十分平坦的地方可以兴建新都城。而在明成祖决定要营建北京城时，周围已经没有了适合于修建新都城的理想场所，而使其不得不在北平城（即元大都新城）里面重新兴建皇宫。在这种情况下，他在兴建新的皇宫之前，必须要先把占住这块土地面积的百姓们迁走，这显然要花费更多的人力物力。

特别是这种做法引起了整个城市的动荡不安，正如当时朝中大臣邹缉所指出的："夫京师天下根本。人民安则京师安，京师安则国本固而天下安。自营建以来，工匠小人假托威势，驱迫移徙，号令方施，庐舍已坏。孤儿寡妇哭泣叫号，仓皇暴露，莫知所适。迁移甫定，又复驱令他徙，至有三四徙不得息者。"① 这种描述，虽然带有个人的感情色彩的夸大因素在里面，但是却又表明，营建新的北京城确实是一件极为吃力的事情。

洪武初年，明太祖一声令下，一座豪华富丽的元代皇宫就在转眼之间荡然无存了。到了永乐初年，明成祖一声令下，一座同样豪华富丽的皇宫又被重新兴建起来。拆的时候虽然也费了一番力气，但是建的时候却费了更多的力气。两个最高统治者的政治见解的不同，导致了明代初期整个国力的巨大耗费。随着新都城的地位逐渐巩固，其各项城市建筑设施也在逐渐完备，其需要投入的人力物力也就源源不断。不仅皇宫需要重新营建，从中央政府到地方政府的各级军政衙门的办公衙署也要重新营建，大批的礼制建筑皆需要重新营建。

当然，有些建筑是必须重新营建的，因为在洪武初年拆除元代皇宫的同时，这些建筑自然是要一并拆除的，如太庙、社稷坛等礼制建筑。当明成祖定都北京之后，这些建筑也要重新营建。而有些建筑却不必重新营建，只要沿用元代的旧设施即可，如孔庙、国子监学等建筑，并不是必须拆除的，得以保留，也就得以继续使用。其他的有些政府衙署，由于不必拆毁，也就继续沿用，而省去了重新营建的费用。

定都北京带来的另一个重要的问题，则是对京城的物资供应问题，这

---

① 《明史》卷一百六十四《邹缉传》。

个问题也是许多主张回迁南京的政府官员们都要提到的一个问题。从客观现实的状况来看，定都南京在经济上的优势是极为明显的。因为北京及其周边地区的经济生产远远没有江南地区的繁荣，而这种远离经济发达地区的客观现实又给大规模的交通运输带来了极大的不便，以及巨大的耗费。如果我们仅仅从经济的角度来看，回迁南京当然是明智的举措。在明代之前的元大都城，正是依赖着漕运与海运两大经济通道的畅通供应，才保证了都市经济的繁盛。

但是，作为一个封建王朝的都城，它的政治作用和文化作用的地位要比经济作用重要得多。也就是说，一个封建王朝的都城，可以不是全国的经济中心，却一定是全国的政治和文化中心。我们如果从这个角度来看，显然，北京的地位要比南京的地位重要得多。因此，明成祖定都北京的举措，虽然在经济上给政府带来了巨大的国库开支，给天下百姓带来了巨大的经济负担，但是，却不能不说是英明的决断。这个英明的决断又被以后的历史进程多次加以证明了。

四　定都北京对城市发展的影响

我们再从另一个角度，也是经济的角度来看，北京在作为全国的政治和文化中心之后，无形之中也就加强了这座都城与全国各地之间的经济联系。因为在古代封建社会中，都城是经济消费水平最高的地方，历来都汇聚着全国各地乃至于世界各地的富商大贾，都市商业活动极其活跃。北京是北方地区最大的城市之一，由于都城的作用，使得这里也成为了北方地区城市经济最发达的地方。而在几乎所有的世界著名都会中，经济上的密切交往都会带来文化上的频繁交流，有些在文化上毫无关系的地区和国家，由于商业上的往来而在文化上也有了相互了解。

换言之，正是由于明成祖定都于北京，加强了与全国各地之间的联系，使得这里的都市经济有了飞速发展。与此同时，也加强了北方地区与南方地区的文化交流。我们不能否认，在宋代以后，南方地区的文化发展，其总体水平是要高于北方地区的。如果明朝的都城仍然是在南京，这里的文化中心作用也是存在的，但是对远在华北平原的北平府是无法产生巨大文化影响的。而当北京成为全国的政治和文化中心之后，南方地区的文化就会迅速北上，在北京城与北方文化相互融合。

一个地区的文化发展进程如何，其中的重要因素之一，就是和其他地区的不同文化之间的交流频率和交流范围，如果相互之间的交流频率很高，交流范围很广，则该地区的文化发展进程就会很快。反之，则会很慢，甚至停滞不前。当北京城被定位为全国的政治和文化中心之后，必然使其文化内涵发生巨大变化，使得这里的文化交流频率和范围都随之而有所变化，从地域性的文化转变为具有全国性代表意义的文化。

特别是加强了南方文化与北方文化之间的联系，大批南方文化精英人物不得不到北京城来，谋取个人在政治上和文化上的进一步发展。这种情况的出现，显然是与北京城市功能的变化联系在一起的。而城市功能的变化又导致了这里的文化内涵的变化，从地域的支流文化转变为京师的主流文化。在城市建筑方面的表现，则是皇宫、各种礼制建筑及各级政府机构的衙署的兴建与日益完善。当然，所有这一切都是需要付出代价的，那就是各种营建费用的大量支出，以及随之而来的庞大供应体系的建立及其维护。

第二节　宫廷建筑的重建及文化内涵

一　宫殿建筑的重建

明代北京的宫廷建筑，是从明成祖朱棣决定迁都北京的时候开始重建的。早在洪武年间，明太祖朱元璋曾将开封府设置为北京。但是，这个北京并没有起到政治中心或是文化中心、军事中心的作用。于是，在明成祖永乐元年（1403 年）正月，朝中大臣李至刚等人遂上言建议："自昔帝王或起布衣平定天下，或由外藩入承大统，而于肇迹之地皆有升崇。切见北平布政司实皇上承运兴王之地，宜遵太祖高皇帝中都之制，立为京都。"① 明成祖立刻同意了这个建议，将北平府改称北京。

然而，如前文所述，明成祖定都北京的决策曾经受到众多朝廷中大臣的反对，也就使得营建北京宫廷建筑的工作延缓了较长一段时间。先是在永乐四年（1406 年）闰七月，朝中大臣丘福等人请营建北京宫殿，以备岁时巡幸之用，这个建议又得到了明成祖的赞同，于是下令，分遣政府官员前往四川、湖广、江西、浙江、山西等地采伐木材，又命泰宁侯陈珪负责烧造砖瓦，再调集全国各地的工匠前来北京，开始营建宫殿。在北京营

①　《明太宗实录》卷十六。

建的宫殿正殿，也称为奉天殿，建成于永乐七年（1409 年）三月，"车驾至北京，于奉天殿丹陛设坛告天地，……上御奉天殿受朝贺"①。此后岁以为常。

新营建的北京宫殿，是在旧燕王府的基础上加以扩建的。早在洪武二年（1369 年）十二月，明太祖朱元璋任命赵耀为北平行省参政："耀因奏进工部尚书张允所取北平宫室图。上览之，令依元旧皇城基改造王府。"②翌年七月，工部尚书张允在负责建造各地王府时亦提出："燕用元旧内殿。……上可其奏，命以明年次第营之。"③ 据此，有些学者认为明朝初年并没有拆毁元大都的旧皇宫，从而进一步怀疑萧洵《故宫遗录》的真实性。就史实而言，明朝因为没有在大都城定都，拆毁元朝旧皇宫的决策是不容改变的。而《明实录》中所说的"元旧皇城基"、"元旧内殿"，并不是元朝旧皇宫的整体，而只是保存和利用了其中的一小部分，根据其方位判断，应是在原皇宫主体建筑大明殿和延春阁等建筑的西侧，太液池西岸的原隆福宫（元代皇太子的宫殿）旧殿宇，而大明宫等主体建筑肯定是被拆毁了。

洪武年间营建的燕王府，因为是在元皇宫主体建筑的西边，故而又被称为"西宫"，其建筑规模自然要比明代南京的皇宫小得多。据相关文献记载可知，燕王府的正殿称为承运殿（比奉天殿低了一个级别），面宽 11间，在永乐七年（1409 年）改建后遂称为奉天殿。在承运殿之后，有圆殿及存心殿等宫殿建筑，在承运殿四周，还建有其他宫殿、门楼、廊庑等，合计共有室屋 811 间。④

而从永乐七年（1409 年）开始，直到永乐十五年（1417 年），北京的宫殿建设仍是以旧燕王府为中心的。到这一年的四月，建设工程告一段落："西宫成，其制：中为奉天殿，殿之侧为左右二殿；奉天殿之南为奉天门，左右为东西角门；奉天门之南为午门，之南为承天门。殿之北有后殿、凉殿、暖殿及仁寿、景福、仁和、万春、永寿、长春等宫，凡为屋千六百三十余楹。"⑤ 扩建后的北京宫殿屋宇数量，是原来旧燕王府的两倍。

---

① 《明太宗实录》卷六十二。
② 《明太祖实录》卷四十七。
③ 《明太祖实录》卷五十四。
④ 孙承泽：《天府广记》卷五《宫殿》。
⑤ 《明太宗实录》卷一〇五。

但是，这时兴建的皇宫已经不能满足明成祖的要求了。当永乐十四年（1416 年）十一月，明成祖再次召集文武大臣议定迁都之事后，营建北京宫殿的目的，已经不再是为了巡幸之时有个临时住所，而是作为全国的政治和文化中心，也就是作为首都的宫殿来加以建造的。因此，其宫殿的规模比起南京来，应该建造得更加宏伟。根据更高的标准，从永乐十五年（1417 年）开工，到永乐十八年（1420 年）竣工，明代北京的宫殿主体建筑初具规模。就其宫殿功能而言，分为三殿、两宫。三大殿分别称为奉天殿、华盖殿和谨身殿。两宫则称为乾清宫和坤宁宫。明成祖遂于翌年正月迁都于北京，完成了政治和文化中心北移的全过程。

二　宫殿布局的变化

明代的三殿、两宫，其名称包含着明显的政治色彩。"奉天"一词，表明朱元璋建立的大明政权是得到上天的承认的，也就是代表了"正统"的王朝。"谨身"一词，则是朱元璋要告诫子孙后代的一个重要的行为准则。"乾清"与"坤宁"二词，代了传统儒家学说的宇宙观，乾坤的清静和安宁，也就象征着明朝统治的长久稳固。只有"华盖"一词，颇具特色，最初的"华盖"一词，系指天上的星座，位于紫微星附近。自汉唐以来，逐渐发展为帝王所使用的一种仪仗器具，用以覆盖在帝王的宝座之上。因此，"华盖殿"也就表示帝王的活动场所。

有一点是值得注意的，即北京的宫殿曾经多次遭到严重的火灾，损害极为巨大。永乐十八年（1420 年）北京的宫殿刚刚建成，翌年四月即遭到严重的火灾，奉天等三大殿皆被焚毁。在此后相当长的一段时间里，三大殿的修复工程一直没有完成。据当时人的观点认为，这次火灾是上天的警示，明成祖没有立刻采取修复的措施，乃是为了尊重上天的旨意。也有许多不愿意迁都北京的大臣们借题发挥，企图重新迁都回南京，这种做法受到了明成祖的严厉惩罚。但是，在明成祖死后，明仁宗和明宣宗皆有迁回南京的意思，只不过仍然犹豫不决，这种政治因素也对修复北京宫殿产生了负面影响。直到明英宗即位之后，北京作为首都的政治地位得到巩固，才又展开了大规模的修复工程。

第二次严重的火灾是在嘉靖三十六年（1557 年）四月发生的："奉天等殿门灾。是日申刻雷雨大作，至戌刻火光骤起，初由奉天殿延烧华盖、谨身二殿，文武二楼，奉天、左顺、右顺、午门及午门外左右廊尽毁，至次日辰刻始息。"① 这次火灾后，明世宗立刻下令加以修复。

第三次严重的火灾是在万历二十四年（1596 年）三月至二十五年（1597 年）六月发生的，距明世宗时的火灾整整四十年。万历二十四年三月，"火发坤宁宫，延及乾清宫，一时俱炽"②。两宫的修复工程刚刚开始不久，三大殿又发生火灾，而这次的火灾最为严重："火起归极门，延至皇极等殿，文昭、武成两阁周围廊房一时俱烬。自永乐辛丑夏四月庚子三殿灾，……弘治戊午冬十月两宫灾，正德甲戌正月乾清宫灾，嘉靖辛丑夏四月辛酉九庙灾、辛酉万寿宫灾，……宫殿俱灾，则国朝以来所未有云。"③ 这次修复工程一直到天启年间才告完成。

明代北京的宫殿多次发生严重火灾，是和宫殿的整体格局密切相关的。与前朝的元大都宫殿相比，明代北京的宫殿，其建筑群落过于集中，建筑形式过于封闭。而这种情况的出现，究其根源无疑是农耕文化的再现。元大都的宫殿散落在太液池两岸，东岸是帝王活动场所的主体宫殿群，即由大明殿和延春阁为主体组成的宫殿群；西岸则是皇太子和后妃们活动的主要场所，即以隆福宫和兴圣宫为主体组成的宫殿群。这种松散的宫殿群落，是一种开放型游牧文化在宫殿建筑方面的再现。而明北京的宫殿完全集中到了太液池东侧，宫殿群落之间，也没有足够的活动空间。帝王活动的场所，与皇太子和后妃们活动的场所是紧紧连在一起的。三大殿后面就是两宫，这两组主体建筑之间最初连宫墙的阻隔都没有。

通过这种建筑格局的分布，不难反映出，与元代相比，明代的皇后和皇太子的政治地位有了明显的下降，完全变成了帝王的附属物。同样，在元大都的皇宫正殿中，皇后的座位是与帝王的座位并排摆在一起的，因此，皇后居住的宫殿也可以与帝王的宫殿分开，独自成为一个群落。而到了明北京的皇宫正殿中，皇后的座位已经不能够和帝王并列，因此，其居住的宫殿也就只能依附于帝王的宫殿。在三殿、两宫这五个主体宫殿建筑中，帝王使用的场所占据了从奉天殿到乾清宫这五分之四的位置，留给皇后的，只有坤宁宫这五分之一的位置。而皇太子，也只得龟缩在皇城一隅之地的钟祥宫里面。

---

① 《明世宗实录》卷四四六。

② 《明神宗实录》卷二九五。

③ 《明神宗实录》卷三一〇。

正是因为明代所有的皇宫建筑都是聚集在一起的，一旦发生严重的火灾，由于没有足够的空间作为隔离带，必然造成延烧大片宫殿建筑群落的巨大损害。而中国古代的砖木建筑结构，又必须使用大量的木材和油漆，为火灾提供了大量的燃料。宫殿群落中的水源也相对较少，再加上当时的避雷技术尚不甚发达，这多种因素结合在一起，自然会导致连年不断的、或大或小的宫殿火灾时有发生。而为了修复火灾造成的损害，明朝政府又必须投入巨大的人力、物力资源，以便保证皇宫的各项功能得以正常运行。

三　宫殿布局变化的文化内涵

明代的宫殿格局与元代不同的另一个显著特点，就是把宫殿与苑囿分成了两个完全不同的空间。在元大都的皇城里面，宫殿建筑与苑囿建筑是融为一体的，在太液池周围，既有皇宫正殿，也有亭台楼榭；既是帝王处理政务的地方，也是蒙古贵族游乐的场所。而在明北京的皇城里面，宫殿群被封闭在太液池的东侧，其他的苑囿、花草、山石、湖水都被隔离在外，帝王处理政务和日常起居是在皇宫里面，而休闲娱乐则是在苑囿之中，两个不同空间的使用功能是完全不一样的。于是，明代以太液池为中心的苑囿又被称为"西苑"。

明代的皇宫建筑，还有一个明显的特点，就是它把全城的中轴线也突出到了皇城中来，这也是明朝帝王加强封建专制在建筑文化上的一种表现。在元代兴建的大都城里，若是从整个都城的范围来看，存在着一条明确的中轴线，从丽正门到大明门，从大明殿到延春阁，从玄武门到钟鼓楼，通过这条中轴线已经突出了帝王居所在全城的主导地位。但是，若仅仅从皇城的范围来看，这条中轴线就没有了，太液池成为了皇城的中心点，太液池东侧的皇宫正殿与西侧的隆福宫和兴圣宫遥遥相对，形成两岸对称的格局，皇权的位置并没有得到突出的体现。

到了明代，当太液池西岸的皇后及皇太子的宫殿也并到东岸之后，乃是围绕着皇宫主体建筑的三大殿来分布的。皇后的居所被安排在了三大殿的后面，从而形成了居中的一组宫殿群。在这一组宫殿群的两边，又构成了皇太子和众多后妃们居住的两大宫殿群落，分别称为东路和西路。这种布局，使人们即便从皇城的小范围来看，帝王居住的场所也仍然是在中轴线上，地位十分突出。这种皇城和都城中轴线的一致，大范围和小范围的中心一致，比起元代的皇宫来，显得结构更加紧凑、封闭性更强，农耕文化的精髓表现得更为彻底。

　　明代的宫廷建筑，还有一层十分重要的政治意义，这与明代的政治体制的变更有着密切联系。从明太祖朱元璋废除宰相制度之后，中央集权制度达到了前所未有的高度。所有政府的重要决策，都要得到帝王的直接批准才能够加以贯彻执行。没有了宰相，也就没有了中央政府的最高层办事机构——中书省。也就是说，由于帝王处理政务的权力有了极大的扩展，明代的皇宫实际上也就兼有了中书省的功能。宰相的职位没有了，但是，中央政府的职能不会彻底取消，也不可能彻底取消，于是，就有了宰相的替代物，即所谓的殿阁大学士。这些由皇帝直接任命的殿阁大学士要经常到皇宫里面来，向皇帝汇报和请示工作，因此，皇宫中的一些殿阁，也就变成了中央的衙门，皇帝也就兼有了宰相的职能，或者说皇权与中央政权合而为一了。在皇宫外面的吏、户、礼、兵、刑、工六部官员，只是执行命令的简单的工具。

　　在明代北京的宫廷建筑历程中，有三位帝王的作用是值得一提的。第一位帝王就是迁都北京的明成祖，他在北京先后两次建造了宫殿群落，第一次是建在了旧燕王府的位置上，第二次移到了现在故宫的位置上。可惜的是，他辛辛苦苦建造起来的第二座宫殿群，使用率并不高，只使用了四个多月就被焚毁了。第二位帝王是明英宗，他在即位之后重新恢复了被焚毁的宫殿群，并且最终确立了北京作为全国政治和文化中心的重要地位。他在被瓦剌俘虏回来又复位之后，对皇城"南内"的兴建也起了积极的作用。第三位帝王则是明世宗，他在位时期，宫殿建筑曾经遭到了巨大的损害，却又经过努力而逐渐恢复了旧观。特别是在他执政期间，皇宫内的各项设施有了进一步的完善。

　　宫廷建筑，是整个都城建筑的核心部分，它所包含的文化内涵最为丰富。在建筑布局方面，处处都包含着儒家农耕文化的深意；在具体的建筑模式方面，也处处包含着帝王至尊的主题思想。在这座庞大的建筑群中，生活着一群对中国历史发展进程产生巨大影响的人物。他们的生活所产生的宫廷文化，与宫廷建筑一起，构成了整个都城文化的核心。建筑文化本身，又从一个侧面反映出了整体文化所具有的共同特性，并且成为整体文化的一个重要的组成部分。

第三节　礼制建筑布局的变化及文化内涵

一　礼制建筑的重新分布

与宫廷建筑一样，都城中的礼制建筑也包含着丰富的文化内涵。而这些礼制建筑，又与宫廷建筑有着千丝万缕的、密不可分的联系。一个王朝的统治者，当其投入大量人力、物力着手兴建都城中的宫殿建筑的同时，必然也要投入大量的人力和物力来兴建各种礼制建筑。如果礼制建筑不完备，统治者们的许多重大活动将无法正常进行。在农耕文化高度发达的中国，礼制建筑不完备，不仅会遭到很多政治家的批评，甚至会带来不可想象的严重后果。

在明成祖决定迁都北京之前，这里原有的元代都城的各种礼制建筑已经随着元朝宫殿的被拆毁而或者被拆毁，或者废弃不用了。及明太祖朱元璋分封朱棣为燕王，并且为其在北平府营建燕王府的时候，也同时营建了一些简单的礼制建筑。燕王府的营建工程是在洪武十二年（1379 年）十一月完成的："燕府营造讫工，绘图以进。其制：社稷、山川二坛在王城南之右。"① 因为中国自古即重视农业生产，故而在从都邑到村镇的人居聚落中皆设置有社稷坛，北平府是重要的城池，燕王镇守在此，于王府前设置社稷坛是很正常的。其方位在王府南面正门的右侧，也合乎"左祖右社"的规矩。

及明成祖夺得皇位，决定迁都北京，仅有一些简单的礼制建筑，就远远不能够适应明朝统治者的各种礼仪活动的需求了。于是，从永乐五年（1407 年）开始，在营建北京宫殿的同时，"修治北京祀典神祇坛宇及祭器、乐器"②。两年以后，北京的宫殿建设初具规模，明成祖从南京前来巡幸，由于礼制建筑尚未建造完工，于是，只得在宫殿前举行重要的礼仪活动，"车驾至北京，于奉天殿丹陛设坛告天地，遣官祭北京山川、城隍诸神"③。

明成祖在北京重建的礼制建筑，最重要的有三项，即郊坛、太庙和社

---

① 《明太祖实录》卷一二七。
② 《明太宗实录》卷五十。
③ 《明太宗实录》卷六十二。

稷坛。中华民族的祖先对上天的崇敬来自远古时期，随着文明的不断发展
进化，人们把对上天的崇敬逐渐变成了一种可以表达思想的行动仪式。虽
然生产力在不断发展，社会在不断进步，但是古代人们对上天的敬畏却没
有丝毫减弱。特别是当这种自然本身的巨大力量又与人们意志的集中代表
"神"的概念结合在一起之后，敬畏之情就变得越来越浓厚。当然，人们
在举行各种祭神仪式时，也就专门设置了特别的祭祀场所。而祭祀场所环
境安排的不同，是与人们对天神的理解不同密切相关的。

　　明成祖在北京城设置的祭祀天神的场所，其形式完全是模仿南京城祭
坛的样子，而这个样子的祭坛是由明太祖朱元璋拟定的。在洪武初年，南
京城的祭坛是分为两处的，即人们通常所说的天坛（圜丘）和地坛（方
丘），以分别祭祀天神与地祇。到了洪武十年（1377 年），加以改变，将
两处合为一处，称为天地坛。而明代永乐年间建造在北京的祭坛，即是只
有一处的天地坛，因其设置在都城正南门的正阳门（俗称前门）外东侧，
故而又被称为"郊坛"。而在这里举行的祭祀仪式，也完全是仿照的南京
模式。

　　在天地坛的中央，建造有大祀殿，取代了圜丘与方丘的地位，成为合
祭天神地祇的场所。大祀殿四周，则分别设置有 24 坛，代表五岳、五镇、
四海、四渎、风云雷雨、山川，及历代帝王等神灵之位。这种祭祀方法一
直沿用了一百五十余年，直到明世宗即位后，听从大臣夏言等人的建议，
遂于嘉靖九年（1530 年）加以改变，采用分祭的办法。于是把南郊的祭
坛仍用来祭祀天神，在大祀殿的前面重新修建了圜丘，又在北郊安定门外
新设置了地坛，修建了方丘，用以祭祀地祇。此外，还在都城的东郊和西
郊分别设置了朝日坛和夕月坛，用以祭祀日神和月神。天、地、日、月四
坛分布在都城的四方，这一制度被后人沿用下来，没有再发生大的变化。
但是，就其政治地位（或者说是宗教地位）而言，天坛最为重要，其他
三个坛是无法与之相比的。

　　除了敬畏天神的传统神道观念之外，尊崇祖先乃是举足轻重的社会伦
理观念，与敬畏天神具有同等重要的地位。在都城，作为最高等级的祭祀
祖先的场所，被称为太庙，早在周代就有了这种典制，此后历代相传。到
了明代，先是明太祖朱元璋在南京修建了太庙，以祭祀祖先。后是明成祖
迁都北京，又在北京修建了太庙，其模式完全仿照的南京太庙。北京的太
庙建成于永乐十八年（1420 年），为前殿后寝、同堂异室之制，其位置设

在皇城正门的东侧，遵从的是"左祖右社"之制。与元代相比，其位置有了变化。元大都城的太庙也遵从的是"左祖右社"的典制，但是，左侧的太庙被安置在了齐化门（今朝阳门）内，与右侧的社稷坛被安置在平则门（今阜成门）内相对称，二者到皇宫的距离都较远。而明代的太庙就在皇城前面的东侧，与西侧的社稷坛遥相呼应，不仅距离近了很多，而且更加突出了这些礼制建筑的重要地位。

二　礼制建筑的调整和进一步完善

也是到了明世宗即位后，在变更了祭祀神灵的典制之后，他又听从大臣廖道南等人的建议，对太庙加以改造。嘉靖十一年（1532年），明世宗下令将原有的太庙拆毁，重新建造太庙。新建的太庙分为九座，每个明朝帝王分别自为一庙。但是，在嘉靖二十年（1541年）发生大火灾，历经五年建造起来的九座太庙中的八座被焚毁，不得不重新建造。而重新建造的太庙又恢复了原来前殿后寝、同堂异室的典制。与前代相同的是，太庙中供奉的帝王神主在不断变化，完全是以朝廷中的政治局势的变化为依据的。

明太祖朱元璋在南京的皇宫外面兴建太庙之后，又在皇宫里面兴建了一座专门用于祭祀祖先的宫殿，称之为奉先殿。其建筑格局，与太庙完全一样，祭祀的对象也完全一样，都是明朝帝王，只是其性质略有不同，所谓："国有太庙，以象外朝，有奉先殿，以象内朝。每室一帝一后，如太庙寝殿，其祔祧迭迁之礼亦如之。"[1] 明成祖在北京营建皇宫之时，也仿照南京奉先殿之制，建造了一座奉先殿。这一制度，后来又被清朝统治者沿用。

明朝统治者在每年对太庙中的祖先牌位加以祭祀的同时，对于奉先殿中的祖先牌位也加以隆重的祭祀，丝毫不敢怠慢。据《日下旧闻考》所转引明代的《光禄寺志》记载，每年从正月到十二月的不同时节，明朝统治者均安排有所谓的"荐新品物"，以供其祖先享用，如正月的韭菜、荠菜、鸡子、鸭子，二月的芥菜、苔菜、蒌蒿、子鹅，三月的茶、笋、鲤鱼、鹌鹑，四月的雏鸡、杏子、樱桃、白酒，五月的小麦面、红豆、沙糖、嫩鸡，六月的冬瓜、西瓜、甜瓜、莲蓬，七月的葡萄、枣子、鲜菱、

---

[1]　孙承泽：《春明梦余录》。

雪梨，八月的菱白、嫩姜、鳜鱼、鲜藕，九月的鳊鱼、栗子、石榴、柿子，十月的山药、柑橘、银鱼子、鲚鱼，十一月的甘蔗、獐子、天鹅、鹿、雁，十二月的菠菜、鲫鱼、白鱼、风鲫鱼，等等。

这里的许多"品物"并不新奇，而新奇的却是，其一，季节不同而又能得到这些"品物"。如茶叶本是人们常用的饮料，但是三月产的茶必是新茶。笋也是南方人们日常的佳肴之一，但是在三月的北方却是很难见到的。其他如四月的樱桃、六月的莲蓬、七月的鲜菱、八月的鲜藕等"品物"，也是当时节令在北方很难见到的珍稀特产。其二，地点不同的"品物"都能按时送到京城来。如二月的子鹅，不是北方民户饲养的，而是从南方的江宁县送来的。三月的鲜笋必须是由南京的园户专门采办的。八月的菱白，也必须是由南京的池户采办的。十一月的甘蔗，则是由江南的钱塘县送来的，等等。为了保证这些"品物"能够准时送到北京的奉先殿来，明朝政府在江南地区专门安排了"进鲜船"，并且调集挽夫千人，负责运送。

在奉先殿中，除了供奉有"荐新品物"之外，甚至每一天又有不同的食品进献，被称为"供养"，同据《光禄寺志》记载："初一日卷煎，初二日髓饼，初三日沙炉烧饼，初四日蓼花，初五日羊肉肥面角儿，初六日糖沙馅馒头，初七日巴茶，初八日蜜酥饼，初九日肉酥油，初十日糖蒸饼，……二十七日两熟鱼，二十八日象眼糕，二十九日酥油烧饼，三十日糖酥饼。"明朝统治者就是用这种奢侈的办法，来表示他们对祖先的尊崇的。这种既浪费钱财，又得不到任何回报的愚蠢做法，甚至还比不上前代的少数民族统治者。至少，辽金元三代的统治者，都是用自己射猎获得的鹅、雁、鹿等"战利品"来供奉祖先，其中，包含着"劳动成果"的寓意。

由明太祖朱元璋设置的奉先殿，在前朝是没有先例的。但是，与之相类似的"帝王家庙"，在宋元时期有所谓的"神御殿"，又称"御容殿"或是"影堂"。宋朝的神御殿是采用的诸帝分设一殿的办法，甚至皇太后也分设一处神御殿，殿中挂有当时著名画家所绘帝王御容像。到了金代，采用诸帝合为一座神御殿的办法，在挂有诸帝御容像的同时，还在墙壁上绘有文武功臣的画像，作为陪祀。而到了元代，由于蒙古统治者极为崇敬佛教，故而将诸帝的神御殿设置到了寺院中，或是一帝一殿，或是二帝一殿，没有定制。对于这些神御殿，宋、金、元历代统治者都岁时派遣官员专门前往祭祀。

明朝的诸帝在死后也绘制有御容像，但是却没有沿用宋元以来设置神御殿的办法，而是在太庙的东北建造有一座景神殿，"奉藏列圣御容，岁六月六日太常寺吉服诣殿晒晾"[1]。明代景神殿的功能，只是用来收藏诸位帝王的御容像，并没有祭祀的功能，而这一功能，显然被奉先殿取代了。与前代的神御殿相比，明朝统治者既设奉先殿，又设景神殿的做法不仅没有任何新意，反而给人一种画蛇添足的感觉。

明朝北京的社稷坛也是在明成祖决定迁都之后建造的，其位置是安放在皇宫前正门西侧，与太庙相对称，而其规制，皆仿照南京社稷坛的样式。洪武初年在南京修建的社稷坛，最初是分为太社和太稷两座坛，各供神主，其位置则是在皇城的西南。到洪武十年（1377 年），将社稷坛迁到皇城正门的西侧，又将两座祭坛改建为一座，坛上填上五色土，遂成定制。北京的社稷坛，就是仿照的这个样式。明代初行祭祀社稷坛，其等级为中祀。后因改定为祖先陪祀，遂升其等级为大祀，与祭天、祭祖相等。到明世宗嘉靖九年（1530 年），又改其祭祀之制，虽然不用祖先陪祀，却仍然采用大祀之礼。

明世宗又别创新制，将原来设置在西苑中的土谷坛加以改造，称为帝社稷坛。这个帝社稷坛又分建了两座祭坛，称为帝社、帝稷，每年明世宗在此亲行祭祀之礼，而其等级则比皇宫前面的社稷坛略低，为中祀。明世宗的这个举措，被当时人称为"天子私社稷也"。其大致是仿照的太庙与奉先殿的关系，既然祭祀祖先有外朝与内廷的区别，那么，祭祀社稷之神也应该有内外之别。由此可见，明世宗是一个对礼制十分重视，又往往将礼制理想化的帝王。

明世宗分立四坛（即天、地、日、月）的举措，其实也不是创新之作。早在洪武初年，明太祖朱元璋在南京城分别设置天坛（即圜丘）和地坛（即方泽）的同时，也曾设置过朝日坛和夕月坛，岁时加以祭祀。只是后来采用天神地祇合祭的办法，在大祀殿的四周设有 24 坛，其中就有祭祀大明（指太阳）和夜明（指月亮）之神的坛位，故而将日坛和月坛废弃不用。当明世宗在嘉靖九年（1530 年）重新采用天神地祇分祭的办法时，也就不得不在北京重新创立日坛和月坛，以分别祭祀日月之神。

---

[1]　孙承泽：《春明梦余录》。

当然，明朝统治者对日神和月神的祭祀也很重视，采用的乃是大祀的礼仪。

如果说明世宗在礼制建设方面还有一些创新之举的话，那就是他建造了先蚕坛。从洪武初年一直到嘉靖年间，都没有实行过皇后亲行祭蚕神之礼。明世宗为了表示对农业生产的重视，于是在嘉靖年间下令建造了一座先蚕坛，以备皇后行礼之用。最初，有的礼部官员们提出先蚕坛应该建在安定门外，而又有一些官员认为皇后每年都要出宫行礼，十分不方便，于是在请示明世宗之后，将先蚕坛建造到了西苑之中。祭坛建成之后，皇后遂率诸公主亲行祭祀之礼，而内外众多命妇皆为陪祀。

在北京的礼制建筑中，除了天、地、日、月四坛之外，较为重要的又有山川坛。其位置是在京城正南门外西侧，与天坛相对称。永乐年间兴建之时，仿照的也是南京的样式，坛中除了用于祭祀山川之神外，还设置有太岁坛和先农坛。而明世宗即位后，对这座神坛同样进行了改造。他在山川坛之中，又分别修建了神祇坛和地祇坛，以便在不同的时令祭祀天神地祇。不难看出，不论是天坛、地坛，还是日月、山川诸坛，明朝统治者对其加以祭祀的主要目的只有一个，就是求得众神保佑风调雨顺，农业丰收。进一步引申其含意，也就是国泰民安，帝王能够坐享其成。

第四节　衙署与坊里分布及其文化内涵

一　衙署的设置

在明朝建立之前，大都城里的官僚衙署数量是很多的，从中央的政务、军事、监察、文化等机构，到地方的府、州、县及坊里等衙门，都占据着大量的办公场所。在元、明朝代变更之际，政府机构曾经发生过一些较大的变动，元朝政府在大都城里设置的许多政府机构都废弃了，因而由这些机构所使用的众多衙署也大多数被废弃了，只有少数衙署被明朝政府新设置的官僚机构继续使用，而其官僚机构的职能也已经变更了。到明成祖决定迁都北京之后，这里的官僚机构随之有了明显的增加，故而所需要的办公场所也大量增加。但是，因为明代的官僚体制与元代相比又发生了一些变化，故而其新的官僚机构也就不可能完全沿用元代旧的办公场所，而有了较大的变更。这种变更，显然也包含有文化因素在内。

以明代的北京而言，官僚衙署的设置与建设，大致经历了三个阶段。

第一个阶段，是从元大都城转变为北平府的阶段。在这个阶段，由于北京从全国的政治和文化中心转变为北方的军事重镇，而造成官僚行政机构大量减少，许多原有的衙署都失去了旧的功能。第二个阶段，是从明成祖永乐年间决定迁都北京到明英宗正统年间北京的政治和文化中心地位得到确立和巩固的阶段。在这个阶段，先是明成祖开始在北京设置一些中央政府机构，有些机构建造了新的衙署，有些机构仍然使用的是元朝原有的衙署。第三个阶段，是在明英宗正统年间，由于最终决定了以北京作为全国的首都，从而进行了一系列城市建设。明朝统治者在重新修复了皇宫的主体建筑三大殿的同时，也对北京城里的所有重要官僚机构的办公场所进行了全面的规划，并且依据这个规划兴建了一大批官僚衙署。经过这次大规模的官僚衙署的营建，政府的各级官僚机构的格局基本定型，直到此后的清代，也大致沿用了明代建造的官僚衙署。

在明代的北京城里，所有主要的官僚机构，其衙署都是围绕在皇城四周设置的。由于都城有一条贯穿南北的中轴线，因此，所有的官僚衙署，也是以这条中轴线为坐标，而分别排列在东西两侧。如上所述，明英宗在正统六年（1441年）完成了皇城中三殿、两宫主体建筑的修复工程。于是，在第二年的四月，"建宗人府、吏部、户部、工部、鸿胪寺、钦天监、太医院于大明门之东，翰林院于长安左门之东。初，各衙门自永乐间皆因旧官舍为之，散处无序。至是，上以宫殿成，命即其余工以序营建，悉如南京之制。其地有民居妨碍者，悉徙之"①。在这一年的八月，明朝政府又下令："建中、左、右、前、后五军都督府、太常寺、通政司、锦衣卫各卫于大明门之西，行人司于长安右门之西。"② 同年十一月，又"建刑部、都察院、大理寺于宣武街西，詹事府于玉河堤东"③。

大规模的官僚衙署营建工程在此后不久陆续完成。在此，有两点是值得一提的。第一点，众多衙署的建造，有着统一的蓝本，即明英宗所说的"悉如南京之制"。也就是说，首先，明太祖在营建南京的都城之时，不仅宫殿是有规划的，而且衙署也是有规划的。其次，明朝统治者在营建北京的都城之时，永乐年间没有按照南京的模式来营建北京的官僚衙署，直

---

① 《明英宗实录》卷九十一。
② 《明英宗实录》卷九十五。
③ 《明英宗实录》卷九十八。

到正统年间才加以调整，重新按照南京的模式来安排北京的衙署。第二点，在重新调整北京的衙署时，有些地方是老百姓的住所，而明朝政府为了保证官僚衙署的整齐划一，强行将原来居住于此的百姓们迁走。这种情况，在之前的皇宫营建过程中也出现过。

二　衙署分布的文化内涵

明代北京的衙署分布，遵守的是南京的模式，也就是说，南京和北京的官僚衙署，其布局所使用的乃是统一的规划原则，这个原则，就是传统的儒家学说。根据儒家学说的系统理论，衙署的布局应该是与其文化观念相一致的，也就是主管"文"的衙署被安排在皇宫的东面，而主管"武"的衙署被安排在皇宫的西面。于是，政府六部中的吏、户、礼、工等部，主管人事、财政、文化等工作，被安排在了皇宫的东面。而各军卫、刑部、都察院、大理寺等，主管军事、司法、监察等工作，则被安排在了皇宫的西面。根据农耕文化的观念，东方是代表"生"的方位，而西方是代表"杀"的方位，与之相对应的，"文"是和"生"相匹配的，而"武"是和"杀"相匹配的。

在遵循这种文化观念时，明朝统治者比元朝统治者有了进步。在元大都城里，主管军事工作的枢密院（类似于现在的军委、国防部），没有被安置在皇宫的西面，而是被安置在了皇宫东面的东华门外。对于这种安排，元朝统治者主要考虑的不是文化上的观念，而是实用方面是否便利。显然，明朝统治者的规划更加突出了农耕文化的基本观念。当然，由于元大都城的主要规划者刘秉忠也是以儒家学说作为都城规划的主导思想，因此，元朝的衙署设置与明朝的衙署设置还是有许多共同之处的，只是由于理解上的微小差异，而造成衙署方位分布的不同。如上文所述的太庙和社稷坛的安排，元朝和明朝的统治者都遵循的是"左祖右社"的规划原则，而其安置这两个重要礼制建筑的方位却是不同的。

对于官僚衙署也是如此。元朝负责监察的机构为御史台，明朝负责监察的机构为都察院，这两个机构最初都被安置在了皇宫的西面。元朝被安置在了大都城西北面的肃清门内，由于该地距皇宫的距离较远，且当时交通工具还不甚便利，造成工作上的诸多不便，最后，被元朝政府迁移到了皇宫的东南面。虽然其位置更加便利，却与农耕文化的基本观念发生了冲突。在元代主持全国政务的中书省衙署，根据儒家学说，最初被安置在了鼓楼西侧的凤池坊，也是因为离皇宫较远，办事不便，最后被迁移到了皇宫东南面的五云坊。而明代北京的衙署，从其规划之后，基本上没有再发生过大变化，也就是说，其设置既能够较好地贯彻农耕文化的基本观念，又兼顾到了实际应用的便利。这一点，也正好体现出了明代农耕文化主导与元代多元文化混杂二者的不同之处。

在北京的官僚衙署中，包含着许多重要的文化因素，有些是与衙署，特别是那些文化职能较强的衙署密切相关的。例如，明代的"内阁"，是最有权势的中央官僚机构之一，如果从字面上来解释，就是一处衙署，是明朝统治者身边主要谋士们的办公场所，这些帝王的谋士们在当时有一个很响亮的称谓，即"大学士"。因为这个办公的场所是在皇城午门里面的东南角的文渊阁，故而被称为内阁。最初，是由大学士们为帝王预谋国家机密大事，提出自己的见解，以供帝王参考。时间长了，反而成了明朝统治者把要办的机密大事拿到这里来，由大学士们做出决定，然后执行。于是，内阁从"参谋"机构变成了"决策"机构，大学士们的权势，也就如同前朝的宰相一样了。

在内阁（即文渊阁）之中，明成祖从永乐年间开始收贮大量的图书，使之又成为了一座皇家图书馆。"永乐辛丑，北京大内新成，敕翰林院：凡南内文渊阁所储书，自有一部至百部，各取一部送北京。时修撰陈循如数取进，得一百柜，督舟十艘，载以赴京。"① 这一百柜书极为珍贵："中秘书在文渊阁之署，约二万余部，近百万卷。刻本十三，抄本十七。"②

在此前后，明朝政府又曾收购大量民间藏书，贮于文渊阁中。如永乐年间："成祖于视朝之暇，辄御便殿阅书史，或召翰林儒臣讲论。尝问：'文渊阁经史子集皆备否？'学士解缙对曰：'经史粗备，子集尚多阙。'成祖曰：'士人家稍有余资，皆欲积书，况于朝廷可阙乎？'遂召礼部尚书郑赐，令择通知典籍者四出购求遗书，且曰：'书籍不可较价直，惟其所欲与之，庶奇书可得。'又顾缙等曰：'置书不难，须常览阅乃有益。凡人积金玉欲遗子孙，朕积书亦欲遗子孙，金玉之利有限，书籍之利岂有穷也？'"③ 作为一个封建统治者，明成祖对于典籍的重视是不多见的。

---

① 见《日下旧闻考》所载明人姚福《青溪暇笔》。
② 见《日下旧闻考》所载《东湖集》。
③ 余继登：《典故纪闻》卷六。

　　但是，对于这些极为珍贵的皇家藏书，此后的明朝统治者并不珍惜，管理混乱，被损毁、盗窃的现象十分严重。直到明英宗正统六年（1441年），经过整理后，其数量已经大为减少，仅剩四万三千余册。再到明神宗万历三十三年（1605年），损毁更加严重："大半残阙，校之正统目录，十仅存二三尔。"① 当然，也有一些经过整理的典籍得到了有效的保护。如明成祖时由官方纂修的《永乐大典》，也被收藏在文渊阁中，到了明世宗嘉靖年间，皇宫中发生大火灾，明世宗对《永乐大典》的安危十分重视："上命左右趣登文楼，出《大典》。甲夜中，谕凡三四传，是书遂得不毁。"②

　　明代北京的官僚衙署大多数是在正统年间修建的，但是也有一些衙署，出于政府办公的需要，则在永乐年间就已经建成，并且一直沿用到后世，没有再发生变动。如明成祖在定都北京之后，曾在这里举行科举考试，为此，在北京城的东南隅修建了一处考试场所，即所谓的"贡院"。因为最初修建的贡院比较狭窄，嘉靖年间曾经有人建议在北京城西北的空地上重新兴修，但是，也有人认为应该在原址上加以扩建，争论没有结果。到了万历二年（1574年），明神宗遂命工部官员在贡院原址加以扩建，经过扩建的贡院十分气派："径广百六十丈。外为崇墉施棘，徽道前入，左右中各树坊，……东西号舍七十区，区七十间，易旧制板屋以瓦甓，可以避风雨，防火烛。"③ 科举考试的场所第一就应该是安全，遂使人想起此前的明英宗及明武宗在位时期，北京贡院曾经发生过两次火灾，出现烧死举人的惨剧。

三　明北京坊里的变化

　　明代的北京城，坊里制度比起元代的大都城，也有了较大的变化。其变化之一，是城市里面坊里数量的减少。据《元一统志》记载，元代的大都新城共有 49 个坊，而到了明代，北京城只有 35 个坊，比元代减少了14 个坊。这是由于在洪武初年，驻守北平府的明朝军队把大都城的北面城市向南压缩了五里地造成城市空间缩小，而使得城市里面坊数减少。另

---

① 见《日下旧闻考》所引朱彝尊原按语。
② 见《日下旧闻考》转引《明世宗实录》。
③ 孙承泽：《天府广记》卷十七。

一方面，明朝政府对元朝旧有的坊数也进行过合并。据元代的相关文献记载，大都的新、旧两城在元代中后期合计共有七十余个坊，也就是说，除了新城的49个坊之外，旧城也有二十余个坊。而到了明代，整个南城仅有7个坊，也就是说，明代旧城的这7个坊实际上代替了元代旧城的二十余个坊。

其变化之二，是城市区域划分得更加细致。在元代初年的大都旧城中，沿用了前代的体制，划分为东、西两大部分，由大兴县和宛平县分别加以管辖，又设置有两城兵马司。及兴建大都新城之后，新城也是分为东、西两大部分，分设有两城兵马司，后来又在旧城设置一处兵马司。但是，到了明代，将整个都城划分为五个部分，即东、西、南、北、中五城，每个部分皆设置一处兵马司，也就是五城兵马司。有了更细致的城市划分，也就更加强了封建政府对城市居民的控制。

其变化之三，是明代北京的坊里，其名称的文化含义越来越淡薄。在元代和元代以前，封建政府对坊里的命名是极为重视的。当政府新建的城市竣工之后，往往会聘请当时的著名文人学士为新的坊里命名。即便是把旧的坊里改变坊名，也要聘请文人学士来拟定新坊名。但是，明代北京城的坊名，却出现了文化上的明显差异。一些文化内涵较为丰富的坊名，乃是沿用的元代旧坊名，如澄清坊、保泰坊、时雍坊、阜财坊、金城坊、鸣玉坊、灵椿坊、金台坊、日中坊等皆是。而明代新设置的坊，如正东坊、正西坊、正南坊、宣南坊、宣北坊、崇南坊、崇北坊、关外坊，等等，就连一点儿文化品味都没有了，只有标明东、西、南、北方位等作用的词汇。

这种现象本是不应该出现的，因为明代的文人学士，其文化修养是不差的，其对儒家学说的理解也是十分深入的，却又为何会在地名文化——这个中华民族一直极为重视的文化领域中出现倒退的现象，很难令人理解。唯一可以解释的，乃是在城市的发展进程中，坊里制度的原有作用正在一步步地衰退，故而导致坊名的文化品味弱化。在汉唐时期，坊里制度是城市中的基本单位，每个坊都有高大的坊墙和宽敞的坊门。在坊门的上方，自然要书写醒目的坊名，因此，人们就不得不对坊名加意斟酌，使其具有较为深厚的文化内涵。而到了元代的大都城，在新城的建筑中已经失去了高大的坊墙和宽敞的坊门，而人们在习惯上仍然保留着为坊里起一个文化内涵深厚的坊名之习俗。到了明代，历经几百年的时间延续，人们对坊门的印象变得越来越淡漠，也就对新的坊名的拟定缺乏了以往的热情。坊名在这时候，完全变成了一个纯粹的地名符号。而又有哪一个坊名的用词比东、西、南、北等方位词更加明了、更加实用呢！

第十六章　园林文化的兴盛及其内涵

园林文化，是中国古代农耕文化的一个重要组成部分。早在夏商周时期，园林文化就开始产生，并且具有了基本的雏形。这时的园林，是处于乡野间的。随着城市的出现和不断发展，城乡之间的差异变得越来越大。城市中人们生活的环境，与乡野间相比，也变得越来越优越。这种城市与乡野之间的越来越大的差异，是由人们有意识的行为经过改造自然来实现的。换言之，在城市中生活的人们，随着城市的发展而变得越来越远离乡野，也就是越来越远离大自然。

但是，生活在城市中的人们，却有着一种潜在的回归大自然的本性，在这种本性的驱使之下，于是，人们在城市中也通过有意识的行为，把城市环境加以改造，使之更类似于大自然，更具有乡野的意境。经过这种回归大自然的改造，遂在城市中产生了大大小小的园林。根据帝王的旨意修建的是皇家园林，根据皇亲国戚和官僚士大夫的喜好修建的是王府园林和私家园林，而普通百姓在中国古代则是很难享受到园林文化的乐趣的。特别是那些终日在田野中劳动的百姓，希望享受的，已经不是乡野化的园林，而是都市化的生活。

随着中国古代农耕文化的不断发展和兴盛，园林文化也在不断发展，其所追求的意境，已经不仅仅是田园化的情趣。作为封建统治者而言，他们对于田园的兴趣，随着权力的变换而变得越来越淡薄。他们在牢牢控制住江山的统治权之后，所要追求的，乃是长生不老的境界，在这种情况下，园林又变成了仙人居住的地方，帝王希望在美如仙境的园林中求得解脱，也就是求得升天成仙的际遇。因此，这时的园林，往往被按照神话传说中的样子来加以修建，而各种园林建筑的名称，也大多来自于神话传说。

古代的中国疆域辽阔，地大物博，名山胜水随处可见，但是，作为统治中心的都城，却由于种种原因的限制，而不能够建筑在名山胜水之间，这种遗憾要想得到补偿，最好的办法就是在都城中修建园林，而在园林中设置的山水、花草、亭台楼阁，尽量仿照名山胜水的自然风格，或者尽量仿照名山胜水中的著名景点的风格。当然，北京位于华北平原的北端，这里的自然风格具有典型的北方风貌，粗犷壮观，却缺少江南典型的明丽、秀美的意境。因此，在这里修建的各种园林，不论是皇家的园林，还是王府园林和私家园林，往往都要依托一片或大或小的水域，以便增加一些江南风景的情趣。

具有中国农耕文化特色的园林文化，与国外其他地区的园林文化有着较大的差异。在世界其他文化流派中，也有着各种各样的园林文化，正如许多学者都曾注意到的那样，中国的园林文化所追求的，是一种"自然"的意境，换言之，是一种经过人工改造了的"自然"景致，把人为改造的痕迹要特别抹掉。而许多国外的园林文化，却特别突出了"人为"的意境，不论是花草，还是树木，都留下了明显的加工痕迹。如果我们从古代人们的视野角度来看，这种追求"自然"和追求"人为"的两类文化是各有所长的。但是，如果我们从现代人们的视野角度来看，"自然"的意境比起"人为"的意境来，显然要高明得多。

北京地区的园林文化，滥觞于辽代，发展于金代和元代，而到了明代，则发展到了一个高峰，已经代表了当时中国古代园林文化的最高水准。到了此后的清朝，更是达到了登峰造极的地步。在辽代的燕京城内外，皇家园林只是处于离宫别馆的地位。到了金代的中都城和元代的大都城，皇家园林已经发展到了鼎盛阶段，不论是金代的西苑、南苑和北苑（今北海公园），还是元代的太液池（也是北海公园）、柳林行宫及下马飞放泊，都足以与当时全国各地的任何一处著名园林相媲美。而到了明代，不仅皇家园林的艺术境界冠绝当世，就是私家园林的发展也达到历史上的鼎盛阶段。

第一节　皇家园林的文化内涵及其发展变化

一　对前代皇家园林的继承

明代北京的皇家园林建筑，正如北京的宫廷建筑一样，集中了当时园林文化的精华，代表了当时园林建筑的最高水准。在明代的北京，皇家园林的发展，有一个得天独厚的条件，那就是对前代皇家园林的直接继承。在元大都城里，皇家的园林区是与宫殿区融合在一起的。在太液池的东岸，有大明殿等皇宫主体建筑，在太液池西岸，则有隆福宫、兴圣宫等宫殿建筑群落。而在太液池中，又有琼华岛，岛上有万岁山、广寒殿。这种宫殿群落与园林融合在一起的组合，乃是游牧文化的特色表现之一。显然，元代的宫殿园林区，是继承了金代园林——北苑的文化积蓄，而又加以扩建、发展而成的。明代的皇家园林，又是在元代宫殿园林区的基础上发展而来的。

从文化传承的角度来看，虽然金朝统治者和元朝统治者都是少数民族首领，但是，他们对中华民族农耕文化的理解和认同程度是不一样的。二者相比，金朝的女真统治者对农耕文化的接受程度要深入得多。因此，女真统治者在金中都修建的皇家园林，不论是紧靠着皇城的西苑，还是位于城郊的北苑和南苑，都与皇宫分为不同的区域。这是因为在农耕文化的传统观念中，皇宫和园林是两种性质完全不同的功能区，是不能够混杂在一起的。但是，蒙古统治者对于农耕文化的接受程度却是较浅的，在他们的游牧文化观念中，宫殿和园林的使用功能是没有本质上的差异的，也就是可以混合在一起的。

当明成祖决定迁都北京之初，似乎没有过多考虑宫殿与园林之间的关系，故而把皇宫的主体建筑设置在了太液池的西侧，也就是燕王府的旧址之上，如果这样建造皇宫，显然，全城的中轴线要向西面偏离，而与元朝测定的全城中轴线形成过大的差距，而皇宫的整体建筑也会偏离全城的中心位置。大概正是由于这个原因，明成祖遂在永乐年间第二次确定皇城主体建筑的位置时，将其从太液池西侧迁移到了太液池的东侧。经过这种调整之后，可以说，明代北京的皇宫和园林的格局基本上继承了元代的旧貌，没有大的变动。

明代北京的宫殿与园林之间的主体格局虽然继承了元代的旧貌，但是，二者之间的相互关系却发生了较大变动。其一是上文提到的，元代的宫殿区与园林区是合在一起的，而明代的宫殿区与园林区则是分开的，成为各自独立的两个部分。明代的皇宫，是一个超大型的四合院，四面都有高大的宫墙包围着。而以太液池为主体的皇家园林，由于与皇宫之间的方位不同，从金代的北苑变成了明代的西苑。如果从皇宫里面到西苑来游玩，必须穿过紫禁城西侧的宫墙。当然，这种宫殿与园林的格局，实际上又恢复到了金中都城里皇宫与西苑之间的布局状况。

其二是明代宫殿群和园林区都在元代旧址的前提下向南有所扩展。这一点，又与明代初年北平府的城址变迁有着直接的关系。在明代初年，出于种种原因，明朝军队曾经把原来大都城的北面城墙向南迁移了五里地，使原来东西两侧的城门，从三个减为两个，即西面原来的肃清门没有了，东面的光熙门没有了。由于整个城市都向南压缩了，于是，在明成祖决定营建北京宫殿的时候，其宫殿群和园林区也就都向南有所扩展。在这种情况下，明朝统治者就会在向南扩展的园林中增置新的亭台楼阁，而新的扩建工程，对于园林的文化内涵，显然增添了一些与以往不同的内容。

二 对皇家园林的进一步完善

从明成祖决定迁都北京，直到正统年间重新修复皇宫主体建筑为止，明朝统治者们的关注重点，其一是统治中心的确定，究竟是放在北京还是南京。其二就是皇宫主体建筑的恢复工程，因为这个工程实在是太浩大了。由于这两个超级重要的问题没有解决，显然，明朝统治者们是无暇顾及园林的修整与建造问题的。当然，在明代初年拆毁元大都宫殿主体建筑群落之时，明朝政府官员们并没有把众多的园林建筑（即亭台楼阁等）完全拆毁，而是保留了一些主要的东西，在这种情况下，原来保留的园林建筑，已经能够满足明朝统治者的基本休闲需求了，也就没有再大兴土木，建造新的亭台楼阁了。

宣德七年（1432年）七月："上登万岁山，坐广寒殿，召翰林儒臣侍命，同览都畿山川形势。既毕，上谕之曰：'此元之古都也，世祖知人善任使，信任儒术，爱养民力，故能混一区宇，以成帝业。……至顺帝在位既久，肆意荒淫，怠于政事，纪纲法度荡然，遂致失国。使顺帝能恭俭，长守世祖世宗之法，天下岂为我祖宗所有？'又曰：'兹山兹宇，顺帝所实宴游者也，岂不可惑。'侍臣叩首曰：'纣之迹，周之监也。'上曰：'然'。"[①] 明宣宗作为守成之君，面对前朝的园林遗迹，发出的感慨颇为深刻，在他看来，这些遗迹不仅足够供其休闲登临，而且时时刻刻都是一面借鉴的镜子，返照着前朝兴亡的历史教训。显然，他对这座园林并没有更多的奢望，已经很满足了。

---

① 《明宣宗实录》卷九十三。

翌年四月，明宣宗在一次与大臣杨士奇、杨荣谈话时，又涉及了西苑，宣宗曰："今修葺广寒、清暑二殿及西琼岛，欲于各处皆置书籍，卿二人可于馆阁中择能书者数十人，取《五经》、《四书》及《说苑》之类，每书各录数本，分贮其中，以备览阅。"① 明宣宗又专门作有《广寒殿记》，叙述他幼年时随同明成祖登览万岁山的情景，并且再次提出历史借鉴的重要作用。他命儒臣在园林宫殿中放置各种书籍的举措，是值得赞赏的。

然而，并不是每个明代的帝王都能够保持清醒的认识，也不是每个帝王都能够满足原来遗留的园林。在明宣宗死后，即位的帝王们一个比一个会享受，一个比一个会挥霍，于是，在宫殿和园林中，年复一年地大兴土木，建造着华丽的宫殿和亭台楼阁，虽然每个帝王在位时期都有一些"不识时务"的儒臣们上奏书，请求统治者们能够爱惜国家财力，但是，却很少得到统治者的赞同，有许多人甚至因此而受到责罚。于是，皇家园林一天比一天漂亮，统治者们在这里的活动也就越来越频繁。

明英宗在经历了被蒙古草原瓦剌部落俘虏和被明景泰帝软禁的磨难之后，似乎对人生的享乐更加珍惜了，于是，大兴土木，对皇家园林进行改造更新，天顺四年（1460 年）九月："新作西苑殿、亭、轩、馆成。苑中旧有太液池，池上有蓬莱山，山颠有广寒殿，金所筑也。西南有小山，亦建殿于其山，规制尤巧……上命即太液池东西作行殿三，池东向西者曰'凝和'，池西向东对蓬莱山者曰'迎翠'，池西南向以草缮之而饰以垩，曰'太素'，其门各如殿名。有亭六，曰'飞香'、'拥翠'、'澄波'、'岁寒'、'会景'、'映晖'。轩一，曰'远趣'。馆一，曰'保和'。至是始成。上临幸，召文武大臣从之游赏竟日。"②

在西苑中兴建土木工程最多的，不是明英宗，而是明世宗。他在西苑中兴建的土木工程主要集中在园林的南端，在这里有一片屿地处于太液池中，故而被称为"南台"，后人又称为"瀛台"。在明世宗即位前这里尚较为荒僻，时称"隙地"，明世宗将其开辟为农田，又建有无逸殿、豳风亭及土谷坛（土谷坛又被明世宗改称为帝社帝稷坛）等建筑，经过明世宗的兴建，这里变得越来越具有田园特色。此后不久，明世宗又在帝社帝

---

① 《明宣宗实录》卷一〇一。
② 《明英宗实录》卷三一九。

稷坛附近修建了先蚕坛，每年明朝统治者都要在这里举行各种与农业生产有关的祭祀活动。除此之外，明世宗又把无逸殿作为儒臣进讲儒家学说的一个场所，并在无逸殿和豳风亭的墙壁上刻录了《尚书·无逸篇》和《诗经·豳风》的有关内容。嘉靖十年（1531 年）九月，"修葺西苑宫殿工毕"①。这里所谓的修建工程，就是指无逸殿等建筑。

到了嘉靖十三年（1534 年）九月，明世宗在太液池中部又增建了一组亭榭建筑："西苑河东亭榭成，上亲定额名'天鹅房'，北曰'飞霭亭'，迎翠殿前曰'浮香亭'，宝月亭前曰'秋辉亭'，昭和殿前曰'澄渊亭'，后曰'趯台坡'，临漪亭前曰'水云榭'。……令工部制匾悬之。"② 这些新增建的亭榭与原有的殿阁融合在一起，与太液池水遥相辉映，为西苑的景色又添加了一道亮丽的风景线。当然，这些园林中建造的亭台楼阁，在当时只能供少数统治者们享用，却耗费了大量的民脂民膏。

由于西苑与皇宫的距离又近，园林中的景色又美，有山有水，又有亭台楼阁、花草奇石，故而明朝统治者到这里来从事的各种活动也就最多。在此之前的绝大多数元朝统治者，每年的春天离开大都城到上都城度夏，秋天才回到大都城来，整个夏天都不在大都的宫殿里生活，而就是在春天，元朝统治者也会有相当长的一段时间不在大都的宫殿中，而是在大都城东南的漷州柳林行宫，到了冬天，大都城十分寒冷，百草凋敝，了无生机，因此，元朝统治者实际在太液池娱乐的时间并不多。但是，明朝统治者没有岁时巡幸两京（虽然也有南京和北京）的制度，也不擅长骑马射猎活动，因此，一年四季的大多数娱乐活动就只能是在西苑中进行了。

西苑有北方城市中难得的辽阔水面，故而夏天可以泛舟，冬天可以滑冰；西苑又有都市中罕有的山峰（即琼华岛上的万岁山和太液池西岸的兔儿山），故而可以登高；西苑还有葱郁的树木和较宽阔的草场，可以击球射柳；等等：几乎可以满足明朝统治者们所有的娱乐需求。因此，有些明朝帝王（如明世宗）甚至长期在此居住，而几十年都不回皇宫中的正寝乾清宫去生活。显然，就连唯我独尊的封建帝王，也感觉到了，在皇家园林中生活比在皇宫中生活要有更多的自由，更少的限制。

---

① 《明世宗实录》卷一三〇。
② 《明世宗实录》卷一六四。

三　新的皇家园林建设

明朝统治者与前朝的统治者一样，并不满足于只有一两处园林，也设置有多处园林。距皇宫不远的还有东苑及后苑。这两处园林的规模比西苑要小得多，故而明朝统治者在这里举行的活动也较少。东苑虽然是在明代修建的，但是也有从前代承袭的痕迹。金朝统治者在中都城内外设置有西苑、南苑及北苑，唯独没有设置东苑。元朝统治者虽然同样没有设置东苑，但是，却曾在东华门外设置有"射圃"，以供蒙古贵族和文武官员们举行"射柳"等活动。明代的东苑，在永乐年间是明成祖举行射猎活动的主要场所，也就表明其承袭了在皇城东面"习射"的传统。这种射猎活动乃是自辽金元以来历代统治者始终传承的一项重要活动，表示出统治者们对"武功"的重视。

在明代中期，明英宗于"土木之变"被瓦剌部落俘虏又送回来之后，曾经被软禁在这里，一度变成禁地，故而这里又被称为"南内"。直到明英宗复辟，重新登上皇位，遂对这块昔年的禁地产生了特别的感情，大兴土木，加以兴建。兴建工程是在天顺三年（1459年）十一月完工的："初，上在南内，悦其幽静。既复位，数幸焉。因增置殿宇，其正殿曰'龙德'，左右曰'崇仁'、曰'广智'，其门南曰'丹凤'，东曰'苍龙'。正殿之后，凿石为桥，桥南北表以牌楼，曰'飞虹'、曰'戴鳌'，左右有亭曰'天光'、曰'云影'。其后垒石为山，曰'秀岩'。山上正中为圆殿，曰'乾运'。其后殿曰'永明'，门曰'佳丽'。又其后为圆殿一，引水环之，曰'环碧'，……别有馆曰'嘉乐'、曰'昭融'。有阁跨河，曰'澄辉'。皆极华丽，至是俱成。后有杂植四方所贡奇花异木于其中。"[①] 明英宗的这项工程耗费之浩大，显然包含有他对景泰帝的报复心理，而不仅仅是出于一种享受心理。

明代北京的后苑与皇宫的距离是最近的，或者说它就是皇宫的一个不可分割的组成部分。它位于皇宫中路主体建筑三殿两宫的正北方，就其方位而言，恰好坐落在全城和皇城的中轴线上，它的政治地位显然要比西苑和东苑都重要。但是，如果从园林的角度而言，它又比西苑和东苑略显不足。就其苑囿所占面积而言，它不仅无法与西苑相比，就是与东苑相比差

---

① 《明英宗实录》卷三〇九。

距也是很大的。最主要的，还是它与皇宫的距离太近了，因此只有帝王、后妃等极少数统治者才有权利在这里游玩，而诸多的文臣武将几乎没有人能够得到殊荣在此一游。

在后苑的北面，也就是皇宫的后面，还有一处地方，其性质，介于宫殿、苑囿和果园之间。如果说它是宫殿，它确实有寿皇殿、永寿殿及观德殿等建筑，但是，它又位于宫城之外。如果说它是苑囿，它确实有万岁山，以及毓秀亭、寿春亭、长春亭、玩景亭、集芳亭、会景亭等建筑，但是，却又很少有帝王及文武群臣游览的记载。如果说它是果园，它确实被当时人称为北果园，而且园中树木茂密，但是，却又不知它特产的果品是什么。苑中的山（今天的景山）最初被称为"煤山"，为什么叫煤山，就连明朝人都搞不清楚。有人说这座山是用皇宫中烧煤的煤渣堆成的，故而叫煤山。也有人说在这座山下埋藏着大量的煤，以备北京城遭到围困时作为燃料。这座山，这座园林，有许多说不清楚的地方，但是，有一点是大家都清楚的，那就是明朝的最后一个皇帝——崇祯皇帝是在这座山上吊死的。

在明代的北京，离皇宫最远的园林当属南苑，即元代的下马飞放泊。"下马"是元朝统治者认为它离皇宫太近了，一上马又一下马就到了。"飞放"是狩猎的意思，飞的是鹰，放的是犬，元朝统治者在狩猎时必有鹰犬相伴。元朝诸帝王皆喜好狩猎活动，但是，他们狩猎的主要场所是在漷州的柳林行宫，那里的狩猎场所在当时比南苑要大得多，方圆几十里，猎物也要多得多。而到了明代，喜爱狩猎的帝王实在并不多，因此，不仅柳林行宫被废弃了，就是南苑也很少有帝王临幸其地。查明代文献记载，只有明英宗在正统年间和天顺年间多次到南苑狩猎，此外就只有成化年间、正德年间曾对南苑加以修葺的记载了。

我们如果把明代的皇家园林与前代的皇家园林加以比较，不难看出，在文化上显示出来的差异还是很大的。金代和元代的统治者都是少数民族首领，他们对园林的认识显然是不同于明代的汉族统治者的。这一点，从皇家园林选定的地点即可看出。金朝的统治者在皇城周围修建有西苑、南苑和北苑，这显然是受到了农耕文化直接影响的结果，不论是城里西苑还是城外的南苑与北苑，其建造模式都是中原的传统文化的反映。除此之外，金朝统治者又保留了少数民族游牧文化在园林方面的特色，在都城西北的群山一带设置了多处行宫，当时称为"八大行院"，而其最远的行宫，竟然设置到了塞外草原滦河岸边的金莲川（即后来的元上都）。

到了元代，蒙古统治者的游牧文化特色表现得更加突出。不仅在都城之内的园林模式中保留了大量游牧文化的因素，就连在都城外面的园林，也继承了辽代和金代少数民族统治者的游牧文化特色。京城东南的柳林行宫，就继承了辽代统治者春季狩猎的场所（当时称为延芳淀），而其每年夏季必去的上都城，则是金代统治者的夏季行宫金莲川。这些少数民族统治者根据游牧文化的特色设置和使用的皇家园林，与根据中原农耕文化所设置的皇家园林之间，其差异最大的，是前者突出的一个明确主题就是"武功"，其强调的是"力"；而后者突出的主题则是"文治"，其强调的乃是"德"。要想保持"武功"的强盛，就要不停地骑马射猎；而要想保持"文治"的稳固，就要不断地修炼德行。

显然，到了明代，由于农耕文化在京师占据了主导地位，这种状况在园林方面也是有所反映的，就是那些包含有游牧文化特色的皇家园林大多都衰败了，不论是金朝统治者所设置的西山八大行院，还是元朝统治者经常临幸的柳林行宫和下马飞放泊，皆是如此。而那些包含有农耕文化特色的皇家园林，不仅得到保留，而且还在不断得到改造、修缮和扩展。而在改造和扩展的过程中，园林建筑中的农耕文化特色，又进一步得到了加强。

第二节　私家园林的兴起及其文化内涵

一　皇亲国戚的私家园林

在中国古代，私家园林的出现和发展，主要与两部分人有密切的联系。一部分人，是皇亲国戚、达官显贵，这部分人由于其特殊的身份，故而对当时的皇家园林十分熟悉，因此，自觉或不自觉地就会仿照皇家园林的模式，在自己居住的宅院中兴修私家园林。第二部分人，则是文人雅士，他们在自己的生活世界中，十分注重精神生活的质量，甚至超过了对物质生活的追求。而私家园林，正是这一部分人们享受精神生活的重要场所。当然，自从隋唐时期中国产生科举制度之后，许多文人雅士凭借自己的才华进入了宦海，其中的有些人又凭借着敏锐的政治洞察力而官运亨通，获得了达官显贵的地位，于是，第二部分人与第一部分人又合二为一了。

　　对于第一部分人而言，他们并不缺少钱财，有着雄厚的资产可以投入私家园林的建造工程。但是，他们缺少的却是文化，这部分人往往不学无术。因此，他们建造的私家园林，以豪华奢侈见长，却缺少浓厚的文化氛围。对于第二部分人而言，他们往往没有雄厚的资产可以用于投入私家园林的建造，但是，他们的文化品味却很高。因此，这部分人建造的园林，较为质朴，却能够反映出十分高雅的文化品味。而当第二部分人获得了第一部分人的地位之后，他们所建造的园林，才堪称私家园林的典范，既有华丽的外表，也有高雅的品味。在明代的北京城里，具有这三种特色的私家园林都是存在的。此外，还有一些较为简陋的园林，既没有华丽的外表，也没有高雅的品味，如果降一等而论，或者可以称之为"园子"。据此，我们可以把明代北京地区的私家园林分为如下四类：第一类，是皇亲国戚们的园林；第二类，是达官显贵们的园林；第三类，是普通官员及文人雅士们的园林；第四类，是北京当地士绅们的园林。

　　有句俗话，叫做"天下名山僧占多"，如果套用这个句式来形容北京的园林，那就是"京师美景官占多"。在明代的北京城，皇帝是最大的"官"，于是，皇家园林占的是景色最美的地方。而皇亲国戚们虽然有些不是官，却比朝廷中的大臣们还要有权势，因此，他们占据的北京宅第，建造的私家园林，也是京城内外景色最美的地方。在明代中后期，由皇亲国戚们建造的私家园林不少，有些皇亲国戚还建有几处宅院和园林别墅。其中，尤以武清侯李伟的私家园林最具有典型性。

　　武清侯李伟为明神宗的外公，受到明神宗的许多特殊优待，其中一项，就是耗费巨资为李伟建造宅第。据相关文献记载，李伟在北京城内外共有三处宅第和园林。一处是在阜成门外向南约十里，金元时期该处称为钓鱼台，因为金代有名士王郁曾在此垂钓而著称（此为误传），元代又有名士马文友等人在这里修造私家园林，建有玉渊亭、饮山亭及婆娑亭等胜迹。到了明代，金元时期的私家园林都荒废了："今不台，亦不亭矣。堤柳四垂，水四面，一渚中央，渚置一榭，水置一舟，沙汀鸟闲，曲房人邃，藤花一架，水紫一方，自万历初，为李皇亲墅。"① 园中尤以"槐楼"最为著称："置三层阁于上，层级升之，碧梯赤栏，隐见苍霞碧落间，望

----

① 《帝京景物略》卷五《钓鱼台》。

之胜于登焉。"① 这座宅第虽然占据了一处美景，但是其建造规模还不算大。

李伟的另一处宅第被时人称为李皇亲新园，可见是在钓鱼台那处宅第建成之后又兴建的。这处宅第的规模已经相当壮观，堪比一座小乡镇。这座"新园"位于南城三里河边，李伟把三里河的水引入园林之中，使其园中景致大为增色。"以舟游，周廊过亭，村暖堭修，巨浸而孤浮。……亭如鸥，台如凫，楼如船，桥如鱼龙。历二水关，长廊数百间，鼓枻而入，东指双杨而趋诣，饭店也。西望偃如者，酒肆也。鼓而又西，典铺、饼爊铺也。园也，渔市城村致矣，园今土木未竟尔。"② 这座园林的规模，方显出皇亲国戚的气派。值得注意的是，园中的有些景观，如"楼如船，桥如鱼龙"、"长廊数百间"等，前者似为清代颐和园中石舫的雏形，而后者则是颐和园中画廊的前身。

在李皇亲新园中最具有特色的建筑，当属梅亭。正如《帝京景物略》的作者们所指出的，李氏新园中梅亭的"梅"字，不是指在亭子的四周皆遍植梅树，而是在这座亭子，以及和亭子有关的地方都装饰有梅花的图案："砌亭朵朵，其为瓣五，曰'梅'也。镂为门为窗，绘为壁，甃为地，范为器具，皆形以'梅'。亭三重，曰梅之重瓣也。"（引文同上）一进到亭子中，虽然见不到真的梅树和梅花，但是，满目所见，墙上也是梅，地上也是梅，门上也是梅，窗上也是梅，桌上摆的各种器皿也是梅，简直就是一个梅花的世界。北京地处华北平原的北端，因为冬季气候寒冷，使得以耐寒著称的梅树也很难在此生长，故而这里的人们很难欣赏到真的梅花。置身于梅亭之中，使人不禁产生"聊胜于无"的感慨。这座梅亭的创意十分新奇，却不是皇亲李伟的构想，而是从别人家的园林那里学来的。

在明代的北京城里，不论是谁要是有了这样两座宅园都会十分满足了，但是皇亲李伟却还有一处远在城郊的私家园林，更为可观，名为"清华园"。这座园林因其位于郊区海淀，居民较少，故而占地极为广阔："方十里，正中，挹海堂。堂北亭，置'清雅'二字，明肃太后手书也。亭一望牡丹，石间之，芍药间之，濒于水则已。飞桥而汀，桥下金鲫，长

---

① 《日下旧闻考》卷五十九转引《燕都游览志》。
② 《帝京景物略》卷三《李皇亲新园》。

者五尺，锦片片花影中，惊则火流，饵则霞起。汀而北，一望又荷蕖，望尽而山，剑铓螺矗，巧诡于山，假山也。维假山，则又自然真山也。山水之际，高楼斯起，楼之上斯台，平看香山，俯看玉泉，两高斯亲，峙若承睫。"① 在这座园林中，有自然景观，大片的牡丹花、芍药花、荷花错落分布于山石之间。也有人文景观，挹海堂为全园的中心建筑，在它周围，有清雅亭，有飞桥，还有高楼和楼台。又有自然景观和人文景观的结合，人工饲养的大群金鲫游在水中，如流火，如飞霞，园中的假山与园外的真山（香山及玉泉山）相互掩映，构成了一幅又一幅动人的美景。

除此之外，在这座园林中还种植着大片的竹林，与绿树、香花、碧水、奇石融合在一起："园中水程十数里，舟莫或不达。屿石百座，槛莫或不周。灵壁、太湖、锦川百计，乔木千计，竹万计，花亿万计，阴莫或不接。"（引文同上）不仅园中的竹子在北方很少见到，就是以亿万计的花卉，也都是花中名品："园中牡丹多异种，以绿蝴蝶为最，开时足称花海。"此外，"西北水中起高楼五楹，楼上复起一台，俯瞰玉泉诸山。御书'青天白日'四字于中，东西书'光华'、'乾坤'相对，字各长二尺余"②。所谓的"御书"，当是明神宗的墨迹。这座园林名气之大，在北京城内外可称为首屈一指。"清华园前后重湖，一望漾渺，在都下为名园第一。若以水论，江淮以北亦当第一也。"③ 此非虚誉，当清朝统治者攻占北京城之后，就把这座"在都下为名园第一"的私家园林改建为皇家园林——畅春园。

与武清侯李伟同时的皇亲国戚，又有驸马都尉万炜，他娶的是明神宗的妹妹瑞安公主。万炜在北京城里有两处园林，一处称为白石庄，另一处称为曲水园。白石庄在西郊白石桥北，其规模虽然逊色于武清侯李伟的"清华园"，在私家园林中也颇具特色。"庄所取韵皆柳，柳色时变，闲者惊之。声亦时变也，静者省之。……柳溪之中，门临轩对，一松虬，一亭小，立柳中。亭后，台三象，竹一湾，曰爽阁，柳环之。台后，池而荷，桥荷之上，亭桥之西，柳又环之。一往竹篱内，堂三楹。松亦虬，海棠花时，朱丝亦竟丈，老槐虽孤，其齿尊，其势出林表。后堂北，老松五，其

① 《帝京景物略》卷五《海淀》。
② 《日下旧闻考》卷七十九转引《燕都游览志》。
③ 《日下旧闻考》卷七十九转引《明水轩日记》。

与槐引年。松后一往为土山，步芍药、牡丹圃良久，南登郁冈亭，俯翳月池，又柳也。"① 园中的亭台楼阁布局，虽然没有"清华园"奢侈，但是却十分清雅，有花有木，有竹有水，也颇受时人赞赏："驸马都尉万公白石庄在白石桥稍北，台榭数重，古木多合抱，竹色葱蒨，盛夏不知有暑。附郭园亭当为第一。"②

万驸马的另一处园林"曲水园"更为精致，顾名思义，这座园林的一大特色就是园中的流水曲曲弯弯，令人览而难忘。"府第东入，石墙一遭，径迢迢皆竹。竹尽而西，迢迢皆水。曲廊与水而曲，东则亭，西则台，水其中央。滨水又廊，廊一再曲，临水又台，台与室间，松化石攸在也。"③ 这座园林有一个突出的主题，就是"曲径通幽"，入门建一道石墙，就首先给人以"曲折"的悬念，而沿着弯曲的水道铺筑的小路也是曲曲弯弯的，为了突出曲折的主题，在小路两旁遍植修竹，以遮蔽人们的视线，增添"曲折"的趣味。而修竹的挺拔，又增添了"清雅"的意境。如果说，万炜的白石庄是以茂密的树木为特色，那么，曲水园则是以淡雅的水竹为特色。白石庄的树皆是普通的树，不论是柳，是槐，还是松，在北京随处可见。而曲水园的水与竹，在北京却是比较珍贵的东西。而曲水园中又有一宝，就是所谓的松化石。"松千岁为茯苓，茯苓，土之属也；又千岁为琥珀，又千岁为瑿，琥珀与瑿，石之属也"④。这种一半为木质，另一半为石质的松化石，不仅在当时，就是在今天也是很罕见的。

同是在万历年间，还有一处由皇亲国戚建造的园林，称为"宜园"。这座园林最初是明世宗时的大将军咸宁侯仇鸾的宅第，及仇鸾死后，这座园林转为成国公朱希忠所有，及驸马都尉冉兴让娶了明神宗之女寿宁公主以后，这座园林才归冉兴让所有。冉驸马的权势是无法与李皇亲及万驸马相比的，因此其园林也比李皇亲的"清华园"及万驸马的"曲水园"要逊色一些。"冉驸马宜园，在石大人胡同，其堂三楹，阶墀朗朗，老树森立，堂后有台，而堂与树，交蔽其望。台前有池，仰泉于树杪、堂溜也，积潦则水津津，晴定则土。客来，高会张乐，竟日卜夜去。"这座园林相对而言较为简陋，连水池都是时而有水，时而干涸。只是主人十分好客，

---

① 《帝京景物略》卷五《白石庄》。
② 《日下旧闻考》卷九十八引《燕都游览志》。
③ 《帝京景物略》卷二《曲水园》。
④ 同上。

有宽敞的大堂用来招待宾客宴饮，竟日不散。园中唯一值得一提的，是后园假山前面的一座碎石堆："山前一石，数百万碎石结成也。风所结，霾为石；块所结，礓为石；波所结，浮为石；火所结，灰为石；石复凝石，其劫代先后，思之杳杳。……石有名曰'万年聚'，不知何主人时所命名也。"①宜园中的"万年聚"虽然比不上曲水园中的松化石，却也堪称一时之奇石。

到了明末崇祯年间，田贵妃受到宠爱，其宅第亦在当时热闹非凡。"田皇亲居第在西安门，即太监王体乾之旧宅，都人称为'铁狮'，故元贵家门前狮也，今在田家云。……皇亲恃亲，恃其贵溢，气势奢华，是以园亭、声伎之美，倾甲于都下。然性侈荡，好招诸朝贵饮，酒再行，主人老，不住劝酬，颓唐径醉，诸妓歌喉檀板，辄自出帘下，……是以长安诸外戚虽以意气自豪，亦颇讥田家家法之不检"②。此处所云"田皇亲"，当指田贵妃之父田弘遇，他的宅第虽然"园亭、声伎之美，倾甲于都下"，但是，却没有丝毫的文化品味，只能显出低俗的"铜臭"。

二　王侯将相的园林

在明代的北京，还有一些王侯们的私家园林也颇有声望。例如，被封为英国公的张氏一家，从明初的张玉、张辅、张懋等人，到明代中后期的张溶、张惟贤等人，都受到明朝统治者的宠信。英国公张氏的园林有两处，一处是明朝统治者的赐第西侧，园林中有高楼临街，有小亭临水，有树而开海棠花，有田畴而种蔬菜，园中又有奇石，刻有元代文字，园中还有奇树，"亭北三榆，质又奇，木性渐升也，谁扼令下，既下斯流耳，谁掇复上，左柯返右，右柯返左，各三四返，遂相攫挐，捺捺撒撒，如蝌蚪文，如钟鼎篆"③。园中又有花卉、丛竹，生长极为茂盛。这座园林位于城里，占地面积不会太大，但是，许多北方园林难以见到的东西却都有了。

英国公张氏的另一处园林也是在城里，位于积水潭畔的银锭桥边："崇祯癸酉岁深冬，英国公乘冰床，渡北湖，过银锭桥之观音庵，立地一

---

①　《帝京景物略》卷二《宜园》。

②　见《旧京遗事》。

③　《帝京景物略》卷一《英国公园》。

望而大惊，急买庵地之半，园之，构一亭、一轩、一台耳。但坐一方，方望周毕，其内一周，二面海子，一面湖也，一面古木古寺，新园亭也。"①此处所云英国公，当是明神宗时受封的英国公张惟贤，而癸酉年乃是崇祯六年（1633 年），由此可知这处园林建成没多久，明朝就灭亡了。这座园林规模更小，园中的建筑也极为简单，一亭、一台、一轩，又没有奇花异草、怪石奇树，但是，它却有一个最大的优点，就是园林周围的景色特别美，于是，在园中的亭台中四处观望，美景尽收眼底。这也充分利用了中国园林建造艺术中的一项技能，即"借景"，而且是园林四面皆有景可"借"。由于四周皆有景可"借"，也就使得这座园林的空间在无形之中向四面有了极大的扩展。

在北京城里，有着许多王侯，而在诸多王侯之中，最有权势的当属定国公徐氏。明初大将徐达，军功天下第一，其次子徐增寿，始封定国公，而徐达之长女，又为明成祖徐皇后，故而定国公既为皇亲，又为勋臣。但是，徐氏的私家园林却"土气"得很，比起李皇亲的"清华园"、万驸马的"曲水园"等，皆逊色不少。徐氏的定国公园在积水潭北岸："土垣不垩，土池不甃，堂不阁不亭，树不花不实，不配不行，是不亦文矣呼。……入门，古屋三楹，榜曰'太师圃'，自三字外，额无扁，柱无联，壁无诗片。"②如果我们要赞赏定国公园，可以称其为"朴实无华"，但是，如果我们要贬抑之，也可以称其"粗俗无文"，也就是没有文化，没有品味，虽然"太师圃"的名号十分响亮，但是，"土垣不垩，土池不甃"的朴实却掩饰不了"额无扁，柱无联，壁无诗片"的粗俗。也就是说，土墙可以不用刷白，水池可以不用砌边，但是，却不可以无匾、无联、无诗。这种没文化的表现，并不是用权势可以遮蔽的。

明代北京的王侯园林，还有一处值得一提的是惠安伯园。这座园林在阜成门外，以牡丹花之盛冠绝一时。"都城牡丹时，无不往观惠安园者。……其堂室一大宅，其后牡丹，数百亩一圃也。……花之候，晖晖如，目不可极，步不胜也。客多乘竹兜，周行塍间，递而览观，日移晡乃竟。蜂蝶群亦乱相失，有迷归径，暮宿花中者。"③据当时人介绍，惠安

① 《帝京景物略》卷一《英国公新园》。
② 《帝京景物略》卷一《定国公园》。
③ 《帝京景物略》卷五《惠安伯园》。

伯园林中的牡丹花有许多珍稀的品种，如一种名为"芙蓉三变"的牡丹花，从早上到中午，可以依次变为白色、嫩黄色及红霞色。身处一片牡丹花的海洋中，给人们的感触肯定是很深刻的。此外，在惠安伯的园林中，又种植有芍药花十万余株，花开之盛，不逊色于牡丹，亦为游人观赏的一处景观。

在明代的北京，许多达官显贵由于受到明朝统治者的宠信，往往被赐以宅第，这些被帝王赐予的宅第，有些也带有私家园林。如在明代初年即在朝中任职，执掌内阁大权，被称为"三杨"之一的杨荣："杨文敏荣杏园。文敏随驾北来，赐第王府街，植杏第旁，久之成林。"这处杏园的园林建筑并不奢华，却是官僚士大夫们日常聚会的地方："时春景澄明，惠风和畅，花卉竞秀，芳香袭人，觞酌序行，琴咏间作，群情萧散，衎然以乐。"① 这是杨荣在叙述一次春季朋友们在杏园聚会时的情景。亭台楼阁不必多，只是追求到一种意境而已。

又如多年在中央政府任职，曾参与修撰诸帝《实录》的大臣王英："王文安英有园在城西北，种植杂蔬，井旁小亭环以垂柳，公余与翰苑诸公宴集其地。"② 然据王英自述其私家园林的位置，不是在北京城的西北，而是在西南的白云观一带，在王英园林的附近，又有一处朝中大臣李时勉的园林："彼时开国之始，风气淳厚，上下恬熙，……故或赐第长安，或自置园圃，率以家视之，不敢蘧庐一官也。"（引文同上）又朝中文臣吴宽，有私家园林称海月庵："海月庵在皇墙之西，乃吴文定宽之居。文定在翰苑及佐铨日，以读书为事，公余披白袷据案录书，如儒生，至今传之。"海月庵中种有菊花，曾有秋日赏菊之聚会："弘治二年十月二十八日，翰林诸公会余园居，为赏菊之集。既各有诗，宽又以为宜有图置其首，乃请乡人杜谨写之。……夫古今人雅集多有图传于世，以宽所见，如宋王晋卿之西园，元顾仲瑛之桃源，国朝杨文敏公之杏园，皆模写一时人物，各极其思，而又必有序之者，后世得以接而识之。"③

又朝中大臣李东阳，其私家园林在积水潭岸边："李长沙别业在北安门北，集中'西涯十二咏'，程篁墩学士和之，有'桔槔亭'、'杨柳

---

① 孙承泽：《天府广记》卷三十七《名迹》。
② 同上。
③ 同上。

湾'、'稻田'、'菜园'、'莲池',而'响闸'、'钟鼓楼'、'慈恩寺'、'广福观'皆在十二咏中。"① 这里所云"西涯十二咏",是李东阳在他的私家园林中所见到的 12 处景观,因而作诗 12 首,其中的一些景观,如桔槔亭、杨柳湾、莲池等,是他自家园中的景观;而响闸、钟鼓楼、慈恩寺、广福观等景观,是他在自家园中所见到的园外景观,也就是所谓的"借景"。由此可见,许多北京的私家园林因为自身面积有限,故而往往采取借用园外景观的办法,来扩展其私家园林的空间。

三 士大夫园林

作为北京官僚士大夫园林的典型代表,首推米氏的"漫园"及"勺园"。这两处园林,一处在城里,一处在城郊。在城里为"漫园",位于积水潭东侧:"漫园在德胜门积水潭之东,米仲诏先生所构,中有阁三层。先生尝为湛园、勺园,及此而三。"② 据此可知,米万钟在北京城的私家园林共有三处,而上述的皇亲武清侯李伟的私家园林也有三处。而李皇亲新园中的"梅亭"建筑,就是从米万钟的漫园学来的。米万钟虽然著籍于北京(时称顺天府),但是,他在园林建造方面却非常崇尚江南园林的风格。正如时人所云:"都下园亭相望,然多出戚畹勋臣以及中贵。大抵气象轩豁,廊庙多而山林少,且无寻丈之水可以游泛。……张惠安园独富芍药,至数万本,春杪,贵游分日占赏,或至相竞。又万瞻明都尉园,前凭小水,芍药亦繁,虽高台重榭,略有回廊曲室,自云出自翁主指授。又米仲诏进士园,事事模效江南,几如桓温之于刘琨,无所不似。"③

米万钟的私家园林最具有典型性的为城郊海淀的"勺园"。当时的文人士大夫们对这座园林赞不绝口。"北淀有园一区,水曹部米仲诏新筑也。取海淀一勺之意署之曰'勺',又署之曰'风烟里'。中所市景曰'色空天'、曰'太乙叶'、曰'松坨'、曰'翠葆榭'、曰'林于滋'。种种会心,品题不尽,都人士啧啧称'米家园',从而游者趾相错。……勺园林水纡环,虚明敞豁。游者或醉香以擘荷,或取荫以憩竹,或啸松坨,或弄鱼舠,或盟鸥订鹤,或品石看云,真翛然有濠濮间想"④。米家园之

---

① 见《日下旧闻考》卷五十四转载清人成德《渌水亭杂识》。
② 见《日下旧闻考》卷五十三转引《燕都游览志》。
③ 《万历野获编》卷二十四《京师园亭》。
④ 蒋一葵:《长安客话》卷四《海淀》。

所以受到当时文人士大夫的赞赏，不是因为米万钟有万贯家财，把园林建造得十分奢华，而是由于这座园林的文化品味极高："海淀米太仆勺园，园仅百亩，一望尽水，长堤大桥，幽亭曲树，路穷则舟，舟穷则廊，高柳掩之，一望弥际。旁为李戚畹园，钜丽之甚，然游者必称'米氏园'。……闽中叶公向高曰：'李园不酸，米园不俗。'"① 李园就是指李伟的"清华园"，所谓的"不酸"，乃是表明它有钱；而米园则是指米万钟的"勺园"，所谓的"不俗"则是表明它高雅。有褒有贬，分寸恰到好处。

至于一般的文人士大夫和乡绅们的园林，与皇亲国戚和达官显贵们的园林相比，自然要逊色得多。例如，较为著名者有梁园，又称梁家园："京师卖花人联住小城南古辽城之麓，其中最盛者曰梁氏园。园之牡丹、芍药几十亩，每花时云锦布地，香冉冉闻里余。论者疑与古洛中无异。"② 时人又曾曰："梁园在京城外之西南废城边，引凉水河入其中，亭榭花木极一时之盛。"③ 这座私家园林虽然也以牡丹、芍药之繁盛著称，但是，要与惠安伯园林相比，梁园的数十亩与惠安伯园的数百亩之间的差距实在是太大了，就算梁园的牡丹皆为珍品，与惠安伯园相比显然也要逊色许多。这种园林方面的差距，就是皇亲国戚、达官显贵与一般乡绅之间在政治方面的差距的体现。

第三节　名山胜水的园林文化内涵

一　山水胜迹与"北京八景"

如上所述，"京师美景官占多"，所谓的美景，主要依托的是青山碧水，有了山，有了水，景致才会有灵气。因此，北京地区的美景，大致可分为两部分，一部分，在京城内外是以水脉为主，如京西的海淀、高梁河一带，京城中的积水潭、太液池一带，以及城郊的泡子河一带。另一部分，在京城西北则是以山脉为主，如香山、玉泉山、卢师山等，在这一带，许多美景被寺庙及道观占有，也就是所谓的"天下名山僧占多"。在

---

① 孙承泽：《天府广记》卷三十七《名迹》。
② 见《日下旧闻考》卷六十一转载明人程敏政《篁墩集》。
③ 孙承泽：《天府广记》卷三十七《名迹》。

北京的许多著名寺庙中，也就形成了与世俗的皇家园林和私家园林具有同样文化内涵的园林景致。

在北京的山水胜迹中，尤以"燕京八景"最为著称。这八处景致据称始于金章宗明昌年间，这一说法是值得进一步探讨的。第一，在北京历史上，称为"燕京"的时期很多，如先秦时期的燕国、辽代占有幽州之后、金代海陵王迁都之前、蒙古军队攻占金中都城之后，等等，唯独金章宗统治时期不称燕京，而称金中都。此外，"燕京八景"又曾经被称为"燕山八景"，燕山的称谓是宋人惯用的，因此，"燕山八景"当是宋朝人的创意，应该在"燕京八景"之前。

在金、元、明、清之间，"燕京八景"的名称是有不同变化的。清人称："燕山八景，始见于金《明昌遗事》，《永乐大典》载《洪武北平图经》亦具列其目。然如'琼岛春云'作'琼岛春阴'，'太液晴波'作'太液秋风'，'蓟门烟树'作'蓟门飞雨'，'金台夕照'作'道陵夕照'，皆与此编所载名目不符。"（《四库全书总目》卷一百九十一《燕山八景图诗提要》）显然，从金元时期到明代，八景中的四景，其名称已经发生了变化。

在这里有两点需要说明。其一，为"道陵夕照"之称的出现，应该在"金台夕照"之前，而道陵是金章宗的陵墓，由此可以确证，"燕京八景"的出现，应该是在金章宗死后，甚至是蒙古军队占领金中都城之后的事情。其二，明代的《燕山八景图》及其诗作，应该称《北京八景卷》，这一点，有杨荣所作《题北京八景卷后》一文为证。杨荣是亲历其事的13人之一。文称："于是仲熙倡为北京八景之诗，学士胡公两和其韵，而又序之。…荣亦厕名其间，亦何幸哉！"（见明人杨荣《文敏集》卷十五）

北京的八景虽然景点不变，名称却屡变，由此表达出人们对八景文化内涵的理解是不同的。仅以蓟门而论，登蓟门而淋飞雨，四野茫茫，与登蓟门而观茂树，烟雾迷蒙，感觉是完全不同的。而明人又在八景的基础上增加了二景，即东郊时雨和南囿秋风，称为"京师十景"，也绘为图画，借以流传。这种做法未免有画蛇添足之嫌。

二　寺庙园林

京西名刹，首推香山寺。早在金元时期，这里就是帝王、权贵和文人雅士经常游览的地方，留下了许多胜迹。"京师天下之观，香山寺，当其首游也。……世宗幸寺，曰：'西山一带，香山独有翠色。'神宗题轩曰'来青'。……山多迹，葛稚川井也，曰丹井。金章宗之台、之松、之泉也，曰祭星台，曰护驾松，曰梦感泉。仙所奕也，曰碁盘石。石所形也，曰蟾蜍石。山所名也，曰香炉石"①。寺虽然是人造的，但景观却大多是天然的，而加以人文的色彩。如石台称为祭星台，古松称为护驾松，山泉称为梦感泉，于是，这些自然的景观就联系上了许多的前朝典故。明神宗命名山半之轩曰来青轩，意思是西山翠色尽收眼底。而那些前来游览的人们皆有同感，遂使其名一直沿用至今。而这些香山上的胜迹，却是京城内外任何一家私人园林都没有的，也是人们在自家的园林中梦寐以求的。

距香山寺不远处，又有碧云寺。据称："西山佛寺百数，皆建自内官。其最闳丽者曰碧云寺，因山下上，筑台殿，金碧露松栝之表。其北内官坟墓数十，镌石为阑，穷极纤巧。翁仲羊虎夹侍，墓碑林立，其文俱宰辅所制。"② 由此可见，这座寺庙与明代宦官的关系十分密切。寺宇是由宦官们建造的，寺中又安放着众多的宦官墓葬，其中最著名的，当属大宦官魏忠贤的墓。时人往往把碧云寺与香山寺并称，所谓："大抵西山兰若，碧云、香山相伯仲。碧云鲜，香山古，碧云精洁，香山魁恢。"③ 寺中又有明朝统治者的御笔题额，以及宦官们投放的金鱼。

比香山寺和碧云寺更为壮丽的寺庙，当推万寿寺。"万寿寺在真觉寺西二里，神宗朝敕建。丹楼绀宇，几与大内等。盖上幸山陵尝为驻跸地也。方丈筑山上，有广榭，下峙小宇。寺僧云：'先帝曾于此尚食。'"④ 时人又称："寺在广源闸西数十武……璇宫琼宇，极其闳丽。……寺有方钟楼，前临大道，楼仅容钟，钟铸自文皇，径长丈二，内外刻佛号，弥陀、法华诸品经，蒲牢刻愣严咒，铜质精好，字画整隽，相传为沈度笔，少师姚恭靖公监造。……近年自宫中移此，昼夜撞击，击之声闻数十里。"⑤ 这座寺庙为明代仅有的几座皇家寺庙之一，故而其规模之宏大，乃是其他寺庙所不及的。

---

① 《帝京景物略》卷六《香山寺》。
② 《日下旧闻考》卷八十七转载《竹垞文类》。
③ 《长安客话》卷三《碧云寺》。
④ 《日下旧闻考》卷七十七转引《燕都游览志》。
⑤ 《长安客话》卷三《万寿寺》。

　　在京城东侧朝阳门外，又有一处寺庙园林，称为月河梵院。其景致之幽雅，乃是普通的私家园林与之无法相比的。据曾经在此游览过的文士程敏政叙述："月河梵苑在朝阳关南苜蓿园之西，苑之池亭为都城最。苑后为一粟轩，轩名曾西墅学士题。……北为聚星亭，亭四面为栏槛以息游者。……亭之前后皆盆石，石多昆山、太湖、灵璧、锦川之属。亭少西为石桥，桥西为雨花台，上建石鼓三。台北为草舍一楹，曰'希古'，桑枢瓮牖，中设藤床石枕及古瓦埙篪之属。草舍东聚石为假山，西峰曰'云根'，曰'苍雪'，东峰曰'小金山'，曰'璧峰'。下为石池，接竹以溜泉，泉水涓涓自峰顶下，竟日不竭。"[①] 这座寺庙园林与皇亲国戚和文人雅士的私家园林几乎完全一样，没有任何本质的区别。

　　这些名山胜水中的寺庙园林，与上述的皇家园林和私家园林一样，都是人们岁时前来游览的地方。在这里，人们同样可以感受到远离俗世尘埃的宁静，甚至可以说，在寺庙园林中，与有道高僧品茗谈禅，更有一番高雅的情趣。对于那些整日忙于俗务的官僚士大夫们而言，一旦他们看破红尘，想要超脱世外之时，私家园林和寺庙园林就是其最好的活动场所。而对于那些仍然不倦追求功名利禄的官僚士大夫们而言，由于官场上的权力斗争变化万千，穷达之路完全不是个人的能力所能把握的。于是，当那些追求功名的官僚士大夫们在遭到官场的挫折之后，也会把私家园林和寺庙园林作为其暂时休息，以备东山再起的"韬晦"之处。

---

　　① 　孙承泽：《天府广记》卷三十七《名迹》。

第十七章　陵寝文化的兴盛

在中国古代，婚姻和丧葬是人们生活中的两件最重要的事情，俗称"红白喜事"。婚姻，是为了传宗接代，繁衍子孙后代，对于那些豪门权贵，婚姻还是扩大其家族势力，重新进行权力组合的重要手段。而对于封建帝王来说，则是保有千秋万代江山社稷的大业。丧葬，是一个人一生的最终结局，不论是流芳百世，还是遗臭万年，最后都要盖棺论定。但是，在中国古代，许多人都认为，人死后会到另一个世界去生活，而丧葬就是一种对死后"生活"的安排。据此，许多人都会对自己的身后事大事铺张，兴建陵寝，以便在另一个世界中能够生活得更加舒适。早在先秦时期，厚葬与薄葬就已经成为儒家学说与墨家学说发生争执的一个焦点。

不论学术争议的是与非，自古以来的帝王们大多数都在生前为自己建造了豪华的陵寝，他们对于"厚葬"或者"薄葬"的道理究竟如何是不关心的，他们只关心自己死后的生活状况。在他们看来，陵寝的修建就是为他们到了另一个世界之后的生活进行的准备工作，陵寝修建得越豪华，他们死后的"生活"也才会更加舒适。在中国古代的历史上，不论是"暴君"商纣王、秦始皇，还是"明君"汉武帝、唐太宗，不论是主张"薄葬"的帝王，还是实行"厚葬"的帝王，都修建有规模浩大的陵寝，这种对陵寝重要性的一致认同，暴君和明君之间是没有区别的。

帝王修建的陵寝，其特点之一是极为豪华，其特点之二乃是与该朝代的政治中心密切联系在一起。中国古代最早的王朝夏朝和商朝的活动中心是在中原地区，因此，这两个朝代的统治者在死后，也把陵寝修建在了中原地区。夏代的帝王墓葬尚未有重要发现，商代帝王和后妃的墓葬，已经显示出了颇为浩大的规模。从周代开始，一直到唐代，全国的统治中心主要在西京长安和东都洛阳，于是，这两个地区又成为帝王、后妃，以及贵族、豪门的墓葬聚集地。

到了此后的宋元时期，全国的统治中心出现移动，经过一段时期的调整，最终固定在了北京，于是，这里又成为新的帝王陵寝的聚集地。金朝的女真族统治者在京西的大房山修建了陵寝，明朝的汉族统治者则在京北的天寿山修建了陵寝。此后的清朝满族统治者也把其陵寝修建在京畿地区（即清东陵和西陵）。显然，在中国古代，统治者在选择都城的位置时，特别看重所谓的"王气"，因为"王气"可以使国运兴旺；而统治者在修建陵寝的时候，也必须选择"吉地"，以便给子孙后代留下余荫。

第一节　风水说的盛行及其对陵寝的影响

一　风水说的盛行及文化渊源

在中国古代，人与自然的关系是一个十分复杂的关系。在古代人们的眼中，自然不仅仅是天地、日月星辰、山川河流等物质的体现，而且又是天神、地祇及山水神灵、雷公电母等诸多神怪的世界。人们自身的吉凶祸福，是直接受到这些自然神怪的巨大影响的。因此，在自古以来的历代帝王的各种祭祀仪式中，有一大部分是用来祭祀这些自然神灵的。人的一生，无非生、死之别，生在世上，要有居住的地方；死在地下，要有安葬的地方。趋利避害是绝大多数人的本能，风水之说，就利用了人们的这种普遍心理，而得以流传天下。于是，在风水先生们的社会活动中，有为人们选择宅第的，也有为人们选择墓穴的，其风气在民间曾经盛极一时。

作为封建统治者而言，他们对于"风水"的迷信程度，绝不逊色于普通百姓。由于"风水"的选择直接关系到整个王朝的兴衰，故而对这种事情的重视程度，也就远远超过了普通百姓。在历史上，可以有权力选择"风水"的帝王实在不多，往往是那些赤手空拳打天下的开国之君。当他们把天下占为己有之后，就有了一个选择都城的问题，也就是选择"宅基地"的问题。只有在这个问题解决之后，才会有选择墓地的问题。在开国之君选定都城之后，随后继承皇位的诸多帝王，绝大多数也就不得不沿用前代遗留下来的宫殿，顶多也就是加以扩建，使之更加奢华而已。只有两种情况例外，一种是受到外力的强大威胁而被迫迁都的，如北宋王朝的都城东京（今河南开封）变为南宋王朝的都城临安（今浙江杭州）；另一种则是自身政治局势的变化导致了都城位置的变更，如金海陵王在弑杀金熙宗之后，从金上京（今黑龙江阿城）迁移到金中都（今北京）。

一旦帝王们选定了自己的宅基地，建造了宫殿苑囿之后，就开始选择自己的墓地，着手营造陵寝。这些帝王陵寝往往是依山而建，规模巨大，耗费大量人力、物力，建成之后，又在陵墓中收藏大量珍宝，以供其死后享用。当代考古发掘的秦始皇兵马俑就是最好的实物证明。而晋代学者对汉代皇陵也有论及："汉天子即位一年而为陵，天下贡赋三分之，一供宗庙，一供宾客，一充山陵。汉武帝飨年久长，比崩而茂陵不复容物，其树皆已可拱。赤眉取陵中物不能减半，于今犹有朽帛委积，珠玉未尽。"① 由此可见古代帝王厚葬之风颇为盛行。

当然，也有一些崇尚节俭的帝王，其陵寝十分简陋，与世俗之人的"厚葬"风气形成鲜明的对比。东汉时人曾指出："文帝葬芷阳，明帝葬洛南，皆不臧珠宝，不起山陵，墓虽卑而德最高。今京师贵戚，郡县豪家，生不极养，死乃崇丧。或至金缕玉匣，楄梓楩楠，多埋珍宝、偶人、车马，造起大冢，广种松柏，庐舍祠堂，务崇华侈。"② 汉文帝为西汉初年的帝王，其陵寝芷阳在西汉都城长安城（今陕西西安）附近，汉明帝为东汉初年的帝王，其陵寝在东汉都城洛阳城附近，二者皆因墓葬节俭而受到后世好评。文中所云"金缕玉匣"，也并非夸张之词，当代的考古发掘成果中，就多次出土有金缕玉衣等实物。

丧葬风水之说，自汉代开始产生影响，到了唐代，遂成为一种社会时尚，仅以"葬书"而成名者即多达一百二十余家。到了宋代，由于政府采用土地控制政策，许多百姓因为受到风水先生的影响，无法选择所谓吉祥的墓地，"而卜葬者牵于阴阳之说，至不敢举事"③。此处所谓的"不敢举事"，也就是指不敢对死者加以埋葬。到了元代，风水说在社会上的影响仍然十分广泛，"山东廉访使许师敬请颁'族葬制'，禁用阴阳相地邪说"④。而到了明代，风水说不仅没有受到禁止，其影响反而越来越大："江西俗好阴阳言，有数十载不葬父母者。"⑤ 这种父母死后几十年不下葬的事情，就是因为没有找到吉祥的墓地。由此可见风水说在社会上的影响之大。

---

①　《晋书》卷六十《索琳传》。

②　《后汉书》卷四十九《王符传》。

③　《宋史》卷一百七十三《食货志》。

④　《元史》卷二十九《泰定帝纪》。

⑤　《明史》卷二百八十二《邵宝传》。

二　北京前代皇陵的建造

在北京地区，如上文所述，首先设置有皇陵的是金代。在此之前的辽代，这里是陪都，故而没有修建契丹统治者的陵墓。而在金代初期，由于统治中心是在金上京，故而其帝王陵寝也就设置在了上京附近。及金海陵王篡夺皇位之后，迁都于燕京，于是，也就开始在这里建造皇陵。金海陵王在建造皇陵之时，也请了许多风水先生为其选择皇陵的位置。经过这些风水先生的勘测，最终选定了京西大房山云峰寺的位置，认为这里的"风水"最好。于是，金海陵王在迁都之后不久，也把金太祖、金太宗等先帝的陵寝从金上京迁移到这里来。此后，直到蒙古国崛起，金朝统治者被迫迁都为止，他们的陵寝，也都修建在金中都城西的大房山一带。

然而，这种随着迁都而把陵墓也迁移的举措，在中国古代是不常见的。因为古人认为，一个人死后加以埋葬，就得到了永久的安定，如果要把墓葬加以迁移，会惊动死者的亡魂，乃是不吉利的事情。故而，古代也有迁都的王朝，却很少有迁移皇陵的举措。金海陵王的做法确实是罕见的。及金海陵王南伐被杀之后，他却没有能够在自己选定的皇陵中占有一席之地，金世宗即位不久，"乃诏降为海陵庶人，改葬于山陵西南四十里"①。金朝统治者在修建陵寝之后，又在该地区设有行政建置，称为奉先县，并在陵寝旁边修建行宫，以供岁时前来祭奠，为驻跸之处。

到了元代，大都城（今北京）开始成为全国的政治和文化中心。蒙古统治者之所以选择定都在这里，也是受到了"风水"之说的巨大影响。但是，与前面各个朝代的统治者们的一个重要的不同做法是，蒙古统治者并没有接受与之相对应的陵寝制度，而是坚持其原有的传统丧葬制度。这种丧葬制度，具有游牧文化的明显特色。其方法是把一棵圆木从中间劈开，然后挖一个人形空隙，将死者放入，再用金属做成的圆箍把圆木箍牢，而帝王埋尸的圆木，乃是用金子做成的箍条来箍住的，这就类似中原农耕文化中的棺椁。再在草地上挖墓穴将圆木埋入，填平地面，不起冢，不种树，以便没有标志，使人不易辨认。在蒙古少数民族中，诸位帝王的安葬方式皆是如此。

元朝统治者们从元太祖铁木真开始，选定了一处固定的位置，史书称

---

①　《金史》卷五《海陵纪》。

之为"起辇谷"，在漠北草原上。元太祖西征回师，死于六盘山下，遵照遗嘱，葬到了起辇谷中。此后的元太宗窝阔台、元定宗贵由、元宪宗蒙哥等人，皆葬在这里。及元世祖忽必烈建立元朝、定鼎大都城之后，几乎所有的典章制度都遵循了中原地区的封建王朝的做法，唯独丧葬制度仍然保持了蒙古旧俗。从元世祖一直到元宁宗，死后也都被安葬在了起辇谷中。虽然蒙古帝王的埋葬场所"不封不树"，没有陵墓，却仍然被称为诸帝陵。

特别值得一提的是，蒙古帝王为了隐蔽自己的陵墓，不让别人发现，在埋葬之后要派军队在墓地驻守，一直到墓地上长出的茂草与其他地方的草一样为止。这个过程，往往需要几年时间，而元朝统治者又专门派遣有守陵的官员。"武宗崩，护梓宫葬于北，守山陵三年，乃还。"① 这些驻守山陵的官员，如伯答沙等，都是蒙古统治者的亲信。显然，游牧文化中的丧葬制度，是与其社会生活密切联系在一起的。由于游牧生活的流动性很大，故而不宜有明显的固定墓地，游牧部落自身在弱小之时也无力保护固定的墓地。因此，虽然蒙古国（及后来的元王朝）变得越来越强大，却也没有把握保护好明显的墓地而不使其受到侵害。

而中原地区的农耕王朝因为处于长期定居的状态下，都城是固定的，陵墓也是固定的。特别是陵墓就安置在都城的附近，这里是统治者防卫力量最为强大的地方，有足够的力量来守卫自己的陵墓。一旦统治者连守卫陵墓的能力都丧失了，这个王朝的统治也就该垮台了。上文述及的西汉末年赤眉起义军发掘汉武帝陵墓以盗取财宝的事情，就是一个很好的实例。当元朝军队攻占临安城（今浙江杭州）、灭亡南宋之后不久，南宋诸帝的陵墓即惨遭盗掘和毁坏，也是一个很好的实例。

由于受到风水说的影响，盗掘别人墓葬被认为是特别"缺德"的事情，因此，当一个新的王朝取代旧的王朝之后，往往要下令对前朝皇室的陵墓加以保护。如宋太祖在黄袍加身、夺得后周皇位之后，曾下令："命周宗正郭玘祀周陵庙，仍以时祭享。"又曾下令："诏郡国置前代帝王、贤臣陵冢户。"② 以便对这些陵冢加以保护。金朝在攻灭辽朝之后，金太宗亦曾下令："诏有盗发辽诸陵者，罪死。"甚至又下令："诏禁医

---

① 《元史》卷一百二十四《伯答沙传》。

② 《宋史》卷一《太祖纪》。

巫闾山辽代山陵樵采。"① 连同陵墓周围的山林也一并加以保护。这种做法，实际上乃是一种收买人心的政治举措，以显示新上台的封建统治者的仁慈。

三　明代对皇陵风水的保护

在明朝统治者夺得皇权之后，虽然前代的元王朝没有营建大规模的皇陵，但明太祖还是仿效了宋代和金代统治者的做法："遣使祭历代帝王陵寝，并加修葺。"又下令："遣官省历代帝王陵寝，禁刍牧，置守陵户。"②明朝统治者的这些举措显然也是在表示其仁慈，只是其保护的范围更加广泛，不只是前代的皇陵，而是历代的皇陵。由此又引申出此后修建历代帝王庙的举措，先是明代初期的洪武年间在南京修建了历代帝王庙，此后又是明代中期的嘉靖年间在北京修建了历代帝王庙。

明朝统治者不仅对历代的帝王陵寝加以保护，对本朝的帝陵保护更为重视。明代的帝陵主要分为四处，第一处在江苏盱眙，称为祖陵，是明太祖的祖先陵墓，"葬德祖以下帝后冕服"。第二处在安徽凤阳，称为皇陵，是明太祖朱元璋父母的墓地，亦葬衣冠。第三处在南京，乃是明太祖朱元璋为自己建造的陵寝，称为孝陵。第四处在北京，则是明成祖在迁都北京之后选定的陵寝，明朝的帝王大多数都安葬在这里。当然，这四处帝陵都受到了明朝统治者的重视，不仅帝陵本身，就是帝陵周围地区，也同样受到保护。"凤阳皇陵所在，近境取寸木法皆死，陵军多倚禁虐民。（何）鉴请以山麓为限，他樵采勿禁，遂著为令。"③ 何鉴是在成化年间以御史身份出巡江北时，而奏除陵军虐民的弊病的。

当时的宦官们却专横跋扈，任意胡为，甚至连帝陵周围的林木也敢砍伐。正德年间，杨守随任应天府尹："中官李兴擅伐陵木，论死，令家人以银四十万两求变其狱。守随持之坚，狱不得解。"但是，由于大宦官刘瑾从中阻挠，李兴受到保护，杨守随反而受到迫害："瑾辈深衔之，传旨致仕。守随去，李兴遂以中旨免死矣。瑾憾未释，三年四月坐覆谳失出，逮赴京系狱，罚米千石输塞上。……守随家立破。"④

---

① 《金史》卷三《太宗纪》。
② 《明史》卷二《太祖纪》。
③ 《明史》卷一百八十七《何鉴传》。
④ 《明史》卷一百八十六《杨守随传》。

　　其实，对于盗伐帝陵林木的行为，是有明确的处罚条例的。嘉靖年间："畿民盗天寿山陵树，巡按杨绍芳引盗大祀神御物律斩。廷相言：'大祀神御物者，指神御在内祭器帷帐之物而言。律文盗陵木者，止杖一百，徒三年。今舍本律，非刑之平。'忤旨，罚俸一月。"① 时任左都御史的王廷相因为坚持法律的公正，而触怒了明世宗，反而受到责罚。由此可见，在南京擅伐明孝陵林木的宦官李兴，也不是犯了死罪。只是因为明朝帝王对祖先陵寝的重视，才会加重对这些犯法者的处罚。究其原因，乃是由于这些人的行为触动了皇家的"王气"，造成了不吉利的结果。

　　万历年间："时矿税使四出，马堂驻天津，王忠驻昌平，王虎驻保定，张晔驻通州。颐疏言：'燕京王气所钟，去陵寝近，开凿必损灵气。'"② 时任右都御史的李颐为了反对矿税使借开矿来四处敲诈勒索百姓钱财，于是提出了陵寝灵气不宜损伤的借口，但是并没有取得预期的成效。在此前后，"泗州大水，城中水三尺，患及祖陵"。有些官员就提出了挖渠入江的办法，时任工部尚书兼右都御史的潘季驯加以反对，"季驯谓祖陵王气不宜轻泄"，不同意开渠。③ 由此可见，风水先生的陵寝"王气"之说，在政府官员中也有着较大的影响。

　　此后不久，朝中大臣田大益为了反对矿税使们四出祸国殃民，也以皇陵受灾为由上言："空言相蒙，人怨天怒，妖祲变异，罔不毕集。乃至皇陵为发祥之祖而灾，孝陵为创业之祖而灾，长陵为奠鼎之祖而亦灾。天欲蹶我国家，章章明矣。"④ 其言辞之激烈，实属罕见，但是却没有引起明神宗的重视。此后明朝的政治越来越腐败，最终引发了大规模的明末农民起义。在崇祯八年（1635 年）正月，由李自成领导的农民起义军直捣凤阳："八年正月，贼遂攻陷凤阳，焚皇陵，烧龙兴寺，燔公私邸舍二万二千六百五十，戮中都留守朱国相、指挥使程永宁等四十有一员，杀军民数万人。"⑤ 也许是明皇陵的"王气"遭到严重破坏，此后不久明朝就灭亡了。

---

① 《明史》卷一百九十四《王廷相传》。
② 《明史》卷二百二十七《李颐传》。
③ 《明史》卷二百二十三《潘季驯传》。
④ 《明史》卷二百三十七《田大益传》。
⑤ 《明史》卷二百六《杨一鹏传》。

第二节　明代北京皇家陵寝的修建

一　长陵的建造及其文化内涵

由于受到风水说的影响，明王朝从太祖朱元璋开始，就十分重视陵寝的修建。作为开国帝王，为祖先兴修陵墓是责无旁贷的，于是朱元璋在即位之后，追封祖上五代的尊号，又在泗州（今江苏盱眙）为其祖先建造了一座陵寝，称之为祖陵。此后不久，又将在安徽凤阳的其父亲的墓葬重新修建，称之为皇陵。与此同时，他在都城南京也为自己预先修建了一处陵寝，称之为孝陵。这种帝王生前就为自己安排"后事"的做法，在以往的历史上是不多见的。而在明代，太祖朱元璋的这一举措，直接影响到了明成祖朱棣的做法。

明成祖在"靖难之役"后夺得了皇位，首先采取的重大举措就是把全国的政治中心从南京迁移到北京，在这一点上，与前代的金海陵王迁都是极为相似的。接着采取同样的举措，也都是在北京地区寻找一处设置皇家陵寝的吉祥之地。金海陵王选择的是京城西面的大房山，而明成祖选择的则是京城北面的天寿山。其间有所不同的是，金海陵王选择的皇家陵寝之地，乃是为了将金上京的祖先墓葬迁移到这里加以安葬，而明成祖选择的皇家陵寝，则是为了自己死后加以安葬。这种预先为自己安排"后事"的做法，是明成祖仿照明太祖的结果。

在金代和明代之间的元代，虽然帝王的陵寝是设在漠北草原上的起辇谷，但是，大多数达官显贵们的墓葬也是被安置在京城的西北一带。这是与北京地区的自然环境密切相关的。在京城的东面和南面，地势低下，河流较多，不适宜设置墓地。而西北一带地势较高，气候干爽，较为适宜设置墓地。这种地理环境结构，与传统的风水之说的观点是一致的。显然，不仅帝王们在选择陵寝之地时要聘请风水先生来提供参考意见，就是达官显贵们在死后，其家人也要请风水先生来选择较为吉祥的墓地。

明成祖是在永乐四年（1406 年）决定迁都北京的，但是，直到永乐七年（1409 年）的五月，才选定了皇家陵寝的位置，其间历经了三年的时间，由此可见，明朝政府的官员们对京畿地区的概貌进行了详细的调查，最后，又聘请了著名的风水先生提出建议，才做出最后决定。"时太宗择寿陵，久不得吉壤，而仁孝皇后尚未葬。礼部尚书赵羾以江西地理术人廖均卿至昌平，遍阅诸山，得昌平东黄土山最吉。遂即日临视，定议封为天寿山。"① 这里所说的"久不得吉壤"，也就是说一直没有挑选到理想的墓地。

及墓地选择好了，在翌年二月开始，明朝政府征集了大批山东、山西、河南、浙江及北京等地的民众，以及军士等，来兴建陵墓。永乐八年（1410 年）九月，明成祖又亲自前往天寿山，视察陵寝的工程进展状况，并且对参加修建工程的民众及军士予以奖赏，"于是人赐钞十锭及狐帽、胖袄、袴鞋。陵内工匠加倍，军加五锭，民用力过三月者如之，不及三月者加三锭"②。由于陵寝的工程十分浩大，历时三年，直到永乐十一年（1413 年）正月，才最后完工，也直到这时候，死去已经 4 年的徐皇后才得以从南京渡江北上，葬入天寿山的陵中。明成祖为其陵寝命名曰"长陵"。

在明成祖选择陵寝位置时，不仅仅是"江西地理术人"廖均卿提供了意见，据当时人所云，又有山东宁阳人王贤参与其事："宁阳人王贤，少遇异人相之，当官三品，乃授以青囊书，遂精其术。永乐七年，成祖卜寿陵，有司以贤应命，于昌平州东北十八里选得吉壤，旧名东榨子山。陵成，封曰天寿。贤后累官至顺天府尹。"③ 不论是廖均卿也罢，王贤也罢，他们的风水之说师承不同，但是其见解则是一致的。

由于明代风水之说十分盛行，不仅廖均卿等风水先生受到社会各界的重视，而且许多政府官员也对此术颇有研究。除上文述及的王贤之外，又有王侃、马文素等政府官员，因为通晓阴阳风水之术而受到明朝统治者的重视。洪熙元年（1425 年）二月，明仁宗提拔王侃为钦天监监正、马文素为监副："侃、文素皆明阴阳之术，永乐中初建长陵，尝预效劳。至是，山陵事毕，上追念其劳，故有是命。"④ 在此后的明代诸位帝王陵寝的选择工作，也主要是由政府官员和风水先生双方共同来完成的。

所谓"长陵"，顾名思义，包含了明成祖的一种精神追求，也就是希望其子孙后代能够一代接一代地长期占有统治地位，这也是聘请风水先生

---

① 《天府广记》卷四十《陵园》。
② 《明太宗实录》卷七十二。
③ 见《日下旧闻考》转引明人叶盛《水东日记》，但遍阅中华书局点校本，并无此条记载，或是引者有误，或是另有不同版本，待考。
④ 《明仁宗实录》卷七上。

来选择陵寝的最终目的。毕竟人死之后，现实世界对他已经没有了任何意义，而要面对现实的乃是其子孙后代，因此，为自己建造陵寝是与为子孙谋求福祚密切相关的。如果从整个国家的角度来看，明朝统治者选择陵寝的做法，又是为了国家的长治久安。统治者如果能够一代接一代地顺利继承皇位，那么也就意味着国家的长期安定，这既是统治者们的福气，也是广大百姓的"福气"。如果社会出现动乱，遭殃的不仅仅是统治者，广大百姓更是将处于灾难之中。

明成祖为自己修建的长陵，主要仿照的模式，就是南京城的明太祖孝陵。正如著名建筑学家梁思成所说的："明代陵寝之制，自太祖营孝陵于南京，迥异古制，遂开明清两代帝陵之型范。……自唐太宗昭陵设上下二宫，上宫有献殿，仍如汉陵之寝；降至南宋，犹有二宫。明太祖营孝陵，不作二宫，陵门以内，列神厨、神库、殿门、享殿、东西庑，平面作长方形之大组合。其后成祖营长陵于昌平天寿山，悉遵孝陵旧法，而宏敞过之。献陵、景陵以次，迄于思陵，悉仍其制，凡十三陵。清代诸陵犹效法焉。"[①] 这种文化上的传承，不仅体现在陵寝方面，而且体现在礼仪文化的各个方面。

二　北京皇陵的续建

明成祖死后，明仁宗即位，因为有了现成的陵寝，于是得以将明成祖顺利下葬。为了表示对明成祖的追悼，明仁宗还多次举行了隆重的宗教活动。如永乐二十二年（1424 年）十月，明仁宗"命僧道二百四十人于天寿山建荐扬大斋三昼夜"。不久又"命礼部集僧道于庆寿等寺及灵济宫建荐扬大斋七昼夜，以太宗皇帝晏驾至此百日也"[②]。此后，又在冬至节前、明成祖梓宫引发前，及梓宫安葬之后，多次举办荐扬大斋会，为死者祈福。

然而，没过多久，明仁宗执政仅一年，尚来不及为自己预先建造陵寝，就已死去，故而其陵寝的建造工程就只能够由明宣宗来完成了。显然，与明成祖预先建好陵寝的做法相比，明仁宗的陵寝兴建工程十分仓促，于是，明宣宗从选择陵寝的位置，设计陵寝的样式，到调集大批军

---

①　见梁思成著《中国建筑史》第七章第三节。

②　《明仁宗实录》卷三下。

士、工匠修建陵墓，再到把明仁宗安葬在陵寝之中，前后只用了短短的三个多月时间。用这么短的时间来完成一座帝王陵墓的营造工程，在中国古代的历史上是极为罕见的。

"先是，仁宗皇帝宾天，上命有司择葬地，得吉兆于天寿山之阳。召尚书蹇义、夏原吉等谕之曰：'国家以四海之富葬其亲，岂惜劳费？然古之圣帝明王皆从俭制，凡孝子思保其亲之体魂于永久者，亦不欲厚葬……'于是命成山侯王通、工部尚书黄福总其事。其制度皆上所规画，三月告成，至是葬。其山周正圆厚，冈峦拱揖，川原逶迤，与长陵相比云。"① 明宣宗虽然打着"不欲厚葬"的旗号，但是，明仁宗献陵的兴建也已经是尽了全力。这一点，从明宣宗在这短短几个月时间里就调动军民、工匠十几万人来参加修建陵寝的工程即可看出。

由于明仁宗没有来得及为自己预造寿陵，因而明宣宗在位时期也没有为自己预造寿陵。及明宣宗死后，为其建造陵寝的任务自然就落到了新即位的明英宗身上。明英宗在建造明宣宗景陵之时，有了明宣宗为明仁宗建造献陵的先例，所以虽然工程的用时也较短，有四个多月的时间，却从容不迫，不仅建造了陵寝，而且为整个陵区修建了石人石马，也就是以往人们所说的"石象生"。正是因为有了这些威武雄壮的石人石马，才使得明代北京的皇陵更加气势非凡，整体结构更加完备。明英宗在即位后不久，还为仓促修建的献陵与景陵补建了垣墙及宰牲亭等建筑。

在明英宗正统末年，由于大宦官王振的干预，不幸发生了"土木之变"，英宗被北方少数民族瓦剌部俘虏，景泰帝在大臣们的拥戴下继承皇位。他在即位之后，曾为自己预先修造了陵寝，但是，当他病危之际，明英宗又在大臣们的拥戴下发动"夺门之变"，重新获得皇权，遂把病死的景泰帝排斥出了天寿山陵区。然而，明英宗先后在位合计二十余年，却一直没有为自己营造寿陵，直到死后，才由明宪宗来为其修建陵寝。从天顺八年（1464年）二月底开始动工，到同年六月把明英宗下葬，整个工程历时将近四个月。

在这四个月中，陵寝工程留下了一个较为完整的记录："其制：金并宝花城池一座，焰壁一座。明楼、花门楼一座，俱三间。香殿一座，五间。云龙五彩贴金硃红油石牌一，祭台石一，烧纸炉二。神厨正房五，左

---

① 《明宣宗实录》卷九。

右厢房六，宰牲亭一。墙门一，奉祀房三，门房三，神路五百三十八丈七尺。神宫监前堂五间，穿堂三间，后堂五间，左右厢房四座二十间，周围歇房并厨房八十六间。门楼一，门房一，大小墙门二十五。小房八间，井一。神马房二十，歇房九，马椿三十二，门墙六，白石桥三，砖石桥二。周围包砌河岸沟渠三百八十八丈二尺，栽培松树二千六百八十四株。经始于是年二月二十九，至是成。"①

在明代中期以前，明太祖和明成祖都是自己选择墓地，自己建造陵寝。而自明仁宗开始，历经宣宗、英宗、宪宗、孝宗，直到武宗，不管在位时间或长或短，却都没有为自己建造陵寝，而是由下一位继任的帝王来完成建造陵寝的工程。由于在帝王死后才开始营建陵寝，于是，营造工程的工期也就较短，用于选择陵寝的时间也就较短，不可能像明成祖那样用较长时间来考察吉祥之地。这种状况，一直到明武宗死后，明世宗意外获得帝王之位，在对各种礼仪制度进行改革的同时，又仿照明太祖和明成祖的办法，为自己选择吉祥之地，建造陵寝。

虽然早在永乐年间明成祖就已经确定了皇家陵寝的主体位置，但是，每位帝王却也需要为先帝或者自己选择具体的陵寝位置。明孝宗死后，明武宗就曾经命礼部官员李杰、倪谦等人为其选择陵寝之地。"左侍郎李杰、钦天监副倪谦同司礼监太监戴义奏：'于茂陵西施家台得吉地，堪以奉安大行皇帝陵寝。山陵事重，乞别命官覆视。'而工科右给事中许天锡亦言：'宜于廷臣中推取谙晓地理者视前地。如有疑，亟移文江西等处，广求术士，博访名山，务得主势之强、风气之聚、水土之深、穴法之正、力量之全，如宋儒朱熹所云者，庶可安奉神灵，为国家祈天永命之助。'礼部议从其言。上是之，命访求精通地理人员，令太监扶安、李兴、覃观，右侍郎王华，少卿吴昌与俱往，详定以闻。"② 经过反复考察之后，才最后认定李杰等人选择的施家台吉地为孝宗的陵寝之地，并且开工营造。

明世宗公开为自己营造陵寝的决定是在嘉靖十四年（1535 年）做出的。翌年三月，明世宗又向礼部尚书夏言下令，命其调集相关官员前往天寿山考察。"于是言等议奏：'山陵之事，前古帝王皆所讳言，惟我太祖、

---

① 《明孝宗实录》卷六。
② 《明武宗实录》卷一。

太宗尝预修陵寝，至今相传，以为非常之圣乃有非常之举。兹皇上欲因小就大，即议山陵之建，盖欲太祖、太宗先后一揆。但山陵重事，必须精择，请先命文武大臣带领钦天监官及深晓地理风水之人，外观山形，内察地脉，务求吉兆，以为万万世之寿藏。待其画图贴说，进呈睿鉴，皇上方修谒陵之礼，因而亲阅，果当圣心，然后议建举行，斯为万全。'"①

对于夏言等人的建议，明世宗认为，如果按部就班地来做，用的时间太长，他是没有耐心等待的。于是下令："陵寝之制，量仿长陵之规，必重加抑杀，纸衣瓦棺，朕所常念之。此意卿等亦要力赞……"并且明令确定了拜祭祖先陵寝和考察自己寿域的日期："今可即二十一日驾发到陵，休一日，二十四、二十五二日行谒告礼，二十六日又休一日，次日往西山拜二寝，随时行礼还京。"② 对于明世宗的圣旨，任何人都不敢违抗。于是，拜祭皇陵与考察寿域皆按期举行。

明世宗在到达天寿山之后，"上谒祭长陵、献陵、景陵礼毕，至十八道岭自择陵域。先年悼灵皇后丧，上密谕大学士张孚敬，令致仕官骆用卿择地于十八道岭及橡子岭，两具图说以进，至是亲阅。明日复阅橡子岭，命钦天监官及从臣审视，皆以十八道岭地为胜"③。于是确定了寿域的具体位置。由此可见，早在嘉靖八年（1529 年），明世宗就已经在为自己准备寿域了，只是这项工作尚处于秘密状态中，当时选中的吉祥之地有两处，一处是十八道岭，另一处是橡子岭，经过明世宗的考察，最终确定了十八道岭的吉地。

三　皇陵建造引发的官员之争

到了万历年间，又出现了明神宗为自己选择寿域的事情，这一次的情况尤为复杂。万历十一年（1583 年）正月，明神宗向内阁大臣们提出，要在二月拜祭皇陵及考察寿域，于是，朝中大臣上奏疏曰："预建山陵乃古圣帝明王达节，后世则讳言之。我太祖、成祖、世祖三圣皆尝预修，诚千古之创举也。……今天寿山吉壤固多，未知何地固胜，合照世祖先年例事，命文武大臣带领钦天监及深晓地理风水之人，先行相择二、三处，画

①　《明世宗实录》卷一百八十五。
②　同上。
③　同上。

图贴说，进上恭览，恭候圣驾亲阅钦定，然后营建，以为万万年寿藏。"①
这种做法，完全仿照的是明世宗的模式。

同年二月，明朝政府派出了一批中级官员前往天寿山选择寿域，并且
初步选定了三处地方。"据祠祭司员外郎陈述龄会同工部都水司主事阎
邦、钦天监监副张邦垣等及带在京谙晓地理人连世昌，先诣天寿山四顾相
视，择得永陵东边一地名潭峪岭，昭陵北边一地名祥子岭，东井南边一地
名勒草洼，俱为吉壤……"于是，明神宗又命首相张四维、大宦官张宏
等高级官员一同前去复视。而礼部官员又推荐数人："新升南京刑部尚书
陈道基、通政司左参议梁子琦、贵州金事胡宥，俱究心地理，乞命同往山
陵相择。"也得到神宗的许可。②

同年闰二月，明神宗在拜祭长陵、永陵等九陵之后，又亲自考察了祥
子岭等三处寿域，经过比较，首相张四维等人认为祥子岭之地最为吉祥。
但是，明神宗意犹未惬，于是下令，命主持具体工作的官员再选择两三处
吉壤，画图上报。于是，问题开始变得越来越复杂了。据政府官员张邦垣
及风水先生连世昌等人的意见，除了上述三处吉壤之外，"自东山口至九
龙池逐一寻择，择得形龙山吉地一处，宝山吉地一处，东井左边平冈吉地
一处，又有黄山地一处俱吉"。这样，由大多数政府官员选择的吉壤就多
达六七处。而通政司参议梁子琦又专门选择了八处吉壤，使得明神宗不知
所措，于是下令："卿等率各相择员役前去，将内六图并梁子琦八图一一
从容覆视，详议折衷，择取上吉地三四处，画图来看。"③

经过再三选择，礼部官员提出，形龙山、石门沟山及西井左边大峪山
三处最为吉祥。明神宗又下令，命首相张四维等人再次前往，对吉壤加以
确认。同年八月，经过定国公徐文璧、大学士申时行等人的考察，最后选
定了形龙山及大峪山二处最为吉祥，并且绘图呈上，以备明神宗做出最后
决定。据他们的奏报称："臣等谨于八月二十一日恭诣天寿山，将择过吉
地逐一细加详视，看得该监所呈形龙山、大谷山二处风水形势，诚天造地
设，允为万世圣子神孙钟美毓秀之区，与臣等所见相同，俱称上吉。其余
位次参差、砂水倾侧，委不堪用。"④ 同年九月，明神宗前往天寿山秋祭

---

① 《明神宗实录》卷一三二。
② 《明神宗实录》卷一三三。
③ 《明神宗实录》卷一三五。
④ 《明神宗实录》卷一四○。

皇陵，并且视察了两处吉壤，做出了最终决定："上亲诣形龙山、大峪山等处相择寿宫。谕内阁：'寿宫吉地用大谷山，卿等传示礼部并钦天监知道。'"①

选择寿域的事情到此本来应该结束了，却又生出了许多事非。先是在同年八月，梁子琦因为自己选择的吉壤没有被采用，而对大学士申时行及礼部尚书徐学谟加以攻击："奏论礼部尚书徐学谟与辅臣申时行为儿女亲家，附势植党。"而申时行等加以反驳："子琦所择吉地石门沟山，坐南向北，逼窄难用；黄山一岭在献、裕二陵之间，位次非宜，而反不满于形龙、大谷，执拗纷争，何时得决？"② 于是，梁子琦被扣罚三个月的俸禄。

同年十月，又有吏科给事中邹元标复上疏攻击徐学谟："礼部尚书徐学谟，山陵回居，物咏沸腾，犹伏觍颜就列，无易退之节。"③ 于是，徐学谟奏请回归故里，得到明神宗允许，退休回乡。同年十一月，则有贵州道御史周之翰弹劾梁子琦："子琦忿覆阅寿宫不得与列，讦奏礼部尚书徐学谟欺罔，今大峪山奉宸断并不在梁子琦所献八地之中，则徐学谟之不得为欺罔明矣。学谟既去，子琦岂宜独留。"④ 于是，明神宗又罢去梁子琦之官，"不许起用"。

到了万历十三年（1585 年）八月，又有政府官员李植、江东之、羊可立等人上疏攻击申时行："大峪山非吉壤，时行与故尚书徐学谟昵，故赞其成，憾尚书陈经邦异议，故致其去，以倾阁臣。"⑤ 明神宗虽然支持申时行等人的意见，却又不得不去天寿山再次考察。同年闰九月，明神宗在秋祭皇陵的时候，又对申时行等人议定的大峪山及梁子琦、李植等人议定的宝山等吉壤加以比较，还是选定了大峪山。明神宗最后指出："我祖宗山陵卜于天寿山，圣子神孙，千秋万岁，皆当归葬，江山安得许多吉壤？朕志定矣。"⑥ 这次陵寝选择工作，应该是明代皇陵定位过程中争议最大、预先选择吉壤数量最多的一次。

也许是历史的巧合，就是这座在当时争议最大的明代帝王陵寝，却最

① 《明神宗实录》卷一四一。

② 《明神宗实录》卷一四〇。

③ 《明神宗实录》卷一四二。

④ 《明神宗实录》卷一四三。

⑤ 《明神宗实录》卷一六四。

⑥ 《明神宗实录》卷一六六。

先遭到挖掘。20世纪50年代末，我国的考古工作者对明神宗的定陵首先进行了大规模的考古发掘工作，出土了大量的陪葬文物，对当代人们了解明代皇家陵寝的基本构造助益极大。但是，随着之后不久的十年浩劫，从定陵出土的大量珍贵文物也遭到灾难性的毁坏，造成的巨大文化损失是无法挽回的。正是吸取了惨痛的经验教训，另外十几座明代皇陵才得到了有效的保护，没有再冒失发掘。当然，对定陵的发掘工作，其所取得的大量历史资料也为此后的历史研究工作提供了巨大的支持，其在学术上产生的积极影响也是应该加以肯定的。

第三节　陵寝与政治斗争的密切关系

一　明代宗改葬金山口

明代帝王陵寝的建造，与明代的政治斗争的关系是十分密切的。最典型的事例，就是明代宗为自己修建了陵寝，后来被明英宗废毁的遭遇。正统十四年（1449年），明英宗随大宦官王振北征，发生"土木之变"，被蒙古瓦剌部俘虏，明代宗仓促即位，率领北京军民抵抗瓦剌部的侵扰，巩固了明王朝的统治。到了景泰七年（1456年）二月，明代宗仿照明太祖和明成祖的先例，"命太监吉祥、保定侯梁瑶、工部右侍郎赵荣督工营造寿陵"[1]。这项工程实施不久，却发生了"夺门之变"，被软禁在南内宫殿中的明英宗趁着明代宗病危之际，在大臣石亨等人的拥戴下，重新登上皇位。

明英宗对明代宗长期软禁自己十分怨恨，对此，也就要想尽各种办法来报复已经死去的明代宗，而废毁明代宗的陵寝就是一项报复的重要举措。首先，是明代宗死后，明英宗没有把他安葬在天寿山的陵区内，而是把他安葬在了京城西北的金山："上谓兵部臣曰：'郕戾王葬金山，与许悼王及怀献王世子坟园共处，宜于武成中卫拨官军三员、旗军三百户守护，将见有投充军役者补之。'"[2] 明英宗所云"郕戾王"，就是指的明代宗。因为金山的墓地在明代是用来安葬宗王、嫔妃、皇子的地方，故而可知，明英宗否认了明代宗的皇帝身份。

---

① 《明英宗实录》卷二六三《景泰附录》卷八一。
② 《明英宗实录》卷二七三。

其次，明英宗又找借口把明代宗生前营造的陵寝加以毁坏。天顺元年（1457年）五月，明英宗利用宗王朱瞻墡拜谒天寿山皇陵之后的奏章而下令："命工部尚书赵荣毁寿陵。"朱瞻墡在奏章中对明代宗的攻击十分露骨："郕王葬杭氏，明楼高耸，僭拟与长陵、献陵相等，况景陵明楼未建，其越礼犯分乃如是，臣不胜愤悼。……其郕王祁钰，承皇上寄托之权，而乃乘危篡位，改易储君，背恩乱伦，荒淫无度，几危社稷……伏望夷其坟垣，毁其楼寝，则礼法昭明，天下幸甚！"① 由此可见，不仅明英宗为泄私愤而不以历史事实为依据，就连许多臣下为了讨好明英宗，也不顾是非，而对明代宗肆意攻击。

直到明英宗死后，明代宗的皇帝身份才得到承认，而其陵寝虽然没有再迁回天寿山的皇陵区域中来，却也被加以重新修建，这座陵墓，是明代天寿山外的唯一皇帝陵寝。对明代北京的皇帝陵园，现在人们往往称之为"明十三陵"，其实，应该是"明十四陵"，明代宗的陵寝已经被大多数人遗忘，甚至有些人并不知道金山口还有一座明代的皇帝陵寝。对明代宗的这种不公平待遇，使人很容易就联想到了金代的海陵王。是海陵王决定迁都，也是海陵王在大房山修建了金朝的皇家陵寝，但是，当他在南伐宋朝失败被杀后，却没有被安葬在大房山的皇家陵园区中，也是被当作普通宗王来加以安葬的。明代宗比金海陵王幸运的是，他在死后得到了平反，皇帝身份被重新确认，而海陵王在死后，却一直被称为"炀王"。

二　明代人殉制度的废除

明英宗在处理明代宗的丧葬问题上确实有失公允，但是，却也有值得称道的地方，就是他在临死曾遗诏，禁止宫中嫔妃殉葬。据《明史》记载，在明代初年，明太祖朱元璋死后，曾有一些宫中嫔妃自愿殉葬，以表示节烈，并且得到了明朝政府的嘉奖。于是，此后从明成祖开始，历经明仁宗、明宣宗与明代宗四朝，也就把宫妃殉葬作为一种制度继承了下来，而不管宫妃们是否自愿。不仅帝王死后要用宫妃殉葬，就连诸宗王死后，也要用王妃等人殉葬。这种用活人的生命来为死人陪葬的残忍的、野蛮的行为，却是在"忠烈"、"贞节"的冠冕堂皇名义下进行的。

据《明史·郭嫔传》记载："正统元年八月，追赠皇庶母惠妃何氏为

---

① 《明英宗实录》卷二七八。

贵妃，谥端静。赵氏为贤妃，谥纯静。吴氏为惠妃，谥贞顺。焦氏为淑妃，谥庄静。曹氏为敬妃，谥庄顺。徐氏为顺妃，谥贞惠。袁氏为丽妃，谥恭定。诸氏为淑妃，谥贞静。李氏为充妃，谥恭顺。何氏为成妃，谥肃僖。……盖宣宗殉葬宫妃也。"这十几位宫女就是在为明宣宗殉葬之后，被追封为嫔妃的。她们作为皇家丧葬制度的牺牲品，丧失了宝贵的生命，只得到了一个虚有的"名份"，而她们的家人，有些则会获得或多或少的利益。明英宗禁止宫女殉葬的遗诏对于自己没有任何损害，对于他人却是功德无量的。

三 后妃合葬的纷争

明朝帝王的丧葬制度，采行的是帝王与后妃合葬的方式。因此，在帝王有着三宫六院、众多嫔妃的情况下，究竟由谁来与帝王合葬，就变成了一个十分敏感的政治问题，也是一个十分复杂的伦理问题。首先涉及的，就是后妃与皇储的关系问题，这个问题，是自古以来就存在的。被帝王立为正宫皇后的人，不一定就能够生下皇太子，而且在历史上许多正宫皇后都没有生下皇太子，于是，生下皇太子的嫔妃与正宫皇后之间就会产生一种相互矛盾的关系。这种矛盾，在皇太子没有继承皇位之前，或者是正宫皇后没有死之前，处于隐蔽的状态。因为正宫皇后没有死，生下皇太子的嫔妃也无法与之争夺正宫之位。除非皇帝对皇后已经厌恶，又对生下皇太子的嫔妃十分宠爱，才会出现嫔妃取代皇后的事情。而在皇太子即位之后或正宫皇后死后，这种矛盾就会变得公开化、激烈化，由此导致政治风波的动荡。

明代的帝王与后妃合葬的制度，更加人为地激化了这种矛盾。而且从明代中期开始，这种矛盾就一直没有中断过。北京的第一座皇陵是明成祖为自己兴建的长陵，明成祖的正宫皇后是徐皇后，比明成祖早死，死后即安葬在长陵。而在徐皇后死后，明成祖也没有再册立过正宫皇后，因此，这时自然不会产生上述的矛盾。明仁宗即位时间很短，也只册立过一位张皇后，自然也不会产生上述的矛盾。而在明宣宗即位后，初立胡皇后，既多病又无子，故而失宠。再加上孙贵妃有宠，又私收宫女之子为己子（即明英宗），故而导致了明宣宗废胡皇后、立孙贵妃为皇后的事情。于是，胡皇后死后，不得用皇后之礼安葬，只是用嫔妃之礼葬于金山。而孙皇后在死后，得以与明宣宗合葬于天寿山的景陵。

明英宗即位后，先是册立了钱皇后，却没有生下皇太子，而英宗的周贵妃生下皇太子（即宪宗）。于是，在明英宗死后，明宪宗遂将钱皇后及生母周贵妃都立为皇太后。及钱皇后死去，周皇后却阻止明宪宗将其与明英宗合葬，于是，朝中大臣百余人上书请命，又伏哭于文华门外而不起，明宪宗无奈，只得同意将钱皇后与明英宗合葬于裕陵。这是明宪宗由于受到周太后的压力，又受到朝中群臣的压力，而左右为难的事情。钱皇后是正宫皇后，而周贵妃是后来尊封的皇太后，但又是当朝皇帝的生母，两个方面的势力都很大，明宪宗只得妥协，最终出现了在明英宗的陵寝中同葬两位皇后的局面。

明宪宗自己的麻烦也很大，先是册立了吴皇后，因为杖责受宠爱的万贵妃而被废去。继立的王皇后以能容忍万贵妃而得以保全皇后之位。此外，又有纪淑妃生下皇太子（即孝宗），却被万贵妃害死。及明孝宗即位，追尊生母纪淑妃为皇后，合葬茂陵。而王皇后在死后，也被合葬在茂陵。只有被明宪宗废去的吴皇后，在死后被以嫔妃之礼安葬。其被安葬的待遇，与此前的明宣宗时被废去的胡皇后、此后的明世宗时被废去的张皇后一样，皆不得入葬天寿山的皇陵区。

在明代，产生争议最大的是明世宗。由于明武宗死后无子，明世宗遂以宗王从湖北入继皇位。首先，他将祖母邵氏（即明宪宗的妃子）尊封为皇太后，及邵太后死后，明世宗将其与明宪宗合葬于茂陵。其次，他又想将其生父的陵寝从湖北迁到北京的天寿山皇陵区，但是，遭到了朝中许多大臣的反对，并且以明太祖不迁祖陵到南京、明成祖不迁孝陵到北京为例证，明世宗无奈，只得将其父陵墓留在湖北，尊称显陵。而在皇后安葬的问题上，明世宗的许多做法也是不甚恰当的。

明世宗的第一任正宫皇后是陈皇后，因为不受宠爱，及陈皇后死去，明世宗遂将其埋葬在袄儿峪，谥号曰"悼灵"，直到明穆宗即位后，才将其迁葬于明世宗的永陵，享受到了皇后的待遇。明世宗的第二任正宫皇后为张皇后，也因为不受宠爱，被废去，死后按照嫔妃的礼遇加以安葬。明世宗的第三任皇后为方皇后，她的正宫皇后地位没有受到动摇，是以被合葬于永陵。明世宗还有一位妃子，因系明穆宗（即明世宗时的皇太子）的生母，死后明世宗以妃子之礼葬之于金山。及明穆宗即位，追尊为杜太后，亦迁葬于永陵，与陈皇后、方皇后同葬，遂成为一帝三后合葬的格局。

由于有了明世宗的先例，此后的明穆宗、明神宗，甚至于明光宗，都是二后、三后合葬的格局。如明穆宗的第一任皇后李氏，原来只是明穆宗未当皇帝时的王妃，在嘉靖年间死去，是以王妃之礼安葬于金山。及明穆宗即位后，追尊为李皇后，再到明神宗即位后，才将其从金山迁葬于昭陵。明穆宗即位后册立的陈皇后没有生下皇太子。而明神宗之母李氏，在明穆宗时只是被封为贵妃，直到明神宗即位后，才被尊为皇太后，死后，遂与陈皇后及李王妃一起合葬于昭陵。这种皇太子即位后追尊生母为皇太后的现象在明代是极为普遍的，也就造成了一帝二后或者一帝三后的合葬现象普遍存在。

还有一个特殊例证值得一提，即明代宗帝后的安葬。如上文所述，明英宗在重新夺得皇位之后，曾经贬明代宗为郕戾王，葬于金山。与此同时，又将明代宗的正宫皇后汪皇后降为王妃，也就是《明史》所称的景帝废后汪氏。当然，这里所称的废后，不是被明代宗，而是被明英宗废去的。及汪皇后死去，又将之与明代宗合葬于金山。经过主持礼仪工作的政府官员的议定，采取了"葬以妃，祭以后"的妥协办法。也就是说，安葬汪氏的规格是以王妃的礼仪，而祭祀汪氏的规格则是以皇后的礼仪。这种做法，不仅在明代是罕见的，而且在整个中国几千年的文明发展史上也是极为罕见的。

第十八章　文学艺术创作及其文化内涵

　　作为一个封建王朝的都城，特别是统一全国的封建王朝的都城，自然会成为重要的政治和文化中心。因此，在这里汇聚了一大批全国最著名的学者和文人雅士，以及书画、演艺方面的优秀人才。这些人以北京城为其主要的活动场所，开展各种各样的文学艺术创作活动，把这一时期的文化发展推向了一个新的高潮。他们有的来自全国各地，带来了不同地区的地域文化；有的生长在京城，熟悉都城的自身文化，通过频繁地交往，将不同地区的区域文化与京城文化结合在一起，进行更高层次的创作活动。正是因为有了一大批学者、文士、艺人的频繁交流和创作活动，也才使得都城的北京文化成为全国文化的主流代表。

　　在明代的北京，文学艺术创作主要沿袭了前代的形式，如诗词、文章、书法、绘画、戏剧，等等。但是，也产生了一些新的文艺形式，其中，最为突出的就是章回体小说的出现与创作的繁荣。正如元代的杂剧艺术在中国的戏剧发展史上树立了一座里程碑一样，明代的章回体小说也把以往的文学创作推上了一个新的发展阶段。明代北京的杂剧是对元代大都杂剧的承袭，使说唱艺术的技艺更加成熟，内容更加丰富。而明代章回体小说则是把以往的语言文字的创作集其大成，加以创新，成为这个时代的文学创作的新标志。这种新的文学载体的出现，也是历史发展的必然结果。

　　在北京的文学艺术创作中，文化内涵的变化与文学载体的变化一样，也充分显示出了这个时代的整体文化特色，也就是从元代的多元文化向明代的一元文化（即农耕文化）为主的转变。儒家的政治学说在重新取得支配地位之后，开始对其他多元文化，如游牧文化、外来文化（包括基督宗教文化、伊斯兰教文化）等加以排斥，这种排斥甚至延伸到佛教与道教的领域中。在大多数儒家著名学者的眼中，或者说是他们的文化视野中，评价问题的标准只有一个，那就是儒家的价值学说。评价的结果主要有两个，凡是符合儒家的价值学说者，被承认是"正"；凡是不符合儒家的价值学说者，则被排斥为"邪"，而"正"与"邪"是势不两立的东西。这种是非标准，自然也会在文学艺术的创作中有明显的反映。

第一节　章回小说创作及其文化内涵

一　章回小说创作的兴盛

作为文学体裁之一的章回小说，其产生是在元明时期，而其创作的兴盛及传播之广泛则是到了明代中后期。作为这种体裁的代表作品，则有所谓的"四大奇书"，即今日仍然流传极为广泛的《三国演义》、《水浒传》、《西游记》及《金瓶梅》。后世人们往往把《金瓶梅》除去，而代之以《红楼梦》，这种做法，从社会教化的角度讲，是有一定道理的，但是从学术研究的角度来看，则是没有必要的。《金瓶梅》的表述题材为世俗之"性"，而《红楼梦》的表述题材为高雅之"情"。"性"与"情"确是有雅、俗之别，但是，我们若抛弃这两部章回小说的表述形式，就其文化内涵而言，两者是没有差异的。

显然，正如一些学者所言，这"四大奇书"涵盖了中国古代文学创作的四个主要方面的内容，《三国演义》代表了历史小说的典范，《水浒传》代表了侠义小说的典范，《西游记》代表了神怪小说的典范，而《金瓶梅》则代表了言情（或者说是性与情）小说的典范。从"讲故事"的角度而言，这四部巨著（确切说是前三部）经过宋元时期几百年的长期积累，确是达到了前无古人的高度。就其所讲"故事"内容而言，也表现出了集大成的风范。这又是与文人参与创作的现实背景密切相关的。在此之前的宋元时期，这四个方面的题材已经在绝大多数的演艺形式中反复表现过，从说唱的各种形式，到戏剧的表演，已经极为丰富，而"四大奇书"则是在文字表达方面又创造了一个极致。

自古以来，越是深入广大民众的艺术作品，才越具有强大的生命力和广泛的社会影响力。在"四大奇书"中，前三部作品显然是受到历代民众喜爱的，不论是刘、关、张三结义兄弟，还是宋江、吴用、李逵、鲁智深等108位梁山好汉，抑或是唐僧师徒四人，其艺术形象都已经在广大民众中扎下了深深的根。其中的有些人，如关羽，竟然从凡人逐渐演变为神灵，并且在全国各地皆建有关帝庙，岁时受到人们的祭祀。这种由凡人演变为神灵的过程，与小说的艺术感染力有着极大的关系。实际上，这三部章回小说中的主人公，绝大多数是实有其人的，而把这些凡人变成生动活泼的艺术形象，却又是广大民众的智慧结晶，广大民众才是他们的真正创造者。

而"四大奇书"中的另外一部《金瓶梅》，与前三部作品有着较大的差异，其一，故事的题材比较小，只是围绕着一个官僚家庭来展开的。其二，故事的情节完全出于文人的编造，而没有相对应的事迹作为依托。其三，故事的表述颇具反礼教的风格，特别是其对"性生活"的描述是那些道貌岸然的"君子"们所不能容忍的，于是也就成了"禁书"。而与《金瓶梅》有着类似格调的章回小说又有所谓的"三言"、"二拍"。"三言"即《喻世明言》、《警世通言》及《醒世恒言》，"二拍"即《初刻拍案惊奇》及《二刻拍案惊奇》。这五部小说讲的也都是小"故事"，有些是根据前人的作品演变而来的，有些是作者的编造。特别是，其中的有些篇目对"性生活"的描述绝不逊色于《金瓶梅》。

在明代，章回小说的作者们对于其作品所产生的社会效益是十分重视的，而这些作品也确实产生了巨大的社会影响。《三国演义》是以历史事件为题材的文艺作品，但是，书中所表现出来的"忠、孝、节、义"的儒家观念却是无处不在的，甚至对于"正统"这样十分严肃、十分"专业"的问题，也表达了作者的观念。"正统"在儒家学说中是一个极为重要的观念，特别是在国家分裂时期，多个割据政权并存，"正统"表示的也就是其合法性的问题。在大多数情况下，经过割据政权之间的兼并战争之后，最终统一天下的政权往往获得"正统"地位，也就是以成败论"英雄"。《三国演义》却没有遵循这种模式，不是把胜利者魏国放在"正统"地位，而是依照儒家学说的理念，把"皇叔"刘备建立的蜀国放在了"正统"地位，使得蜀国在政治斗争中虽然失败了，而在广大民众中却变成了"胜利者"。刘备的对手曹操本来是一位很有作为的政治家，却在民众心目中变成了大奸臣。

《水浒传》也是以历史事件为题材的，但是，其主人公却是一个特殊群体，一群行侠仗义的好汉。自古以来，"儒以文乱法，侠以武犯禁"几乎已成定论，《水浒传》也是为了印证这个定论。但是，作者在"法"与"禁"之外，又提出了一个更高的境界，即"忠"、"义"，所以，梁山泊好汉们聚会的场所叫做"聚义堂"，他们的结合，是被"义"贯穿的。然而，在"义"之上，又还有一个"忠"，这才是真正的最高境界，也是作者评判是非的最终依据。宋江等梁山泊好汉们反叛朝廷的行为是"非法"的，在古代社会中是绝对禁止宣扬的，但是，正是一个"忠"字当头，才使得宋江等人的行为变得"合法"了，可以作为"英雄"来加以歌颂了。

《西游记》是以神灵鬼怪为题材的作品，其主人公是唐代的著名高僧玄奘，故而在故事情节中带有浓厚的宗教特色。就唐僧的三个弟子的名字而言，悟空、悟能、悟净可以被视为佛教修行的三个境界，其中，当以悟空的境界最高，与之相对应的，三个弟子中的孙悟空的本领也是最大的。只有到达了"悟空"的境界，才能够做到变化莫测、纵横驰骋于天地之间。同样有意思的是，在《西游记》中，作者通过对孙悟空的描写，表达出了明显的崇佛贬道的宗教倾向。孙悟空在道教的仙境中胡作非为，而道教的著名人物王母娘娘和玉皇大帝等皆对他无可奈何，显示出孙悟空的巨大能量。而当他遇到佛教的观音菩萨、如来佛等著名人物之时，却又变得十分无能。就连观音菩萨座下的畜生，都让孙悟空吃尽了苦头。人们以孙悟空作为参照物，就不难得出佛教人物比道教人物本领大的结论。

《金瓶梅》与"三言"、"二拍"的出现，表现出明代的市民们对社会生活的重视，而且开始对社会生活表象下面的更深刻的文化内涵进行越来越全面的思考。在这些作品中，其主人公的等级身份已经变得不重要了，不论是社会上层的皇亲国戚，王侯将相，还是社会下层的卖油郎与妓女，都被"酒"、"色"、"财"、"气"等世俗欲望包围着，只有那些不被世俗欲望支配的人们，才能够得到圆满的结局。在这里，作者通过引人入胜的故事表达了劝善戒恶的"教化"思想，同时也运用了佛教文化中的善恶轮回、因果报应的方法，使广大民众更加易于接受。

二　章回小说的文化内涵与社会影响

在明代社会中，章回小说具有很强的感染力和极其广泛的社会影响，上自最高统治者的尊贵帝王，中至官僚士大夫阶层，下迄市井间的普通小民，都对这种新兴的文学形式十分喜爱，据戏曲小说研究专家叶德均先生所云："偶检明《文渊阁书目》，于卷十中又得话本总集二种：《烟粉灵怪》、《新词小说》。惜《文渊阁书目》仅载书名，至卷帙、篇数、版本均未注明。《新词小说》，当为明人编撰无疑；《烟粉灵怪》或为宋元人之作，亦未可知。"① 文渊阁在北京的皇城里面，是明成祖命大臣们收藏书籍的地方，由此可见，当时的章回小说已经流传到了皇宫大内之中。

而在京城的官僚士大夫中，章回小说的流传十分活跃。据万历时著名文人沈德符云："袁中郎觞政，以《金瓶梅》配《水浒传》为外典，予恨未得见。丙午，遇中郎京邸，问曾有全帙否？曰：第睹数卷，甚奇快，今惟麻城刘涎白承禧家有全本，盖从其妻家徐文贞录得者。又三年，小修上公车，已携有其书。因与借抄挈归，吴友冯犹龙见之惊喜，怂恿书坊，以重价购刻。马仲良时榷吴关，亦劝予应梓人之求，可以疗饥。予曰：此等书必遂有人板行，但一刻，则家传户到，坏人心术，他日阎罗究诘始祸，何辞置对？吾岂以刀锥博泥犁哉。仲良大以为然，遂固箧之。未几时，而吴中悬之国门矣。"②

据此可知，第一，章回小说的创作是在全国各地（当然也包括北京），而其最理想的传播地是在北京。在万历三十四年（1606 年），《金瓶梅》在社会上还十分罕见，但是在京城士大夫中已经流传甚广，直到三年之后，才流传到南方。第二，当时的《金瓶梅》在官僚士大夫们中流传时，只是手抄本，有些只能是节录的手抄本。而当书商介入之后，出现刻本，立刻普及到了广大民众中去。第三，刻本小说的普及程度是很广泛的，所谓"但一刻，则家传户到"，即使不是每户一册，其相互传看的功效也是不容忽视的。第四，官僚士大夫们对章回小说的社会教化作用是有所注意的，沈德符就是因为《金瓶梅》的描写过于淫秽，认为"坏人心术"，故而拒绝了书商的"重价"。但是，沈氏的行为却阻挡不了艺术创作的魅力和书肆金钱的诱惑力，终于使《金瓶梅》在社会上传播开来。

非常有意思的是，沈德符接着又对《金瓶梅》的内容加以阐释，却与《金瓶梅》的故事情节相差太远了："闻此为嘉靖间大名士手笔，指斥时事，如蔡京父子则指分宜，林灵素则指陶仲文，朱缅则指陆炳，其他各有所属云。中郎又云，尚有名《玉娇李》者，亦出此名士手，与前书各设报应因果，武大后世化为淫夫，上烝下报，潘金莲亦作河间妇，终以极刑。西门庆则一骏男子，坐视妻妾外遇，以见轮回不爽。中郎亦耳剽，未

---

① 叶德均：《戏曲小说丛考》卷中《小说琐谈》。
② 《万历野获编》卷二十五《金瓶梅》。

之见也。去年抵辇下，从邱工部六区志充得寓目焉，仅首卷耳，而秽黩百端，背伦灭理，几不忍读。其帝则称完颜大定，而贵溪、分宜相搆，亦暗寓焉。"[1]

由此可知，第一，当时的文人士大夫们的思维十分活跃，可以通过故事情节联想到许多不相干的东西，也可以说是"影射"文学。第二，当时类似于《金瓶梅》的言情小说在文人中极为流行，除了《金瓶梅》与"三言"、"二拍"之外，又有《玉娇李》等著作，其对于性生活的描写更甚于《金瓶梅》，但是，文人们仍然可以把它当成政治讽刺小说。第三，这种有伤风化的小说名声特别大，许多人即使没有看过，对其故事情节也是有所了解的。第四，这类小说的最初传播之地也仍然是在京城。第五，佛教的轮回因果报应学说在许多小说中都成为了主题，贯穿于整部小说的始终。第六，这类小说的作者往往隐匿姓名，大概也认为是"不光彩"的事情，而文人士大夫们却对其极为推崇，称之为大名士手笔。

这些章回小说根据其内容的不同，有些可以作为说唱艺人的蓝本，而有些只能在私下传抄。例如，《三国演义》和《水浒传》等讲述历史故事的作品，在当时的演艺界就十分盛行："世之瞽者或男或女，有学弹琵琶，演说古今小说，以觅衣食。北方最多，京师特盛，南京、杭州亦有之。"[2] 在这里值得注意的有两点，第一点是"北方最多"，据此可知北方的说唱艺术十分活跃，要超过南方，成为人们日常娱乐活动的一种重要载体。第二点是"京师特盛"，也就是说明代的北京城乃是说唱艺术的活动中心。

显然，不论是章回小说，还是说唱艺术，都是当时最大众化的文艺形式，这种文艺形式的盛行，与整个社会的市民生活的联系变得越来越密切了。这种发展趋势，延续了唐宋以来的文化惯性，唐诗宋词是一种高雅文化，只有一小部分文人士大夫可以深入其中。宋元杂剧是一种半俗半雅的文化，获得了雅俗共赏的效果。而到了明清小说的创作中，虽然也出现了一些高雅的作品，但是，大多数的章回小说却彻底地世俗化了。这里所说的彻底地世俗化，是指不论从哪个角度来看，皆是如此，从语言的俗化，到内容的俗化，再到文化内涵的俗化，等等。

---

[1] 《万历野获编》卷二十五《金瓶梅》。

[2] 叶德均《戏曲小说丛考》所引姜南《蓉塘诗话》。

　　当然，在世俗化的章回小说盛极一时的情况下，也有一些文人墨客在坚持从事着文人小说的创作活动。明代前期文士瞿佑撰写的《剪灯新话》就是其代表作。瞿佑字宗吉，钱唐人，自幼聪慧，有文才，受到元末著名文士杨维桢的赏识，称之为"千里驹"。洪武年间，曾任各地训导等官，而因为一个偶然的缘故来到北京，"永乐间下诏狱，谪戍保安十年。洪熙乙巳，英国公奏请赦还，令主家塾，三载放归。卒年八十七。宗吉风情丽逸，著《剪灯新话》及乐府歌词，多偎红倚翠之语，为时传诵"①。而瞿佑之所以被抓进"诏狱"，乃是因为作诗犯禁之故。显然，这次变故和他出狱后在北京的三年生活，对他的小说创作必会产生较大影响。

　　关于他的生平，另有一种说法，见清代所编修的《浙江通志》转引的《万历杭州府志》，其文曰："洪武中以荐累迁周王府右长史，永乐间诗祸作，编管保安。久之，释归，复原职，内阁办事。年八十七卒。所著有：《春秋罗珠》、《诗经正葩》、《阅史管见》、《鼓吹续音》、《存斋集》行世。"② 据此可知，第一，不论是任英国公的家教，还是"内阁办事"，瞿佑都在北京生活过一段时间。第二，文中提出的"诗祸作"，可以反映出永乐年间封建统治者对人们思想的严密控制。第三，瞿佑的文学创作是十分丰富的，除了《剪灯新话》之外，还有《春秋罗珠》、《诗经正葩》及《阅史管见》等学术著作，只是他在学术方面所产生的影响，没有其在文学创作方面的影响大。

第二节　诗文创作及其文化内涵

一　达官显贵诗文创作的社会影响

　　在中国古代，诗歌和文赋的产生时间很早，也是最受文人墨客们推崇的文艺类别之一。一个文人要想在文坛上占有一席之地，就必须要在诗文创作方面有所成就。因此，自古以来的文人墨客们在诗文创作方面所下的功夫可以说是无穷无尽，而那些在诗文创作方面做出了突出贡献的文人，也确实得到了足够的荣誉，有些文学巨匠甚至得以名垂青史，受到后人历久不衰的颂扬。如在文赋创作方面做出突出贡献的屈原、宋玉，在诗歌创

---

　　① 钱谦益：《列朝诗集小传》乙集《瞿长史佑》。
　　② 见叶德均《戏曲小说丛考》转引。

作方面做出突出贡献的李白、杜甫，等等，皆在当代和后世留下了不可磨灭的美名。其在社会上产生的影响之广泛，竟然超过了许多历代的帝王将相。

在明代的北京，诗文创作也是当时最为繁盛的一个文艺创作类别。因为在北京成为全国的政治和文化中心之后，散处在全国各地的文人学者们都被一种无形的引力吸引到了都城中来。而在这些来到北京的文人学者中，那些最具才华的人物遂被留了下来，他们中的有些人甚至在这里生活了许多年，并且在这里长期从事诗文创作活动，产生了无数的诗文佳作。这些诗文作品的内容十分丰富，几乎包括了明代北京社会生活的各个方面，记录了许多今日已经鲜为人知的史实，对于后人了解明代北京的历史文化提供了珍贵的线索。

由于明朝历时近三百年，故而众多的文人墨客创作出了大量的诗文作品，许多作品在明代灭亡之前就已经在社会上广泛流传，有些达官贵人和著名学者在死后还很快就出版了诗文专集。因此，与此前的辽、金、元三代相比，明朝文人的诗文作品存留下来的就更多一些，特别是此后的清代初年，一些明代的遗老们更是汇集了许多明代文人的作品。例如，仅清代初年的学者孙承泽在《天府广记》一书中，就汇集了明代文人创作的诗歌 600 余首，而清代佚名学者在《人海诗区》中汇集的明代诗歌多达千余首，这些诗歌，又都是以北京为创作对象的，几乎收集了明代在北京生活过的大多数文人墨客的作品。

在北京的文人墨客中，有许多依恃其自身的政治才干而得到了明朝帝王的赏识，获得显赫的政府职务，而在显赫的政治背景之下，他们的诗文创作也会得到社会各界的赞扬。即使其中的有些作品的艺术价值并不高，也会受到无聊文人们的吹捧。例如，在明代前期，北京官场上以诗文著称的有所谓"三杨"及"二王"。"三杨"系指杨士奇、杨荣及杨溥。"二王"则是指王英及王直。与"三杨"、"二王"相类似的，还有解缙、胡广、金幼孜、黄淮、李时勉、陈敬宗等人。

这些人的一个重要身份就是御用文人，随时陪伴在明朝帝王的身边，每每在帝王情绪高涨之时，及时吟诗作赋，歌功颂德，既显示了自己的才华，又博得了帝王的欢心。这些为帝王服务而创作的应酬作品，其思想格调并不高，艺术价值也不大，但是，却从某些方面反映出了当时社会发展的大致状况。如在《钦定日下旧闻考》中转载的李时勉、陈敬宗等人分别所作《北京赋》，金幼孜、杨荣等人分别所作《皇都大一统赋》，就是这类作品的典型代表。李时勉在其所作《北京赋》中写道："建不拔之丕址，拓万雉之金城。……九衢百廛之通达，连甍逺宇之纵横。顾壮丽其若此，非燕逸而娱情。盖所以强干而弱枝，居重以御轻。展皇仪而朝诸侯，遵先规而布仁政者也。"提出了定都北京的重要意义。

杨荣在其所作《皇都大一统赋》中，对当时的紫禁城有比较准确的描述："千门瑞霭，万户春融。其南则有午门、端门，左掖、右掖，丹阙峙而上耸，黄道正而下直。豁大明之高张，屹正阳之拱抱。缭周庐之穹崇，蔽重甍之护翼。其左则有宗庙之祀，以奉祖考。……其右则有社稷之灵，以崇祀享。……若夫乾清之前，门列先后，日精、月华之对峙；景运、隆宗之并构。谨身翼乎其前，仁寿屹乎其右。又有奉先之祠，大善之殿，文楼、武楼之特耸，左顺、右顺之并建。若乃震位毓德，文华穹窿，亦有武英，实为斋宫。……若夫钦安之后，珠宫贝阙，藻绣交耀，雕栊巑岏，六宫备陈，七所在列。……"读其赋文，紫禁城之大略，历历在目。对于北京城的其他方面的建筑，杨荣在赋文中也有较为详细的描述。

显然，在明代的北京，普通民众是没有权力进入紫禁城参观游览的，只有像杨荣那样的达官贵人才有幸得到皇帝的召见，进入紫禁城，甚至是奉天殿、乾清宫等宫殿之中。也正是有了这种优越的政治地位，杨荣才能够把紫禁城中的主要宫殿，如乾清宫、钦安殿、毓德宫、文华殿、武英殿及六宫、七所等状况加以描述。而这种描述本身，除了具有文学创作的特征之外，又是一种自身地位的炫耀，还是一种权威性的叙述。毕竟在那个时代能够对紫禁城了如指掌的人并不多。

在明代中后期的北京，执掌朝中大权的阁臣们，也大多是能诗擅赋的文人，如李东阳、严嵩、夏言、徐阶、张居正等皆是。严嵩在明代的朝廷中名声并不佳，但是其才学还是有的："少师初入词垣，负才名，谒告还里，居钤山之东堂，读书屏居者七年，而又能倾心折节，要结胜流，若崔子钟、杨用修、王允宁辈，相与引合名誉，天下以公望归之。……其诗名《钤山集》者，清丽婉弱，不乏风人之致。直庐应制之作，篇章庸猥，都无可称。"① 由此可见，严嵩早年的创作灵性和才华都被他在官场上的钻营湮没了。

---

① 《列朝诗集小传》丁集中《严少师嵩》。

二 文人士大夫诗文创作的活跃

与朝廷中的达官贵人们不同的是，在北京的文坛上活跃着一批中层官僚士大夫，他们在从政之暇，聚在一起，进行诗文创作活动。这些人在创作活动过程中，结成了不同的小团体，并且互相标榜，自立雅号，形成一种社会风气。如在明代前期，即有"南陈北李"之称，"南陈"指的是陈敬宗，"北李"指的是李时勉，李时勉曾任北京国子学祭酒，而陈敬宗则任南京国子学祭酒，一时门生弟子遍天下，文章学问也不相上下，故而被人们并称之。

在明代初年，活跃在北京文坛上的，有号称"词林四王"的文士，即王偁、王恭、王洪及王褒。四人皆曾在翰林院供职，皆曾参与《永乐大典》的纂修工作，又都是闽中同乡，王偁，字孟扬，自幼即以才华出众受到时人赞赏，明成祖知其名，召至北京，在国史院任职，并担当《永乐大典》副总裁，后与名士解缙交往，受到解缙推崇，曾为王偁诗集《虚舟集》作序，称："永乐初，内外儒臣及四方韦布士，以纂修集阙下数千人，求其博洽幽明、洞彻今古、学博而思深如孟扬者，不一二见。"[1]由此可见解缙对其评价颇高，当然也显示出了他超群的文艺才华。王偁又与解缙、王达、王汝玉等人合称"东南五才子"。可惜王偁、王汝玉等人受到解缙牵累，瘐死诏狱之中，未能在文学创作方面做出更大成就。

在"词林四王"之后，雄踞于北京文坛之上的，则有李东阳及张泰等人，李东阳与张泰齐名，合称"李张"。而是时与张泰齐名的，又有陆釴及陆容，合称"娄东三凤"。李东阳自景泰帝时受到赏识，进入国子学读书，至天顺末年成进士，入朝任文官，一直升任参政的内阁大学士，在文坛上的影响也越来越大，"为文典雅流丽，朝廷大著作多出其手。工篆隶书，碑版篇翰流播四裔。奖成后进，推挽才彦，学士大夫出其门者，悉灿然有所成就。自明兴以来，宰臣以文章领袖缙绅者，杨士奇后，东阳而已。立朝五十年，清节不渝"[2]。在李东阳当朝之时，帝王贪图逸乐，宦官专权行恶，朝中大臣多与之相抗，陆续遭到迫害，而李东阳虽然没有激烈的言辞，却在许多方面起到了重要的作用。其在诗文创作方面的成就，

---

① 《列朝诗集小传》所引。
② 《明史》卷一八一《李东阳传》。

在他的人生历程中只不过是"副业"而已。他的著述颇多，被收入《怀麓堂前后集》九十卷、《续稿》二十卷及《怀麓堂诗话》一卷中。

与李东阳相比，张泰的宦途并不顺畅，中年而逝，故而其社会影响远逊于李东阳，但是，他的文艺才华却受到了李东阳的推崇。李东阳在为其诗集《沧洲集》所作序言中称："先生于文，无所不能，而必工于诗。纵手迅笔，众莫能及。及其凝神注思，穷深骛远，一字一句，宁阙然而不苟用。晚乃益为沈著高简之辞，而尽敛其峭拔奔洶之势。"① 与张泰并称"娄东三凤"的二陆在仕途之上也未显达。陆釴官止太常少卿、翰林侍读，即得急病，回乡而卒。陆容官止浙江参政，亦罢官回乡。陆釴的著述，有《春雨堂稿》三十卷、《少石子集》十三卷，及《山东通志》四十卷。而陆容的著述，则有《式斋集》三十八卷及《菽园杂记》十五卷。

到了明代中期，活跃在北京文坛上的，又有号称"景泰十才子"的文士，即刘溥、汤胤绩、苏平、苏正、沈愚、王淮、晏铎、邹亮、蒋忠及王贞庆。这是据《明史·文苑传》的记载所列出的"版本"，另据清初学者钱谦益《列朝诗集小传》的记载，"景泰十才子"中，又有蒋忠之兄蒋主孝及洞庭处士徐震。在这"十才子"之中，以刘溥为首。刘溥，字原博，祖上精通医术，受到明成祖的赏识。因此，刘溥在仕途的方向也就被束缚住了，宣德初年，任惠民局副使，此后，又曾任太医院吏目，皆与其志向不合。刘溥"耻以医自名，日吟咏为事，其诗初学西昆，后更奇纵，与汤胤绩、苏平、苏正、沈愚、王淮、晏铎、邹亮、蒋忠、王贞庆号'景泰十才子'，溥为主盟"②。刘溥的诗歌作品，有《草窗集》二卷。而在这"十才子"中，有个别人是没有到过北京的，只是在地方上以文艺著称，又与刘溥、王贞庆等人交游甚欢，故而被同列为"十才子"之中。

到了嘉靖年间，北京的文坛发展到了鼎盛时期，文人学者结成诗社，公开聚会，相互唱和，因此而有了"七才子"（后又称"十才子"）的称号。所谓"七才子"者，即李梦阳、何景明、徐祯卿、边贡、康海、王九思及王廷相七人。"七才子"中，又以李梦阳及何景明的名气及才华最为出众。"梦阳才思雄鸷，卓然以复古自命。弘治时，宰相李东阳主文柄，天下翕然宗之，梦阳独讥其萎弱。倡言文必秦汉，诗必盛唐，非是者

---

① 见《列朝诗集小传》丙集《张修撰泰》所转引。

② 《明史》卷二百八十六《刘溥传》。

弗道。与何景明、徐祯卿、边贡、朱应登、顾璘、陈沂、郑善夫、康海、王九思等号'十才子'，又与景明、祯卿、贡、海、九思、王廷相号'七才子'，皆卑视一世，而梦阳尤甚"①。李梦阳创作的诗文作品被收入《空同全集》中，共六十六卷。

这个时期，是北京文坛风气大变革的时期。从"三杨"、"二王"到"李张"，其诗文风气以典雅华丽著称，这种文风带有典型的御用文人的特征，很容易得到帝王们的赏识。这种文风盛行百余年，至李东阳而臻于巅峰。李梦阳、何景明等七才子打着复古的旗号，对这种"馆阁体"进行了有力的冲击，一时之间，对北京的文坛产生了巨大的影响。与李梦阳齐名的何景明，也是一位中年而逝的才子，其在宦途并不得志，而在文学创作方面，也与李梦阳有所不同："梦阳主摹仿，景明则主创造，各树坚垒不相下，两人交游亦遂分左右袒。说者谓景明之才本逊梦阳，而其诗秀逸稳称，视梦阳反为过之。然天下语诗文必并称何、李，又与边贡、徐祯卿并称'四杰'。"②何景明创作的诗文作品被收入《大复集》中，共六十四卷。

在当时的北京文坛，李梦阳、何景明等人的交游十分广泛，故而又有一些文人墨客，也打着李、何的名号，称为"十才子"，如与李、何交往较早的孟洋，字望之，是何景明的妹婿，"为行人时，仲默与李献吉、崔子钟、王子衡、田勤甫切劘为文章，时称'十才子'，而望之亦与焉"③。这应该是最早版本的"十才子"组合，及李、何成名之后，遂将孟洋等人排斥在"十才子"的行列之外，而加入了名气更大的边贡、徐祯卿等人。在此值得一提的是徐祯卿，他是吴县人，"祯卿少与祝允明、唐寅、文征明齐名，号'吴中四才子'"。他成名得早，死得也早，"卒年二十有三。祯卿体癯神清，诗熔炼精警，为吴中诗人之冠，年虽不永，名满士林"④。他在北京曾任国子博士，其作品被收入《迪功集》中，共有十一卷。

此后不久，北京的文坛更加活跃，又出现了两批文士，分别号称"嘉靖八才子"与"嘉靖五子"（后又称"嘉靖七子"）。所谓"嘉靖八才

---

①　《明史》卷二百八十六《李梦阳传》。

②　《明史》卷二百八十六《何景明传》。

③　《列朝诗集小传》丙集《孟大理洋》。

④　《明史》卷二百八十六《徐祯卿传》。

子"者，即王慎中、唐顺之、熊过、陈束、任瀚、李开先、赵时春及吕高。这八位文士对于李梦阳、何景明等人的创作风格加以反对："嘉靖初，王道思、唐应德倡论，尽洗一时剽拟之习。伯华与罗达夫、赵景仁诸人，左提右挈，李、何文集几于遏而不行。"① 文中所云王道思即王慎中，唐应德即唐顺之，伯华即李开先。钱谦益对于李梦阳的学术观点十分不满，故而称之为"剽拟之习"。

继"嘉靖八才子"而崛起于北京文坛者，号称"嘉靖五子"，最初是李攀龙、王世贞、谢榛、李先芳及吴维岳诸人结为诗社，名声渐起。及李先芳调到外地做官，谢榛受到李攀龙等人的排挤，而宗臣及梁有誉进京做官，于是加入诗社，号称"嘉靖五子"，不久，徐中行及吴国伦又加入诗社，遂称"七才子"，"诸人多少年，才高气锐，互相标榜，视当世无人，七才子之名播天下。摈先芳、维岳不与，已而榛亦被摈，攀龙遂为之魁"② 。为了与李梦阳、何景明等"七才子"加以区别，时人又称李、何为"前七子"，而李、王等为"后七子"。李攀龙、王世贞等"后七子"又开始对李、何等"前七子"加以推崇，故而后人又将李、何与李、王并称为"四大家"。

在这"四大家"中，尤为值得一提的是王世贞："世贞好为诗古文，官京师，入王宗沐、李先芳、吴维岳等诗社，又与李攀龙、宗臣、梁有誉、徐中行、吴国伦辈相倡和，绍述何、李，名日益盛。……世贞始与李攀龙狎主文盟，攀龙殁，独操柄二十年。才最高，地望最显，声华意气笼盖海内，一时士大夫及山人、词客、衲子、羽流，莫不奔走门下。片言褒奖，声价骤起。其持论，文必西汉，诗必盛唐，大历以后书勿读，而藻饰太甚。"③ 堪称明代中后期北京文坛的领袖人物。他的著述十分丰富，计有《国朝纪要》十卷、《天言汇录》十卷，及《弇山堂别集》一百卷、《弇州四部稿》一百七十四卷、《续稿》二百十八卷、《识小录》二十卷、《少阳丛谈》二十卷、《明野史汇》一百卷、《公卿表》二十四卷、《嘉靖以来首辅传》八卷、《名卿纪迹》六卷，等等。

王世贞成名之后，对文坛人物皆加以品评，于是有所谓"前五子"、

---

① 见《列朝诗集小传》丁集上《李少卿开先》。
② 《明史》卷二百八十七《李攀龙传》。
③ 《明史》卷二百八十七《王世贞传》。

"后五子"、"广五子"、"续五子"及"末五子"的名目。"曰前五子者，攀龙、中行、有誉、国伦、臣也。后五子则南昌徐曰德、蒲圻魏裳、歙汪道昆、铜梁张佳胤、新蔡张九一也。广五子则昆山俞允文、浚卢柟、濮州李先芳、孝丰吴维岳、顺德欧大任也。续五子则阳曲王道行、东明石星、从化黎民表、南昌朱多煃、常熟赵用贤也。末五子则京山李维桢、鄞屠隆、南乐魏允中、兰溪胡应麟，而用贤复与焉。其所去取，颇以好恶为高下"①。显然，王世贞把自己摆在"前五子"之中，经过品评，又将李先芳、吴维岳等人排在自己的后面，他的品评是否公允且不论，其行为却大有凌驾于整个文坛之上的气势。此外，左一个"五子"，右一个"五子"，不免落于俗套，也从另一个方面显示出了当时北京文坛的活跃状况。

三　不同地域诗文创作汇聚北京

明代的北京，汇聚了来自全国各地的文人墨客，也带来了各地文艺创作的不同风格，显示出各地不同地域文化在北京汇集和融合的发展大趋势。各地的文人们也根据不同的派别，而自封雅号。除上文提到的"东南五才子"、"娄东三凤"及"吴中四才子"之外，在当时社会上产生较大影响的还有"河东三凤"、"金陵三俊"、"江东三才子"、"三齐二李"、"公安三袁"及岭南文士等。"河东三凤"即指乔宇、王云凤及王琼三人。其中，以乔宇的社会影响最大："宇幼从父京师，学于杨一清。成进士后，复从李东阳游。诗文雄隽，兼通篆籀。"②官至吏部尚书，太子太保。其所作诗文，收于《白岩集》二十卷中。王云凤与乔宇一样，也是成化年间成进士，曾任礼部主事及国子监祭酒等职，其所作诗文，收于《虎谷集》二十一卷中。"公与王琼、乔宇号'河东三凤'，厥后皆为名卿。虎谷、晋溪、白岩三公，名满天下，事在国史，不具列"③。王琼与乔宇、王云凤为同年进士，在仕途之上也有所成就，曾任户部尚书及兵部尚书，而其在文学创作方面，则逊色于乔宇与王云凤。

"金陵三俊"即指顾璘、王韦及陈沂三人。顾璘，字华玉，弘治年间成进士，历官中外，在北京曾任右副都御史、吏部及工部侍郎等职。"璘

---

① 《明史》卷二百八十七《王世贞传》。
② 《明史》卷一百九十四《乔宇传》。
③ 见《列朝诗集小传》丙集《王金都云凤》。

少负才名，与何、李相上下。虚己好士，如恐不及"。他在任工部侍郎之时，曾主持显陵的修造工作。与顾璘齐名的王韦、陈沂也都曾在北京任文职官员。他们在北京的文坛上的影响远不如其在当地产生的声望："初，璘与同里陈沂、王韦，号'金陵三俊'。其后，宝应朱应登继起，称四大家。璘诗矩矱唐人，以风调胜。韦婉丽多致，颇失纤弱。沂与韦同调。应登才思泉涌，落笔千言。然璘、应登羽翼李梦阳，而韦、沂则颇持异论。"① 顾璘的作品有《息园文稿》九卷、《诗稿》十四卷，陈沂的作品有《陈沂文集》十二卷、《诗集》五卷。此外，陈沂又著有《翰林志》、《南畿志》、《金陵世纪》及《金陵古今图考》等书，而王韦的著述今已罕见。

在明代的文坛上，还有"公安三袁"声誉颇隆。即袁宗道、袁宏道及袁中道三兄弟。袁宗道，字伯修，是三兄弟中最先来到北京的，曾在翰林院及东宫任职，他的学术见解十分独特，不随大流："伯修在词垣，当王、李词章盛行之日，独与同馆黄昭素厌薄俗学，力排假借盗窃之失。于唐好香山，于宋好眉山，名其斋曰'白苏'，所以自别于时流也。其才或不逮二仲，而公安一派实自伯修发之。"② 在三兄弟中，以袁宏道的文学成就最高。袁宏道，字中郎，他在北京两次任职，第一次"起授顺天教授，历国子助教、礼部主事，谢病归"。第二次"起故官，寻以清望擢吏部验封主事，……迁稽勋郎中，后谢病归，数月卒"。三弟袁中道，字小修，年幼时即有文才，"长益豪迈，从两兄宦游京师，多交四方名士，足迹半天下"③。三兄弟的学术见解一脉相承，皆以强调"灵性"为主，在当时的文坛上产生了较大影响。袁氏兄弟（特别是袁宏道）在北京生活的时间不短，故而在他们创作的诗文中留下了许多吟诵北京的佳作。袁宗道的作品收入《白苏斋类稿》二十四卷中，袁宏道的作品收入《袁宏道诗文集》五十卷中，袁中道的作品则收入《珂雪斋集》二十四卷中。

在明代的北京，又有岭南学子活跃在此，只是没有自封的、具有岭南特色的雅号。岭南偏在一隅，自古以来与中原地区的联系就很困难，到了明代仍是如此。其学术代表人物，首推丘浚与黄佐。丘浚，字仲深，景泰

---

① 《明史》卷二百八十六《顾璘传》。
② 见《列朝诗集小传》丁集中《袁庶子宗道》。
③ 《明史》卷二百八十八《袁宏道传》。

年间成进士，历仕代宗、英宗（复辟后）、宪宗、孝宗四朝，官至礼部尚书，兼文渊阁大学士。他在朝廷中以博学多才著称："公博极群书，尤熟国家典故，平生作诗几万首，口占信笔，不经持择，亦多缘手散去。今所存《琼台集》，尚千余首。"① 其作品收入《琼台类稿》五十二卷、《诗稿》十二卷。继丘浚之后，则有黄佐，字才伯，正德年间成进士，先后在翰林院、东宫及国子学任职，他与丘浚一样，也是以博学多才著称："佐学以程、朱为宗，惟理气之说，独持一论。平生撰述至二百六十余卷。所著《乐典》，自谓泄造化之秘。"② 而仅据《明史·艺文志》著录的著作，即有《泰泉集》、《翰林记》、《广州人物志》、《广州府志》、《礼典》、《乐典》、《革除遗事》及《南雍志》等三百余卷。

自丘浚、黄佐享誉于京城文坛之后，岭南文士相继北上，活跃在北京文坛，其被称为黄佐弟子的，则以梁有誉、欧大任及黎民表最为著名。"岭南人在词垣者，琼台、香山，后先相望，而梁公实、黎惟敬皆出才伯门下，于是南越之文学彬彬然比于中土矣"③。梁有誉，字公实，嘉靖年间成进士，"授刑部主事。与谢榛、李攀龙辈结社，称'五子'"④。但是，任职不久即抱病回故乡，卒年三十六岁。他的作品，被收入《比部集》八卷中。欧大任，字桢伯，曾任国子博士，"嘉靖中，王、李唱五子之社，岭南则梁公实与焉。已而元美主五子之盟，多所登进，桢伯则'广五子'之一人也，黎惟敬则'后五子'之一人也"⑤。黎民表，字惟敬，曾在北京翰林院及内阁制敕房任职，"惟敬与梁公实俱师事黄才伯，公实殁，惟敬游长安，续入五子社，遂以诗名擅岭海"⑥。欧大任的作品收入《虞部集》二十二卷中，黎民表的作品收入《黎民表文集》十六卷中。

在明代的北京，还有一些布衣之士，活跃在文坛之上。其中，较为著名的有高棅、王佐、张诗、谢榛、胡应麟及王叔承等人。高棅，字彦恢，别号漫士，为"闽中十才子"之一，永乐初年，以布衣召至京城，入翰

---

① 《列朝诗集小传》丙集《丘少保浚》。
② 《明史》卷二百八十七《黄佐传》。
③ 《列朝诗集小传》丁集上《黄少詹佐》。
④ 《列朝诗集小传》丁集上《梁主事有誉》。
⑤ 《列朝诗集小传》丁集上《欧郎中大任》。
⑥ 见《列朝诗集小传》丁集上《黎参议民表》。文中所云"游长安"之长安，系指北京。

林院为待诏。在明代初年，文坛上的人们在诗歌创作方面都提倡学习唐代诗人的作品，因此，高棅编选了《唐诗品汇》九十卷、《拾遗》十卷及《唐诗正声》二十二卷，作为样品供大家参考，在当时的文坛上产生较大影响。他自己创作的诗歌，则被收入《啸台集》二十卷和《木天清气集》十四卷中。后人评其诗作，为布衣时颇为可观，一入官场，便不足为道。这也是许多文人在创作中的通病。他的书法和绘画水平也很高，书法有汉代隶书意境，绘画有宋代米芾父子风格，时人将其诗、书、画并称"三绝"。

王佐，字仁甫，自号古直老人，他具有古代文士的典型性格，除了吟诗之外，又喜爱书画收藏："旅游京师，客公卿间三十年，不置釜甑，无僮仆，意度率直，不为厓岸，遇所会意，欣然忘去。"[1] 最终客死北京。他的诗作颇为时人所赞赏，如当时著名文士李东阳在《怀麓堂诗话》中，就曾云："王古直作诗亦有思致，题严陵曰：'天地此生惟故友，江湖何处不渔翁'。游西山曰：'旧时僧去竹房冷，今日客来山路生'。述怀曰：'穷将入骨诗还拙，事不萦心梦亦清'。余不尽然。"可惜他的诗歌作品今天已经很难见到全貌了。

张诗，字子言，北京人，自幼被人抱养于衡州，三十年后始回北京，"学举业于吕泾野，学诗于何大复"。生性狂放不羁，遍游天下，"北渡滹沱，陟太行，广览黄河素汾，遍游雒川、伊阙，南走留都，上金、焦，历吴会，探禹穴，还大梁，晤李空同于吹台，哭大复于汝南，乃旋京师。所居一亩之宫，择隙地种竹，风雪飘萧，欣然相对。兴至跨一蹇驴，信其所之。风雨饥寒，必穷极佳山水而后反"。这种性格，受到当时大多数文人士大夫的推崇。他的文风与性格一致，"著《骂鬼》、《诘发》、《笑琳》、《七子》等文，曼衍谲怪。草书狂放，有笔力"[2]。与王佐一样，张诗的作品今天也已经很难见到了。

谢榛，字茂秦，虽为布衣之士，在文坛上的影响却很大："嘉靖间，挟诗卷游长安，脱黎阳卢柟于狱，诸公皆多其谊，争与交欢。而是时济南李于麟、吴郡王元美，结社燕市，茂秦以布衣执牛耳，诸人作五子诗，咸首茂秦，而于麟次之。已而于麟名益盛，茂秦与论文，颇相镌责，于麟遗

① 《列朝诗集小传》丙集《王山人佐》。

② 《列朝诗集小传》丙集《昆仑山人张诗》。

书绝交，元美诸人咸右于麟，交口排茂秦，削其名于七子、五子之列。"①
对于李攀龙、王世贞等人的做法，当时的名士徐渭十分反感："当嘉靖
时，王、李倡七子社，谢榛以布衣被摈。渭愤其以轩冕压韦布，誓不入二
人党。"显然，谢榛与李攀龙、王世贞之间的矛盾，并不全是文艺见解的
不同，也包含了李、王等人不能容忍一个布衣在诗社中"执牛耳"的因
素。但是，谢榛在文坛上的名气很大，不是李、王等人所能够压制的。谢
榛因此而离开北京，"茂秦游道日广，秦、晋诸藩争延致之，河南北皆称
谢榛先生"②，其作品也被后人收入《四溟山人集》二十卷及《诗集》四
卷中。

胡应麟，字元瑞，年幼时，其父到北京任职，随同至京，从而接触到
了众多京城著名文人，学有所获。多次参加科举考试，皆未有成。遂筑室
山中，专心著述，又购书四万余卷，加以编次。又曾将所作诗文送给王世
贞品评，得到王世贞赞赏，将其列为"末五子"之一。他曾得到王世贞
的赞赏，而他的学术观点也是遵从王世贞的见解，并无创新。他的优点是
较为博学，著述也颇多，主要有《少室山房类稿》一百二十卷、《少室山
房笔丛》三十二卷、《续笔丛》十六卷，及《诗薮》二十卷。史称："所
著《诗薮》二十卷，大抵奉世贞《卮言》为律令，而敷衍其说。谓诗家
之有世贞，集大成之尼父也。"③ 他对王世贞的吹捧，受到后人的贬斥。
显然，与王佐、张诗相比，胡应麟缺少的是古代文人所特有的浪漫气质，
而又没有谢榛的才华，只是以博学见长。

王叔承，字承父，因家贫，"入都，客大学士李春芳所。性嗜酒，春
芳有所撰述，觅之，往往卧酒楼，欠伸弗肯应。久之，乃谢归"④。王叔
承在北京期间，曾随李春芳入值内廷，"得纵观西苑、南内之胜，作《汉
宫》数十曲，流闻禁中。而以其间，与吴兴范伯桢、海陵顾益卿、梁溪
陈贞父、胡原荆，定交于公车"⑤。王叔承离京之后，遍游各地，游吴越
时，作有《吴越游》，游楚地时，作有《楚游编》，又游渔阳要塞，作
《岳游编》，然后世仅传其《吴越游》七卷，其他著述，已不可见。

---

① 　见《列朝诗集小传》丁集上《谢山人榛》。文中所云"游长安"，亦指到北京。
② 　《明史》卷二百八十八《徐渭传》。
③ 　《明史》卷二百八十七《文苑传》。
④ 　《明史》卷二百八十八《文苑传》。
⑤ 　《列朝诗集小传》丁集中《昆仑山人王叔承》。

　　综上所述，明代的北京，在作为全国的文化中心之后，会集了一大批文人墨客，上至内阁大臣，下至布衣诗人，都曾在这里长期从事文艺创作，并且产生了大量的优秀作品。这些文人墨客，不论是山东、山西，还是江南、江北，不论是五才子，还是七才子、十才子，在来到北京之后，往往以文会友，相互结交，研讨诗文，各有获益。当然，也有一些文人墨客因为学术见解不同，相互攻击，褒贬不一，这也是很正常的现象。特别是在一个新的学术流派产生之初，文人墨客之间的学术见解分歧尤为突出，故而争论也就相对较为激烈。究其内核，无非是继承传统，还是变革传统，师法前贤，还是师法自然，推崇灵性。显然，一直到明代为止，诗文创作仍然是中国知识分子表达思想、宣泄感情的一种最主要的方式。

第三节　书法与绘画创作及其文化内涵

一　宫廷书画的兴盛

　　在中国古代，书法和绘画创作具有十分重要的地位，成为评价一个文人墨客是否有"才华"的一项标准。许多古代学者甚至把书画创作与诗文创作摆到了同等重要的地位，一位文人，在古代的文坛要想出名，必须要创作出诗文名篇，万众传诵。而如果他能够写一手好字、画一笔好画，同样可以获得社会上的高度评价。在明代的北京，和此前的各个朝代的都城一样，乃是全国的书画创作中心，在这里汇聚着一大批出色的书法家和画家，用各种不同的创作方式、不同的创作题材，来展示着自己的艺术才华。他们当中，有些是专擅一技之长的书法家或画家，有些则是著名的文学家，在从事诗文创作的同时，也兼事书画创作。

　　在明代的北京，书画创作的繁荣是与帝王的喜爱及提倡密切相关的。明成祖在夺得皇位之后，为了粉饰太平盛世，广集全国的文人学士，到京师纂修《永乐大典》，又将那些精于书法、绘画的人才留在身边，以供其御用之需。其中，最为著名的，即有解缙、沈度、范暹、郭纯、蒋子诚等人。"成祖初即位，诏简能书者入翰林，给廪禄，度与吴县滕用亨、长乐陈登同与选。是时解缙、胡广、梁潜、王琏皆工书，度最为帝所赏，名出朝士右"①。其中，解缙、胡广等人为经过科举考试的正式政府官员，而

① 《明史》卷二百八十六《沈度传》。

沈度、范暹等人则是所谓的"布衣"，待诏于宫廷。这种身份的不同，在当时是十分重要的。前者在发挥其书画才能的同时，还要参与政府的各项日常工作，而后者只是一个专职的书画家，舞文弄墨而已。

对于封建帝王而言，这种差别是没有意义的，只要受到他的赏识，能够给他带来艺术享受，就会仕途无量，而一旦遭到他的忌恨，就会导致灭顶之灾。解缙与沈度二人的际遇不同，就证明了这一点。二人在永乐年间皆以擅长书法著称，而命运却大不相同。解缙，字大绅，早在洪武年间就受到明太祖赏识："高皇帝极爱之，每侍书，至亲为持砚。……倚待辄数万言，未尝起藁，善为狂草，挥洒如雨风。才名烜赫，倾动海内。俗儒小夫，谰言长语，委巷流传，皆借口解学士。"永乐初年，明成祖对他也很宠信，但是，却因为介入宫廷斗争，遭到皇子忌恨，"高煦潜之，征下狱。十三年，瘐死"①。

与解缙相比，沈度的命运就要好多了。沈度，字民则，他的书法最得明成祖赏识："日侍便殿，凡金版玉册，用之朝廷，藏秘府，颁属国，必命之书。遂由翰林典籍擢检讨，历修撰，迁侍讲学士。"他的弟兄沈灿，也以擅长书法而受到宠信："度以婉丽胜，灿以遒逸胜。……兄弟并赐织金衣，镂姓名于象简，泥之以金。"② 当时号称大、小学士。解缙与沈度、沈灿兄弟皆有书法作品传世。今存于故宫博物院的解缙《游七星岩偶成诗卷》为草书，观之确如时人所云："善为狂草，挥洒如雨风。"这幅作品写于永乐六年（1408 年）五月，这时的解缙已经被谪发到西南边陲，政治生命日暮途穷。同存于故宫的沈度的《敬斋箴》为行楷，作于永乐十六年（1418 年）的冬至日，这幅作品行笔顺畅，间架工整，堪称"馆阁体"的代表作。沈灿的《千字文》亦存于故宫，为行草作品，写于正统十二年（1447 年）七月。纵观"二沈"的传世作品，史称"度以婉丽胜，灿以遒逸胜"，亦非虚誉。

画家范暹，字启东，永乐年间因为绘画技艺高超被召到京城，"启东善花鸟，有谈论，馆阁名公多重之，老于京师，人称范苇斋先生云"③。他在宫廷中供奉三十余年，而能够得到馆阁中大臣们的敬重，实属不易。

---

① 见《列朝诗集小传》乙集《解学士缙》。
② 《明史》卷二百八十六《沈度传》。
③ 叶盛：《水东日记》卷四"范启东述前辈语"。

但是，他的社会地位不高，《明史》中没有为其作传，他的画作今日亦不可得见，仅文献著录有《竹鹤图轴》等。画家郭纯，字文通，与范暹相识："范启东言：长陵于书独重云间沈度，于画最爱永嘉郭文通，以度书丰腴温润，郭山水布置茂密故也。有言夏珪、马远者，辄斥之曰：'是残山剩水，宋僻安之物也，何取焉！'"①他的作品，见于文献著录有《金台八景》小册，画册后有邹缉、杨荣、金幼孜、曾棨等京城名士题诗，可见其所画景致与北京有关。

在永乐年间的北京，又有边景昭、蒋子诚、赵廉与王绂等画家显名于一时。边景昭，字文进，"夷旷洒落，博学能诗，精花果翎毛，宣德间召至京师，授武英殿待诏。子楚芳、楚善，并世其业。楚芳占籍锦衣。至其婿张克信、甥俞存胜，亦能之"②。由此可见，边氏一家人皆以擅长绘画而得到明朝帝王的宠信。而文中所云边景昭系"宣德间召至京师"，不准确，因为永乐年间，边景昭在北京已经颇有名气了，这可从与之齐名的蒋子诚的相关事迹为证。"蒋子诚，宜兴人，善画山水人物，其水墨大士像，尤为世所珍。永乐间征入京师，与同时赵廉画虎、边文进翎毛，并推绝技"③。今日蒋子诚、赵廉的画作很难见到，而边景昭的画作却在诸多博物馆中收藏，可得而见其概貌。

与蒋、赵、边之"三绝"不同，王绂却在《明史》中立有传记："王绂，字孟端，无锡人。博学，工歌诗，能书，写山木竹石，妙绝一时。……永乐初，用荐，以善书供事文渊阁。久之，除中书舍人。绂未仕时，与吴人韩奕为友，隐居九龙山，遂自号九龙山人。于书法，动以古人自期。画不苟作，游览之顷，酒酣握笔，长廊素壁淋漓沾洒。有投金币购片楮者，辄拂袖起，或闭门不纳，虽豪贵人勿顾也。"④王绂所表现出来的这种独特性格，特别受到当时文人士大夫的推崇。"毗陵王绂孟端，高介绝俗之士，所订交皆一时名人，遇流俗辈辄白眼视之。工诗翰，画竹称冠绝今古。未达时画已驰名，人不可苟得。尝月夜寓京师旅邸，闻箫声起邻家，清亮可人，倚床而听之，乘兴写竹石一幅。明早扣门寻访其人以为赠，盖一富商也。商人大喜过望，次日奉驼茸段二求作配幅，孟端曰：

----

①　《水东日记》卷三《长陵所赏书画家》。
②　见今人穆益勤先生编《明代院体浙派史料》转引自《闽书》。
③　见今人穆益勤先生编《明代院体浙派史料》转引自《江南通志》。
④　《明史》卷二百八十六《文苑传》。

'俗子何足当我笔也！'亟索而碎之，其介如此"①。

王绂的书画作品传世者不少，而且有些与其在北京的生活密切相关。如今存于故宫博物院的《杂诗四首》行书，作于永乐九年（1411 年）三月，这四首诗皆为王绂自己创作、自己书写的，第一首为"重回庆寿寺"，第二首为"游海印寺"，第三首为"经废万寿宫"，第四首为"晚过海子桥写怀"。诗中描写的庆寿寺、海印寺、万寿宫及海子桥，皆为北京的官僚士大夫们经常游览的地方。他的画作《北京八景图卷》，描绘的更是尽人皆知的名胜古迹，他在绘画创作中充分发挥了艺术家的想象力，用国画的技法展示了北京四季的景色，如"西山霁雪"的雪景，"太液晴波"的水景，"卢沟晓月"的夜景，等等。画卷之前有当时名士胡广撰写的《北京八景图诗序》，每幅画作后面又有名士胡俨等人的题诗。画卷最后又有名士杨荣所作后序，其墨迹今存中国国家博物馆，其序文则收录在《杨文敏集》中。

这组画作的缘起，是当时的名士胡广与邹缉二人提倡，作诗称颂北京的名胜古迹，当时参与"诗会"的共有 13 人，除胡广、邹缉、杨荣、胡俨之外，又有名士金幼孜、曾棨、林环、梁潜、王洪、王英、王直、许翰及画家王绂。王绂当时的身份是中书舍人。13 位名人共创作了吟咏"北京八景"的诗歌 124 首，在《钦定日下旧闻考》一书中，尚可见到胡广、杨荣二人写的画卷序文，及杨荣、金幼孜等人所作诗歌。据胡广序文称："乃写为图，并集诸作置各图之后，装为一卷，藏于箧笥。他时归老，优游江村林屋之下，展而观之，抚其景，诵其诗，岂无玉堂天上之思与夫生平出处交游之感邪！"② 由此可见，王绂的画作，主要是根据诸位名士的诗歌意境而创作的，当时创作的 124 首诗歌所剩无几，值得庆幸的是画作能够保留到今天。王绂除了书法、绘画技艺超群之外，又能够作诗，曾有《王绂诗集》五卷传世。

明宣宗即位后，继承了明成祖的做法，把宫廷书画艺术推向了一个新的高峰。"我朝列圣宣庙、宪庙、孝庙皆善画，宸章晖焕，盖皆在能、妙之间矣。我朝特设仁智殿以处画士，一时在院中者，人物则蒋子成，翎毛则陇西之边景昭，山水则商喜、石锐、练川马轼、李在、倪端，陈暹季昭

---

① 《水东日记》卷一《王孟端遗事》。
② 《钦定日下旧闻考》卷八《形胜》。

苏州人，钟钦礼会稽人，王谔廷直奉化人，朱端北京人，然此辈皆画家第
二流人，但当置之能品耳"①。据此可知，第一，明朝帝王从喜爱书法绘
画，转而直接加入到了实践中来，明宣宗、明宪宗、明孝宗对绘画的实践
颇有成效。第二，在这个时期，全国各地的著名画家都汇集到了北京，并
且在宫廷中为明朝帝王服务，上述列举诸人，只是其中的极小一部分。第
三，当时人对这些画家的评价并不高，称"然此辈皆画家第二流人"，这
种评价，在文人士大夫中并不只是一家之言，而是有着普遍的共识。而那
些受到一些文人士大夫推崇的画家，却又往往得不到帝王们的赏识。

二 明代书画家的浮沉际遇

其画技最著称于时而又不得帝王赏识者，首推戴进。明人郎瑛曾为其
作传，盛赞其画技及人品，而慨叹其之生时穷困、死后显达。戴进，"字
文进，以字行，号静庵，又号玉泉道人。先生没后，显显以画名世者，无
虑数十，若李在、周臣之山水，林良、吕纪之翎毛，杜堇、吴伟之人物，
上官伯之神像，夏少卿之竹石，高南山之花木，各得其一支之妙。如先生
之兼美众善，又何人钦，诚画中之圣。今得其片纸者，如拱璧焉，去后又
何如哉"②。戴进在永乐年间曾随其父戴景祥一同来到北京，因其父画名
颇盛，使其不受重识，戴进遂回乡苦练画技，及有所成，复来北京，却受
到当时在宫廷画院中已经有一定影响的谢环、李在等画师的排挤，几乎
丧命。

关于戴进受到排挤的过程，明人著述中的说法各异。如郎瑛所云，明
宣宗时，钱塘镇守太监举荐戴进，并上其所作绘画精品四幅，"戴尚未引
见也，宣庙召画院天台谢廷循平其画，初展《春》、《夏》，谢曰：'非臣
可及。'至《秋景》，谢遂忌心起而不言，上顾，对曰：'屈原遇昏主而投
江，今画原对渔父，似有不逊之意。'上未应。复展《冬景》，谢又曰：
'七贤过关，乱世事也。'上勃然曰：'福可斩。'是夕，戴与其徒夏芷饮
于庆寿寺僧房，夏遂醉其僧，窃其度牒，削师之发，黄夜以逃，归隐于杭
之绪寺，为作道佛诸像。故今花藏潮鸣，尚多手迹"③。又有明人詹景风

---

① 见今人穆益勤先生编《明代院体浙派史料》转引自明人何良俊《四友斋丛说》。
② 《七修续稿》卷六《戴进传》。
③ 同上。

所云，戴进"其画雄俊高爽，苍郁浑深，古雅不群，超然自得，虽云行家，骨气非凡，仙仙乎飘飘乎，若乘风云跨赤龙，纵横天上，亦国朝圣作也。以宣庙好奇精赏，而不相知，夫非命耶。至乃乞食南还。既还钱塘，又值俗令票拘画公署屋梁，遂逃入余杭山中，卒靡有能物色之者，终岁饥馁，每遇端午、岁除，至画钟馗、门神及道佛诸功德，易角黍及米。……（戴）进入京时，李在方柄画院，心妒而排之，遂浩然归"①。

不管是谢环也罢，李在也罢，都因为戴进的画技高超而对其加以排挤。而他们排挤戴进的理由，不是说戴进的绘画技艺不高，而是说戴进的绘画主题有毛病，这从另一个方面提出了宫廷绘画的题材问题。也就是说，作为一个称职的宫廷画家，不仅要有超群的绘画技艺，而且要有相当丰富的历史知识，懂得宫廷中的各种掌故。在这方面，画家吕纪就是一个很好的例子。吕纪，字廷振，以擅长花鸟画著称："孝庙时召至京师，官锦衣卫指挥同知。纪为人谨礼法，敦信义，缙绅多重之。其在画院，凡应召承制，多立意进规，孝皇称之曰：'工执艺事以谏，吕纪有焉。'"② 据此可知，第一，画家吕纪在明孝宗的眼睛里面是没有地位的，只不过是一个画画的工匠。第二，正是因为吕纪采用了以绘画作为进谏的一种手段，才得到了明朝帝王的赏识。

戴进得不到帝王的赏识，除了画院中的画家们加以排挤之外，另一个重要的原因，则是戴进的文化情趣与帝王们的欣赏品味是格格不入的。"尝闻英庙召取天下画工至京，试以'万绿枝头红一点，动人春色不须多'之题。诸人皆于花卉上妆点，独吾杭戴进画茂松顶立一仙鹤。一人画芭蕉下立一美妇，于唇上有一点红也。朝廷竟取画美妇之工。时以戴进不遇为命"③。显然，戴进在绘画构思方面表现出来的才华远远超过了那些在花卉上下功夫的画家们，独辟蹊径，令人称绝。无奈的是，明英宗与明宣宗一样，都是缺乏雅趣的昏庸帝王，喜爱美女胜过松鹤。如果换成唐太宗、明太祖等胸怀天下大略的君王来品评，戴进的作品或许会独占鳌头，从此平步青云。

在明代的北京，画家们要想在宫廷画院中占有一席之地，除了要千方

---

① 见今人穆益勤先生编《明代院体浙派史料》转引自明人詹景风《詹氏小辨》。
② 见今人穆益勤先生编《明代院体浙派史料》转引自《两浙名贤录》。
③ 郎瑛：《七修类稿》卷四十三《万绿枝头红一点》。

百计取宠于帝王之外，还要不断巴结那些在政府中具有较大影响的官僚士大夫们。在这方面，谢环、吴伟等人的表现则是十分成功的。谢环，字廷循，以善画山水著称，永乐年间被召到北京，供职宫廷画院。"知学问，喜赋诗，时吟咏自适。有邀之为山水之游者，忻然赴之，或数日忘返。所与交皆贤士君子"①。显然，作为一个宫廷画家，只会作画是无法与官僚士大夫们沟通的，而谢环的"喜赋诗，时吟咏自适"，正好适合士大夫们的品味，当然，他为人大方也受到了官场中人的好评："所居深邃闳爽，森列唐宋以来法书名画，造者，如众宝在目，应接不暇，有欲得者，听持去，无所靳惜。"② 对于文人士大夫而言，送他一幅名人字画比什么礼物都珍贵。

由于谢环既能绘画，又能吟诗，得到了明宣宗的宠信，也得到了政府中官僚士大夫们的推崇，时有往还。在谢环的不多传世作品中，有一幅《杏园雅集图卷》，现存于镇江市博物馆，这幅画作绘制于正统二年（1437 年）三月初一日，系当时朝廷中最有权势的"三杨"（即杨荣、杨士奇、杨溥）及其同僚休假，聚会于杨荣家中，谢环亦参与了这次聚会，并且绘制了这幅画作。谢环不仅绘制了聚会的主角"三杨"等人，而且把自己也画在里面，整幅画作共绘制了 24 人之多。通过画作，我们可以了解到当时官僚士大夫们的业余生活情景，以及私家园林的景致。当然，画中也有一些谢环的个人创作意识的反映（或者说是虚构），如图中所绘双鹤，在当时是不可能由私人饲养的。

吴伟，字次翁，秉承家学，以擅长绘画山水、人物著称，"名藉甚公卿间。宪宗召授锦衣卫镇抚，待诏仁智殿"。吴伟的性格十分独特："伟戆直，有气岸，非其人，虽笃请不应，……其出入掖庭，奴视中贵，人求画，又多不与。"于是得罪了宦官，不久被遣往南京任职。及明孝宗即位后，再被召到北京，"复召见便殿，命画称旨，授锦衣百户，赐印章曰'画状元'"③。吴伟的独特性格虽然得罪了宦官，却颇合官僚士大夫们的口味，所以他在京城时经常参加一些文人墨客的活动，也因此而留下了一些与之相关的绘画作品。

---

① 见今人穆益勤先生编《明代院体浙派史料》转引自《东里文集续编》卷四。
② 郎瑛：《七修类稿》卷四十三《万绿枝头红一点》。
③ 见今人穆益勤先生编《明代院体浙派史料》转引自明人何乔远《名山藏》。

现存于上海博物馆的《词林雅集图卷》，就是吴伟在明孝宗弘治年间创作的一幅绘画精品。这幅作品描写的是京官龙致仁到浙江任职，京中好友聚会送别之事。当时前来送别的人多达22人，且多为文士，故而画卷前有当时名士徐霖的篆书"词林雅集"。画卷后面又有当时著名文士李梦阳、王守仁、陈沂、何景明、顾麟、边贡等人的题诗，名士罗玘又专门为诗画写了后叙。由此可见，吴伟与这些北京文坛上的风云人物交情很深。这次聚会（即所谓的"雅集"）的地点不详，从画作来看，当是在京城中的一处私家园林之中。吴伟在画面中仅绘制了八位官员与一位僮仆，八位官员分为三组，或是奕棋，或是品茶，或是谈论诗文，僮仆在旁侍立，一派儒雅之气，跃然纸上。

三　文人士大夫的书画技艺

在明代北京的书画舞台上，不仅活跃着一批以书法、绘画为职业的艺术家，而且还有众多的官僚士大夫们参与到书画创作活动中来，而这些人由于有着显赫的政治地位和文化影响，故而在书画舞台上也占据着极为重要的地位，其代表人物，则有明代中期的吴中诸才子文征明、唐寅，以及明代后期的徐渭及邢、张、米、董四大家。文徵明，字征仲，别号衡山。他自幼生活在一个十分良好的文化环境中，"学文于吴宽，学书于李应祯，学画于沈周，皆父友也。又与祝允明、唐寅、徐祯卿辈相切劘，名日益著"[①]。时人称其作文不如吴宽，书法不如李应祯，绘画不如沈周，却能够兼有众家之长。明世宗嘉靖初年，文征明来到北京，任翰林院待诏，曾参与《明武宗实录》的纂修工作。并在北京生活了一段时间。后乞归故里，一直活到90岁。

文徵明的书画作品在他生前就受到社会各界的重视："四方乞诗文、书画者接踵于道，而富贵人不易得片楮，尤不肯与王府及中人……文笔遍天下，门下士赝作者颇多，征明亦不禁。"由此可见其大家风范。"吴中自吴宽、王鏊以文章领袖馆阁，一时名士沈周、祝允明辈与并驰骋，文风极盛。征明及蔡羽、黄省曾、袁袠、皇甫冲兄弟稍后出。而征明主风雅数十年，与之游者王宠、陆师道、陈道复、王谷祥、彭年、周天球、钱谷之

---

① 《明史》卷二百八十七《文徵明传》。

属，亦皆以词翰名于世。"① 文征明的传世作品较多，绘画题材也很广泛，如现存于故宫博物院的《湘君湘夫人图轴》，是人物仕女画的精品，现存于故宫博物院的《秋花图轴》及现存于吉林博物馆的《墨竹图轴》，是竹石花卉画的精品，而现存于南京博物院的《万壑争流图轴》、现存于苏州博物馆的《石湖图卷》及现存于辽宁博物馆的《浒西草堂图卷》，则是山水画的精品。

在吴中，唐寅与文征明齐名，却有着不同的经历。他自幼才华出众，不拘泥于礼教的细节："与里狂生张灵纵酒，不事诸生业。祝允明规之，乃闭户浃岁。举弘治十一年乡试第一……未几，（程）敏政总裁会试……言者劾敏政，语连寅，下诏狱，谪为吏。寅耻不就，归家益放浪。……筑室桃苑坞，与客日般饮其中。年五十四而卒。"他在北京的时间极短，刚刚参加完科举就被关进诏狱，从此政治生涯宣告结束。这个意外的打击对于恃才自傲的唐寅实在是太沉重了，使他又回复到放浪不羁的本性之中，而这又恰恰更能够充分发挥其才华，而不再受到礼教的束缚。史称："寅诗文，初尚才情，晚年颓然自放，谓后人知我不在此。论者伤之。吴中自枝山辈以放诞不羁为世所指目，而文才轻艳，倾动流辈，传说者增益而附丽之，往往出名教外。"②

唐寅在断送了政治前途的情况下，只得一心一意从事诗文、书画创作，因此，他的书画作品今天留传下来的也比较多。如现存于上海博物馆的《渡头帘影图轴》及《洞庭黄茅渚图轴》，故宫博物院所存的《步溪图轴》、四川省博物馆所存的《虚阁晚凉图轴》等，皆是明代山水画的杰作。又如现存于故宫博物院的《孟蜀宫妓图轴》、现存于上海博物馆的《牡丹仕女图轴》，以及重庆市博物馆所存的《临韩熙载夜宴图卷（局部）》等，皆是明代人物仕女画的杰作。而现存于故宫博物院的《梅花图轴》及《风竹图轴》，现存于南京博物院的《古木幽篁图轴》等，则是明代竹石花卉画的杰作。通过品评唐寅的画作，不难看出，唐寅的才华在当时的画坛上确实是出类拔萃的。在他的画作上，往往题有自作的诗文，与画面融为一体，堪称诗、书、画三绝，在古往今来的画坛上皆是罕见的。

在明代中后期的北京，宫廷画家几乎绝迹了，而文人画家们却产生了

---

① 《明史》卷二百八十七《文徵明传》。
② 《明史》卷二百八十六《文苑传》。

更为广泛的社会影响。这时的文人书画家中，与唐寅有着最多相同之处的，当属徐渭。徐渭，字文长，其与唐寅的相同之处是：第一，两人都没有成为进士，走中国古代知识分子的正常入仕途径。第二，两人都受到了上层人物的牵累，唐寅系因为主考官程敏政考试舞弊而受牵累，而徐渭系因为幕主胡宗宪被捕入狱，"遂发狂"。第三，两人都有着不拘礼教的狂傲性格。第四，两人都有着卓越超群的才华。第五，两人的绘画作品中皆有精彩的题诗。史称："渭天才超轶，诗文绝出伦辈。善草书，工写花草竹石。尝自言：'吾书第一，诗次之，文次之，画又次之。'"① 今观其诗文及书画作品，实在难分伯仲，皆为明代文人创作中的精品。

徐渭与唐寅有着许多共同之处，却也有不同之处，这一点，通过比较他们的绘画作品即可看出。首先，创作题材不同。唐寅虽然也是狂放不羁的文人，却是狂在表面，骨子里是比较传统的，因此，他在创作绘画作品时，保持着更多的传统风格。如山水画、人物画、花卉画等，皆循规蹈矩。而徐渭却是从表面到骨子里都狂放不羁的文人，他的绘画题材，完全不受"传统"的束缚，充分表现出了"狂放"的本色。其次，创作态度不同。古往今来的众多书画家，都把自己的艺术创作当成一件神圣的工作，因此，在他们的书画作品中表现出来的，是一丝不苟的创作态度，唐寅也是如此。而徐渭则不然，通过观赏他的书画作品，可以感受到一种强烈的玩世不恭的态度，他的书画创作，就是笔墨游戏，而在这种笔墨游戏的背后，却又使人看到了作者率真的人性。

徐渭与唐寅的不同之处还有一点，就是他曾经在北京生活过一段时间："入京师，主元忭。元忭导以礼法，渭不能以，久之怒而去。后元忭卒，白衣往吊，抚棺恸哭，不告姓名去。"② 在这时，正是李梦阳等人组织诗社的活跃时期，他曾经为李梦阳等人排挤谢臻而打抱不平。徐渭的绘画作品传世的并不多，现存于故宫博物馆的《墨葡萄图轴》及《山水、花卉、人物图册》，现存于上海博物馆的《牡丹蕉石图轴》及《拟鸢图卷》，现存于南京博物院的《杂画图卷》，现存于中国国家博物馆的《花卉图卷》等，皆是明代文人书画的精品之作。笔墨挥洒，在漫不经意的表象之下，却尽显文人绘画技艺所独有的巨大魅力。

---

① 《明史》卷二百八十八《徐渭传》。
② 同上。

　　有人说，在书画界的晚明四大家中，只有董其昌堪称大家："同时以善书名者，临邑邢侗、顺天米万钟、晋江张瑞图，时人谓邢、张、米、董，又曰南董、北米。然三人者，不逮其昌远甚。"① 也有人说，四大家各有千秋，董其昌之所以特别出名，乃是因为清朝帝王的推崇。而在四人中，张瑞图的官位最高，邢侗的家产最富，董其昌作官的时间最长，而米万钟却什么优势也没有。就今日得见的历史文献而言，记载董其昌事迹的最多。就今日存世的书画作品而言，仍以董其昌的最多。就这两点，也能够说明一些问题。当然，还有一点是其他三人无法与董其昌相比的，那就是对于书画家及其艺术创作的品评，董其昌的影响是巨大的。

　　当然，只有到了明代晚期，人们才能够对整个明代书画界的发展历程产生较为全面的认识，而只有在全面认识的基础上，也才能够产生较为公允的评价，对于这一评价的重任，也就落到了董其昌的肩上。董其昌在书画创作方面的成就，在明代晚期已经得到了社会的公认："其昌天才俊逸，少负重名。初，华亭自沈度、沈灿以后，南安知府张弼、詹事陆深、布政莫如忠及子是龙皆以善书称。其昌后出，超越诸家，始以宋米芾为宗，后自成一家，名闻外国。其画集宋、元诸家之长，行以己意，萧洒生动，非人力所及也。四方金石之刻，得其制作手书，以为二绝。造请无虚日，尺素短札，流布人间，争购宝之。"② 这一点，通过观赏其存世书画作品亦可得见。而其学识之渊博，也受到时人推崇，史称，（王惟俭）"好书画古玩。万历、天启间，世所称博物君子，惟俭与董其昌并，而嘉兴李日华亚之"③。"时同馆中，诗文推陶望龄，书画推董其昌，（黄）辉诗及书与齐名"④。

　　正是基于董其昌所具有的较高权威性，他的艺术评论才能够产生巨大的社会影响。就其评论的核心内容而言，主要是对绘画作品的价值如何认定的问题，显然，这并不是一个新的问题，而是许多人都长期关注的问题。而这个问题，还是所有的文学艺术创作都必须涉及的一个重要问题，有着普遍的共同性。对于一幅绘画作品，一个著名画家，乃至于一个绘画流派，究竟以什么标准加以评价，才能够更客观、更公正。董其昌和许多

---

① 《明史》卷二百八十八《董其昌传》。
② 同上。
③ 《明史》卷二百八十八《王惟俭传》。
④ 《明史》卷二百八十八《文苑传》。

文人一样，是从自身的角度来加以评价的，于是就有了画家与画匠的高低之别。在他们看来，那些只懂得绘画，而没有诗文修养的职业画家，不论其绘画技艺如何高超，都只能算是画匠，却不能称之为画家。只有那些有一定诗文修养的文人学士，又精通笔墨情趣，才够得上是画家。这种观点，不仅代表了文人画家的观念，而且代表了那些根本不懂绘画艺术的官僚士大夫们的观念。

从明代中期开始，这种观念的影响越来越大。先是轻视宫廷画家，转而甚至那些与宫廷画家相互交往的文士也受到轻视。"宪宗朝，刑部主事郭宗，以太监覃昌传，升尚宝少卿，直文华殿。宗起进士，工刻印章，为中人所引，遂与市井小人趋走无别，愧恨成疾以死。正德初，逆瑾用事，时有工部主事徐子熙者，亦起家进士，挟册与杂流并试，得升光禄少卿，供事于文华殿之中书房，士林贱之，不齿之缙绅焉"①。据此可知，第一，在明代中期，那些职业画家要想得到帝王的宠信，必须要投靠太监们，才得以引见。第二，当时士大夫们把宫廷画家视为"市井小人"、"杂流"，其蔑视的程度极深。第三，郭宗与徐子熙皆是进士出身，但是，由于其与宫廷画家们交往，在文人士大夫们之中也就失去了尊严，或是"愧恨成疾以死"，或是"士林贱之，不齿之缙绅焉"。

这种观念显然是一种极深的偏见，有失公允，但是，其在文人士大夫们中的传播越来越广泛，其影响也越来越大。正是在这种观念的支配下，每当一个新的帝王登基之后，就会有一批文人士大夫出来要求帝王遣散包括大批宫廷画家在内的"闲散"人员，理由是，这些人实在是"无用而有害"。也正是在朝廷中有着这样一股强大的排挤宫廷画家的势力在长期产生着巨大作用，也就使得在宫廷画院中供职的专业书画家变得越来越少。正所谓"然自成、弘后，中书传奉之弊一清，凡八十余年"②。与之形成鲜明对比的，则是文人书画家们的势力在不断增长，再加上他们在政治上的优越地位，遂形成了晚明四大家皆为文人书画家的局面。

四　关于北京书画界的其他问题

在明代北京的书画界，还有两点是值得关注的，其一，帝王的书画问

---

① 《万历野获编》卷九《仁智等殿官》。
② 同上。

题；其二，无名氏的书画问题。关于明代帝王的书画问题，是与北京的书画界关系十分密切的一个问题。在明成祖定鼎北京之前，明太祖就曾经在自己身边安排了一些著名书画家，供其御用。上文提及的解缙，就是其中的代表人物。明成祖定鼎北京之后，开始从全国各地召集大批书画家到京城来，初步形成了宫廷画院的规模。但是，明太祖和明成祖都是雄才大略的君主，不屑于舞文弄墨的雕虫小技。从明宣宗开始，帝王由喜爱书法、绘画，转变为投身书画创作，此后的几位帝王，如明宪宗、明孝宗等，皆是如此（见上文所述）。作为一位中国古代的传统知识分子，精通书画技艺是其必备的个人修养，其技艺超群者还能够得到社会的广泛赞誉。但是，作为一位统治全国的帝王，人们对于他的评判标准是不一样的。有些帝王（如明朝诸帝）因为精通书画技艺而受到臣下的赞扬，而有些帝王（如宋徽宗等）却因为精通书画技艺而受到贬斥，被认为是"玩物丧志"。

其实是否精通书画技艺是一种个人的爱好与修养，和国家兴亡的大事没有必然的联系。唐太宗李世民的书法与宋徽宗赵佶的书法水平都很高，一个是开国之君，另一个则是亡国之君。明代的几位帝王，如明宣宗、明宪宗、明孝宗等，既不是开国之君，也不是亡国之君，充其量不过是几位庸君。由于对书画艺术的喜爱，使得书画创作活动成为他们日常生活中的一项重要内容。对于这一点，长期生活在帝王身边的太监们体会最深，于是，他们从全国的书画名家中选出一些人，送到京城，推荐给帝王，使其成为宫廷画院中的画师。明代帝王的书画活动在得到这些职业书画家的支持和帮助下，他们的创作技艺必然会不断提高，而他们创作出来的书画作品，又成为赏赐给臣下们的最好的奖品。正是由于有了明代诸位帝王的提倡和参与，才使得明代北京的书画界有了进一步的发展，也使得中国书画艺术达到了一个新的高峰。

关于无名氏的书画问题。自古以来，许多技艺超群的书画家创作出了一些著名的书画精品，却没有留下自己的姓名。在明代的北京，这种情况是大量存在的。仅举典型两例。其一，为现存于中国国家博物馆的《明宪宗元宵行乐图卷》，系由无名氏画家所创作的一幅反映宫廷节令生活的艺术精品。通过画家的笔墨，我们可以了解到明代宫廷生活中的许多细节。显然，画家的身份并不高，因此没有留下自己的姓名，而同时他又曾经在明宪宗周围生活过一段时期，得以知晓一些宫廷生活的内幕。画家的身份，应当是成化年间的宫廷御用画家。其二，为现存于中国国家博物馆的另一幅绘画作品《皇都积胜图卷》，画家也没有留下姓名。这幅作品所展示的场面比起《明宪宗元宵行乐图卷》来，要宏大得多。据《中国美术全集》记载："卷首自京城西郊大道起，经由西郊外村舍集镇、卢沟桥、广宁门、大明门、承天门（即天安门）和烟云缭绕的皇宫，出北郊至居庸关。所绘士农工商、医卜星相、官吏兵卒、民房宫殿等景象，均各有独特风貌。"这正是宋代东京《清明上河图》在明代北京的翻版。通过观赏画作，可知画家是长期生活在京城，并且对北京民俗文化十分热爱的一位艺术家。他的画作，给我们留下了珍贵的文化遗产。

此外，有些书画家在北京虽然创作了杰出的书画作品，留下了姓名，却因为社会地位低下，而没有留下生活经历，使得后人对他们生平事迹仍然一无所知。其典型事例，当属今存于北京石景山区法海寺的壁画作品。据《中国美术全集》记载："北京市法海寺明代壁画，完成于明正统八年（1143年），题为《帝释梵天图》，是由宫廷画士官宛福清、王恕，画士张平、王义、顾行、李原、潘福、徐福等十五人所绘。壁画规模宏大，人物造型准确，线条流畅，色彩浓丽，沥粉贴金，不愧为明代寺观壁画中的优秀典范。"像宛福清、张平、徐福这样的画家，虽然绘画技艺超群，又通过辛勤地绘画创作为后世留下了一笔珍贵的文化遗产，却没有给他们自己留下更多的东西，甚至被当时的文人士大夫鄙视为"市井小人"、"杂流"。这种当时的不公正评价，最终还是被历史纠正了。留存到今天的精彩壁画，以及现存于众多博物馆中的绘画作品，正是这些无名氏画家们的不朽丰碑。

第十九章　宗教文化的进一步发展

在中国古代，宗教虽然一直也没有占据过统治地位，却产生了十分广泛的社会影响。也正是因为其没有取得统治地位，故而其影响也就变得更加潜移默化，没有行政力量扶持而又能够不断发展、不断兴盛的宗教，才是最深入人心的宗教。在明代，不论是佛教、道教，还是伊斯兰教（基督宗教却是例外），其政府扶持的力度比起此前的元代来，都有所减弱，而其宗教势力的发展，比起元代来却更加兴盛，更加普遍。这种情况的出现，表明宗教势力自身的发展，已经进入一个新阶段。当然，任何一个宗教派别的发展，又都是无法与政治截然分开的，如明代宦官对佛教的大力赞助，某些官僚对道教的尊崇，另一些官僚对天主教的引介，等等，显然也为该宗教的发展和兴盛提供了有利的条件。

在明代的北京，有些宗教的发展继承了前代的脉络，也就是说，它们具有较为雄厚的宗教基础，如佛教（包括藏传佛教）、道教等教派即是如此。一是这些教派存在的时间已经很长了，对中国社会的政治变动也已经适应了；二是信奉这些教派的信徒主要是广大汉族民众，使得这个宗教的社会基础十分牢固，很难动摇；三是这些教派的活动场所（如佛寺、道观）较多，在受到冲击时的抵抗程度更大一些，受到损害后也能很快恢复。

而有些宗教的发展却是重新起步，也就是说，它们的宗教基础已经失去了，如伊斯兰教及天主教等即是如此。一是这些教派在中国发展的历史相对较短，对中国政治变动的适应能力较弱；二是信奉这些教派的信徒主要是少数民族民众，由于其人数较少，流动性较大，故而其社会基础不是很牢固；三是这些教派的活动场所（如清真寺、天主教堂）较少，一旦受到损害，很难尽快得到恢复。

在明代的北京，和在前代的各个都城一样，宗教活动是与政治活动密切联系在一起的。中国古代的都城，既是各种宗教派别相互融合的中心场所，也是其发生宗教冲突的焦点。到了明代，虽然经过了宋元时期的"三教合流"的大融合阶段，儒、释、道三教都形成了"你中有我、我中有你"的局面，但是，由于受到政治斗争，以及宗教人士自身的素质优劣等影响，仍然会发生规模或大或小的宗教冲突。而这些冲突，特别是一些规模较大的宗教冲突的结果，不仅使某些宗教派别自身的发展受到严重损害，而且使得大量的、珍贵的宗教文物遭到巨大毁坏，在文化上也造成了一场浩劫。明代北京的宗教发展历程，产生了许多珍贵的宗教文化遗迹，同时，也毁坏了另外一些珍贵的宗教文化遗物。当然，也有一些重要的宗教文化遗迹是在自然环境下遭到损坏的，没有能够得到有效的保护，这是不能苛责古人的。

第一节　中原佛教文化的兴盛

一　明朝统治者对佛教的大力扶持

在明代，封建统治者对佛教的尊崇程度虽然不及元代帝王狂热，却也有着较大的力度。其一，因为明代的开国皇帝朱元璋曾经作过僧人，对佛教有着特殊的感情。"帝自践阼后，颇好释氏教。诏征东南戒德僧，数建法会于蒋山。应对称旨者辄赐金襕袈裟衣，召入禁中，赐坐与讲论。吴印、华克勤之属，皆拔擢至大官，时时寄以耳目。……诸僧怙宠者，遂请为释氏创立职官。于是以先所置善世院为僧录司。设左右善世、左右阐教、左右讲经觉义等官，皆高其品秩，道教亦然。度僧尼、道士至逾数万"①。朱元璋对佛教的崇奉，一直影响到此后明朝诸位帝王。

其二，明朝统治者的许多典制都是从元朝沿袭下来的，如元朝每个帝王在即位之前，都要请高僧为其受戒。而每个明朝帝王和其他皇族人士在出生之后，则要选一名青年代替自己出家："本朝主上及东宫与诸王降生，俱剃度童幼替身出家，不知何所缘起。意者沿故元遗俗也。今京师城南有海会寺者，传闻为先帝穆宗初生受釐之所。……本年又于城之西南隅鼎建承恩寺，其壮伟又有加焉。今上替身僧志善，以左善世住持其中。盖

①　《明史》卷一百三十九《李仕鲁传》。

从龙泉寺移锡于此。"① 作为帝王替身的僧人，其在佛教界的地位当然十分显赫。

明朝统治者尊崇佛教的一个重要举措就是刊印佛经，以利于佛学的传播。佛教经典全书为《大藏经》，各个朝代刊印的经书是不一样的。明代初年，明太祖朱元璋曾在南京刊印过，俗称《洪武南藏》，共收录佛经一千六百部、七千余卷，分装六百七十八函。明成祖即位后，先是在南京、后是在北京皆刊印过佛经，俗称《永乐南藏》及《永乐北藏》。其中，《永乐北藏》始刻于永乐十九年（1421 年），至明英宗正统五年（1440年）才告竣工，共收录佛经一千六百二十一部、六千三百余卷。其后，到万历年间，又曾续刻佛经四百余卷，补入《永乐北藏》。明成祖又在皇城之内设置有大藏经厂，放置刊刻好的佛经经版，并且由太监二十四衙门之一的司礼监负责管理。

明成祖还亲自编纂了《神僧传》，将历代著名僧侣二百余人的传记收入书中。此后的明朝诸帝大多数都尊崇佛教。明英宗时，北京地区的佛教活动日益频繁，在城内外创建的佛寺不断增加，到明代宗时，其敕建的大隆福寺，"役夫万人"，历时两年，才告竣工。景泰四年（1453 年）三月："大隆福寺工成，费用数十万，壮丽甲于在京诸寺。"② 寺前立大牌坊，上书"第一丛林"。寺院建成后，明代宗亲临寺中，举行佛教活动。明武宗也是一位崇奉佛教的帝王，他自封为"大庆法王"，又在皇宫西华门里面创建佛寺，以便于其进行佛教活动。

当然，并不是每一位帝王都尊崇佛教，明世宗即是一位笃信道教的帝王。由于崇奉道教的结果，导致他采取了一系列打击佛教的做法。他在即位之初就曾下令，命京城内外拆毁寺庙，汰除僧尼。其后，又将明英宗时由王振主持重修的所谓朝廷香火院——大兴隆寺（原称大庆寿寺）改为射所。特别是在嘉靖十五年（1536 年），将皇宫之内的大善佛殿拆毁，建为太后宫，"礼部尚书夏言，以殿中有佛像及佛骨、佛头、佛牙等，乃建议请敕有司俱瘗之中野，以杜愚冥之惑。上曰：'今虽埋之，岂无窃发以惑民者？可议所以永除之。'于是言复议投之火，上从之。凡毁金银佛像

---

① 《万历野获编》卷二十七《京师敕建寺》。

② 《明英宗实录》卷二二七《景泰附录》。

一百六十九座，金银函贮佛头、牙等一万三千余斤，燔之通衢"①。由此而毁掉了大量珍贵的佛教文物。

明世宗死后，明神宗即位，母后崇奉佛教甚笃，于是，又出现了一个兴建寺庙、烧香拜佛的高潮。明神宗之母李太后在北京修建了两座巨刹，一座是慈寿寺，位于阜成门外八里庄，建寺之时，许多宗王、公主、宦官等皆出资加以赞助。该寺"外为山门、天王殿，左右列钟鼓楼，内为永安寿塔，中为延寿殿，后为宁安阁。旁为伽蓝、祖师、大士、地藏四殿，缭以画廊百楹，禅堂方丈三所"②。至今寺中佛塔仍然是京城西面最醒目的建筑。另一座是慈恩寺，位于西直门外青龙桥，其规模也很壮观，"寺外为山门，前为天王殿，旁翼以钟鼓楼。中为大通智胜宝殿，左右列伽蓝、祖师二小殿。大殿后为藏经阁。……缭以周垣，僧寮、方丈、廊庑、庖庾毕具，一岁而功告成"③。通过以上描述可以看出，这两座寺院的布局都是很规范的。

二　明代宦官的普遍崇佛

除了封建统治者之外，作为明代最有势力的一个社会集团，宦官集团对佛教的崇奉从某种角度而言，更甚于帝王们。但是，他们的政治权力与财富势力要逊于帝王，故而所资助建造的寺庙比起帝王敕建的皇家寺院来，也要逊色一些。而与那些民间百姓集资修建的寺庙相比，则要豪华得多。如明英宗时大宦官王振在禄米仓建有寺庙一座，称智化寺，规模宏大，寺中藻井及藏经转轮等皆为佛教文物中的精品。寺庙建成后，明英宗赐其《大藏经》一部。及王振死于"土木堡之役"，明英宗在复辟重登皇位之后，特别在智化寺中为王振立有祠堂。

此外，明代宗时大宦官兴安出资兴建的广安门外真空寺，明宪宗时大宦官夏时出资兴建的东城成寿寺，明孝宗时大宦官李兴在都城东南兴建的隆禧寺，明武宗时大宦官张雄在京西畏吾村兴建的大慧寺，明世宗时大宦官赵政在京西八里庄兴建的摩诃庵等，皆在北京地区的佛教界产生了较大影响。如张雄所建大慧寺，寺中有铜铸佛像，高五丈，当地人遂称之为大

---

① 《万历野获编补遗》卷四《废佛氏》。
② 见明人张居正所撰《敕建慈寿寺碑》。
③ 见明人赵志皋所撰《敕赐护国慈恩寺碑》。

佛寺。赵政所建摩诃庵中，则有石刻三十二体《金刚经》，皆为当世著名书法家所书写，有着很高的艺术价值。

又有些大宦官们出资修复的前代寺庙，规模也很壮观，如上文提及的大宦官王振修复的大兴隆寺，"初，王振佞佛，请帝岁一度僧。其所修大兴隆寺，日役万人，糜帑数十万，闳丽冠京都。英宗为赐号'第一丛林'。命僧大作佛事，躬自临幸，以故释教益炽"①。此外，如大宦官阮安在成化十年（1474年）曾重修京西古刹观音寺，并请明宪宗赐额曰"衍法寺"。大宦官张雄在正德三年（1508年）又增修之，"中为大觉殿，前为天王殿，为明王殿。后为千佛阁，又后为真武殿。伽蓝、观音二殿列于左，祖师、地藏二殿列于右。钟、鼓二楼对列于殿前之左右。辅以修廊，缭以高墉，像设、经幢咸具"②。整个增修过程，历时三年多。

而僧人借助地方绅士及宦官人等的财力兴建寺院也不乏其人。如成化二年（1466年）开始动工修建的广济寺，系由僧人普慧等得到大宦官廖屏、曹整等人的赞助，历时近二十年兴修的广济寺，寺中建有钟、鼓二楼及天王殿、大佛宝殿、伽蓝殿、祖师殿、大士殿等，各佛殿中塑有释伽佛、药师佛、弥陀佛、观音、文殊、普贤，以及十八罗汉、高僧达摩、百丈、监济等佛像。"其斋堂、方丈、僧舍，与夫庖湢、廪庚之所，以及幡幢、供器，寺之所宜有者，无不毕具"③。寺庙修成后，明宪宗为其赐额，该寺规模由此奠定，今为中国佛教协会所在地。

又有些僧人，既取宠于帝王，又结交大宦官，遂在京城营建寺庙。如明宪宗时，有江夏僧人继晓，在得到明宪宗宠信的同时，又结交大宦官梁芳，权势日盛，"进右善世，命为通元翊教广善国师。日诱帝为佛事，建大永昌寺于西市，逼徙民居数百家，费国帑数十万"④。因为他的举动过于狷獗，故而受到政府官员们的弹劾，被迫退归乡里，所建之寺亦废。此后不久，大宦官梁芳又择地另建大永昌寺，规模比原来的寺庙还要大，并且得到明宪宗的支持，命主持官方修缮工作的工部尚书谢一夔亲自督造。及明宪宗死后，明孝宗即位，诛杀继晓，囚禁梁芳，大永昌寺亦随之废去。

---

①　见《明史》卷一百六十四《单宇传》。
②　见明人杨一清所撰《衍法寺碑》。
③　见明人万安所撰《弘慈广济寺碑》。
④　《明史》卷三百七《继晓传》。

三　京城百姓的崇佛活动与高僧的社会影响

受到统治阶级崇奉佛教的影响，广大民众对于佛教的尊崇也变得更加普遍，遂成为一种社会风尚。如在宣武门外，有古刹天宁寺，于正统十年（1445 年）改称广善戒坛，"设宗师十人，岁以四月下旬，集缁流听度，谓之圆戒"。不仅僧人来得很多，民众也很多，遂成为一处重要的佛教活动场所。明世宗即位之后，对佛教的排斥打击十分严厉，而在寺中的佛教活动却仍然很繁盛："广聚僧徒，辄建坛场，受戒说法。拥以盖舆，动以鼓吹，四方缁衣，集至万人，瞻拜伏听，昼聚夜散。"① 这种热闹的场面出现在都城，更是会造成巨大的社会影响。

正是由于京城寺庙众多，僧侣汇集，民众崇奉，故而天下各地的僧人也就都纷至沓来，到北京从事佛教活动。如明神宗时，有西蜀名僧遍融，"自庐山来游京师"，得到大宦官冯保、杨用等人尊崇，特别为他建造了千佛寺，作为佛教活动场所，该寺规模宏大，"为天王殿，为钟、鼓楼。中为大雄宝殿，为伽蓝殿。后为方丈，为禅堂，为僧寮，为庖湢，为园圃"。大宦官杨用又为其"铸毗卢世尊莲花室千佛，……铸十八罗汉、二十四诸天，复塑伽蓝、天王等像"，遂为京师一处重要佛教活动场所。②

也是在明神宗时，有两大禅宗名僧北上京师，从事佛教活动，其一为德清，其二为真可。德清出家于南京报恩寺，曾北游京师，向名僧遍融、笑岩等人学习佛法，此后，又遍游五台山、嵩山、洛阳、崂山等佛教胜地，弘传佛法。万历二十年（1592 年），他与名僧真可一同游览京西石经山云居寺，搜寻隋代僧人所刻之石佛经，发现了在雷音洞中珍藏的佛舍利，用石函安置，石函内装有银函，银函内又装有金函，金函内再装有小金瓶，佛舍利放于瓶中。于是，德清二人将此事上奏于笃信佛教的皇太后，"太后欣然，斋宿三日，……迎入慈宁宫，供养三日。乃于小金函外，加一玉函，玉函外复加小金函，……仍造大石函，总包藏之"③。复归于云居寺之雷音洞，成为当时佛教界一大盛事。

---

① 见清人朱彝尊《日下旧闻》所引《明典汇》。
② 杨守鲁：《千佛寺碑》。
③ 德清：《雷音窟舍利记》。

真可号紫柏，出家于苏州云岩寺，万历初年也曾北游京师，向高僧遍融、笑岩等学习佛法，此后游历四方，筹资刊印《大藏经》。万历二十年（1592年）与德清相聚北京云居寺之后，曾以皇太后施予的钱财赎回云居寺之寺产，又住于京西名刹潭柘寺中，从事撰写《高僧传》、《续灯录》等佛学活动。在万历三十一年（1603年），京师发生"妖书大案"，真可因为曾经反对过宦官们四出征收矿税的暴行，遂由此受到牵连，被诬陷入狱，遭到杖刑的严酷迫害，不幸死于狱中。他的佛教影响并没有因此而减弱，时人将其著述汇集为《紫柏尊者全集》三十卷，加以弘传。

在明代的北京，佛教的盛衰是与政治势力的倾向性密切相关的。不论是帝王，还是后妃，不论是士大夫，还是平民百姓，其崇奉佛教的主要动机都是行善积德。建寺庙是积德，为子孙后代积阴德。刻佛经是行善，与佛教诸神结善缘。因为他们都有自己放不下的事情，帝王想要把江山永远掌握在自己子孙的手中，官僚士大夫想要世代为官，等等。而在当时最热衷于建庙供僧的宦官们又是为了什么呢？他们是残疾人，没有了子孙后代，他们身处皇宫之中，没有了自己的家业，他们利用手中的权力谋取了巨额财富，却又消费不完，真的是生不带来，死不带走。从世俗的角度来看，他们崇佛的唯一目的，只能是在自己死后升入西天极乐世界。如果说有为他人着想的目的，也只是顺着帝王的旨意，来崇奉佛教，以获得更多的宠信。

在当时却有相当数量的官僚士大夫们，坚持着传统儒家学说的观念，对佛教采取了激烈的排斥态度，如上文述及的礼部尚书夏言即是。明代宗即位之初，又有官员单宇，对明英宗和大宦官王振的崇佛行为十分不满，于是上书明代宗曰："前代人君尊奉佛氏，卒致祸乱。近男女出家累百千万，不耕不织，蚕食民间。营构寺宇，遍满京邑，所费不可胜纪。请撤木石以建军营，销铜铁以铸兵仗，罢遣僧尼，归之民俗，庶皇风清穆，异教不行。"[①] 这种观点，我们在前代的许多儒学大师的言论中皆可以看到。但是，这种观点很少被封建帝王们采纳。

---

① 《明史》卷一百六十四《单宇传》。

第二节　藏传佛教的续兴

一　元代藏传佛教影响的延续

在明代的北京，藏传佛教在政治上的地位，显然没有此前的元代那样尊贵，其领袖人物被尊称为帝师，这时只是被尊称为国师或者是法王。但是，其在宗教界的影响仍然是巨大的。藏传佛教所带有的与中原地区的农耕文化差异明显的宗教特色，遂为其蒙上了一层极为神秘的面纱。在明代，封建统治者对藏传佛教的尊崇，在很大程度上是出于政治目的，明太祖时即是如此。"西番即古吐番。洪武初，遣人招谕，又令各族举旧有官职者至京，授以国师及都指挥、宣慰使、元帅、招讨等官，俾因俗以治。自是番僧有封灌顶国师及赞善、阐化等王，大乘、大宝法王者，俱给印诰，传以为信，所设有都指挥使司、指挥司"①。文中所云"西番"，即今西藏等地区，明朝统治者尊崇藏传佛教领袖，是出于"俾因俗以治"的目的。

明成祖即位之后，仍然奉行这一政策。永乐初年，遣使至西藏，召请该地高僧哈立麻前来南京，"既至，帝延见于奉天殿，明日宴华盖殿，赐黄金百，白金千，钞二万，彩币四十五表里，法器、茵褥、鞍马、香果、茶米诸物毕备"。此后，因命其在南京灵谷寺举行佛事活动，显现灵异之像，"遂封哈立麻为万行具足十方最胜圆觉妙智慧善普应佑国演教如来大宝法王、西天大善自在佛，领天下释教，赐印诰及金、银、钞、彩币、织金珠袈裟、金银器、鞍马。命其徒字隆通瓦桑儿加领真为灌顶圆修净慧大国师，高日瓦禅伯为灌顶通悟弘济大国师，果栾罗葛罗监藏巴里藏卜为灌顶弘智净戒大国师，并赐印诰、银钞、彩币"②。明成祖对藏传佛教领袖的尊崇，已经超过了明太祖。

被明成祖尊崇的又有藏传佛教领袖释迦也失，他是藏传佛教高僧宗喀巴的弟子。永乐十二年（1414 年），他被召到京师，"明年，命为妙觉圆通慈慧普应辅国显教灌顶弘善西天佛子、大国师"。及明宣宗在位时，释迦也失于宣德九年（1434 年）来到北京，再次受到明朝帝王的尊崇，"册

---

① 《明史》卷九十《兵志》。
② 《明史》卷三百三十一《西域传》。

封为万行妙明真如上胜清净般若弘照普慧辅国显教至善大慈法王、西天正觉如来自在大圆通佛"①。由于明成祖对藏传佛教的尊崇，使得北京地区的藏传佛教势力有增无减，"永乐时，诸卫僧戒行精勤者，多授刺麻、禅师、灌顶国师之号，有加至大国师、西天佛子者，悉给以印诰，许之世袭，且令岁一朝贡，由是诸僧及诸卫土官辐辏京师"②。

明成祖继承明太祖的政策，尊崇藏传佛教，也是出于政治上的需要，故而在其尊封大宝法王、大乘法王等宗教领袖的同时，还在西藏等地又封有五王，即：阐化王、赞善王、护教王、阐教王及辅教王，这五王各有封地，为政教合一的地方首领。阐化王名为吉剌思巴监藏巴藏卜，掌管怕木竹巴万户府之政教事务。赞善王名为著思巴儿监藏，掌管灵藏之地的政教事务。护教王名为南哥巴藏卜，掌管馆觉之地的政教事务。阐教王名为领真巴儿吉监藏，掌管必力工瓦之地的政教事务。辅教王名为南渴烈思巴，掌管思达藏之地的政教事务。显然，明朝统治者尊崇藏传佛教的做法继承了元朝统治者的传统。

二 明朝统治者对待藏传佛教的态度

如上所述，明朝统治者对藏传佛教的尊崇程度要逊于元朝，故而其在北京地区建造的藏传佛教寺庙也就要少一些。永乐年间，有藏传佛教高僧大板的达国师从必力工瓦之地来到京城，进献金佛像五尊，受到明成祖的接见，并且一起探讨佛法。于是，明成祖命于京城西北为其建造佛寺一座，赐名"真觉寺"。因其工程较大，故而直到成化年间才告竣工，明宪宗为此撰写有《御制寺碑记》："寺在极乐寺西，内有金刚座，上置五小座，藏如来金身。永乐间西域中印土僧所献，规制前此未有。"③ 正是因为寺中建有形状十分特别的一组佛塔，故而又被人们俗称为"五塔寺"。

明宪宗在位时，则有大宦官王助存等人于西直门外建造有大兴教寺一座，以作为藏传佛教僧人举行宗教活动的场所，明宪宗又为该寺撰写有《敕旨碑记》："特赐为大兴法王结斡领占焚修之所。国师札巴藏卜为寺提督，讲经索诺木巴勒丹兼住持，都纲章台阳吒巴为住持，朝夕领众焚

---

① 《明史》卷三百三十一《西域传》。
② 《明史》卷三百三十《西域传》。
③ 《长安客话》卷三《大真觉寺》。

修。"① 而这时藏僧受到的尊崇，又胜过明成祖时，"西僧以秘密教得幸，服食器用拟于王者，出入乘金棕舆，卫士以金吾仗前导，达官莫不避路。召入大内诵经呪，……锦衣玉食者几千人。中贵跪拜，俱坐。受法王等号，有增至数十字者"②。这时明朝帝王对藏传佛教的崇敬，其宗教因素的影响远远超过了其政治需求。

到明武宗即位之后，曾一度对在北京地区的藏传佛教势力加以压制，降低藏传佛教领袖的封号，削减在京藏僧人数，等等。但是，没过多久，随着明武宗对该教派的尊崇，藏传佛教的势力再度活跃起来。明武宗的尊崇藏传佛教，是受到宦官们的影响所致，正德元年（1506 年）四月，明武宗下令："严天下僧道潜住京师之禁。"③ 僧人们为了能够在北京占住脚跟，遂与宦官们结交，并得到了宦官们的扶持。正德二年（1507 年）三月，太监李荣传旨："大功德寺住持宗泽升僧录寺左觉义，管事僧人方绅，令于大功德寺住持。一时缁流率赂近倖，号称'门僧'。自是传升乞升充满官署，至不能容云。"次日，太监李荣又传圣旨："大慈恩寺禅师领占竹巴灌顶大国师，大能仁寺禅师麻的室哩塔而麻拶耶那卜坚参、大隆善护国寺禅师著肖藏卜俱升国师，给与诰命。"④

僧人拜宦官为"门主"，自比为"门生"，这种做法虽然有些过分，却带来了明显的效益，藏传佛教僧人与明朝帝王的关系有了极大的改善。此后，明武宗的崇佛活动又超过了此前的明孝宗等帝王。"至正德间，上亲习西番梵呗，与番僧辈演唱于禁中，至自称'大庆法王'，给印，赐下院，为礼卿傅瀚所驳"⑤。显然，如果没有官僚士大夫们的劝阻，明朝帝王尊崇藏传佛教的活动会更加狂热。明武宗又曾派遣大宦官刘允到藏地，去迎接"活佛"到北京来，但是，刘允在带去大批珍贵礼品，沿途又耗费了大量人力物力之后，却没有能够将"活佛"迎到北京。

明武宗死后，明世宗崇奉道教，对佛教势力的发展产生了明显的阻力（已见上文所述），及明世宗死后，明神宗即位，佛教的势力才有了恢复与进一步发展。是时，有南印度僧人左吉古鲁来到北京，弘扬藏传佛教，

---

① 见《日下旧闻考》所引《兴教寺成化敕旨碑》。
② 《万历野获编补遗》卷四《札巴坚参》。
③ 《明武宗实录》卷十二。
④ 见《明武宗实录》卷二十四，文中僧录寺应为僧录司之笔误。
⑤ 《万历野获编》卷二十七《僧道异恩》。

初居于古刹天宁寺，后在京城西北觅地修行，得到明朝统治者的支持：
"赐织金禅衣，赐日斋万僧，赐酥燃灯，赐松地居焉，赐寺名西域双林
寺。"该寺中所塑佛像最具特色："寺中所供，折法中三大士，西番变相
也。相皆躶而跣，有冠，有裳，有金璎珞，犰、象、狮各出其座下。中金
色，勇猛丈夫也，五佛冠。上二，交而杵铃，下二，跌而坐。左右各蓝
色，三目，彩眉，耳旁二面，顶累二首，乃髻。首三项腰，各周以髑髅，
而带以蛇。左喙鼻耳角，牛也。三十二臂，一十六足，中二手交，把髑髅
半额，而铲取其脑。其三十手所执械：号者，旗旛鼓铃焉。御者，牌金火
轮焉。缚者，绳。击者，棰杵。杀者，刀、叉、枪、剑、鈇钺、弓矢
焉。"① 当时人们对藏传佛教寺庙中佛像的详细叙述，使我们对藏传佛教
文化大异于中原佛教文化的情况有了更多的了解。

　　藏传佛教之所以受到明朝统治者的宠信，是因为该教派的独特文化与
中原佛教的巨大差异，而这种差异，又是官僚士大夫们所不能够容忍的。
如在对佛教的修行方面，施行的男女双修的所谓"秘密"佛法，在元代
末年的元顺帝颇好此法，就曾被人们斥责为荒淫无道。到了明代，人们的
这种观念并没有改变，故而中原民众对藏传佛教的"怪异之术"往往很
难认同。又如寺庙中塑造的佛像，在中原佛教的寺庙中，人们塑造的佛像
总是一派祥和的形象，令人观之而生出可亲可敬的感觉。而在藏传佛教的
寺庙中，塑造的佛像往往面目狰狞，手持凶器，令人望而生畏，很难亲
近。因此，只有少数汉族人士皈依藏传佛教，而大多数民众主要还是尊崇
中原佛教。

三　藏传佛教高僧在北京的活动

　　藏传佛教的一些高僧来到北京弘传佛法，有些死后就安葬在北京地
区。如成化十年（1474 年）三月，藏传佛教领袖大应法王札实巴死去，
"有旨如大慈法王例葬之。中官遂请造寺建塔。工部言，大慈法王惟建
塔，未尝造寺，况今岁歉民贫，寺费难给，宜惟建塔。上是其言，命拨官
军四千供役"②。建造一座佛塔竟然动用官军数千人，可见明朝统治者对
藏传佛教是十分重视的。这种情况并不是偶然的，成化十七年（1481 年）

---

① 《帝京景物略》卷五《西域双林寺》。
② 《明宪宗实录》卷一二六。

十月，"大隆善护国寺西天佛子斑卓藏卜死，命摘官军一千五百为建塔治葬"①。由此可知，第一，藏传佛教高僧在死后，明朝统治者皆派遣官军"建塔治葬"，不论是法王还是西天佛子。第二，根据藏传佛教高僧的地位不同，派遣治葬的官军人数也就不同，法王死后所派官军为4000人，而西天佛子（比法王低一个等级）死后，派去治葬的官军则为1500人。

由于藏传佛教受到明朝统治者的尊崇，故而一些不法之徒就假借藏传佛教的名义为非作歹。如成化二十一年（1485年）十二月，"京城外有军民叶屺、靳鸾等发人墓，取其髑髅及顶骨，以为葛巴剌椀并数珠，假以为西番所产，乘时市利。愚民竞趋之，所发墓甚众。至是缉事者闻于朝，番僧尝买以进者皆遁去。获屺等送刑部鞠治，得其党，俱坐罪如律"②。对于这种伪造"古董"的行为，明朝统治者的惩罚是十分严厉的，皆加以诛杀。而在这种不法活动中，也有藏传佛教的僧人参与。

到了明朝末年，封建统治者一方面要尽力镇压各地的农民起义军，另一方面又要竭力抵御不断向中原地区扩张其势力的蒙古族和满族的部落侵扰，故而无暇顾及对西藏等边远地区的管理，其对于藏传佛教高僧的崇奉也就越来越少，使得藏传佛教在北京地区的发展受到极大影响。因此可以说，中原佛教在北京地区的发展是有着较为深厚的社会基础的，而藏传佛教在北京地区的发展，其社会基础是十分薄弱的，主要依靠的，只是明朝帝王及一些大宦官的扶持，远远不像在西藏、蒙古等地区那样受到社会各界的普遍尊崇。故而，一旦失去明朝统治者的扶持，藏传佛教势力在北京地区的发展也就不得不有所衰弱。

此外，还有一点值得一提的是，在元代，中央政府专门设置有宣政院，负责处理西藏等地区的宗教和军政事务，加强了边远地区与中央政府的联系，是一项重要的政治举措。但是，明朝统治者却没有将这项有益的政治措施继承下来，因此，相比较而言，明朝统治者对于藏传佛教的管理处于混乱的无序状态中，其对于西藏等地区的军政事务的管理，也处于混乱的无序状态中。显然，明朝统治者对边远地区的重视程度要逊于此前的元朝统治者。到了此后的清朝，满族统治者对于边远地区管理又有所加强，其所设置的理藩院，即是元代宣政院的功能延续，只是清朝统治者对

---

① 《明宪宗实录》卷二二〇。
② 《明宪宗实录》卷二七三。

藏传佛教的管理，比元朝和明朝的统治者又要高明得多。

第三节　道教文化的兴盛及其影响

一　明朝统治者对待道教的态度

明代北京地区的道教，其发展状况也是十分兴盛的，就某种意义而言，甚至超过了元代。这首先与封建统治者的大力扶持密切相关，从明太祖立国开始，就对佛教和道教加以保护和提倡。到明成祖定都北京之后，对道教的尊崇更胜过明太祖。此后，在明宪宗及明世宗统治时期，道教的发展更是达到了空前的兴盛阶段。不仅社会各界人士信奉者日益增加，而且道教领袖人物的活动直接影响到了政治局势的变化。

从明朝初年开始，封建统治者对于道教领袖人物就采取了尊崇的态度。当然，这种尊崇只是一种形式上的惯例，也就是使用了以往历代统治者们惯常使用的办法，其一，对其加以封爵，赐以尊号；其二，在赐以尊号的同时，又赐以印信，以表示对其尊崇的认定。封建统治者通过赐予封爵及尊号，或者是取消这些赐予的虚名，来直接表示出道教领袖人物的得宠及失宠的状况。因此，这种赐予乃是统治者们对宗教派别的政治态度的明确标志。

明太祖在即位之后，沿袭了元代帝王的做法，对江西龙虎山的正一教也采取了尊崇的态度，封其掌教领袖张正常为大真人，并任命其掌管天下道教事务。中国的道教派别众多，各自为一系统，正一教的势力虽然较为庞大，但是要想统管天下道教事务也是不可能的。及张正常死后，其子张宇初接任正一教，又被封为正一嗣教道合无为阐祖光范真人。此后，明仁宗在位时间虽然极短，也曾封道士刘渊然为冲虚至道玄妙无为光范演教庄靖普济长春大真人，又封道士沈道宁为混玄纯一冲虚湛寂清净无为承宣布泽助国佑民广大至道高士。明宣宗即位之后，为了与道士刘渊然并列，正一教掌教张宇清又被封为正一嗣教清虚冲素光祖演道崇虚守净洞玄大真人，领天下道教。到了此后的明宪宗和明世宗之时，滥封道士尊号的情况更加严重。

明朝统治者不仅对道教领袖们加以尊崇，对一些道教神灵也加以尊崇。如永乐十五年（1417年），明成祖加封二位徐真君尊号，徐知证加封为九天金阙明道达德大仙显灵溥济清微洞玄冲虚妙感慈惠护国庇民崇福洪恩真君，徐知谔加封为九天玉阙宣化扶教上仙昭灵溥济高明弘静冲湛妙应仁惠护国佑民隆福洪恩真君。敕封尊号用字各多达 34 个字。到了成化二十二年（1486 年），明宪宗又加封二位徐真君尊号，徐知证为九天金阙总督魁神洪恩灵济慈惠高明上帝，加封徐知谔为九天玉阙总督罡神洪恩灵济仁惠宏净上帝。并且将其祀典从素馔改为太牢。

明成祖在为二位徐真君加封尊号的同时，又为其在京城建造了庙宇，"洪恩灵济宫，祀徐知证、知谔。永乐十五年，立庙皇城之西，正旦、冬至、圣节，内阁、礼部及内官各一员祭。生辰礼部官祭。弘治中，大学士刘健等请毋遣阁臣。嘉靖中，改遣太常寺官"①。该庙与真武庙、东岳庙、都城隍庙及关帝庙等一同被称为京师九庙。对二位徐真君的祭祀仪式也很庄重："先已有四时皮弁冠、大红云龙服，至是又加平天冠、明黄罗绉衣，神父亦加高上神王慈悲圣帝。其袍在京四时更换焚化不必言，且每遣内官入闽，赍送如京师。"② 文中的"先已有"系指明成祖建庙之初，"至是"则是指明宪宗加封"上帝"之号时。

与二位徐真君受到同样尊崇的又有萨、王二位真君。"国朝永乐间，杭州道士周思得居京师，以王灵官法降体附神，所谓灵官者，为玉枢火府天将，……因请于上，建天将庙于禁城之西。宣德间，改庙为大德观，封萨真人为崇恩真君，王灵官为隆恩真君。成化年间，改观曰宫，又加'显灵'二字，每年四季递换袍服，焚化如灵济宫，而珠玉锦绣岁费至数万焉。……此二宫者，俱在京师兑隅，雄丽轩敞，不下宫掖。而他正神列在祀典者，顾寂寂无闻。岂神之庙食，亦有数欤"③。这种道教发展的递进过程，从庙到观，再从观到宫，即可看出。

明朝统治者在为道教领袖加封尊号之后，为了表示对其尊号的认定，也是以往惯用的手段之一，就是赐与其印信。按照印章之典制，共分四个等级，即玉、金、银、铜印。最低一级为铜印，最高一级为玉印。按照惯例，只有帝王才能够使用玉印，其他人等要依据身份高低不同，而使用不同材质的印章。龙虎山的正一教因为受到明朝帝王的宠信，得到的印信也最多。洪武初年，该教派的掌门人张正常去朝见明太祖，被封为正二品的

---

① 《明史》卷五十《礼志》。
② 《万历野获编补遗》卷四《二徐真君之始》。
③ 《万历野获编补遗》卷四《萨王二真君之始》。

大真人，赐以银印，与孔子的后代衍圣公享受同等的待遇。及张宇初嗣位后，又请朝廷赐其用于行法事时使用的印信，明朝政府遂又铸铜印赐之。及明英宗即位之后，为了表示对正一教的尊崇，又将嗣教真人所用银印改为金印。当明孝宗即位后，又特别赐予玉印，以示尊崇。这样，在正一教一派之中，由明朝政府赐给的印信就包括了玉、金、银、铜四个等级，可谓荣宠备至。

二　明代道士的依托权贵

在明代，受到帝王宠信的道士往往不是因为其对道教学说有深入的研究，或者是在道教理论上有更多的创见，却大多数是因为会一些所谓的法术。这一点，从明世宗在位时受宠道士们的所作所为即可看出。明世宗即位之初，有江西龙虎山道士邵元节因为擅长各种法术而受到召见："嘉靖三年，征元节入京，见于便殿，大加宠信，俾居显灵宫，专司祷祀。雨雪愆期，祷有验，封为清微妙济守静修真凝元衍范志默秉诚致一真人，统辖朝天、显灵、灵济三宫，总领道教，锡金、玉、银、象牙印各一。"邵元节之所以受到明世宗的宠信，统辖京城最大的三座道观，又掌管道教诸事，显然与他的法术十分灵验有关。明世宗在即位前后，缺少子嗣，于是，求助于邵元节，"数命元节建醮，以夏言为监礼使，文武大臣日再上香。越三年，皇子叠生，帝大喜，数加恩元节，拜礼部尚书，赐一品服"①。明世宗自己生了儿子，却去感谢道士，因尊崇道教而至如此昏庸，可悲可叹。

也是在这时，因为擅长法术而受到明世宗宠信的又有道士陶仲文。是时，"元节年老，宫中黑眚见，治不效，因荐仲文于帝。以符水喷剑，绝宫中妖。庄敬太子患痘，祷之而瘥，帝深宠异"②。陶仲文不仅为皇太子施法术治病，也为明世宗施法术治病："帝有疾，既而瘳，喜仲文祈祷功，特授少保、礼部尚书。"（引文同上）显然，明世宗对道教法术的尊崇超过了对国家政事的关注："帝自二十年遭宫婢变，移居西内，日求长生，郊庙不亲，朝讲尽废，君臣不相接，独仲文得时见，见辄赐坐，称之为师而不名。"可以说，在明代的北京，受到帝王最高尊崇的道士就是陶

①　《明史》卷三百七《邵元节传》。
②　《明史》卷三百七《陶仲文传》。

仲文，甚至比龙虎山正一教的道教领袖张大真人还有过之而无不及："一人兼领三孤，终明世，惟仲文而已。"（引文同上）

在获得帝王宠信的过程中，道士们与宦官们的相互勾结起了很大的作用。如明世宗时有道士蓝道行来到京城，其所行法术多不"灵验"，受到明世宗的责难，及与宦官勾结之后，才得到宠信，"蓝道行以扶鸾术得幸，有所问，辄密封遣中官诣坛焚之，所答多不如旨。帝咎中官秽亵，中官惧，交通道行，启视而后焚，答始称旨"①。道士们有时又假借法术攻击朝中大臣，仍以蓝道行为例，因与权臣严嵩不和，即借法术加以攻击："道行故恶严嵩，假乩仙言嵩奸罪。……帝心动，会御史邹应龙劾嵩疏上，帝即放嵩还。"（引文同上）显然，在崇奉道教的明世宗眼里，道士们的"乩仙之言"与朝臣们的奏疏相比，其重要性是不相上下的。

当时人及后人在论及明代帝王尊崇宗教之时，大多引明武宗自号"大庆法王"为例，而明世宗其实更甚："三十五年，上皇考道号为'三天金阙无上玉堂都仙法主玄元道德哲慧圣尊开真仁化大帝'，皇妣号为'三天金阙无上玉堂总仙法主玄元道德哲慧圣母天后掌仙妙化元君'，帝自号'灵霄上清统雷元阳妙一飞玄真君'，后加号'九天弘教普济生灵掌阴阳功过大道思仁紫极仙翁一阳真人元虚圆应开化伏魔忠孝帝君'，再号'太上大罗天仙紫极长生圣智昭灵统元证应玉虚总掌五雷大真人玄都境万寿帝君'。"② 其封号最长的多达 37 个字。

帝王享受着人间最大的乐趣，几乎可以达到为所欲为的境地，为了长期享受这些乐趣，就使得帝王们成为了最怕死的人。秦始皇、汉武帝是如此，明世宗也是如此。为了能够长生不老，明世宗也是不择手段，由此造成了恶劣的后果："帝益求长生，日夜祷祠，简文武大臣及词臣入直西苑，供奉青词。四方奸人段朝用、龚可佩、蓝道行、王金、胡大顺、蓝田玉之属，咸以烧炼符咒荧惑天子……"③ 明朝中期的政治腐败变得越来越严重。特别是当这些持有"旁门左道"法术的道士与朝廷中的宦官集团勾结在一起之后，造成了空前强大的黑暗势力执掌朝廷政务的局面，使得明朝的统治，开始由盛转衰。就连众多官僚士大夫的抗争，其效果也变得

---

① 《明史》卷三百七《蓝道行传》。
② 《明史》卷三百七《佞幸传》。
③ 同上。

微乎其微了。甚至有些官僚们为了获得政治权力，也不择手段，采用了道士们的方法。

如明宪宗在位时，有官员江西人李孜省，犯有赃罪，匿身京城，"时宪宗好方术，孜省乃学五雷法，厚结中官梁芳、钱义，以符箓进"。从而得到明宪宗的信任，"日宠幸，赐金冠、法剑及印章二，许密封奏请。益献淫邪方术，与芳等表里为奸，渐干预政事"。许多无行官员皆以这种低劣的手段来获得政治权力，就连执掌朝廷大权的官僚们也是如此。"搢绅进退，多出其口，执政大臣万安、刘吉、彭华从而附丽之。……兵科左给事中张善吉谪官，因秘术干中官高英，得召见，……大学士万安亦献房中术以固宠。而诸杂流加侍郎、通政、太常、太仆、尚宝者，不可悉数"①。直到明宪宗死后，明孝宗即位，李孜省等奸臣才受到了应有的惩处。

在明世宗时，也有许多这种无行官员以精通法术重新受到任用。如曾任浙江参议的顾可学，因盗用官帑被罢官，"闻世宗好长生，而同年生严嵩方柄国，乃厚贿嵩，自言能炼童男女溲为秋石，服之延年。嵩为言于帝，遣使赍金币就其家赐之。可学诣阙谢，遂命为右通政。嘉靖二十四年超拜工部尚书，寻改礼部，再加至太子太保"②。一时官运亨通。当时又有官员端明，曾任右副都御史，被弹劾罢官，"自言通晓药石，服之可长生，由陶仲文以进，严嵩亦左右之，遂召为礼部右侍郎。寻拜工部尚书，改礼部，加太子少保，皆与可学并命。二人但食禄不治事，供奉药物而已"③。

到了嘉靖末年，受到明世宗宠信的道士陶仲文、官员顾可学等人皆已死去，而明世宗对道教法术的追求欲念却越来越强烈，于是，竟然命朝中官员遍行全国，搜求道教异书及有法术的道士："四十一年冬，命御史姜儆、王大任分行天下，访求方士及符箓秘书。……至四十三年十月还朝，上所得法秘数千册，方士唐秩、刘文彬等数人。"④ 这些历经两年搜求来的道教法书及道士，却没有能够促成明世宗长生不老的愿望。及明世宗死后，明穆宗对于这些搜求来的法书及道士进行了严肃处理，就连奉命搜求的官员王大任等人也受到牵累，被罢免官职。

---

① 《明史》卷三百七《李孜省传》。
② 《明史》卷三百七《顾可学传》。
③ 《明史》卷三百七《端明传》。
④ 《明史》卷三百七《佞倖传》。

三　民间道教发展的兴盛

在明代的北京，不仅帝王、权贵、宦官们十分尊崇道教，就是在民间，尊崇道教的风气也颇盛行。如由正一教道士们兴建的朝外东岳庙，在元代时香火就极盛，到了明代，又有所发展："正统中，益拓其宇，两庑设地狱七十二司。后设帝妃行宫，宫中侍者十百，……三月廿八日帝诞辰，都人陈鼓乐、旌帜、楼阁、亭彩，导仁圣帝游。帝之游所经，妇女满楼，士商满坊肆，行者满路，骈观之。帝游聿归，导者取醉松林，晚乃归。"① 也是元代建造的著名道观，又有白云观，乃全真教道士为其祖师丘处机所建，元代香火亦极盛，到了明代也不逊色："今都人正月十九，致浆祠下，游冶纷沓，走马蒲博，谓之'燕九节'，又曰'宴丘'。相传是日真人必来，或化冠绅，或化游士冶女，或化乞丐。故羽士十百，结圜松下，冀幸一遇之。"②

而在明代兴建的道观，其香火亦颇盛。其一，为上文提及的大德显灵宫。"永乐中，道士周思得行灵官法，知祸福先，文皇帝数试之，无爽也。至招弭被除，神鬼示魅，逆时雨，祫灾兵，远罪疾，维影响，乃命祀王灵官神于宫城西。……成化初，灵应愈著，敕所司拓其宇，曰大德显灵宫，大建弥罗阁，以祀上帝。嘉靖初，复于阁左建昊极通明殿，以祀净德王、宝月光后。东辅萨君，殿曰昭德；西弼王帅，殿曰保真。"③ 萨真君及王灵官（即文中所云"王帅"，被尊为玉枢火府天将）皆为宋代道士，因为受到明代帝王的尊崇，才为其建宫以便岁时加以祭祀。

其二，为朝天宫。其位置也在皇宫西北方，建于明宣宗宣德年间，"建三清殿，以奉上清、太清、玉清。建通明殿，以奉上帝。建普济、景德、总制、宝藏、佑圣、靖应、崇真、文昌、玄应九殿，以奉诸神。东西建具服殿，以备临幸"。殿宇建成后，明宣宗又写有"御制诗"，刻石立碑于朝天宫中。因为宫中地方极为宽敞，明宣宗遂下诏："爰诏正旦、冬至、圣节，百官习仪宫中。"这座壮丽雄伟拟于宫殿的著名道观，可惜在天启六年（1626年）六月遭受火灾，"烬不移刻，无所存遗"④。

① 《帝京景物略》卷二《东岳庙》。
② 《帝京景物略》卷三《白云观》。
③ 《帝京景物略》卷四《显灵宫》。
④ 《帝京景物略》卷四《朝天宫》。

在明代北京的普通民众眼里，道士们的法术也是十分灵验的。当民众遇到怪异之事，亦往往请道士来驱鬼镇邪。据万历年间人所述："今京师全楚会馆，故江陵张相第也，其壮丽不减王公，然特分宜严相旧第四分之一耳。会馆之右一小房，虽不及大第十之一，然亦轩敞，先人以价廉僦居，不意其有祟也。迁寓不数月，妖魔百出，时龙虎山真人在都，面请手画一符，悬中堂镇之。是夜，魅投瓦石，尚投符上，比明，则糜烂无存。先人寻大病，给假南还。此房为京师富人徐性善所得，……盖自严相、张相以迄性善，未及三十年，凡三遭抄没，断非吉地，宜其为邪魅所窟穴也。"[1] 就连道士的法术，也镇不住妖魔的猖狂作祟。其实政治斗争凶险无比，官僚兴衰转变极快，这与住宅的吉凶没有必然的联系。

第四节　伊斯兰教文化的继续发展

一　明代伊斯兰教在北京的发展状况

伊斯兰教产生的时间要晚于佛教，其传入中国的时间也晚于佛教，而其在中国社会的普及程度更远逊于佛教。我们可以说，在元代之前，伊斯兰教在中国社会上的影响是微乎其微的，而到了元代，虽然有了"回回遍天下"的民间谚语，但是，作为一种宗教文化，却仍然没有融入到广大民众之中去。不仅在元代信奉伊斯兰教的主要是少数民族民众，就是到了明代，在其信奉者中也很少见到广大汉族民众。

在明代，伊斯兰教的发展环境发生了巨大变化，在此之前的元代，少数民族人士的社会地位要比汉人和"南人"高一些，其政治待遇也要优厚得多，因此，元代的伊斯兰教也就带有了"贵族"宗教的色彩。正如许多专家学者都认同的，在宗教文化界，伊斯兰教与基督宗教处于和佛教、道教同样优待的地位。而伊斯兰教与基督宗教的发展兴衰，其所受到的影响，也是与朝廷之中的政治斗争密切联系在一起的。在元世祖至元年间，由于信奉伊斯兰教的阿合马执掌朝廷大权，故而给伊斯兰教的发展，甚至包括信奉伊斯兰教的商人们的贸易活动都带来了极大的便利。到了元代中期，信奉伊斯兰教的大臣倒剌沙等人再度执掌朝廷大权，又给伊斯兰教的发展提供了便利。同样，当阿合马及倒剌沙等人在政治斗争中失败之

---

[1] 《万历野获编补遗》卷四《凶宅》。

后，又给伊斯兰教的发展带来了巨大的灾难，众多伊斯兰教的信徒（包括一些商贾）也受到牵连，遭到迫害。

如果我们说伊斯兰教在元代是一种"贵族"宗教的话，那么，到了明代，伊斯兰教开始变为一种"平民"宗教。这主要表现在以下几个方面。其一，少数民族人士的政治特权没有了。在元代的"四等人"制度中，少数民族（即所谓的"色目人"）人士是仅次于蒙古族（即所谓的"国人"）人士的第二等人。而到了明代，汉人和"南人"的政治地位有了极大提高，少数民族人士的地位相对也就有所下降。而这种整体政治地位的下降，显然给伊斯兰教自身的发展带来了极大的负面影响。

其二，与之相关连的，是有明一代始终没有出现过像阿合马、倒剌沙那样的权倾朝野而又信奉伊斯兰教的大臣。也就是说，在明代历史发展的二百多年中，伊斯兰教一直没有产生具有举足轻重意义的政治代表人物。当然，在明代初期出现过像常遇春、郑和这样的著名人物，而且在军事和外交等方面作出了杰出的贡献，在明代中后期也出现过像海瑞、李贽这样的政治家和思想家，在政治和文化等方面产生了较大影响。但是，在宗教文化的发展方面，他们的影响则是十分微弱的。

其三，就文化传承的背景而言，元代与明代相比，也存在着巨大的差异。在元代，游牧文化的影响是巨大的，特别是在大都地区，由于蒙古统治者的大力提倡，游牧文化的影响更是渗透到了社会的各个方面。在广大汉族民众看来，游牧文化是外来文化，伊斯兰教文化和基督宗教文化也都是"外来文化"。在这种情况下，游牧文化与伊斯兰教文化的相互融合，是比较默契的。而到了明代，农耕文化再次占据了主导地位，而农耕文化所具有的封闭性的对外排斥态度，使得伊斯兰教和基督宗教的日常宗教活动都受到了巨大的影响。

基于以上三项重要因素的不利影响，使得明代伊斯兰教在社会上产生的影响，要远远逊色于此前的元代。就明代的伊斯兰教自身发展而言，也存在着几项不利因素。其一，该宗教的教旨中所存在的强烈的"排他性"。其实，在任何一种宗教派别中都会存在"排斥异己"的观念，只有排除异教，才能够使自身的宗教得到更大发展。但是，在中国古代的农耕文化大背景之下，"和谐"的观念在人们头脑中占有十分重要的地位，各种不同源流的文化在这里都会很快就融合在一起，特别是在宋元时期，就连互不相容的宗教派别（如佛教与道教）也开始相互融合，形成"三教合流"的发展大趋势。在这种情况下，伊斯兰教在传入中国之后，并没有尽快融入"合流"的发展趋势中，而是对其他教派采取了排斥的态度，也就把自身放到了有着巨大社会影响的其他宗教的对立面上，其所产生的结果可想而知。

其二，该宗教的自身形式带来的不利因素。一是偶像崇拜问题。在中国古代，不论是佛教还是道教，在其活动场所都塑造有各种神像（即偶像），以供人们岁时尊奉祈祷之用。就连儒家的大宗师孔子，也专门设置有宣圣庙（俗称孔庙）大成殿，以供奉孔子的塑像。这种模式，在广大民众的头脑中已经形成了固定的观念。而伊斯兰教的活动场所却没有塑造被崇拜的偶像，殿堂空白一片，使人们，特别是那些对伊斯兰教的教义不了解的人们很难产生感性认识。而在有些伊斯兰教和基督宗教的信徒中，又有着强烈的反对偶像崇拜的倾向，更与中国古代社会广大民众的宗教观念形成抵触。

二是语言文字的使用问题。伊斯兰教因系外来宗教，因此，当这种宗教传入中国的同时，也把在西域地区盛行的语言文字（当为波斯文）带到中国来并加以使用。这种不同于汉语的"外文"在伊斯兰教的宗教活动中是必不可少的，不论是清真寺中的各种牌匾书写的文字，还是伊斯兰教信徒们诵读的经文，皆是用的这种"外文"，这种状况在很长时期内都没有变化。与之相比，同样是外来宗教的佛教，在传入中国之后，其信徒们花费了很大力气，将用梵文书写的大量佛教典籍皆翻译成汉文，这种"汉化"的艰苦工作对于其在中国的广泛传播起到了重要的作用。而伊斯兰教的信徒们在这方面所做的工作，要比佛教徒们逊色得多。

三是生活习俗问题。例如，伊斯兰教徒是不吃猪肉的，这种习俗是众所周知的，但是，究竟有什么原因，却是不熟悉伊斯兰教教义的人们所无法理解的，与汉族广大民众的饮食习惯也是相互冲突的。更有一些伊斯兰教信徒，不仅不吃猪肉，就连那些不是伊斯兰教人士宰杀的牲口肉，也是不吃的。这种生活习惯，更让不熟悉伊斯兰教教义的人们无法接受。这种生活习惯看起来是"小事情"，却往往会引起严重的宗教冲突。而冲突的必然结果，是可想而知的。少数信奉者与大多数不信奉者的对抗，甚至是流血冲突，吃亏的只能是少数。这种被大多数汉族民众视为"怪异"的生活习俗，显然也对伊斯兰教在社会上的广泛传播产生了较大的不利影响。

二 明代北京清真寺建设

在明代的北京，伊斯兰教的发展由于受到上述因素的不利影响，使得其发展速度相对较慢。它的"平民化"的趋势，导致缺乏雄厚的资金作为宗教活动的物质基础；而它的信奉人数较少，又决定了其活动场所的数量与佛寺、道观相比有较大的差距。据已故姜纬堂先生在《北京的宗教》一书中有关明代伊斯兰教的记述可知，在明代的北京共有四大敕建清真寺，以及七座普通清真寺。其中，四座敕建的清真寺里有三座建造在北京城内，坐落在今锦什坊街的普寿寺和坐落在今安定门内的法明寺建于元代，而坐落在今东四南大街的清真寺则建于明代。建造在城郊的牛街礼拜寺，其始建年代颇多争议，有些学者认为始建于辽代，也有些学者认为建于明代，前后相差几百年，却皆有可供佐证的依据。

而七座普通的清真寺都建在明北京城的四郊。计有：1. 南郊花市清真寺；2. 南郊笤帚胡同礼拜寺；3. 西南郊教子胡同新礼拜寺；4. 西郊三里河清真寺；5. 西北郊蓝靛厂清真寺；6. 东北郊二里庄清真寺；7. 东郊朝外长营清真寺。这七座清真寺皆为明代所建，就其规模而言，确实无法与四座敕建的清真寺相比，却也更为有力地证明了明代北京伊斯兰教发展的"平民化"趋势。显然，在此前的元代，伊斯兰教在大都城的活动场所绝不止仅有两三座，但是，在元朝的腐败统治被推翻之时，那些信奉伊斯兰教的少数民族权贵们都随着元顺帝逃走了，作为其日常活动的宗教场所也就废毁了。及明代的北京城成为首都之后，生活在这里的穆斯林民众才又重新营建了清真寺，以供日常的宗教活动之需。

由此可见，北京地区清真寺的建造，与佛寺、道观的建造有其共通之处。在佛寺、道观之中，往往刻石立碑以记载重修重建之事，虽然历年久远，只要石碑不毁，其历史脉络就是比较清楚的。而且佛教和道教都讲究衣钵传承，故而其延续性也较强。而伊斯兰教的清真寺中，在古代是很少刻石立碑的，故而其历史脉络很难把握。而后世立碑者在叙述前代之事情时，往往出现纪年、纪事、纪人的文字与史书不符，造成误解。如人们争议较多的牛街礼拜寺的始建年代，相关的文字本来就极少，而其记载又明显与史书不符，自然会引起人们质疑。我们且不说在与辽朝对峙之时，宋朝的势力始终也没有到达燕京，就是在辽代和金代的正史和其他文献之中，也没有关于辽南京及金中都伊斯兰教活动的记载。据此，笔者认为，牛街礼拜寺建于辽代的说法没有充足的证据，而建于明代的说法是有其道理的。但是，也有一点值得补充，在明代建造牛街礼拜寺之前，这里很可能曾经在元代建造过礼拜寺，元末废毁之后，到明代又重新修建了。

与元代相比，明代伊斯兰教发展的一个重要外在因素也发生了变化，即中原地区的穆斯林民众与西域伊斯兰教发达地区的穆斯林民众之间的交流几乎处于断绝的状态。在蒙古国时期，随着几次大规模的西征行动，不仅蒙古国的势力迅速向西方扩展，而且更重要的是，大量西域地区的民众涌入中原地区来。这种军事扩张的目的乃是为了获取经济上的收益，却在无意中促进了西域地区与中原地区的文化交流。正是在蒙古国向西扩张的历史背景下，伊斯兰教得以传入中原，并且"遍天下"，到达了中原大地的每一个角落。西域地区的蒙古汗国虽然在此后的历史发展中与元王朝在政治隶属关系上越来越淡漠，但是，在商业上和文化上的交往却仍然较为密切。这个重要的因素到了明代几乎消失了。

在明代，虽然也有一些西域地区的穆斯林人士由于种种原因来到中国，进行商业和文化方面的交流，但是与元代的大规模人群的迁徙相比，其所能产生的社会影响也就变得微乎其微了。如在明朝中期前来中国的西域穆斯林人士阿里·阿克巴尔，曾将他在中国的经历撰写成《中国纪行》一书，受到张星烺、季羡林等中国著名学者的重视，季羡林先生甚至认为："它完全能够同《马可·波罗游记》媲美，先后辉映，照亮了中西文化交流的道路。"（见张至善编译《中国纪行》序言）但是，正如马可·波罗当年并不被人们熟知一样，阿里·阿克巴尔当时也只是个不知名的小人物。这个"小人物"在他的著作中只留下了一点点关于明代北京伊斯兰教的状况。

他在该书的《一则故事》中写道："中国皇帝在汗八里为穆斯林建造了四座清真寺。中国境内共有九十座清真寺，都是政府为穆斯林建造的。每个部族都有自己的标帜和政府设立的礼拜处所。"① 在他的故事中提到的汗八里的四座清真寺，是得到中文史籍印证的，而他所说的九十座清真寺，却是不可信的，在当时中国境内的清真寺究竟有多少座是没有准确统计数字的，但是，绝不止九十座。正如马可·波罗到中国来的目的并不是为了传播和交流文化一样，阿里·阿克巴尔到中国来，也不是为了沟通中

---

① 见《中国纪行》第二章"中国人的宗教信仰"。

西之间的文化交流。因此，他的这部著作，从今天的视角来看，具有较高的学术价值，但是，在当时的历史环境中，却很难产生巨大的社会影响。

第五节　基督宗教文化发展的状况及影响

一　基督宗教在北京的传播

在西方产生重要的宗教、文化及社会影响的基督宗教（又分为天主教、基督教、东正教及新教等派别），在明代的北京却没有获得足够的重视。与此前的元代相比，甚至一度出现了倒退的趋势。元朝统治者对基督宗教的扶持，是有其历史文化渊源的，早在蒙古国的势力向中原地区扩张之前，基督宗教的一个分支派别——景教（又称聂思托里派）就传播到了大草原上，得到了一些蒙古贵族的崇拜，元世祖忽必烈的母亲就是一个虔诚的景教信徒。而与之不同的是，明朝统治者们却没有这样的历史文化渊源。从明太祖朱元璋开始，明代帝王们对佛教（包括藏传佛教）和道教的尊崇都是十分虔诚的，但是，对于基督宗教的扶持力度，则远不如元朝的帝王们。在这种情况下，基督宗教的发展是十分困难的。

首先，语言文字的差异。在元代的大都城，虽然已经有了几千人甚至上万人的基督教信徒，但是，却没有一部翻译为中文的基督宗教典籍或是介绍基督宗教概况的书籍，这就使占人口绝大多数的汉族民众无法对基督宗教有初步的感性认识。其次，信教徒众的民族成分不同。在元大都城信奉基督宗教（主要是景教）的民众基本上都是少数民族人士，因此，当明朝军队攻占大都城的时候，这些基督宗教的信徒们都随同元顺帝逃往漠北草原，故而出现了基督宗教在北平城的绝迹状态。显然，与信奉伊斯兰教的少数民族民众相比，信奉基督宗教的民众数量又少了许多。再次，基督宗教的教义和通过宗教所反映出来的文化内涵，与中华民族的传统文化差异极大，故而很难被广大汉族民众接受。

因此，从元代末年直到明代中叶以前，人们很难在重要的历史文献中见到有关基督教徒的活动踪迹，而到了明代中后期，西方传教士们才陆续来到北京，逐步开展其宗教活动。显然，在这个时期，东西方之间的整体关系已经发生了巨大的变化。在元朝时期，亚洲的力量是向外扩张的，欧洲统治者们派到这里来的传教士们，其主要目的不是传播宗教，而是以使者的身份前来联络蒙古统治者，以便共同对付信奉伊斯兰教的异教徒们。

而这个企图由于种种原因没有得到实现，却使大都城成为其在亚洲传播基督宗教的一个重要场所。到了明代中后期，亚洲的力量是向内压缩了，而欧洲的向外扩张却十分顺利，已经不必借助亚洲的力量来对抗夙敌，因此，这时到中国来的传教士们，不再具有欧洲统治者的使者身份，而完全是为了传播其宗教信仰。

二　传教士利玛窦在北京的活动

在明代中后期来到北京的传教士中，最为著名的当属意大利人利玛窦。他来中国的目的是十分明确的，不同于马可·波罗与阿里·阿克巴尔，就是要把西方的各种宗教文化传播到东方大地，为此，他做出了锲而不舍的努力。显然，他对中华民族的了解，也要比马可·波罗和阿里·阿克巴尔深刻得多，因此，他抓住了整个事情的要害，那就是政府官员中具有创新观念的士大夫们。正是有了一批像徐光启、李之藻这样的官僚士大夫们的支持，西方传教士们才能够在社会上产生较大的影响。正如许多学者所认识到的，这时的西方科技发展已经赶上了中国，甚至在有些方面还超过了中国，这种文化优势也为利玛窦等人传播西方文化创造了有利的条件。

然而，在西方传教士们对中国的认识不断深化的过程中，中国的大多数官僚士大夫们对于西方的认识却仍然停留在比较原始的状态中。在许多士大夫看来，利玛窦等人尊崇的天主教与中国的民间邪教是一样的，"自利玛窦东来，而中国复有天主之教。乃留都王丰肃、阳玛诺等，煽惑群众不下万人，朔望朝拜动以千计。夫通番、左道并有禁，今公然夜聚晓散，一如白莲、无为诸教。且往来壕镜，与澳中诸番通谋，而所司不为遣斥，国家禁令安在"①。这种愚蠢的见解，竟然得到了明神宗的支持。使得传教士们的宗教活动受到极大的阻力。由此亦可看出，利玛窦等传教士们的活动是颇见成效的，已有成千上万的民众开始信奉天主教。

在许多中国官僚士大夫们看来，利玛窦等传教士不是宗教界人士，而是西方各国的使臣，因此，那些想把西方传教士推向社会的官僚士大夫们，就以"进贡方物"的名义使其获得合法的居留权和传教活动的自由。由此可见，这时的明朝统治者对于进贡的使臣和传播外来宗教的传教士，

---

① 《明史》卷三百二十六《外国传》。

其处理的方法是完全不同的。对于进贡的使臣，不仅活动自由，还会由明朝政府供给其日常生活用品；而对于传教士而言，则要给予严厉的控制和排斥。有一点是值得注意的，那就是利玛窦等西洋人士也懂得利用宦官的势力来打开局面："利玛窦始泛海九万里，抵广州之香山澳，其教遂沾染中土。至二十九年入京师，中官马堂以其方物进献，自称大西洋人。"（引文同上）显然，与那些视外来宗教为邪教的"正统"官僚士大夫相比，宦官们的"排外"倾向并不是很强烈，他们在无意之中反而起到了促进外来文化传播的作用。

从利玛窦开始的东西方之间的文化交流，进入了一个比元代更高的层次，其标识就是这些传教士们将西方的科技著作和宗教典籍翻译成中文，又将中国的一些重要典籍翻译成西方文字，正是由于有了这项语言文字的翻译工作，才使得中国对西方，同时西方对中国都有了进一步的了解。这种相互了解的文化过程，并没有因为明朝的灭亡而中断，而一直延续到清代。越来越多的西方传教士陆续来到中国，开展传播西方宗教的活动；而在西方列强用洋枪洋炮敲开中国封闭的大门之后，也有越来越多的中国人开始走出国门，对世界有了更加全面的认识。当然，这个认识过程往往是在被动的条件下完成的，饱含着屈辱和无奈，但是，这又是一个必须经历的过程，是中国传统文化向近代文化转变的重要前提。

第二十章 本卷结语

元代和明代，是中国古代历史发展的两个重要时期，也是北京历史发展的两个重要时期。在这两个时期，北京地区的文化发展表现出了两种截然不同的状态，元代，是一个文化多元发展的时代；而到了明代，则回归到农耕文化重新占据统治地位的时代。但是，在这两个不同发展时期之间，又有着十分密切的文化联系，文化的传承性是很难被人为割断的。虽然有着朝代变更的巨大政治动荡，也有着少数民族文化统治地位的迅速消失，但是，文化的传承性却仍然在社会上产生着深远的影响。我们如果把元代和明代放到整个中国古代历史发展过程中来看，这种文化的传承性还可以向前延伸很远，向后延续很长，并且一直没有中断。

首先，是元代的大都文化对前代文化的继承与发展。在这个问题上，少数民族对北京文化发展所产生的重要影响是值得关注的。在辽代之前，北京只是一座军事重镇，其地域文化只是中华民族传统文化大潮中的一个小小的支流。而到了辽代，燕京城已经成为五京之中文化最为发达的城市，或者说是辽代的文化中心。以游牧文化的生活方式为主的契丹统治者们主要生活在大草原上，故而游牧文化对中原地区农耕文化的影响是较小的。而到了金代，特别是在金海陵王迁到中都城之后，女真统治者主要生活在这里，从而使得金中都城不仅是文化中心，也成为了政治中心。女真族的少数民族文化开始在这里产生了较大影响。

在历经了辽、金两个少数民族政权的几百年统治之后，大都地区的汉族民众已经适应了民族融合的历史环境，特别是在这几百年中，大批契丹族、女真族的少数民族百姓已经"汉化"了，至少，在蒙古统治者们的眼中，契丹族和女真族的少数民族百姓与汉族民众已经没有差异了。在这种情况下，元朝一统天下，并且定都在此，这个政治权力的变更和随之而来的游牧文化的影响不断扩大，就成为水到渠成的事情了。与之相比，长

江以南地区的民众对于这种民族融合的方式，就显得十分不适应，其对抗的激烈程度是有目共睹的。谢枋得在大都绝食而死和文天祥的就义，就是这种对抗的典型代表。

然而，随着时间的推移，这种通过政治对抗表现出来的激烈形式逐渐消失了，有更多的江南文士（不管是自愿的还是被迫的）陆续来到大都城，在这个全国的政治和文化中心展示自己的才华，并且融入到民族融合的大潮流之中来。这个时代的文化特征，就是文化多元化的发展臻于鼎盛。在语言文字方面，汉语、蒙古语、波斯语都是官方使用的语言，而在民间，口语化的文字也使用得更加普遍。在思想意识方面，各种不同的宗教派别也都获得了"合法"的权力，取得了"平等"的地位。特别是伊斯兰教与基督宗教在大都地区的传播，真可谓是外来宗教发展的黄金时代。

这种多元文化局面的出现，在以往的历史上，不论是汉唐盛世，还是两宋文治的时代都是不可想象的。这是因为自汉唐到两宋时期，中国文化的主体格局就是儒家学说占据统治地位，而辅之以佛教和道教，并且佛教和道教也都已经"儒学"化了。即使如此，儒家学说仍然对这两种已经本土化的宗教加以严厉的排斥。显然，对于尚未本土化的伊斯兰教和基督宗教，儒家学说的排斥将会更加严厉。而到了元代，占据统治地位的儒家学说已经将很大一部分"霸权"让给了游牧文化，或者说是习惯于游牧文化的元朝统治者给了外来宗教和文化以自由发展的空间，才出现了"元代回回遍天下"和大都城有了几万名基督宗教信徒的文化现象。

而到了明代，出现了文化上的急剧转变，从多元文化转回到了单一文化——即农耕文化占据主导地位的局面。在当时的历史条件下，作为农耕文化核心的儒家学说仍然具有极大的合理性，也就是具有极大的存在价值，并不是像有些学者所说的儒家学说开始出现退化现象。宋明理学在当时世界范围内的各种人类文明中，仍然是最出色的文明之一。农耕文化之所以能够对游牧文化和外来的宗教文化加以排斥，也正是从一个侧面表现出它的强大生命力。笔者认为，在中国古代，凡是政治上强大、经济上富足、社会稳定的王朝，都会在文化上采取"专制"的政策。从汉武帝的"罢黜百家"，到清代的"文字狱"，文化专制都是政治强大的体现。明代也不例外，从明太祖屡兴大狱，斩杀功臣，一直到明成祖时的文字狱，都是文化专制的共同表现形式。

其次，是明代文化对后世文化的主要影响。在明代灭亡以后，随之统一全国的，是另一个少数民族政权清朝。显然，与元朝的蒙古统治者相比，清朝的满族统治者表现出了对汉族传统文化的更加全面、更加彻底的继承。我们如果忽略清朝统治者的少数民族身份，而用农耕文化中的儒家学说来加以衡量，他们的所作所为要比此前的明朝统治者完美得多。清代全盛时期的康熙、雍正、乾隆三位帝王的文治武功，与秦皇、汉武、唐宗、宋祖相比，绝不逊色。他们之所以能够取得如此辉煌的成就，唯一可以解释的，就是他们把儒家学说中的精华部分发挥到了极致。清朝统治者与元朝统治者的这种文化上的差异，是许多研究中国古代史的专家学者都能够体会到的。

我们之所以说清朝统治者发挥了儒家学说中的精华，是因为有许多历史事实的证明。当清朝统治者基本接受了明朝的政治体制的时候，却能够避免汉、唐、明三个统一王朝皆曾出现的宦官专权的弊病。但是，由于整个世界发生的巨大变化，清朝统治者遇到了一个以前历代王朝的封建统治者都不曾遇到过的严峻挑战，那就是西方文明的崛起及其对外扩张。由于现代工业的产生，世界开始变得越来越小，以前感觉极为遥远的国度，其势力竟然跨进了国门。这时的西方列强不再是朝贡者，也不再是乞求结盟的伙伴，而是已经习惯了霸占别人领土的"强盗"。蒙古统治者曾经被西亚及欧洲诸国视为"强盗"，而从清代中期开始，这种局面出现了逆转。显然，以农耕生产为主体的国家在与以现代工业为主体的国家对抗时，只能扮演弱者的角色。这是清朝统治者的不幸，也是中国的一个历史悲剧。

当我们从这个角度来观察问题时，我们得出的结论是，一直到清代为止，中华民族的文明并没有出问题，西方的文明也未必比中华文明有更大优势。只是农耕文化与现代工业的力量对比发生变化导致了中国变成弱者，弱者就要被动挨打。这种情况在整个人类发展史上并不罕见。即以中国古代为例，辽朝与北宋的对抗，金朝与南宋的对抗，宋朝显然是处于被动挨打的弱者地位，但是，宋朝的文明与辽、金相比，显然并不是处于劣势，而是处于优势。但是，面对迅速崛起的西方列强，许多被动挨打的中国人却开始怀疑中华文明出了问题，认为西方文明要比中华文明更加优越。如果以彼之长来对我之短，我将一无是处。从鸦片战争之后的相当长的一段时期，许多中国人的思维都采用了这种模式，这又是中国的一个文化悲剧。这个悲剧所造成的恶劣结果，甚至超过了遭受洋枪洋炮的打击。

一个人可以没有自尊，也可以没有自信，但是，如果一个民族失去了自尊和自信，将是非常可怕的事情。

明代的北京文化对清代的影响，还突出体现在宫廷文化和士大夫文化这两个方面。在宫廷文化方面，清朝统治者全盘接受了明代的宫廷建筑文化、坛庙祭祀文化，以及皇家园林文化。特别是在园林文化方面，清朝统治者在全盘接受的基础上，又有了极大的发展。但是，园林的数量虽然增加了，园林的面积也扩大了，而其文化内涵则是一致的，这就是所谓的文化传承关系。显然，清朝统治者在入关统一全国之前，其文化的积累已经受到了中华民族农耕文化的极大影响。而在其统一全国之后，所能够接触到的最辉煌的文明，仍然是中华文明。这种文化的传承性遍及整个社会的每一个角落，不论是少数民族统治者，还是汉族统治者，都别无选择地要继承这个文明。

在士大夫文化方面，明代对于清代的影响也是显而易见的。明代北京的士大夫们与元代的士大夫们已经完全不同了，他们在找回自己的政治特权的同时，也找回了自己的自信。于是，官僚士大夫们在北京城完全是以主人自居了，对儒家学说以外的所有东西，都采取了激烈的排斥态度，佛教的发展在他们看来是不顺眼的，道教的发展也是看不顺眼的，至于外来的宗教，特别是天主教，更是看不顺眼。就连明朝皇帝的许多做法，在他们的眼睛里也已经不顺眼了，于是就出现了这样或那样的政治纠纷，出现了一批官僚士大夫与另一批官僚士大夫之间的"党争"。那些与宦官相互勾结的官僚被称为"阉党"，那些与僧人、道士相互勾结的官僚被称为"佞幸"，是非与义气纠缠在一起。不论党争的结果如何，士大夫们在社会上的重要影响则是有目共睹的了。

到了清代，统治者已经变了，而汉族官僚士大夫们的重要影响并没有消失，于是就有了被今日学者称为"宣南文化"的京味文化品牌，这种官僚士大夫文化的典型代表虽然产生在宣南地区，但是其所发挥出来的重要作用，却极为广泛。官僚士大夫们的这种文化传承性，在中国古代的历史进程中表现得尤为突出，而其核心的文化内涵则是儒家学说。从先秦时期的孔子、孟子，到汉代的董仲舒，再到宋代的二程、朱熹、陆九渊、明代的王守仁，等等，学术见解或有不同，但是政治观念却如出一辙，那就是仁政和德治。清代的儒学家也是如此，宋明理学仍然是清代官僚士大夫们研究和遵从的偶像。

在元代和明代，又有一些与文化密切相关的问题值得人们加以关注。第一个问题，就是人口流动问题。所谓的人口流动，有两种原因，其一，出于自然原因，人们从一个地方移动到另一个地方的流动，是自然进程；其二，人为制造的结果，即由政府有目的、强制性地把人们从一个地方迁移到另一个地方。在元代和明代，这两种情况都是存在的。金朝末年，由于蒙古军队的几次大规模的南下侵扰，金朝统治者被迫逃往汴京，与此同时，原来居住在中都（今北京）城里的大量民众也随之逃往黄河以南地区，这时仍留在中都城里的居民，不到十分之一二。这次人口大迁移的结果，不仅造成了整个城市经济的崩溃，而且造成了文化方面的极大破坏。蒙古统治者在攻占中都城之后，即从西域地区调来一批民众；而当攻占汴京之后，蒙古统治者又将在这里躲避战乱的大批民众回迁到中都城来。此后，当元世祖忽必烈决定营建大都城之后，又有大批汉族和少数民族民众来到这里定居。

从文化发展的角度来看，原有居民的回迁影响并不大，这些人在一定程度上恢复了往日的生活，在文化上几乎没有带来任何新的因素。但是，那些从西域地区不远万里来到这里的居民，以及长期生活在大草原上的蒙古等少数民族民众的迁入，却带来了大量新的文化元素。如果没有金元之际的朝代变更，如果没有大规模的人口流动，这种北京地区原有文化与外来文化之间的交流与融合几乎是不可能实现的。换言之，这种全国范围内的大规模人口流动，为北京地区多元文化的产生与发展、繁盛，打下了一个坚实的物质基础，创造了良好的社会环境。

从当代的角度来看，任何一个人、一个社会群体，都是一个文化信息源。这个信息源如果是固定不动的，其对信息的传播范围也就相对较小，其所能够产生的社会影响也就较小。相反，这个文化信息源流动的范围越广，其传播范围也就越大，其产生的社会影响也就越大。在中国古代社会，人们的生活大多数都是处于相对固定的状态中，因此，导致了文化信息的传播相对缓慢，产生了相对的文化惰性。而金元之际的朝代大变更，从客观上促进了文化信息源的加速流动，这种状况的出现，与一般的、小范围的战乱相比，显然是不同的。

而元代末年再次出现的朝代大变更，也导致了北京地区人口的大量流动。最先出现的是以元顺帝为首的蒙古贵族集团及其附庸们的北逃，接着是南方地区的明朝军队攻占大都城，以及把元朝遗老们押送到南京去，导致的结果是多元文化的逐渐消失。最后是明朝统治者决定在此定都，并且将全国各地的富实民众迁移到这里定居。当北京再度成为全国的政治和文化中心之后，一股无形的吸引力不断将全国的各种人才汇聚到此，从而使得都城文化变得越来越丰富多彩。但是，从其文化内涵而言，却是单一的农耕文化占据了支配地位，元顺帝带走的，不仅仅是一些少数民族部下，而且也带走了多元文化的格局。

第二个问题，是单一文化与多元文化的关系问题。北京地区自古以来就是中原地区的汉族民众与北方草原少数民族民众之间不同文化相互融合的一个主要场所。早在先秦时期形成的燕文化，就具有与纯正的农耕文化代表的齐鲁文化完全不同的"胡化"味道。自秦汉至隋唐五代时期，儒家学说不断完善，并且在农耕文化中占据了支配地位，从而形成了单一文化格局的状态。这时的北京文化，只是中华文化的一个分支。而当石敬瑭割让燕云十六州给契丹之后，北京文化开始与中原地区的以宋朝文化为代表的农耕文化产生人为的隔阂，更加向着"胡化"的方向转变。形成了二元文化（即农耕文化与游牧文化）并立的局面。

及金朝统治者在东北地区崛起，攻灭辽朝及北宋王朝，占有了半壁江山之后，女真族统治者在文化传承方面，却没有仿效契丹族统治者的方法，采用二元文化的并立，而是很快就全面接受了农耕文化。于是，历史重又回到了单一文化的局面。直到蒙古统治者在北方大草原崛起之后，这种单一文化的局面才得以改变。蒙古统治者带来的，不仅仅是游牧文化，也带来了伊斯兰教文化和基督宗教文化。在这种情况下，作为全国政治和文化中心的大都城，不但农耕文化与游牧文化并存，而且伊斯兰教与基督宗教的活动也在社会上产生了较大影响，从而形成了多元文化并存的局面。

在单一文化的状态下，占据支配地位的只有一种文化形态。而在多元文化的状态下，情况就要复杂得多。或者是以一种文化形态为主，而其他文化形态为辅。或者是多种文化形态的并立，很难分出谁为主，谁为辅。随着历史进程的发展变化，文化状态也在不断变化。笔者认为，在蒙古国时期，文化形态处于多元并立的状态中，而在元世祖忽必烈建立元朝之后，就开始出现一种文化形态（即农耕文化）为主，而其他文化形态为辅的局面。也正是因为如此，那些习惯于游牧文化习俗的蒙古贵族们，就都攻击忽必烈背弃了祖宗的法度，而推行"汉法"。虽然这时候的"汉法"已经占有了重要的地位，但是，游牧文化及外来文化的影响在许多方面都是不容忽视的。

这就涉及了另一个问题，即开放型文化与封闭型文化的关系问题。这里的"开放型"与"封闭型"只是相对而言，因为任何一种文化形态都是在不断发展变化，不断与其他类型的文化相互融合的。即以农耕文化与游牧文化比较而言，农耕文化具有明显的"封闭型"特征，而游牧文化则具有更多的"开放型"特征。就生活空间而言，在中国古代，农民的视野相对要窄一些，只是在自己耕作的方圆几十里范围内。而牧民们的视野相对要宽一些，乃是一望无际的大草原。这种生活空间的大小不同，无形之中也会影响到人们的思维模式，乃是决定其开放与封闭的一个重要因素。

就文化空间而言，农民与牧民相比就要复杂得多了，这与二者之间的生产形态的不同有着直接的关系。农民在进行农业生产的时候，要了解天气的变化状况，要了解地理的资源状况，因此，在中国古代的中原地区就出现了天文历法学与水利工程学特别发达的情况。而与之相比，畜牧业生产就要简单一些，只要有水有草的地方就可以放牧，并不需要天文历法及水利方面的知识，故而在牧民们的观念中只有"草儿青"、"草儿黄"的认识。这并不表明牧民们的智商比农民们低，而是由生产形态的不同所决定的。

同样，农民在进行农业生产的时候，需要更多人的通力合作，故而在农耕文化中，表现出了对人际交往关系的特别重视，由此而形成了一整套复杂、完备的人伦道德体系。而牧民们在进行放牧时，并不需要有更多的协作，故而其人伦道德体系也就简单得多。显然，越是复杂、完备的体系，当其形成之后，对于外界不同体系的接受也就越困难；而越是简单的体系对于其他不同体系的接受也就越容易。因此，当元代伊斯兰教和基督宗教文化进入中国之后，蒙古统治者对于这些外来文化体系表现出了极大的包容性。而到了明代，汉族统治者对于外来的基督宗教文化却采取了限制其活动及拒绝其发展的政策。

第三个问题，是俗文化在元明时期的发展趋势问题。在元代，作为文学艺术典型代表的元杂剧逐渐兴盛起来，成为当时大都城的一股文化主流。这个主流文化的发展，乃是把文人墨客的雅文化与民间百姓的俗文化融合在一起的结果。显然，与唐诗、宋词相比，元杂剧更加受到广大民众的喜爱，也更加容易被广大民众接受。不论是杂剧的表演形式，还是杂剧的文化内涵，都是俗文化占据着主导地位。而元杂剧的进一步俗化，其传承的主要变体就是章回小说。从其形式而言，章回小说中的每一章、每一回，相当于杂剧中的每一折、每一出。从其表现内容而言，杂剧与章回小说则都是为了迎合众多市民们的喜怒哀乐。

　　杂剧与章回小说的不同之处，则是消费成本与消费环境的差异。就消费成本而言，买一部章回小说的书钱与看一场杂剧的票钱相差不多，而买回小说之后，可以将其收藏，或是借给他人阅览，是一种书钱与书籍的交换。而看一场杂剧之后，除了在观看过程中所得到的艺术享受之外，杂剧一散场，观众就什么都没有了。二者相比，前者的消费成本的支出是可以获得物质收益的，而后者的消费支出却是在物质上没有回报的。就消费环境而言，阅读章回小说，只要能够买到或是借到书籍即可，而观赏杂剧却必须要去演出场所，一个比较简便，一个不甚方便。而章回小说还有一个优点，是在小说中描写的许多情景，在杂剧中则无法用表演来加以体现。正是由于有了诸多的优点，明代的章回小说逐渐取代了元代的杂剧，成为广大民众（既有文人士大夫，也有普通市民）最主要的一种娱乐形式。

　　明代的章回小说逐渐盛行，并且把这种发展趋势一直延续到了清代。而这个历程，又出现了俗文化发展到了极致而转向"雅化"的过程。《水浒传》、《三国演义》、《西游记》等作品是面向广大民众的，是明代俗文化的典型代表。随着其在社会上的影响越来越广泛，众多的文人墨客也就有了诸多续貂之作。而文人创作章回小说乃成为一种"时髦"的文字游戏，《西游记》之外，又有《东游记》、《南游记》、《北游记》等作品问世。《水浒传》之外，于是出现了《金瓶梅》。当时有人说《金瓶梅》是影射文学，如果不带政治眼光来看，《金瓶梅》表现出了文人墨客与市井民众对"性行为"的关注，就其文化内涵而言，仍然是俗不可耐的主题。《金瓶梅》与《水浒传》的不同之处，是前者开始用一种"雅化"的手段来表现俗文化的内容，显然，文人创作与大众的民间创作，其视角的差异是极大的，其表现手法也是不同的。

　　而到了清代，章回小说发展到了一个更高的层次，其代表作就是《红楼梦》。就其表现形式而言，《金瓶梅》与《红楼梦》都是文人创作的产物。就其表现主题而言，《金瓶梅》的关注点在"性"，而《红楼梦》的关注点则在"情"，"性"与"情"的不同，也就表现出了"俗"

与"雅"的不同。就读者群体而言，其差异也是很大的，《水浒传》等章回小说，艺术成就极高，以一种非常"俗"的表现方法，却达到了"雅俗共赏"的境界，成为人人喜爱的作品。《金瓶梅》等文人小说，艺术成就也很高，以一种比较"雅"的表现方法，却能够使大众接受，读者群体也十分广泛。而《红楼梦》的艺术成就虽然也很高，但是，它却把一种俗文化的文艺形式彻底"雅化"了，换言之，曹雪芹将章回小说这种"平民化"的文艺形式"贵族化"了。能够欣赏《红楼梦》的读者群已经不再是千家万户的百姓，而只是一小部分文人墨客。

综上所述，元代和明代，不但是北京历史发展的两个重要阶段，而且也是文化发展的两个重要阶段。在这两个紧紧相连的朝代中，却表现出了两种特质完全不同的文化格局。我们甚至可以说，清代的文化发展格局，更接近于明代，其文化传承的特征表现得更为明显。我们如果从整个中国古代的文化发展历程来看，先秦时期是中华文化的奠基期，汉唐以至明清时期，是其定型、发展时期，而在唐宋至明清之间的辽金元时期，乃是中华文化的一个变异期。这个时期的历史跨度虽然不大，其所产生的重要文化影响则是任何一位认真研究中国文化史的学者都不应该忽视的。由于笔者才疏学浅，对于这个时期的文化发展概况的述评必多谬误之处，又有许多问题仍须进一步深入研究，这项艰辛的工作且留待各位方家吧。

主要参考文献

一 历史文献

1. 正史：

《元史》，中华书局点校本。

《明史》，中华书局点校本。

《史记》，中华书局点校本。

《后汉书》，中华书局点校本。

《晋书》，中华书局点校本。

《南齐书》，中华书局点校本。

《周书》，中华书局点校本。

《旧唐书》，中华书局点校本。

《宋史》，中华书局点校本。

《金史》，中华书局点校本。

2. 实录：

《明实录北京史料》（赵其昌辑），北京古籍出版社本。

3. 文集笔记：

（元）耶律楚材《湛然居士文集》，中华书局点校本。

（元）刘秉忠《藏春集》，四库全书本。

（元）刘因《静修先生文集》，四部丛刊本。

（元）耶律铸《双溪醉隐集》，辽海丛书本。

（元）许衡《鲁斋遗书》，四库全书本。

（元）王恽《秋涧先生大全文集》，四部丛刊本。

（元）赵孟頫《松雪斋文集》，四部丛刊本。

（元）陆友《研北杂志》，四库全书本。

（元）夏文彦《图绘宝鉴》，丛书集成初编本。

（元）袁桷《清容居士集》，四部丛刊本。

（元）范梈《范德机诗集》，四部丛刊本。

（元）陈宜甫《秋岩诗集》，四库全书本。

（元）虞集《道园学古录》四部丛刊本。

（元）柯九思《草堂雅集》，四库全书本。

（元）张昱《张光弼诗集》，四部丛刊续编本。

（元）许有壬《至正集》，四库全书本。

（明）陶宗仪《南村辍耕录》，中华书局点校本。

（明）陶宗仪《书史会要》，四库全书本。

（明）史玄一《旧京遗事》，北京古籍出版社本。

（明）于慎行《谷山笔麈》，中华书局点校本。

（明）余继登《典故纪闻》，中华书局点校本。

（明）沈德符《万历野获编》，中华书局点校本。

（明）叶盛《水东日记》，中华书局点校本。

（明）蒋一葵《长安客话》，北京古籍出版社本。

（明）刘侗、于奕正《帝京景物略》，北京古籍出版社本。

（明）沈榜《宛署杂记》，北京古籍出版社本。

（明）郎瑛《七修类稿》，中华书局点校本。

（明）张瀚《松窗梦语》，（明代社会经济史料选编）福建人民出版社本。

（明）王錡《寓圃杂记》，中华书局点校本。

（明）徐渭《南词叙录》，（中国古典戏曲论著集成）中国戏剧出版社本。

（明）刘若愚《明宫史》，北京古籍出版社本。

（明）秦徵兰《天启宫词》，北京古籍出版社本。

（清）孙承泽《天府广记》，北京古籍出版社本。

（清）钱谦益《列朝诗集小传》，上海古籍出版社本。

（清）高士奇《金鳌退食笔记》，北京古籍出版社本。

（清）史梦兰《全史宫词》，北京古籍出版社本。

　　4. 地方志：

北京图书馆善本部《析津志辑佚》，北京古籍出版社本。

《元一统志》（赵万里辑佚），中华书局本。

《钦定日下旧闻考》，北京古籍出版社本。

《光绪顺天府志》，北京古籍出版社本。

《北京市志稿》，北京燕山出版社本。

    5. 古人编著：

（元）周南瑞《天下同文集》，四库全书本。

（元）苏天爵《国朝名臣事略》，中华书局点校本。

（元）苏天爵《国朝文类》，四部丛刊本。

（清）黄宗羲《宋元学案》，四部备要本。

    6. 译著：

耿升译《柏朗嘉宾蒙古行纪》，中华书局本。

陈开俊等译《马可·波罗游记》，福建科学技术出版社本。

何高济译《鄂多立克东游录》，中华书局本。

二　今人著述

    1. 北京史：

曹子西主编《北京通史》，中国书店出版社本。

    2. 文化史：

郑师渠主编《中国文化通史》，中共中央党校出版社本。

    3. 其他著述：

梁思成《中国建筑史》，百花文艺出版社本。

潘谷西主编《中国古代建筑史》第四卷，中国建筑工业出版社本。

《中国美术全集》，人民美术出版社本。

叶德均《戏曲小说丛考》，中华书局本。

穆益勤编《明代院体浙派史料》，上海人民出版社本。